我 的 詩 國

羅 門 著

文史哲出版社印行

國家圖書館出版品預行編目資料

我的詩國 / 羅門著. -- 初版. -- 臺北市：文史
哲,民 99.06
　頁：　公分

ISBN 978-957-549-907-5（平裝）

1. 羅門 2.學術思想 3.訪談 4.詩評

851.586　　　　　　　　　　99011828

我 的 詩 國

著　　者：羅　　　　　　門
出 版 者：文 史 哲 出 版 社
http://www.lapen.com.tw
e-mail：lapen@ms74.hinet.net
登記證字號：行政院新聞局版臺業字五三三七號
發 行 人：彭　　正　　雄
發 行 所：文 史 哲 出 版 社
印 刷 者：文 史 哲 出 版 社
臺北市羅斯福路一段七十二巷四號
郵政劃撥帳號：一六一八〇一七五
電話886-2-2351-1028 · 傳真886-2-2396-5656

實價新臺幣八〇〇元

中華民國九十九年（2010）六月初版
中華民國一百年（2011）二月增訂再版二刷

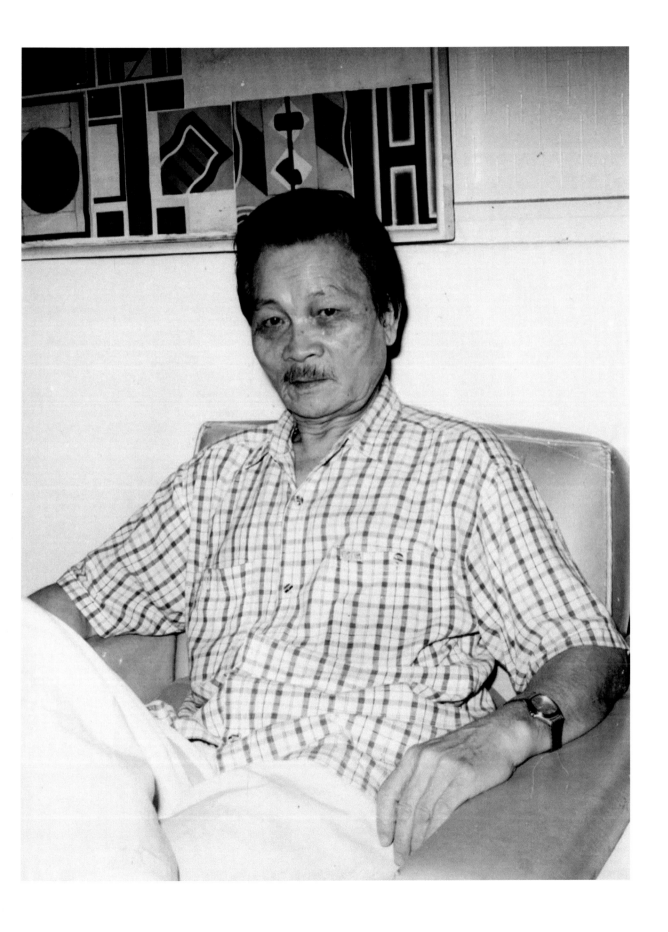

羅門簡介

空軍飛行官校肄業，美國民航中心畢業，考試院舉辦民航高級技術員考試及格
曾任民航局高級技術員，民航業務發展研究員。

從事詩創作五十年，曾被名評論家在文章中稱為：「重量級詩人」、「台灣當代十大
詩人」、「現代主義的急先鋒」、「台灣詩壇孤傲高貴的現代精神掌旗人」、「現代詩的
守護神」、「戰爭詩的巨擘」、「都市詩之父」、「都市詩的宗師」、「都市詩國的發言人」、
「知性派的思想型詩人」、「大師級詩人」、「詩人中的詩人」……甚至在文章中被稱
為台灣詩壇的五大三大支柱……。半世紀來，他不但建立自己獨特的創作風格：也
提倡個人特殊創作的藝術美學理念：「第三自然螺旋型架構創作世界」。
曾任藍星詩社社長、世界華文詩人協會會長、國家文藝獎評審委員、中國文協詩創
作班主任、中國雷射藝術協會發起人、世界和平文學聯盟顧問……。先後曾赴菲律
賓、香港、大陸、泰國、馬來西亞與美國等地（或大學、或文藝團體）發表有關詩
的專題講演。

- 曾獲中國時報推薦詩獎、中山文藝獎、教育部詩教獎及菲總統金牌與大綬勳章並
  接受加冕。
- 名列「大美百科全書」。
- 作品選入大專教科書，選入台灣與大陸出版的《新詩 300 首》。
- 出版有詩集十七種，論文集七種，羅門創作大系書十種，羅門、蓉子系列書八種；
  並在臺灣與大陸北京大學兩地分別舉辦羅門蓉子系列書研討會。
- 作品選入英、法、德、瑞典、南斯拉夫、羅馬尼亞、日、韓……等外文詩選與中
  文版「中國當代十大詩人的選集」……等超一百種詩選集。
- 作品接受國內外著名學人、評論家及詩人評介文章超出一百萬字，已出版七本評
  論羅門的專書。
- 因評論羅門作品，國立臺灣大學教授名批評家蔡源煌博士獲「金筆獎」；國立臺
  灣師範大學教授戴維揚博士獲一九九五年國科會學術研究獎。
- 八位研究生研究羅門分別獲得碩士或博士學位。

◎ 羅門作品碑刻入臺北新生公園（1982 年）、臺北動物園（1988 年）、彰化市區廣
  場（1992 年）、及彰化火車站廣場（1996 年）、台中清水公共藝術園區（2004 年）。
◎ 羅門〈觀海〉長詩 100 多行，碑刻在海南島甲級觀光區大小洞天巨石上，可能是
  詩世界「金氏紀錄」（2008 年）
◎ 羅門除寫詩，尚寫詩論與藝評，有「台灣阿波里奈爾」與「台灣現代裝置藝術
  （INSTALLATION ART）」的鼻祖之稱。

詩國藝術世界絕世的愛

蒙娜麗莎

妳是繽粉燦爛的春

　　激情狂熱的夏

　　金碧輝煌的秋

　　純淨潔白的冬

在大自然　留下完美的容貌

在宇宙　　留下永恆的形象

穿越美女們馨香的髮林

夢進過美女們光潤的乳峰

在愛琴海之外的愛琴海

妳是歲月不變的航向

　　　　最終的港灣

以較天地線還要長遠的想像

　　將日月拉過來為妳打造指環

用所有之外的所有

　　把所有的美都買來

為妳建構一個美在

　　所有世界之外的世界

沿著音樂家的聽道

　　畫家的視道

　　詩人的心道

一路揮灑出「九大藝術」之光

鋪成藝術王國的紅氈

亮開天堂所有的燈

在眾神之外的美神面前

宣誓愛在所有的愛之外的愛

妳我四目相望　兩心相連

我右手握住妳的完美

　　左手握住妳的永恆

相吻時　吻開了天地的門

洞房是神奇美妙的無限時空

我們拿著造物頒賜的通行證與信用卡

便天長地久渡不完的蜜月去

那是永不終止的「詩之旅」

　　　　「藝術之行」

我的詩國

目　次

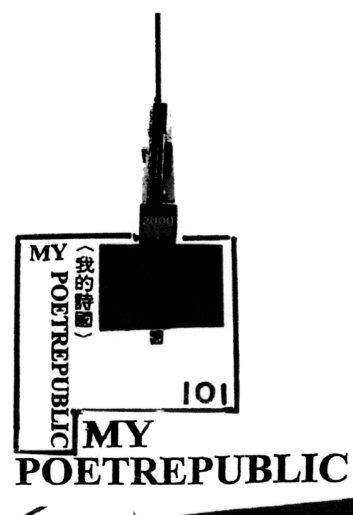

我的詩國
MY POETREPUBLIC

羅門著

以「詩眼（POETIC EYES）看：

　1.地圖上的國家

　2.柏拉圖的「理想國」

　3.羅門的「詩國」

「我的詩國」
MY POETREPUBLIC

引 言

企望在地球上作（非寫）的一首詩（POETRY 非 POEM）

詩名是「我的詩國」，這一創作構想與觀念，始於 2000 年，看來是意圖對「人與世界」「詩與藝術」的終極存在，在找一個「美」的著落點。

這是我創作半世紀所提出的一個「觀念」；「觀念」它的本身就已是一個「存在」。若能具體的將之建構，則「觀念」便成為可見的存在實體。

這觀念於 2000 年開始構想，初稿於 2004 年 10 月 18 日在菲華商報副刊發表；經增修正式在「掌門」詩刊 2004 年 11 月 38 期公佈；特別感到慶慰與動心的，是我來到這個世界，透過「詩與藝術」終於找到自我存在的座標與理想位置。

「詩國」的特區
「第三自然螺旋形架構」世界

● 「第三自然螺旋型架構」世界，是將「第一自然」與人為「第二自然」的景觀以及古今中外的時空範疇與已出現的各種藝術流派包裝形式，全放進內心「第三自然」美的焚化爐它的主機器—「螺旋型架構」去作業，使之全面交流交感，於向左右四周前後旋轉時，便旋入停下不來的廣闊的「遠方」；於向上旋轉時，便旋昇到不斷超越與突破的高度，於向下旋轉時，便旋入無限奧秘神秘的深度；最後是讓有廣度、高度與深度「美」的世界，在詩與藝術轉動的「螺旋型架構」中，旋進它美的至高點與核心；去探視前進中的永恆。

● 「第三自然」是在同一秒鐘把「過去」「現在」與「未來」存放入「前進中的永恆」的金庫。

● 「第三自然」是「美」的集中營。

● 「第三自然」是造「天國」與「詩國」的理想特區。

● 「第三自然」是辦理領取「上帝」頒發通行證與信用卡的地方。

● 「第三自然」世界，不但是詩人與藝術家為人類創造輝煌與永恆精神事業大展鴻圖的地方，而且也是詩人與藝術家永久居留的老「家」以及上班與工作的地方。

詩國的建構基層

- 「詩國」中心指標與宣示。
- 「詩國」的基地與瞭望塔。
- 「詩國」園區裝設的 120 座照明燈柱。
- 「詩國」的詩話語錄。
- 「詩國」訪問記。
- 「詩國」三大藝文展示空間。

前　言

「詩國」藝術作品特異的原創與獨創性

——它可能是地球上空前的藝術構想

三十多年前，我提出個人具獨創性的詩與藝術創作美學理念「第三自然螺旋型架構」；於二〇〇〇年廿一世紀新的起跑點，我接著構想創作「我的詩國」這件也具有獨創性美學觀念的「詩」藝術作品，它或許是詩與藝術世界尚沒有過的創作觀念之呈現—

它—「我的詩國」是以「詩（POETRY 非 POEM）」引導與渾化詩（POEM）以及其他視覺藝術之「美」，來具體去做（非寫）的一件可見的視覺詩藝術作品；它的視感與視境，不是局限在一首詩（POEM）的界域，而是開放與延伸入「詩（PO-ETRY）」無限寬廣的美思美感空間。所以它不像是我曾以五首詩配合造型藝術家的作品碑刻在台灣的土地上，也不像詩人洛夫只用詩句文字在書本中所寫那首「漂木」長詩；當然也不同於我與圖圖畫會前衛藝術家一九七〇年在「精工舍藝廊」以我的「死亡之塔」三〇〇行長詩為主題，以「詩」「繪畫」「雕塑」「音樂」「電影」「舞蹈」…等多元媒體的展出（此次展出已進入台灣現代美術史），是因為一

（1）「詩國」以「全觀」的詩（PO-ERTY）為主題展出，是終極也是獨一與空前的展出觀念，如有再展，便是重復仿造，故不同在「精工舍」藝廊展過（死亡之塔）詩（POEM）之後，它尚可換用另一首詩（POEM），配合不同的多元媒體展出。

（2）作品在「精工舍藝廊」展出後便清場結束，而「詩國」藝術作品是永遠展在地球與時空的展場，此外——

「詩國」同中有異於柏拉圖的「理想國」是基於「象內」與「超出象外」（「現實」與「超現實」）兩個不同存在空間都應受到人類重視的同時：柏拉圖的「理想國」較偏重務實的前者，故他喊出「畫一座橋，不如造一座橋」，曾揚言要把詩人藝術家趕出他的「理想國」；而「詩國」除贊同「橋」存在於現實絕對必要的實存與實用性；但較著重「橋」存在於詩與藝術中無限自由的想像空間與美的內在生命意涵——就詩人與藝術家創造人類內心「第三自然」視通萬里思接千載內在無限的生命景觀視域。（可參照「詩國」本文）

「詩國」作品有異「地圖上的國家」，是因為「詩國」拿的是「上帝」發給的通行證；「地圖上的國家」，因有疆界與層層的關卡，頒發的是有限制性不一定都行得通的證照，過境通關時還要全身被摸，人的尊嚴都幾乎被摸光，形成存在的荒謬現象；可見「詩國」蘊含有人類存在於自由和平及大同世界的理想企求。

「詩國」不同於國際藝術大師克里斯多（CHRISTO）採用地景（LAND ART）藝術觀念，將大自然某塊「局部性」的美麗風景，加工「包裝」成作品，展覽在「大自然」的畫廊，是基於──

（1）克里斯多的地景藝術作品，是展在有「特定」的地理環境地標與座標上，而「詩國」作品，是無所不在全觀通觀的「詩（POERTY）的無限透明的世界，可自由存在於地球任何一個能視通萬里的「風景點」上；其實它是存在於「第三自然」無限超越透明的時空視野上，同前進中的「永恆」世界相望。

（2）克里斯多可在不同地理地標的自然環境，創造出許多不同的地景藝術作品，而「詩國」只能在沒有框限的開放時空中，創造出它獨一無二且沒有過的作品，若再有，便是觀念的重復仿造，失去原創性。

「詩國」不同於國際藝術大師撒塞（CESAR）用壓縮（COMPRESSION）藝術觀念將物體物質壓出超自然美的質感與形象，來在藝術世界建構他內心美的「物體‧物質王國」的理念，而它是以「第三自然螺旋型架構」將「心靈」與「精神思想」，在詩中旋昇到「美」的顛峰之境，去看前進在美中的「永恆」世界，

事實上「我的詩國」，除特別以「詩（POERTY）」為其創作的終極意念與「美」的至高且專一的指標導向，更是使它史無前例的永遠以（POERTY）的超越且絕對的觀念型態具體的建構與展出在地球與時空的展場。

整體看來，我推出終極的詩藝術作品「詩國」，它建構的存在觀念型態與企向是不同於個人（或公家）美術館、雕塑館、文學館──是用來存藏作者作品的建築物與場所，而是除了在「詩國」空間架構裡縱然也有我與蓉子創作半世紀所自然形成的個人藝文資料館部分，但更重要是它整個建造型構的本身，是一件「詩（POERTY）」的藝術造型作品，同時它也是我內心世界所構想的「詩國」象徵形象。

『詩國』訪談錄

問：你爲何會有構想建造「詩國」這個構想念頭與動機？

答：我以詩（與藝術）追蹤「美」與人類生命存在終極價值半世紀來，我雖透過人類存在的重大主題包括戰爭、死亡、都市文明、自我、大自然、時空永恆…等寫出不少有生命觀、世界觀與思想性的詩作，同時也獲得國內外多項詩獎以及接受海內外評論家寫超出百萬字的評論，出版近十餘冊「論羅門」的專書與七位研究生研究分別獲得碩士或博士學位…；但這一切，都只是侷限在詩創作世界中的一些表現成果與說明；同建不建造「詩國」的事，尚沒有掛勾。直至2000年，面臨這一具有突破與驚示性的廿一世紀起跑點，我創作心靈潛在的深層世界於全觀的沉思默想中，忽然更進一步覺識追認與確信過去自己曾在下面那篇短文中所說過的話——

人類活著，如果真的有智慧，應該是盡心盡力在科技引發高度物質文明爲人類肉體打好「衣吃住行」的豪華基礎上，去向上建構人類更輝煌的生命與精神的宮殿；也就是不但讓我們的身體住進外在美的玻璃大廈，尚要讓我們的心靈住進內在美的水晶大廈。否則，人類活著仍是一頭美麗的文明動物，只是將在原始曠野睡覺與吃飯的地方，往「希爾頓」五星飯店的套房與餐廳裡搬，而不可能是一個確實有「美」的生命內容的人。要人有「美」的生命內容，事實上，只有詩與藝術的力量能確實達成。因爲詩與藝術的終極工作是「美」，是將所有的生命與事物提昇到「美」的巔峰世界的絕對力量…至於其他的像科學、哲學、政治、歷史，乃至宗教…等思想，都只能豐富詩與藝術的思想；卻不能美化詩與藝術的思想；但詩與藝術超越中的「美」的思想——

可美化科學的思想——使科學不致於野蠻。

美化哲學的思想——使哲學不致於硬冷。

美化政治的思想——使政治不致於腐化。

美化歷史的思想——使歷史不致於乾燥。

美化宗教的思想——《聖經》是詩看著寫的；詩與藝術不但是人類內在世界最華美的人行道，就是神與上帝禮拜天來看我們，也是從讚美詩與聖樂裡走來的。

此外尚可美化時間。

美化空間。

美化社會。

美化國家。

美化整個人類世界。

美化人從搖籃到墳墓的整個生命過程。

其實每一個人的一生，都是一首美在不同型態中的詩，一件美在不同型態中的藝術

品。難怪孔子早在古代就認為「詩是天地的心」。

法國詩人阿拉貢更說：「詩就是天國」。

亞利斯多德也認為「詩較歷史更有哲學性，更為嚴肅」。

杜斯妥也夫斯基也說：「世界將由美（就詩與藝術）來拯救」。

基於以上的看法，我想對詩與藝術的終極價值做進一步的論斷，我認為：

●詩是神之目，上帝的筆名

●詩是耶穌與愛恩斯坦手中提的探照燈，在尋找聖地與奇蹟的路上。

●詩不但企求詩人以賦、比、興寫好一首好詩；更要求詩人認明詩是人與世界以及所有的文學與藝術邁向「美」的巔峰世界與「前進中的永恆」之境的主導力量。

●人類應由詩而非由導彈來導航。

●詩與藝術能幫助人類將「科學」與「現實世界」所證實的非全面性的真理，於超越的精神作業中，臻至生命存在的全面性的「真理」。

●只有詩與藝術最了解自由與能徹底給人類自由。

●真正的詩人與藝術家確是有能力將智識、學問與經驗變成「美」的「思想」，再進一步變成美的「智慧」，更進一步變成美的「生命的思想」。否則，他便不可能被稱為內在「生命」世界的另一個造物主。

●詩是打開內在世界金庫的一把鑰匙，上帝住的地方也用得上。

●詩是人類內在世界的原子能、核能與微粒子。

●詩與藝術在科學、哲學、宗教、政治……等學問之外，為人類創造了一門「美」與感人的生命的學問。

●將詩與藝術從人類的生命裡放逐出去，那便等於將花朵殺害，然後來尋找春天的含義。

●如果詩死了，美的焦點，時空的核心，生命的座標到哪裡去找？

●太空船可把我們的產房、臥房、廚房、賬房與焚屍爐搬到月求去，而人類內在最華美的世界，仍需要詩與藝術來搬運。

●世界上最美的人群社會與國家，最後仍是由詩與藝術而非由機器造的。

●沒有詩與藝術，人類的內在世界，雖不至於啞盲，也會丟掉最美的看見與聽見。

●詩與藝術創造人類內心的美感空間，是建造天堂最好的地段。

●詩與藝術在無限超越的N度空間裡追蹤「美」，可拿到「上帝」的通行證與信用卡。

●詩與藝術創造的「美」是構成上帝生命實質的東西。

●如果世界上確有上帝的存在，則你要到祂那裡去，除了順胸前劃十字架的路上走；最好是從貝多芬的聽道，米開蘭基羅的視道，以及杜甫、李白與莎士比亞的心道走去，這樣上帝會更高興，因為你一路替祂帶來實在好聽好看的風景。

●如果神與上帝請假，那麼在人類可感知的心靈之天堂裡，除了詩人與藝術

家，誰適宜來看管這塊美麗可愛的地方呢？

●詩能以最快的速度與最短的距離，進入生命與一切存在的真位與核心，而接近完美與永恆。

●詩與藝術創造的美的心靈如果死亡，太陽與皇冠也只好拿來紮花圈了。詩與藝術在我看來，它已成為一切完美事物的鏡子，並成為那絕對與高超的力量，幫助我們回到純粹生命的領地。

●「詩」是內在生命的核心；是「真理」。

如此看來，在人類存在的世界裡，面對高科技與物質文明勢必更為強勢的廿一世紀，詩與藝術，更應被視為建構人類理想與優美的新人文生活空間的主要且絕對的巨大力量。的確沒有詩與藝術，人與世界都不可能在本質上真的「美」起來。

註：（1）本文中一再提到「美」這個字，它指的不只是外在表象的美，而更是所有藝術家與詩人特別追求的內在精神、思想與觀念之「美」；也不只是快樂、幸福、理想與希望……等是「美」的，就是人在一生中難免遭遇到的痛苦、悲劇乃至虛無與絕望，在藝術中也能轉化呈現出莊嚴甚至震撼性的「美」的存在。

（2）本文題目提的「第三自然」，可參考這書中的「談我的第三自然與公木的第三自然界」。

上面這些具啟示與超越性的話，方是引動我的心智去推想到「詩」超越的完美境域之所以能形成「詩國」的重大與主要理由；並深信它——這一理想的「詩國」，確有助於維護、啟發與提昇人類生命世界存在與活動於真實與永恆的「美」中。

問：從你的話語，可見你的「詩國」，在觀念中，可喻說是人類內在世界的一個「美」的國家，為「美」的生命存在；而當詩人與藝術家常喊出「美是一切」、「向美致敬」時，你的「詩國」似已有理想的建構力源。現在我想問你的「詩國」究竟同柏拉圖的「理想國」與「地圖」上的國家，有哪些不同？

答：柏拉圖他的一個基本觀點是認為用詩與藝術去表現一座橋，遠不如去造一座真的橋，於是他曾揚言將詩人與藝術家趕出他的理想國，無形中他較著重企求人類應盡其所能在陶淵明「採菊東籬下」的「東籬」——就現實的理想空間去種植與採摘到（能代表自由和平幸福歡樂生活的）更多更美好與可觀的真實（非想像）的「菊花」，我想這是全人類都一致贊同的確實且理想的觀點；而我同中有異的「詩國」，是較著重陶淵明在「採菊」時，尚能超以象外，進入「悠然見南山」的無限自由開闊的「美」的精神境域，或許因「詩」的無所不在，「詩國」跨躍與涵蓋的存在空間，也因勢較柏拉圖「理想國」的坪數要大些，同時具藝術美，也多少好看些。至於分佈在地圖上大大小小的國家，因有特殊的範圍與限制，印發有不同的護照，設有關卡，同時地圖邊線的兩旁，又有不同廠牌與編號的坦克車在護航；而在「第三自然」以「美」為建材所架構的「詩國」，發放的是「上帝」的通行證，人在豐衣足吃滿足文明動物需求的同時，可往來在自由的想像與超越的「美」中，海闊天空；看來，人活著，生命的感覺與內涵，應是更充實、理想、美好與多采多姿些；不至於淪為現實勢力社會狹窄框架裡存在的工具材

料；再就是「詩國」，有意見，只能打筆戰、嘴戰，看誰說的有智慧思想，有說服力，能接近真理；地圖上的國家彼此有意見衝突時，常是動刀動槍，雙方流血，勝利多是看誰拳頭大。由此可見「詩國」是另一個新的「理想國」，有異於柏拉圖的「理想國」也有些不同地圖上的國家，而是以「詩（POETRY）」與藝術超越的「美」，在「第三自然」無限的N度空間，所建構的一個「美」在永恆中的世界，是浮昇在地球地圖上的一座「美」的透明建築、一面鏡，在觀照著人類世界與一切「美」的存在與活動；同「上帝」的「天國」相望。

問：在你扼要說出「詩國」建構的特殊面，可見在本質上，它是屬於你內心世界構想的另類「理想國」，而你將如何與用什麼方法來具體將它呈現出來？在談的過程中，請你盡可能將其主要的內涵構成部分也具體的說明一下，現在將訪談時間開放給你自由去談。

答：首先我必須說因為「美」是一切，是世界的核心，「詩國」便是為「美」而存在，也就是以詩與藝術之「美」，在我內心「第三自然」世界所建構的一件「心靈工程」藝術作品或一具體可見的「視覺詩（POETRY）」；再就是基於「美」的「詩國」，不是只限於以寫的一首或一百一千首詩的「美」所形成，而是以「詩（PO-ETRY）」去溶化「詩文（POEM）」、繪畫、造型、建築與音樂等各方「美」質與以具象、抽象、超現實、超寫實、立體、普普、達達、裝置、拼湊、環境、地景與包浩斯觀念……等所有藝術手段並打開古今中外的時空範疇、納入世界上所有能轉化為

「美」的媒體材料，來全面展開為展現在「第三自然」N度無限空間中的「美」的「詩國」——這一理想的「詩的藝術工程」去運作。

因此這件具體可見的第三自然「詩國」藝術作品，便具有它存在非常不同的特異性——它不是單面呈現繪畫的畫面美或雕塑的造型美、建築的架構美以及詩（POEM）與音樂之美……而是如上面所說的，讓「詩（POETRY）」將這諸多之美，全然統化成整體之「美」，來熔鑄這一具體可見的「詩國」藝術作品。至於他展示的形態與場地，既有異於一般的畫廊美術館，同時也不像我與蓉子大部分精要的著作資料收藏存覽在台灣現代文學館文資館與美國兩所大學圖書館；也不像我五首（POEM）分別同藝術家造型作品發表在台灣土地有配備與設想性的某處，當然也不像地景藝術（LAND ART）大師克利斯多（CHRISTO）將大自然特殊美的部份，割下一塊，當作一件藝術作品在原地展出；也不是被三十種雜誌、海內外十多種報紙與三家電視台報導的「燈屋」所處的「泰順街」；而是在觀念中超越目視空間，展覽在內心「第三自然」「美」的集中營——它無限開放的特殊境域，展覽在沒有地域界線的「地球村」，展覽在永恆的時空。其實「詩國」這件「詩（POETRY 非POEM）」的「視覺詩」藝術作品，是擬由原先具有世界觀、人文精神與現代前衛藝術思想的生活空間——「燈屋」，進一步向內外擴展開拓提昇其存在的觀念型態與思想意涵所形成新的建構藍圖——就構想的詩國「樣品屋」，期待在地球上找到一個適當的新地點，由有力人士或機構贊助將它實現，

建造在地球上。

至於「詩國」——這件「詩」的藝術作品，它內部的主要構成，可大致在下面說明——

（一）要進到「詩國」，「燈屋」是「虛擬」的航站、碼頭，航向自由開放的無限空間；設有三條「虛擬」的高速連接航道：

（1）音樂家的聽道。

（2）畫家、雕塑家、舞蹈家的視道。

（3）詩人的心道。

（二）「詩國」建築物周邊，有展列我詩意造型藝術品的開放空間；建築物的兩扇大門，帶有「羅」與「門」兩字造型的象徵意涵；門打開，是一大塊有藝術造型的看板，寫有我「門的聯想」那一首詩，書寫是由書法家以有造型美的草體書來寫。（附（門的聯想）詩作）：

門的聯想　　　　　　　　羅門

花朵把春天的門推開，炎陽把夏天的門推開，落葉把秋天的門推開，寒流把冬天的門推開，時間到處都是門；鳥把天空的門推開，泉水把山林的門推開，河流把曠野的門推開，大海把天地的門推開，空間到處都是門；天地的門被海推開，海自己卻出不去，全人類都站在海邊發呆，只看到一朵雲從天地的門縫裡悄悄溜出去，眼睛一直追著問，問到凝望動不了，雙目竟是兩把鎖，將天地的門卡擦鎖上，門外的進不來，門內的出不去；陳子昂急讀著他的詩：「前不見古人，後不見來者，念天地之悠悠，獨愴然而涕下」，在那片茫茫中，門還是一直打不開，等到日落星沉，天昏地暗，穿黑衣紅衣聖袍

的神父與牧師忽然出現，要所有的人將雙掌像兩扇門（又是門）在胸前闔上，然後叫一聲「阿門」（又是門），天堂與所有的門，便跟著都打開了；在一陣陣停不下來的開門聲中，我雖然是想將所有的門都羅過來的羅門，但仍怕「卡門」與手中抓住鎖與鑰匙的「所（鎖）羅門」

（附註）人類的確活在詩偉大的聯想與想像力中；因為詩，時間的門，空間的門，哲學家的腦門，詩人的心門，上帝天堂的門，都在此刻一連串的全被打開。　　　　羅門

（三）進入「詩國」園區，裝設有120座具有藝術造型美、發出亮光的照明燈柱，在照明著生命存在的空間與動向，每一燈柱，都寫有一則由詩思與哲思所寫的具啟示性的詩話。（從「詩國」詩話錄中精選120條）

（四）「詩國」有三大層展示空間

第一層：「詩國」建構基地——「第三自然螺旋型架構世界」展示空間：

它也是「詩國」的瞭望塔

除有〔第三自然螺旋型架構世界〕幾萬字的相關思想論說以及海內外多位名學者評論家給予這一思想理念的感評與肯定文字，並製作兩塊觀視與解讀詩與藝術、文化思想以及人世界存在的正負面與終極價值的說明圖象看板（它曾在台灣現代文學館與文資館展覽羅門蓉子的詩創作資料時展出過），其中有一小段較精要的話值得一提：

『如果人類只存活在「第一自然」與人為的「第二自然」等兩個外在現實世界中，去指認與說明所面對的一切，而沒有進一步將之內向深化、轉化與昇華進入超越外在現實的內心「第三自然」無限世界，去呈現一

個更富足與新穎的「美」的存在，則所有的詩人與藝術家，都將因此失業與無事可做；的確「第三自然螺旋型架構世界」，已成為所有藝術家與詩人創作生命永遠的家與上班工作的地方……」

第二層：「燈屋」與「圖象燈屋」展示空間──

展示兩座燈屋所有精要的圖像文字資料。它是無限透明的世界，是沒有圍牆的「光」住的地方，存覽有「燈屋」報導訪問的雜誌三十種、報紙十多種、電視製播三種以及多次錄影……等有關說明文字資料。此外，大部分空間，有不少我具原創性與詩意的造型作品以及海內外著名畫家送我將近50幅畫，便不但使「燈屋」幾乎看與摸的都離不開藝術，甚至形成一具有歷史回顧性的台灣現代繪畫小型畫廊；同時尚有我為「燈屋」寫的十首詩，多位海內外詩人贈給「燈屋」的不少首詩，當然使「燈屋」更增添光彩與可看度，是由二十多種不同藝術造型的燈，以絢麗明暗的光影，在有聲的古典音樂播放之外，也滿屋子交響來無聲的彩色交響曲。同時「燈屋」是台灣最早世界較早的「裝置藝術」與小型的「裝置藝術博物館」。

第三層：羅門蓉子藝文創作陳列館

陳列館──儘可能保存較實際與重要的藝文資料，那大多是台灣國家現代文學館與文資館 2000 年以「詩光‧藝光‧燈光三重奏」為主題，所展覽羅門與蓉子創作近半世紀的著作與相關的藝文資料近千件，其中有：

●羅門與蓉子個人著作數十冊（包括兩套創作系列）。翻譯成英、法、德、瑞典、南斯拉夫、羅馬尼亞、日、韓、菲等外文詩選與中文版《中國當代十大詩人選集》：等一百多種詩選。

●海內外評論家評論羅門與蓉子的書18種（近兩百萬字）。

●台灣以及大陸北京大學與海南大學舉辦蓉子羅門創作世界討論會，出版三本海內外學者批評家所撰寫論文的選集（附有全程錄影或攝影記錄）

●發表作品近百種的雜誌（包括詩刊與文藝刊物）以及我為現代藝術家畫展、畫冊寫序或評介與寫詩，有十餘種，並出版有藝術評論專書。

●國內外頒發的各種獎牌、獎狀及入選國內國外各種名人錄與大專國文教科書。

●有數十本經過藝術處理的資料本，以及數百張具有歷史懷憶的海內外藝文活動影像資料。

●數百封包括名學者教授詩人作家藝術家寫的有關藝文珍貴書信，彙集成冊，從當中可看到半世紀來，海內外詩壇與文壇的一些真切感人的歷史痕跡與景象，引發不少懷憶與聯想。

●有電視錄影、訪談個人創作世界的紀錄、卡帶以及演講、朗讀詩與詩配樂的錄音卡帶。

●手稿。

●整個展示廳懸掛羅門蓉子親筆書寫的100多幅重要長短詩掛軸。

●文友贈送有賀意美言的書法。

●羅門為國內外名畫家寫評接受近50幅贈畫。

（五）「詩國」的中心指標與宣示：以我 1997 參加 101 的國家在美國華盛頓DC舉

行的國際文學會議，所寫近五千字的論文《詩在人類世界中的永恆價值》定調。

（六）「詩國」採用我在《新觀念》大型文化雜誌寫的詩作〔詩與藝術世界的絕世之愛〕，做為讚頌詩。

（七）「詩國訪問記」，由「詩神」特使訪問有關詩與藝術以及人類面對存在的重大價值意義等具有挑戰性的問題，約定１２個問題，由此也可有助於多一些了解「詩國」的相關情境意涵及其施放的生命思想能量與動力。

（八）是令我感懷的部份：那是在幫助與激勵我能構想建造「詩國」的兩位恩人：

（１）是同我一生艱苦渡過文藝生涯的《青鳥集》作者——女詩人蓉子，我在寫的感言中，附有寫給她的 15 首詩。

（２）是賜給我世上最珍貴的兩種禮物「美」與「力」的樂聖貝多芬——我心靈的老管家，在寫的感言中，附有我讚頌他所寫的百餘行長詩（第九日的底流）。（此詩曾激引一位廈大研究生張艾弓的感動，而研究我，獲得碩士學位。他更特別為這首詩寫了近兩萬字的評論；如今這篇論文，也成為「詩國」珍存的文稿。）

從以上大致說明「詩國」這件藝術品較主要的構成部分，似可對它做出一簡明的結論：

「詩國」是意圖以「詩（POETRY）」將「詩」（POEM）與其他藝術多元多向度的「美」以及所有能相互動的有關事物，在「第三自然」它「美」的焚化爐中，溶化渾和成一具體可見的「視覺詩」藝術作品——

（１）它存在的象徵意義就是以「美」來造一個美的另類「理想國」，企望人與世界活在詩（POETRY）與藝術的美中。

（２）同時它也正是意圖以「詩（PO-ETRY）」具體展現我觀視人與世界以及宇宙萬物活動在詩美中的「第三自然螺旋型架構世界」；其實這世界與「詩國」是一體存在的兩面，都由「詩（POETRY）」的「美」所主導。

（３）「詩國」整件作品是採取具通觀通連與通化力的後現代多元組合藝術（AS-SEMBLAGE ART）觀念來構成。

問：你用近半小時概略述說你的「詩國」藍圖，聽來確有其可為性與值得去做，而你也堅稱自己來到這個地球上，應留一些什麼，像克利斯多留他的作品在大自然中，但你是個窮詩人，哪裡來這樣大的財力將它實現？

答：的確是不易實現的事，雖也同一些社會人士談起，他們似乎心有餘力不足，只好等待機會，無論如何，我都應克服困難，盡力量使它實現。的確我發現創作半世紀，縱然在海內外評論家的筆下，我曾被稱為「戰爭詩的巨擘」、「都市詩的宗師」、「現代主義的急先鋒」、「現代詩的守護神」、「台灣當代十大詩人」、「重量級‧大師級詩人」、「詩人中的詩人」，甚至在文章中被稱為台灣詩壇的五大三大支柱……等。但這一切仍似乎比不上實現「詩國」這件全力為「美」工作的藝術作品來得重要；因它是我半世紀創作生命世界的全面觀以及總體與終極的具體呈現，也是我一己獨創的「第三自然螺旋型架構世界」美學理念的具體宣示，在向人類存在的時空發聲。

問：你建造「詩國」的意願如此強，「詩國」的「樣品屋」也已在策劃定型中，

實現應該是存有希望的，但萬一找不到有力人士資助，你往下該如何想與做呢？

答：恐怕只能聽其自然，當然能由有人文思想與財力的有識之士，贊助將「詩國」這一具有人類存在象徵意義與永恆觀的詩藝術作品，呈現在地球上，是我心中的終極理想與願望；若在最後不能使之實現，那也只好讓這一或許是空前與最先提出的一個具有世界觀、時空觀與永恆觀的詩與藝術的特殊創作觀念與意圖，遺留在我曾生存過的人世與地球上。

問：談到此，這個特別專訪，該談的都幾乎談到，希望在最後還是能有好的答案，訪談就在此結束。

詩國呈現的三種型態

（1）「詩國」平面書寫（文字、資料、圖像多元化印刷書）。

（2）「詩國」VCD 全部文字‧圖象，製作成——

（A）影像電子書

（B）設「羅門蓉子」網站上網

（3）由「燈屋」在「第三自然」無限空間向內深化向外擴展成具體可見的「視覺詩」造型藝術品

「詩國」螺旋型建構最初參考草圖
2005.09.20

〔附圖〕

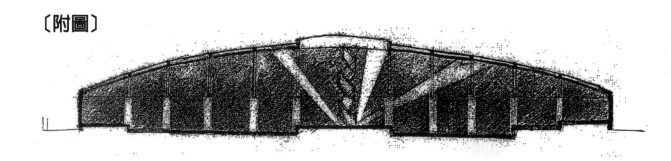

此圖由美國愛荷華（IOWA）大學胡宏述教授著名藝術家建築家設計家，依照「詩國」訪談錄中所特別規劃與說明的『詩國內外建構形態與內容』來設計

2005.09.30

「詩國」創作構想與觀念

不同與超出以下的 1、2、3、4……等四項作品的展現

1.羅門詩的文學世界

●著作有詩集十七種，論文集七種，羅門創作大系書十種；羅門、蓉子系列書八種；並在台灣與大陸北京大學兩地分別舉辦羅門蓉子系列書研討會。

●作品選入英、法、德、瑞典、南斯拉夫、日、韓，等外文詩選與中文版「中國當代十大詩人選集」……等超一百種詩選集。

●作品接受國內外著名學人、評論家及詩人評介文章超一百萬字、已出版七本專論羅門的書。

●作品選入大專國文教科書

評論羅門作品

●國立台灣大學教授名批評家蔡源煌博士獲「金筆獎」。

●國立師範大學教授戴維揚博士獲一九九五年國科會學術研究獎金。

研究羅門詩世界

●研究生陳瑞芳一九九一年研究羅門等二位獲得東吳大學碩士學位

●研究生陳大為一九九七年研究羅門獲得東吳大學碩士學位

●研究生張艾弓研究羅門一九九八年獲得廈門大學碩士學位

●研究生湯玉琦研究羅門等四位台灣現代詩人 2000 年獲得加拿大阿伯答大學（University of Alberta)博士學位（英文論文）

●研究生尤純純研究羅門 2002 年獲得南華大學碩士學位

●研究生區仲桃研究羅門蓉子等五位台灣現代詩人，2000 年獲得香港大學博士學位（英文論文）

羅門作品碑刻

●羅門作品碑刻入臺北新生公園（1982年）、臺北動物園（1988年）、彰化市區廣場（1992 年）、及彰化火車站廣場（1996年）、台中清水公共藝術園區（2004 年）

●羅門除寫詩，尚寫詩論與藝評，有「台灣阿波里奈爾」與「台灣現代裝置藝術鼻祖」之稱。

2.一九七〇圖圖畫會向世界擴張，在精工舍開圖圖展（附圖 A）

圖圖畫會即日起在本市武昌街精工舍四樓畫廊舉行為期三天的超視覺現代畫展，展出是以羅門 300 行長詩的「死亡之塔」為命題，表現二十世紀機械文明的空虛和徬徨，藝術家、詩人、音樂家把 1.繪畫、2.雕塑、3.電影（幻燈）、4.詩、5.音樂、6.現代舞、7.劇等結合為一件綜合性的大作品，注重會

場氣氛和效果，而任何會員都不在作品上簽名以集體智慧創造一種全面性的美感活動的新經驗，這革命性的超視覺圖圖展在國內尚爲首次，歡迎藝術同好蒞場指教。

該會並邀請詩人羅門，德國青年音樂家暨詩人哈姆斯·吉訶德，以及大學生章楚楚、李蘇妮等人參加。

圖圖畫會自四年前成立後，已成爲國內最前衛的畫會之一，會員們爲追求斬新的現代藝術以及擴張圖圖的理想，已分別出國，計有廖絃二赴加、瑞瑾赴美、郭榮助赴歐、李永貴、何和明赴日……。（附圖A）

3.我最短的一首詩

「天地線是宇宙最後的一根弦」

──它是人類同永恆拔河唯一能用的一條繩子；也是我的「地景藝術（LAND ARY）」。

世界著名的地景藝術家克里斯多（CHRISTO）以「包裹」手段重新規劃與展現出大自然眞實美的具體景觀，我將「天地線」這一單純體現於宇宙間亦眞亦幻的線條造型，也是在構想與創作一件「地景藝術」的作品；而作品意涵與符號的作用功能。是同克里斯多偏向於「表態」與「述明」的「地景藝術」所表現的有異。我是企圖一方面採取極簡（MINIMAL）與絕對觀念（ABSOLUTE CONCEPTION）的藝術手段使「天地線」的視覺空間感達到單純精簡的造型之極致；另一面注入詩大量的象徵性與超現實性以及東方文化形而上的玄思，來豐富作品內層意涵與對存在的覺識。（附圖B.C）

4. 不同提創「壓縮」（COMPRESSION）藝術觀念的大藝術家塞撒（SESAR）他創造超自然的「物質物體王國」的精品（附圖D參考「前言」有關部份）

一九七〇圖圖畫會向世界擴張，在精工舍開圖圖展

圖圖畫會即日起在本市武昌街精工舍四樓畫廊舉行爲期三天的超視覺現代畫展，展出主題是「死亡之塔」，爲表現二十世紀機械文明的空虛和荒謬，藝術家、詩人、音樂家把①繪畫、②雕塑、③電影（幻燈）、④詩、⑤音樂、⑥現代舞、⑦劇等結合爲一件綜合性的大作品，注重會場氣氛和效果，而在任何會員都不在作品上簽名以集體智慧創造一運全面性的美感活動的新經驗。這革命性的超視覺圖圖展在國內尚爲首次，歡迎藝術同好蒞場指教。

該會並邀請詩人羅門、德國青年音樂家暨詩人哈姆斯·吉訶德，以及大學生章楚楚、李蘇妮等人參加。

圖圖畫會自四年前成立後，已成爲國內最前衛的畫會之一，會員們爲追求新的現代藝術以及擴張圖圖圖的理想，已分別出國，計有廖絃一赴加、瑞瑛赴美、郭槧助赴歐、李永貴、何和明赴日……

死亡之塔
THE TOWER OF DEATH
羅門著

300行

一九七〇年秋天國內相當前衛的圖圖畫會於武昌街精工舍畫廊舉行一場多媒體的作品的發表，以作爲該畫會同仁出國會別展。會場中央放置雕刻木柱以爲「死亡之塔」的象徵，天花板上、地板上、空中懸掛著許多近似菩提葉形的輪廓幻燈的人影，不斷映照出新奇怪異的人群，播放出一排排改有有音樂、羅門的詩句就寫在紙上，一到處處懸貼，室內放出幾張大綱，一位少女在網中即與舞蹈大空氣中還飄浮著檀香的氣味。他們利用了多種媒體，製造出一種幽鬼怪的氣氛，達到震慄荒謬的效果。

據當時報載，這件作品是中國綜合表演藝術之首創。此外大約還有一段不爲人知的故事，大約是：郭槧助於文化學院美術大系畢業後，申請留美旅歐洲，其只是與着者軍爲他弟德及謝理安歷時一年，發生車禍身亡。郭槧助受此打擊達二年之久，其間因安其兄靑灰達……下出國山後即設計出該件作品，詩人在前也未產生多大震撼，但是在本年要性之間的歷史意義上，自有其重性。

我最短的一首詩

「天地線是宇宙最後的一根弦」
—也是人類同永恆拔河唯一能用的一條繩子

世界著名的地景藝術家克里斯多（CHRISTO）以「包裹」手段重新規劃與展現出大自然真實美的具體景觀。我將「天地線」這一單純體現於宇宙間亦真亦幻的線條造型，也是在構想與創作一件「地景藝術」的作品；而作品意涵與符號的作用功能，是同克里斯多偏向於「表態」與「述明」的「地景藝術」所表現的有異。我是企圖一方面探取極簡（MINIMAL）與絕對觀念（ABSOLUTE CONCEPTION）的藝術手段使「天地線」的視覺空間感到單純精簡的造型之極致；另一面注入詩大量的象徵性與超現實性以豐富作品內層意涵與對存在的覺識。

CHRISTO The Umbrellas, joint project for Japan and USA 1990

Pencil, charcoal, photograph by Wolfgang Volz, wax crayon, pastel, enamel paint, fabric sample and topographic map 106.6 X 244 cm ©Christo

克利斯多（CHRISTO）地景藝術（LAND ART）大師作品

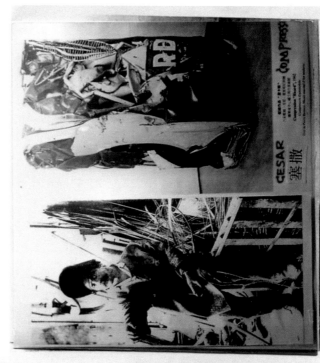

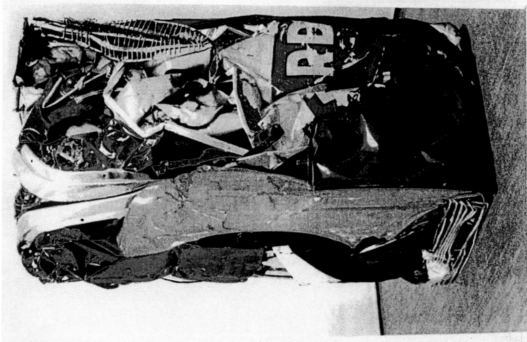

〔附〕一篇帶有激勵的回應詩文

致大詩人羅門

頃接來信真是懷念特別多

近來我們雖然較少聯絡

但是依然很關心您與蓉子的動態

前陣子我從文學刊物得知

您與蓉子到大陸清華大學講詩

將詩的種籽撒得更廣闊了

這次信中您提到

您最大的心願是要建立——

「詩國」〔羅門詩藝術館〕

這壯舉令我佩服之至

在此社會瀰漫泛政治的氛圍下

大部的人對詩是冷漠的

但願有心的企業家能助您一臂之力

「詩國」若能成功建立

這不但是您心願的完成

更為這陰暗時代

留下溫暖而美麗的窗口

讓人從這窗口

眺望到人性的真善美

本文同步發表在

陳寧貴詩人坊 http://ningkuei.blogspot.com

羅門大師：

　新年好，蓉子一併致意。

詩國是偉大的構想

是這時代的希望。

是人人嚮往的國度。

　　　　峰寧貴敬之

陳寧貴：

　　臺灣中生代知名的重要詩人作家，兼有寫詩散文、小說評論多面創作才能，曾主編詩刊詩選以及擔任出版社總編輯；在名詩人評論家林燿德編選兩岸著名學者詩論家評介羅門的重要評論選《門羅天下》（文史哲出版），他寫了七篇；於 2008 年羅門 100 多行長詩〈觀海〉，刻在海南甲級觀光區的巨石上應是古今中外詩人石刻在地球上最長的一首詩，而陳寧貴寫〈觀海〉這首詩的評論也深得評論界相當的肯定與好評。

詩國（POETREPUBLIC）
的基地與瞭望塔 ——
「第三自然螺旋型架構世界」

第三自然螺旋型架構世界

藝術創作美學理念

羅 門

引 言

●詩眼看「第三自然螺旋型架構世界」

「第三自然」是內在世界美的工廠——

「看」由畫與造型藝術運作

「聽」由音樂運作

「想」由詩運作

當「看」‧「聽」‧「想」運作過後,便一起交貨給「前進中的永恆」。

●「第三自然螺旋型架購」:將「第一自然」與人為「第二自然」的景觀以及古今中外的時空範疇與已出現的各種藝術流派包裝形式,全放進內心「第三自然」美的焚化爐它的主機器——「螺旋型架構」去作業,使之全面交流交感,於向左右四周前後旋轉時,便旋入停不下來的廣闊的遠方;於向上旋轉時,便旋昇到不斷超越與突破的高度;於向下旋轉時,便旋入無限奧秘神秘的深度;最後是讓有廣度、高度與深度美的世界,在詩與藝術轉動的「螺旋型架構」中,旋進它美的至高點與核心:去探視前進中的永恆。

●「第三自然」是在同一秒鐘把「過去」「現在」與「未來」存放入「前進中的永恆」的金庫。

「第三自然」是「美」的集中營。

「第三自然」是造「天國」與「詩國」的理想特區

「第三自然」是辦理領取「上帝」頒發通行證與信用卡的地方。

「第三自然」世界,不但是詩人與藝術家為人類創造輝煌與永恆精神事業大展鴻圖的地方,而且更是詩人與藝術家永久居留的老「家」以及上班工作與生活的地方

●「第三自然」是透明的建築,不是封閉的體積

是立體的空間,N度的圓渾空間;是沒有圓周的圓。

詩人與藝術家從「觀察」到「體認」到「感受」到「轉化」到「昇華」，進入靈視的「無限的內在心象世界」這個世界，便正是存再於內心中的「第三自然」世界。

不但是詩人與藝術家為人類創造輝煌與永恆精神事業大展鴻圖的地方，而且更是詩人與藝術家永久居留的老「家」

詩與藝術絕非第一層面現實的複寫，而是將之透過聯想力，導入內心潛在的經驗世界，予以交感、提昇與轉化為內心的第二層面的現實，使其獲得更富足的內涵，而存在於更龐大且完美與永恆的生命結構與形態之中，也就是存在於內心無限的「第三自然」之中。

所以詩能使我們從目視的有限外在現象世界，進入靈視無限的內在心象世界。

附圖說明：

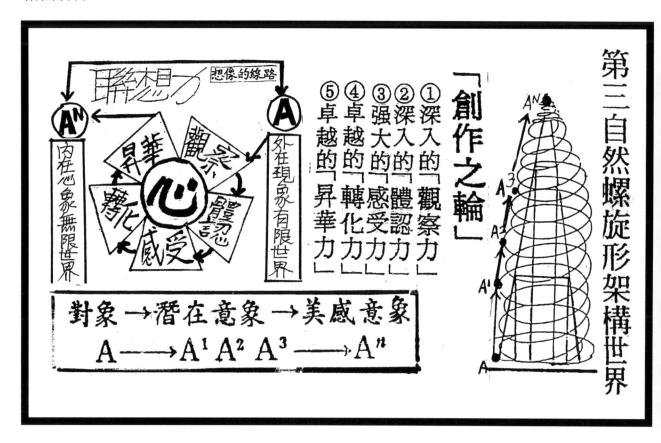

第三自然螺旋型架構世界

藝術創作美學理念的論談

羅　門

由於人類的思想活動空間，形如一透明的玻璃鏡房，「思想」走進去，前面明，背面暗；暗面就是思想的盲點。因此，「螺旋型架構」採取 360°不停地旋轉與變化的視點，便儘量克服了可能在背後所看不見的盲點，讓多向度與多元性的開放世界，都能以確實可為的卓越性與傑出性進入「美」的展望與永恆的注視，並使一切存在，都從有約束的框架中，解放到全然的自由裡來，呈現出更為新穎、可觀與美好的存在。藝術家與詩人，便就是這樣站在「螺旋型架構」的世界中去拿到上帝的「通行證」與「信用卡」，去展開這一全然自由與理想的創作世界的。見下面所列舉的圖解與範例：

1.圖一單面「圓形」

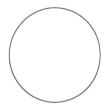

在「圓」的空間觀感中，給人雖有圓融、包容、和諧、安定與渾圓等正面感覺；但難免也給人有保守、知足、閉關、缺乏突破、攻勢、創新、與主動不斷求變的超越精神等負面感覺；加上又是單面（平面非立體）的圓，則難免失去創作世界中的深厚度。上面這些現象，尚可反映到文化層面，也可能產生下面的正負面現象：

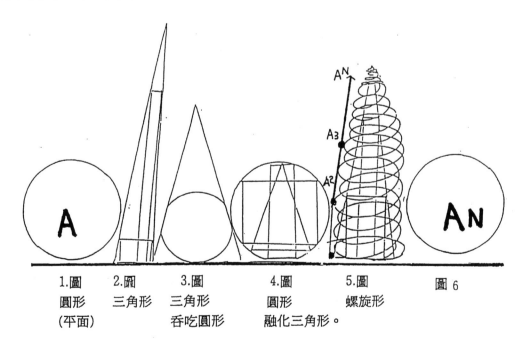

| 1.圖
圓形
（平面） | 2.圖
三角形 | 3.圖
三角形
吞吃圓形 | 4.圖
圓形
融化三角形。 | 5.圖
螺旋形 | 圖6 |

●「黃燈式文化」：雖緩衝相容，但往往不設或不看紅綠燈，形成是非不明、糾纏不清、沒有對錯、你搶我奪的劣根性現象。

●「屏風式文化」：雖收歛、內省、謙讓、不露鋒芒，但往往以屏風當面具，假道、虛僞、鄉愿、內外不一致，黑箱作業……扼殺眞實甚至眞理的存在。

●「隔離式文化」：雖獨尊與維護住固有的；但排他性強，關上門，看過去；不接受新的挑戰，便不能快速的隨時代進步，形成保守落後現象

●「循環因襲式文化」：雖有因循性、慣常性的便易作業程式，但缺乏科學進步思想與守法精神，造成不確實，效率性偏低；加上人際上的人情私情，影響純正的思孜，便難免要偏離理想的前進航道，使文化產生出反應遲緩的呆滯症。

2.圖──「三角形」（頂尖。銳角）

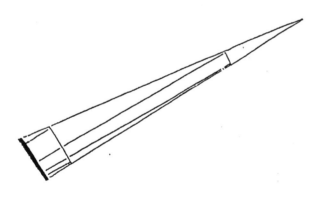

顯然，三角形的頂端與銳角，確具有尖銳的衝刺與突破性。藝術評論家畢哲利（Beazley）認爲曲線與直線的長年之戰，到幾何時期，直線與銳角無論在形象與裝置裝飾上，都佔上風。的確也是如此。像蒙特里安（P.Monorain）的「新造型世界」與越來越都市化的文明景觀，都是強有力的爲直線與銳角這一優勢，予以放縱與助威。

其實，像尼采超越精神的突破點、三島由紀夫悲劇精神的突破點、尖端科技向前推進的突破點……都是無形中站在三角形的頂點上，要求突破、進步、創新、不斷的存在與變化等堅持絕對性的精神趨向上，形成一股值得重視的生命動力；然而也因此難免帶來某些對抗性、失衡、否定、冷漠、緊張、焦慮甚至含有悲劇性的存在情景。

如此看來，具有穩定圓面的「圓形」與具有突破頂點的「三角形」，都一樣在做爲創作精神與思想活動的造型世界時，出現某些盲點。

3.圖──「三角形」吞沒「圓形」

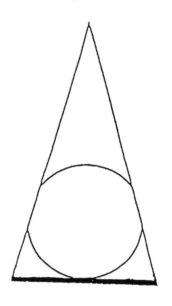

由於人類在冷靜的知性與理性思孜上，創造了人爲的第二自然──「都市」，偏於幾何圖形的建築性生存空間，三角形（方形、長方形）便不斷的佔優勢，以確實明銳的直線與銳角，很冷漠的將溫潤與圓融的圓形吞沒（如上圖）。

結果形成感性被抑制，理性與知性大大昂揚的狀態。偏於西方科技與物質化的文明，逐漸呈強勢。偏向東方感悟與靈動的文

化，便呈弱勢。物性強過心性，文明超前文化，人的心靈空間被物化空間佔領，精神的「形而上」性，有不斷偏向「形而下」性的傾向，科技與物質文明以壓倒性實力，從三角形尖銳的頂端突破猛進，但也同時帶來人內在的空虛、寂寞、冷漠、無奈，以及生存的機械感與莫名的焦慮。

如此，「三角形」較「圓形」雖佔優勢，并圖吞沒「圓形」，成為生命活動的基型時，但仍無法避免上面所指的那些盲點。

4.圖——「圓形」包容且融化「三角形」，及方形與長方形

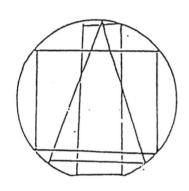

由於人類在現代物質文明高速發展越來越趨向物化的生活中，已逐漸體驗出內心與精神的冷漠與空洞，於是較偏於提昇心靈境界的東方文化思想，便自然而然地有復甦的徵候，開始反彈，使人本與人文思想抬頭，反過來站在物質與物理世界的上面，使心性較物性為重；文化較文明溫厚，同時也自然將冷然帶機械味的「三角形」方形與長方形（△□□）的生命造型符號，移變、溶解入「圓」融與溫潤的「圓」形（○）之中，重視生命存在的律動感氣韻與意境。

既然物理世界是客觀與中性的存在，科學只能證明客觀存在的真實，並非人類生命存在的全部與最後的真理，而人應是存在的

「主體」，不斷感應與超越客體而存在。從「真實」到「非真實」到再現的「真實」，便臻至所謂的第二度超越，進入本文中所指認的無所不在的「第三自然」，方有可能體認到真實中的「真實」，與可望接近永恆的存在真理；同時也方有可能進入那不斷向前旋轉的「第三自然螺旋形架購」，去面對不斷變化的創作生命世界，去確實把握詩與藝術生生不息的創作生命，去洞見人類文化思想在穿越時空與突破傳統向前發展的具有關聯性與全觀的動向與脈動。

5.圖——「螺旋形」

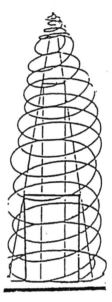

「螺旋形」便是由能溶化「三角形」「方形」「長方形」的「圓形」，不斷向前旋轉衍生持續而成，同上文B程式——「螺旋形架構」所做的注釋與說明是相一致的。此處的「螺旋形」便也就是「螺旋形架構」，它具有向360°彈性發展的多圓面所疊架的穩固圓底，也有向頂點突破的尖端，於是已完成統合了「三角形」與「圓形」雙項活動的實力與機能；同時由於突破的「頂點」，到突破後重又向 N 度空間展開的新

「圓」，再又向新的突破「頂點」集攏等連續收放的動作，便使「螺旋形架構」的思想世界，無形中又掌握到「演繹」與「歸納」兩大邏輯思考系統以及也兼有「微觀」與「宏觀」的思想形態。

從上述的思想造型符號的特性中，「螺旋形架構」被做為人類創造思想與文化思想向前推進與發展的理想基型，應是相當確實可靠的。因為它不但能使詩與藝術的創作思想不斷演化，推陳出新，從傳統與已存的世界中，凸現新的傳統與新的創造世界，而且能使「文明」在「三角形」的尖端，不斷獲得突破與前進的昇力，使文化在「圓形」的容涵中，獲得圓厚的實底與定力感，使具有精確銳角的理運空間與具有圓通的靈運空間相交合相互動，使物性與心性相交溶相交流，同時更使時間在「螺旋形架構」中，是一「前進中的永恆」，有前後的連續性，有歷史感，不像目前的社會情況，它是被物質文明快速發展的齒輪切割下的碎片。此外「螺旋形架構」也無形中在思想活動的造型空間裡，以無限自由與開放的包容性，解構古、今、中、外的框架，納入貝多芬與尼采不斷超越與突破一切阻力的「介入」精神，也納入老莊與王維不斷轉化與昇華、進入純境的「脫出」思想；在最後，它更以「三角形」頂點的尖端，刺入世界無限的高度與深度；以「圓形」360°展開的多圓面、收容世界無限的廣闊而使詩人與藝術家能因此成為一個具有思想深廣度的創作者，使文化也成為具有思想深廣度且不斷向前邁進的博大文化。

綜觀上述有序地發展下來的圖解，可見單面存在的「圖形」，雖富安定性與包容度，但保守缺乏突破與變化；而具有突破性的「三角形」尖端，卻難免帶來衝突對抗性、緊張、不安與冷酷性。至於「三角形」吞沒「圓形」，形成物質文明突進的強勢，人文精神發展的弱勢，有失衡現象，因而便不能不引起反彈，呈現出「圓形」反過來溶解「三角形」的現象，並以溫厚的文化力源，流入進步的「文明面」，讓人文與人本精神成為生命存在的主導力，使人性與物性、感性與知性、文明與文化，進入相交溶相互動的中和情境，也使「三角形」與「圖形」終於在相抗拒中，趨向彼此間的融合，相輔相成的進入具有「三角形」尖端，也具有無數「圓」面的「螺旋形架構」造型世界，這世界使固定的單圓面演化為多圓面的立體「圓形」，且有多圓面在旋昇中所形成的「三角形」尖端，去不斷迫近存在的前衛創新地帶與連續的突破點。如此，「螺旋形架構」的創作造形世界，便無形中掌握了存在與變化中無限地展開的創作世界及不斷向前突破與創新的實力，邁進「前進中的永恆」，而這正是所有詩人與藝術家乃至任何創作者所特別強調與希求的。

No1.

有關「第三自然」的評介

學者、評論家、詩人、作家
對『第三自然』世界的有關評語

我的詩美學「第三自然螺旋型架構」創作理念，較大陸名學者公木的「第三自然界」觀念，提出的時間，早了好幾年，所談的也不盡相同，我不能自己說它有多好，但我可以客觀的說在華文新詩發展史上，它應是一個具有個人獨特性與創新性的詩創作理念，且印有我的標誌。現在來看一些知名人士的看法與說的佳話：

●**名批評家蔡源煌教授**認為：「羅門所要表現的，也就是他所謂的「第三自然」，第三自然的塑造，是以萬法為心為出發點，包括了超越、永恆的追求、乃至原始基型的援用。」

見《門羅天下》論文集（蔡源煌、張漢良、鄭明娳教授與詩人評論家林燿德等著，文史哲出版社一九九一年出版。）

●**名後現代批評家孟樊**在論文中說：

「……值得一提的前輩評論家倒有四位：洛夫、羅門、顏元叔和葉維廉，前二者可視為非學院派，後兩人則為學院派人士。洛夫以倡導超現實主義理論而獨步詩壇（但晚期的詩學觀有不同程度的修正與轉變）；羅門獨特的詩美學論點「第三自然觀」與「都市詩說」則嘗試建立一龐大且完整自足的詩學體系，亦令人側目……」

見《新詩批評》論文集（孟樊著、正中書局一九九三年出版）

●**名詩人兼評論家林燿德**在論文中說：

「羅門，做為一個具備現代思想與前衛創新傾向的重要詩人與詩論家，在五十年代以降台灣詩壇形成一家之言，他的發展軌跡隨著自己的思想與詩風、以及整個文化環境的變遷而顯現出來。在多次有關潮流、技巧以及詩人內在生命本質的論爭中，羅門始終能夠提出獨到的見解，包括了創作的形式與古典詩的關係、各種主義流派的反思，他的洞見維護了詩的純粹性，並且以不輟的創作親自證明了詩人毫不屈撓於現實的意志。

做為「現代思想」象徵的「羅門思想」，亦即其「第三自然螺旋型架構」是進化史觀的、追求「行進中的永恆」的形上學架構的，而且也自有一套體大思慎的創作生命哲學。

「羅門思想」中的「第三自然螺旋架構」，對於後現代的批判與修正仍具備以下嚴肅的意義：

（一）羅門能夠以一己營造的壯美思想體系面對時潮，提出具體的立場，這種胸襟和氣魄，在台灣詩壇陷入沉寂、被小說界奪去解釋權的八、九〇年代，無疑是令人振奮的。

（二）羅門講究立場，雖然也有模型理論的自我制約，但比起後現代主義玩家的閃爍其詞、飄忽不定，他篤定而誠懇的態度值得肯定，重建真理的企圖則令人敬佩。

（三）後現代主義者譏笑現代主義是

「刺蝟」，眼睛只能看到一個方向，他們又自比為「狐狸」，可以同時注意不同的方位。不過眼觀八方的狐狸常常因為咬不著刺蝟而餓死，就算咬著了也往往痛斃當場。後起的浪潮不見得必然高過前驅的浪峰；能夠堅持自我理念的詩人羅門是永不過時的。

見《羅門蓉子文學世界學術研討會論文集》（周偉民、唐玲玲教授合編，文史哲出版社，一九九四年出版）

●兼為藝術家的名詩人杜十三在論文中說：

羅門「第三自然美學」意指藉由大自然、人造自然和內造自然交感互溶而擴張生命質能的創作觀，也是羅門宏觀的詩美學架構⋯⋯讀他的「詩」，是真正進入「語言」的「寺廟」中去感悟另一個更神秘、更恢弘的「第三自然」真世界，而不會只是停留在「第一自然」和「第二自然」的有限表象中徘徊、頓足；總之，從羅門的詩作中，我們發現了「羅門的發現」、「羅門的看」、「羅門的語言」的價值，也發現了一種可以提供別人發現他自己、發現美、發現生命的真價值——這乃是一條祕徑、一把鑰匙、一種「靈視」的價值。」

見《藍星詩學》第二期（一九九九年六月出版）

●大陸名學者文學批評家徐學在論文中說：

羅門從主體出發，他一貫認為藝術家是有自我性的存在，不屈服於無所作為的命定論和決定論，因此九〇年代來，詩中總有澎湃四射的光和熱，創立了獨特的壯美和陽剛的風格，也有著超前的敏感和預見。

也因為高揚主體，他的詩作能不斷突破外在性的存在層面進入內在性的存在層面。為了更好地探索與表現純粹生命本體的存在，他的詩作著重表現現代人的生活現場（突境）和悲劇命運，他剖析都市文明對人的侵擾和拘囿，訴說戰爭給人類造成的無奈與苦難，描述於孤寂渾茫時空中的生命存在⋯⋯到了七十年代，他更提出著名的「第三自然」詩觀，他把大自然景象稱為第一自然，將幾千年物質文明的成果稱為第二自然而將詩人與藝術家創造出來的藝術世界稱作第三自然。這種提法充滿自信與魄力，將心靈世界、自然世界、器物世界三足鼎立，正是對藝術創造主體及其精神結晶那種獨立自足，雄視百代本質的極度褒揚，也有力地推動著他在創作中掙脫第一自然的有限境界，而將心靈推展入第三自然無限的時空之中。

讀羅門的詩論，我的腦海裡會時時浮現中國現代史上兩位學者的身影，兩位在美學見解上與羅門有近似之處的學者。這裡我將他們的觀點與羅門的主體詩觀作一些比較，想來有助於我們進一步理解羅門詩論的價值和意義。

第一位是民國政府首任教育總長蔡元培，一九一七年，他任北大校長時，曾提出「以美育代宗教」的口號，並在《新青年》上發表了《以美育代宗教》一文，認為唯有藝術教育能使國民超脫現象世界的利害關係和人我偏見，把人們從現象世界的必然引向主體世界之自由。這一思想貫穿了蔡源培先生的一生，在他逝世前兩年，一九三八年，他在寫朋友著作作序時，還寫道：「余在二十年前，發表過以美育代宗教一種主張，本欲專著一書，證成此議；所預擬條目有五，⋯⋯此五條目，時往來自余心，而人事牽

制，歷二十年之久而尚未成書，真是憾事。」可慶幸的是，在羅門的詩論中，有這樣的句子：「在一切都被人類懷疑與重新估價的現代世界中，我懷疑以一般人那近乎迷信的絕對信仰，能確實成爲上帝優秀的信徒；我深信只有進入詩人與藝術家所開發的「第三自然」，使一切存在與活動於完美的結構與形式中，方可能認明上帝（如果這個世界確有這樣一個具有完美實質的上帝）……我這樣說，很明顯的，是想重新確定詩人與藝術家在過去現在與未來永遠站立的位置及其工作重心；一個詩人與藝術家，當他喚醒萬物與一切潛在中的美的形象與內容，他便是人類內在世界的另一個造物主了，像上帝造天國一樣，他造了另一個內心的天國——那無限容納「美」的「第三自然」。」可以說，羅門這種論斷是呼應著世紀初子民先生的設想，並將之發揚光大了。

第二位是離我們更近的胡風先生，他認爲作家的「人格力量」（包括「敏銳的感受力」、「燃燒的熱情」與「深邃的思想力量」）是創作的源泉……」

見《藍星詩學》第三期（一九九九年九月出版）。

●大陸名詩評家任洪淵教授在論文中說：

「羅門在詩中尋找深度是非常根本的，基於這種思考，我發現羅門的深度無論做爲客體生命的深度或宇宙的深度，是定在那永遠不能抵達的終極點，不是已經達到的最後的終極點，所以羅門的深度從未定在一個終極點上，而是生命不斷進展向前推移的一種運動中的狀況，就是這一點，我在思考羅門的詩所達到無論是「第三自然」或「螺旋型

架構」在不斷運動中變異與昇越的那種生命狀態……對羅門來說，人不是做爲文化的終極點出現，而是把文化當作新的創造起點。」

見《從詩中走過來—論羅門蓉子》論文集（謝冕教授等箸，文史哲出版社一九九七年出版。）

●大陸名學者文學批評家周偉民教授評介羅門時說：

「「第三自然」的藝術觀念提出，是羅門對自己創作實踐的體識。他在《詩人藝術家創造了存在的「第三自然」》一文的序中說：「這是廿年來我透過詩與藝術，對人類內心與精神活動進行探索所做的認定，並提出這一具冒險性的觀點：「詩人與藝術家創造了存在的第三自然」。同時，我深信這一觀點，非但可以解決當前詩與藝術所面臨的種種爭論與危機，並可指出詩人與藝術家所永遠站住的位置，以及人類心靈活動接近完美的企向。」這一觀念，是羅門在一九七四年提出的。當然，康德於一七九零年在《判斷力批判》（上卷）中，就已曾經提出美學的第三自然的觀念。康德認爲，整個第三自然界，都是「由一種想像力的媒介超過了經驗的界線——…這種想像力在努力達到最偉大東西追蹤著理性的前奏——在完全性裏來具體化，這些的東西在自然界裏是找不到範例的。」康德是在審美判斷的演譯理論中，從美的哲學的角度提出了自然與美的辯證關係的概念。而羅門，是從自己的創作實踐中領悟和闡釋形象王國裏的「第三自然」的理論，把哲學觀念具體化於詩歌創作中……

「第三自然」已成爲世界範圍的話題，中國著名詩人公木一九八一年在《詩探索》

第四期裏，也曾發表文章研討這一問題，文章題目為《話說第三自然》中國大陸已接受這一理論並進行認真研討。這是八十年代初期的事。而在七十年代中期，中國台灣的詩人羅門就已經詳細地闡述了這一理論的實質，並通過自己的創作實踐領悟這一理論；對這一問題進行了精闢的論述，其理論高度應該說超越了其他的詩人與文藝理論家們的觀點了。」

見《日月的雙軌——羅門蓉子合論》（周偉民、唐玲玲教授合著，文史哲出版社一九九一年出版。）

●大陸名詩人文學批評家公劉在論文中說：

我讀《麥堅利堡》，只覺得彷彿自己走進了宇宙的深處，只感到前無古人，後無來者，無邊無涯的寥寂和蒼涼，只感到周身每一個毛孔都充溢著凜然的肅穆，但那並非壓迫，更不是窒息，相反，倒有一種徹底解脫的大痛快！像這樣一種感覺，是我幾十年讀新詩時絕少體驗到的。感謝羅門先生，是他，截至目前為止，也只有他，如此逼近、如此真實、如此充沛、如此本色、如此完美地正面詮釋了直到今天仍舊在人類生活中肆虐的大怪物—戰爭。還從來不曾有過哪位詩人，像羅門先生這樣，鑽進戰爭的肚子裡，諦聽戰爭的咒語，方得以盡揭戰爭的秘密，而不耽於一味的禮讚或唾罵。這說明了詩人的超然脫俗。它使我聯想起羅門先生提倡的「第三自然」說。

「第三自然」，是羅門先生在詩歌理論方面的一個具有穿透力的著名論點，我完全同意這個論點。我相信，《麥堅利堡》，這是「第三自然」理論的一次成功實踐。

有人說，《麥堅利堡》，在詩人筆下帶有批判的鋒芒，對此我不能苟同。我覺得，不是批判，而是清醒的自省，全人類的自省，像教徒跪在懺悔室外向神父作的喃喃自語，像夜半醒來時的捫心自問，也是全人類對人性的再一次確認，對人道主義精神的再一次宏揚；一個詩人，代表全人類發言，談何容易！倘若沒有特別強大豐沛的人類意識，任誰也只好望而卻步的。

見《羅門蓉子文學世界學術研討會論文集》（文史哲出版社一九九四年出版）

●大陸名詩人文學批評家沈奇評介羅門時說：

「……是藝術，是詩，是詩性、神性生命意識所拓殖的人類精神空間，是唯一可能握得著的「上帝之手」——詩人羅門則形象地將其命名為「第三自然」，便由此確定了他的詩歌立場，為其服役一生。

…羅門可稱為「宏觀詩人」，他是以「高度鳥瞰的位置」（林燿德評語）高視闊步在現世和永恒之間、存在與虛無之間，以其潑墨大寫意般的詩之思，代神（詩神與藝術之神）立言，代永恒發問，以「將人類與一切提升到「美」的巔峰世界」（羅門語）來完成他的「第三自然」之追尋。

…羅門詩中的主體意象成三個象限—

第一象限：都市／人——在場的肉身／物化的生存樣態——死亡；

第二象限：曠野／鳥——逃離的靈魂／失意的生存樣態——懸置；

第三象限：天空／雲——重返的家園／失意的生存樣態——永恒。

三個象限構成三維想像空間，互為指涉，互為印證，諸思貫通天、地、人、神，

產生巨大的精神張力，呈現一派與天同游、與地共思的雄渾氣象。應該特別指出的是，羅門對第三象限亦即其所稱「第三自然」的指歸，並未盲目而簡單地落於「天堂」、落於「上帝」，而是指向代「上帝」立言的「藝術與詩」」

見《從詩中走過來—論羅門蓉子》（謝冕教授等著，文史哲出版社一九九七年出版。）

●大陸文學批評家古遠清教授評介羅門時說：

「羅門的「第三自然」的理論主張，生動地說明了作為觀念形態的詩，是主體對客體的反映，是在田園、城市生活的基礎上產生出來的；但這種產生並不是機械的反映，而是由詩人的觀察、體認、感受、轉化與升等等心靈活動所形成的結晶。它是現實社會群體和詩人審美理想的形象再現。「第三自然」既是反映，同時又是詩人心靈的創造；既是基於田園、城市的現實生活，又必須通過「白描」、「超現實」、「象徵」與「投射」等各種藝術手段。這兩點，就其在現代詩創作中的體驗來說，任何超現實主義者也無法脫離田園、都市的現實；任何偏向寫實的作家也不應模擬、複製第一、第二自然，否則就會使詩質趨向單薄，缺乏意境，語言蕪雜鬆懈，走向散文化。羅門的這些觀點，雖然在前蘇聯高爾基的文化觀中及後來大陸詩人公木的《詩論》中也能見到，但將其同台灣的現代詩聯繫起來，把它和都市詩創作聯繫起來，把它和新詩創作的現代化聯繫起來，則是羅門的創造。」

見《心靈世界的回響—羅門詩作評論集》（龍彼德等著，文史哲出版社二○○○年十月出版。）

●大陸寫當代中國詩史兼寫詩評的古臘堂在論談中說：

羅門的詩歌理論「第三自然螺旋型架構」，以第三自然就內心再現的無限的自然為核心；將第一自然（田園型）與第二自然（都市型）的一切存在深入第三自然，轉化成詩的創作世界，這一特殊的創作理念，也是被詩壇注意的觀點，在寫台灣現代詩史，也是應該被提到的部份。

談到這裡，想起我赴台灣造訪羅門蓉子的「燈屋」，便更具體與更深入的瞭解羅門的「第一自然」與「第二自然」的景況轉化入內心第三自然去呈現整個存在、運作與發展的具體景況與過程，而體認至羅門詩的創作精神世界，它之所以創造出這樣的深度與高度的水準，是因為他不像一般詩人只是靠一些靈感與一些詩句，而是靠他內在第三自然世界至為深入的思維與心靈的感知與覺識，這些並可是從他「燈屋」的藝術理念與情況中領悟與體認得到。

見《從詩中走過來—論羅門蓉子》（謝冕教授等著，文史哲出版社一九九七年出版。）

羅門詩國的眞、善、美

——以〈麥堅利堡〉一詩的篇章意象爲例作探討

臺灣師大國文系　陳滿銘

一、前　言

意象系統，可由「象」而「意」，形成其逆向結構；也可由「意」而「象」，形成其順向結構；兩者不僅前後連接在一起，更形成互動、循環、提昇不已的螺旋結構，以反映宇宙人生生生不息之基本規律。而這種規律，是可落到「篇章意象」上，對應於「眞、善、美」加以檢驗的（見拙作〈意象「多」、「二」、「一（0）」螺旋結構論－以哲學、文學、美學作對應考察〉，《濟南大學學報‧社會科學版》17卷3期，2007年5月，頁47-53）。因此本文即以此爲範圍，特著眼於羅門詩國的眞、善、美，以其最著名之〈麥堅利堡〉一詩爲例，先探討篇章意象與眞善美之相關理論，再就篇章意象之表現，對應於「眞、善、美」加以說明，然後對羅門詩國的「螺旋型架構」略作綜合探討，以見羅門詩國的眞、善、美於一斑。

二、真、善、美與篇章意象

在此，分三層加以探討：

（一）關於真、善、美

「眞」、「善」、「美」三者之關係，一直以來都認爲是「美與眞、善旣有聯繫又有區別」的。而在西洋的早期，是將「善」置於「眞」之上，當作「神」或「上帝」來看待，帶有神學色彩；後來「形式論」興起，才認爲美和善一樣，都是建立在「眞實的形式上面」，而把「善」放在「眞」之下，從倫理學的層面加以把握。

歐陽周、顧建華、宋凡聖等在《美學新編》（歐陽周、顧建華、宋凡聖《美學新編》，杭州：浙江大學出版社，2001年5月一版九刷，頁52-54）中即指出：「眞是美的源頭和基礎，美以眞爲內容要素。……善是美的靈魂，美以善爲內涵和目的。」這種「認爲美與眞、善旣有聯繫又有區別」的看法，普遍爲人所接受，所以辭章學家鄭頤壽《辭章學導論》（臺北：萬卷樓圖書公司，2003年11月初版，頁500）也說：「在兩三千年的爭論中，西方對眞、善（誠）與美的關係的認識也逐步辯證。柏拉圖的最大弟子亞里士多德就是其老師偏頗的文藝美學思想的異議者。從文藝復興到18世紀的許多美學家、藝術家，如達‧芬奇、荷加斯等，其後的柏克、費爾巴哈、車爾尼雪夫斯基直至馬克思，對『美』的本質及其與『眞』、『善』的關係的認識逐步科學化了。……莎士比亞有一段關於眞、善、美和辭章的關

係，談得十分深刻。他說：『眞、善、美，就是我全部的主題，眞、善、美，變化成不同的辭章，我底創造力就花費在這種變化裡，三題合一，產生瑰麗的景象。眞、善、美，過去式各不相關，現在呢，三位同座，眞是空前。』」

如此眞、善、美雖然在「求異」一面裡，所謂「眞屬於哲學的範疇」、「善屬於倫理學的範疇」、「美屬於美學的範疇」，各有不同；然而若從「求同」一面來說，就所謂「三位同座」，可統合而爲一。就在此「三位同座」中，所謂「眞是美的源頭和基礎，美以眞爲內容要素」、「善是美的靈魂，美以善爲內涵和目的」，顯然含藏了「眞、善→美」（或眞←→善→美）或「眞→善→美」的邏輯結構。李澤厚〈美學三題議〉（《美學論集》，臺北：三民書局，1996年9月初版，頁167-168）說：「『美』是『眞』與『善』的統一」，即是此意。

這樣看來，從古以來對「眞、善、美」涵義的界定，儘管不盡相同，然而所含藏「眞、善→美」（眞←→善→美）或「眞→善→美」等邏輯結構，卻變化不大。因爲這種邏輯結構，相當原始，是可適用於宇宙形成、含容萬物「由上而下」之各個層面的。如果換成「由下而上」來看，則正好相反，各個層面所形成的是「美→眞、善」（美→善←→眞）或「美→善→眞」的邏輯結構。而這種「由上而下」與「由下而上」的順、逆向結構，可由後人如范明生、鄔昆如等所掌握柏拉圖有關「眞、善、美」的義理邏輯裡得到充分證明（見蔣孔陽、朱立元主編，范明生著《西方美學通史》第一卷，上海：上海文藝出版社，1999年10月

一版一刷，頁310。又見鄔昆如《希臘哲學趣談》，臺北：東大圖書公司，1976年4月初版，頁151）。又如果把這順、逆向的邏輯結構加以整合簡化，則可表示如下：

$$眞 \longleftrightarrow 善 \longleftrightarrow 美$$

意即按「由上而下」的順向來看，它所呈現的是「眞→善→美」的邏輯結構；而依「由下而上」的逆向來看，則它所呈現的是「美→善→眞」的邏輯結構；而兩者互動，循環而提昇，就形成了螺旋結構。

（二）關於篇章意象

篇章是辭章中最重要的一環。就「辭章」而言，乃結合「形象思維」、「邏輯思維」與「綜合思維」而形成。這三種思維，各有所主。如果是將一篇辭章所要表達之「意」，訴諸各種偏於主觀之聯想、想像，和所選取之「象」連結在一起，或者是專就個別之「意」、「象」等本身設計其表現技巧的，皆屬「形象思維」（運用典型的藝術形象來顯示各種事物的特質）；這涉及了「取材」、「措詞」等有關「意象」之形成與表現等問題，而主要以此爲研究對象的，就是意象學（狹義）、詞彙學與修辭學等。如果是專就各種「象」，對應於自然規律，結合「意」，訴諸偏於客觀之聯想、想像，按秩序、變化、聯貫與統一之原則，前後加以安排、佈置，以成條理的，皆屬「邏輯思維」（運用抽象概念來顯示各種事物的組織）；這涉及了「運材」、「佈局」與「構詞」等有關「意象」之組織等問題，而主要以此爲研究對象的，就語句言，即文（語）法學；就篇章言，就是章法學。至於合「形象思維」與「邏輯思維」而爲一，探討其整

個「意象」體性的,則為「綜合思維」,這涉及了「立意」、「確立體性」等有關「意象」之統合等問題,而主要以此為研究對象的,為主題學、意象學(廣義)、文體學、風格學等。而以此整體或個別為對象加以研究的,則統稱為辭章學或文章學。

而這些辭章的內涵,都是針對辭章作「模式之探討」加以確定的。它們分別與形象思維、邏輯思維或綜合思維有著密切的關係。其中有偏於字句範圍的,主要為詞彙、修辭、文(語)法與意象(個別);有偏於章與篇的,主要為意象(整體含個別)與章法;有偏於篇的,主要為一篇主旨與風格。因此辭章的篇章,是主要以意象(個別到整體)與章法為其內涵,而以主旨與風格來「一以貫之」的。

換另一個角度看,辭章是離不開「意象」的。而「意象」有廣義與狹義之別:廣義者指全篇,屬於整體,可以析分為「意」與「象」,形成「二元」;狹義者指個別,屬於局部,往往合「意」與「象」為一來稱呼。而整體是局部的總括、局部是整體的條分,所以兩者關係密切。不過,必須一提的是,狹義之「意象」,亦即個別之「意象」,雖往往合「意」與「象」為一來稱呼,卻大都用其偏義,造成「包孕」的效果,譬如草木或桃花的意象,用的是偏於「意象」之「意」,因為草木或桃花都偏於「象」;如「桃花」的意象之一為愛情,而愛情是「意」;而團圓或流浪的意象,則用的是偏於「意象」之「象」,因為團圓或流浪,都偏於「意」;如「流浪」的意象之一為浮雲,而浮雲是「象」。因此前者往往是一「象」多「意」,後者則為一「意」多

「象」。而它們無論是偏於「意」或偏於「象」,通常都通稱為「意象」。如著眼於整體(含個別)的「意象」(意與象)來看,則它應於綜合思維,能統合形象思維與邏輯思維,並貫穿辭章的各主要內涵,以見意象在辭章上之地位(見拙作〈意、象互動論 — 以「一意多象」與「一象多意」為考察範圍〉,中山大學《文與哲》學報11期,2007年12月,頁435-480)。

先從「意象」之形成與表現來看,是都與形象思維有關的,因為形象思維所涉及的,是「意」(情、理)與「象」(事、景)之結合及其表現。其中探討「意」(情、理)與「象」(事、景〔物〕)之結合者,為「意象學」,這是就意象之形成來說的。而探討「意」(情、理)與「象」(事、景〔物〕)本身之表現者,如就原型求其符號化的,是「詞彙學」;如就變型求其生動化的,則為「修辭學」。

再從「意象」之組織來看,是與邏輯思維有關的,而邏輯思維所涉及的,則是意象(意與意、象與象、意與象、意象與意象)之排列組合,其中屬篇章者為「章法學」,屬語句者為「文法學」。

然後從「意象」之統合來看,是與綜合思維有關的,而綜合思維所涉及的,乃是核心之「意」(情、理),即一篇之中心意旨:「主旨」(統合內容義旨)與審美風貌:「風格」。

由此看來,形象思維、邏輯思維與綜合思維三者,涵蓋了辭章的各主要內涵,而都離不開「意象」。如單由「象」與「意」來說,如涉及後天之「辭章研究」(讀),所循的是「由象而意」之逆向邏輯結構;如涉

及先天之「語文能力」（寫）而言，所循的則是「由意而象」之順向邏輯結構（見拙作〈辭章意象論〉，臺灣師大《師大學報‧人文與社會類》50 卷 1 期，2005 年 4 月，頁 17-39）。

而這些內涵，如就逆向之邏輯結構來說，首先是藉「形象思維」（陰柔）與「邏輯思維」（陽剛），將「個別意象」、「詞彙」、「修辭」、「文（語）法」、與「章法」等呈現其藝術形式，以求合乎「善」的表現；然後是藉「綜合思維」來統合「形象思維」（陰柔）與「邏輯思維」（陽剛），以凸顯「整體意象」（含主題、主旨）與「風格」等，這涉及了「修辭立其誠」《易‧乾》之「誠」（真）與篇章有機整體之「美」。這樣使辭章各內涵產生互動，而統一於「整體意象」，以臻於「真、善、美」的最高境界（見拙作〈論「真」、「善」、「美」的螺旋結構 — 以章法「多」、「二」、「一（0）」結構作對應考察〉，臺灣師大《中國學術年刊》27 期〔春季號〕，2005 年 3 月，頁 151-188）。而這些都是辭章研究之成果，是不宜輕忽的。

（三）篇章意象與真、善、美的螺旋結構

如果這樣將「真、善、美」與「篇章意象」結合起來看，則在此層面，所謂的「真」，是表現在統合篇章意象的內容義旨上；所謂的「善」，是表現在組織篇章意象的邏輯結構上；所謂的「美」，是表現在統合篇章意象的「審美風貌」上。

如此將「篇章意象」與「真」、「善」、「美」三者對應，可製成下圖以表示其互動關係：

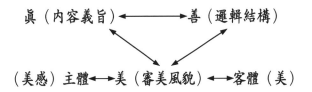

如此互動、循環而提昇，就形成螺旋結構，如落在「篇章意象」來看，則是這樣子的：

（一）寫作（順向——由意而象）：

美感（作者）→ 真 → 善 → 美（作品）

（二）閱讀（逆向——由象而意）：

美（作品）→ 善 → 真 → 美感（讀者）

從寫作面來看，所呈現的是由「意」下貫到「象」的過程；從閱讀面看，所呈現的是由「象」回溯到「意」的過程（見拙作〈論章法結構與意象系統 — 以「多」、「二」、「一（0）」螺旋結構切入作考察〉，《浙江師範大學學報‧社會科學版》30 卷 4 期，2005 年 8 月，頁 40-48）。這種流動性的雙向過程，無論是寫作或閱讀，都是經互動、循環而提昇的作用，而形成「意→象→意」或「象→意→象」的螺旋關係的。而且如就同一作品而言，作者由「意」而「象」地在從事順向寫作的同時，也會一再由「象」而「意」地如讀者作逆向之檢查；同樣地，讀者由「象」而「意」地作逆向閱讀的同時，也會一再由「意」而「象」地如作者在作順向之揣摩。這樣順逆互動、循環而提升，形成螺旋結構，而最後臻於至善，自然使得「寫作」與「閱讀」合為一軌了。

三、〈麥堅利堡〉篇章意象的真、善、美

羅門的〈麥堅利堡〉詩，作於 1960 年 10 月，雖然大家已十分熟悉，但為了與其篇章意象分析，尤其是結構分析表能完整對照，以方便廣大讀者，特引原詩如下：

超過偉大的
是人類對偉大已感到茫然

戰爭坐在此哭誰
它的笑聲　曾使七萬個靈魂陷落在比睡眠還深的地帶
太陽已冷　星月已冷　太平洋的浪被炮火煮開也都冷了

史密斯　威廉斯　煙花節光榮伸不出手來接你們回家
你們的名字運回故鄉　比入冬的海水還冷
在死亡的喧噪裡　你們的無救　上帝的手呢

血已把偉大的紀念沖洗了出來
戰爭都哭了　偉大它為什麼不笑
七萬朵十字花　圍成園　排成林　繞成百合的村
在風中不動　在雨裡不動
沉默給馬尼拉海灣看　蒼白給遊客們的照相機看
史密斯　威廉斯　在死亡紊亂的鏡面上　我只想知道
　　　　那裡是你們童幼時眼睛常去玩的地方
　　　　那地方藏有春日的錄音帶與彩色的幻燈片

麥堅利堡　鳥都不叫了　樹葉也怕動
凡是聲音都會使這裡的靜默受擊出血

空間與空間絕緣　時間逃離鐘錶
這裡比灰暗的天地線還少說話　永恆無聲
美麗的無音房　死者的花園　活人的風景區
神來過　敬仰來過　汽車與都市也都來過
而史密斯　威廉斯　你們是不來也不去了
靜止如取下擺心的錶面　看不清歲月的臉
在日光的夜裡　星滅的晚上
你們的盲睛不分季節地睡著

睡醒了一個死不透的世界
睡熟了麥堅利堡綠得格外憂鬱的草場

死神將聖品擠滿在嘶喊的大理石上
給給昇滿的星條旗看　給不朽看　給雲看
麥堅利堡是浪花已塑成碑林的陸上太平洋
一幅悲天泣地的大浮雕　掛入死亡最黑的背景
七萬個故事焚毀於白色不安的顫慄
威廉斯　史密斯　當落日燒紅滿野芒果林於昏暮
神都將急急離去　星也落盡
你們是那裡也不去了
太平洋陰森的海底是沒有門的

註：麥堅利堡（Fort Mckinly）紀念第二次大戰期間七萬美軍在太平洋地區戰亡；美國人在馬尼拉城郊，以七萬座大理石十字架，分別刻著死者的出生地與名字，非常壯觀也非常悽慘地排列在空曠的綠坡上，展覽著太平洋悲壯的戰況，以及人類悲慘的命運，七萬個彩色的故事，是被死亡永遠埋住了，這個世界在都市喧囂的射程之外，這裡的空靈有著偉大與不安的顫慄，山林的鳥被嚇住了都不叫了。靜得多麼可怕，靜得連上帝都感到寂寞不敢留下；馬尼拉海灣在遠處閃目，芒果林與鳳凰木連綿遍野，景色美得太過憂傷。天藍，旗動，令人肅然起敬；天黑，旗靜，周圍便黯然無聲，被死亡的感覺重壓著……作者本人最近因公赴菲，曾與菲華作家施穎洲、亞薇及畫家朱一雄家人往遊此地，並站在史密斯的十字架前拍照。1960 年 10 月（以上為作者自註）

這是首詠戰爭的作品，敘寫著麥堅利堡的故事，主要是用「先論（意：情、理）後敘（象：景、事）」的結構寫成的。對此麥堅利堡，作者以無限的悲憫出之，是愴然、也是悵然！這是嚴肅的悲愴，是剎那，也是永恆！

「超過偉大的／是人類對偉大已感到茫然」，什麼是偉大呢？又是什麼讓人類對偉大感到茫然呢？那是──麥堅利堡。作者以「議論」（以意為主：情、理）開篇，承接著這段議論的，是佔著全詩絕大篇幅的「敘述」（以象為主：景、事）部分。

在「敘述」（以象為主：景、事）部分，作者採用了「凡（總提）、目（分應）、凡（總提）」的結構來統攝，亦即先總括述說、再條分敘寫、再總括述說。第一個「凡（總提）」是：「戰爭坐在此哭誰／它的笑聲曾使七萬個靈魂陷落在比睡眠還深的地帶」，從中我們可以抽繹出兩個元素：「靈」（七萬個靈魂〉與「墓」（比睡眠還深的地帶），作者緊抓住這兩者，在其後的篇幅中作了深刻的鋪寫，並且在最後五行中又一筆總收（第二個「凡（總提）」〉。

在「目（分應）一」的部分，作者是就「靈」來寫，共有四行：「太陽已冷星月已冷太平洋的浪被炮火煮開也都冷了／史密斯 威廉斯 煙花節光榮伸不出手來接你們回家／你們的名字運回故鄉　比入冬的海水還冷／在死亡的喧噪裡　你們的無救　上帝的手呢」，「史密斯 威廉斯」是「七萬個靈魂」的代表，作者在此運用了「以少總多」的手法；他們的命運是如何呢？作者意欲表現出命運的慘酷，因此捕捉住觸覺的「冷」，來作放大般的描寫，「太陽」、「星月」、

「太平洋的浪」、「你們的名字」，都是多麼的冷啊！並且在末尾用一個反問句收結：「你們的無救 上帝的手呢」？真真是無語問蒼天啊！

接著寫「目（分應）二」，作者環繞著「墓」（亦即眼前實景〉來描繪。此處動用了視覺與聽覺，而且形成了「目（分應）、凡（總提）、目（分應）」的結構：整個第四節和第五節的首四行是「目（分應）一」，前者就視覺、後者就聽覺來敘寫；而「美麗的無音房 死者的花園活人的風景區」則是「凡（總提）」，其中以「美麗的無音房」統括起對聽覺的描寫，又以「死者的花園活人的風景區」統括起前、後對視覺的描寫；至於第五節中幅的十一行，則又是就視覺來描摹墓園，這是「目（分應）二」。所以在「目（分應）一」視覺的部分中，主要描寫墓園的蒼白停滯，一絲生命的氣息也聞嗅不到，所謂「七萬朵十字花　圍成園 排成林繞成百合的村／在風中不動在雨裡不動／沉默給馬尼拉海灣看　蒼白給遊客們的照相機看」，其實就是死亡的具象化，而且「百合的村」、「遊客們的照相機」等語，是頗含「省思」意味的；而接著的三行，則是就鎖定墓園的靜寂無聲來描寫（聽覺〉，其中「麥堅利堡　鳥都不叫了　樹葉也怕動／凡是聲音都會使這裡的靜默受擊出血」兩行，運用了「通感」的原理，以觸覺所感來描摹聽覺所得，讓這種靜默更是深刻沁人。接著出現的就是作為「凡（總提）」的一行：「美麗的無音房 死者的花園活人的風景區」，「美麗的無音房」即點出了無聲的死寂（聽覺〉，而這種無聲是「美麗」的，這種說法是多麼的反諷啊！而且「死者的花園 活人的

風景區」也是同樣的諷刺，並且這種反諷是貫穿在「目（分應）一」與「目（分應）二」對視覺的描寫中的。其後的十一行是「目（分應）二」，作者先寫：「神來過 敬仰來過 汽車與都市也都來過」，唉！多麼空洞啊！所謂「神」與「敬仰」，就如同「汽車與都市」，來過又走了，就算是裝飾，也是多麼空洞而易於凋謝的裝飾啊！然而「史密斯 威廉斯」呢？他們是「不來也不去了」，他們是睡著，然而這是一種醒不來的睡，因此最後四行點出死亡：「死神將聖品擠滿在嘶喊的大理石上 / 給昇滿的星條旗看 給不朽 看給雲看 / 麥堅利堡是浪花已塑成碑林的陸上太平洋 / 一幅悲天泣地的大浮雕 掛入死亡最黑的背景」，其中「昇滿的星條旗」、「不朽」，又是一個椎心的諷刺，令人省思不已。

前面的「目（分應）一」（靈）與「目（分應）二」（墓），作者都用結尾的五行作個收束：「七萬個故事焚毀於白色不安的顫慄 / 史密斯 威廉斯 當落日燒紅滿野芒果林於昏暮 / 神都將急急離去 星也落盡 / 你們是那裡也不去了 / 太平洋陰森的海底是沒有門的」，前幅收「靈」、後幅收「墓」，

可說是一筆兜攬，呼應得十分嚴密；而且時間也從「白白」發展到「昏暮」，令人揣想到一切的一切都彷彿即將墜入恆久的黑夜之中，而那種悲愴的感覺，就更深刻了。

令人喟嘆啊！讓人想及篇首那偈語般的句子：「超過偉大的 / 是人類對偉大已感到茫然」，什麼是偉大呢？又是什麼讓人類對偉大感到茫然呢？麥堅利堡當然是偉大的，可是又讓人感到多麼茫然啊！這其中顯示的，是作者對戰爭的反省與疑問。以及對死者高度的悼念與崇敬（以上分析，參見仇小屏《世紀新詩選讀》，臺北：萬卷樓圖書公司，2004 年 3 月初版二刷，頁 227-230）。

附其篇章意象結構分析表供參考：

總結起來說，此詩作者在麥堅利堡，將所見（視）、所聞（聽）與所感、所思（想），融合成其內容義旨，這是「真」；用「先論（意：情、理）後敘（象：事、景）」的「篇」結構為核心，來統合「凡目」（兩疊）、「並列（靈、墓）」「視、聽」的「章」結構，以反映宇宙人生「秩序」、「變化」、「聯貫」與「統一」的規律，這是「善」；至於由此創造出「孤寂」、「蒼涼」與「肅穆」的審美風貌，並

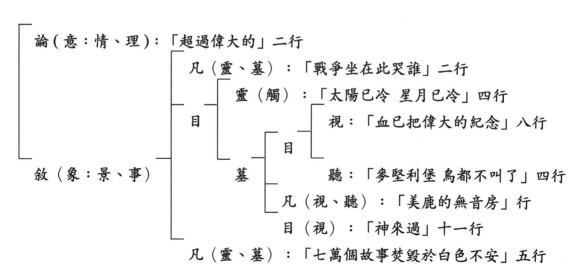

進行轉化、昇華，讓作者與讀者的心靈共同接受「美神」受洗的聖水而流淚，這就是「美」。這樣，刹那即成永恆，就像作者說的：「『看』、『聽』、『想』最後都一起交貨給『前進中的永恆』」（《「第三自然螺旋型架構世界」藝術創作美學理念》）。這種「眞、善、美」的表現，如配合篇章結構，可將它們的關係呈現如下表：

果然這首詩一發表，就引起國內外很大的迴響，讚美之聲，不絕於耳。這些迴響與讚美，羅門在其〈創作心靈告白〉（《大海洋詩刊》，2010 年 1 月，頁 23-24）一文中作了如此之概括：

> 國內外十多位知名詩人以「麥堅利堡」爲題材寫的戰爭詩，評論界都一致認爲我寫的〈麥〉詩最好。……2008 年 12 月舉行的黃山文學會議晚宴上，我背誦〈麥堅利堡〉，此次會議策劃人名詩人評論家沈奇教授當場發表感言說：羅門寫的〈麥堅利堡〉應是華人詩壇近百年來寫得最好的一首戰爭詩，並親口對我說，他最近在大學班上講解〈麥〉詩，曾一面解讀一面掉淚，如此已有四位知名詩人作家讀我四十多年前的〈麥〉詩流淚，可見詩是有感人的偉大性與永恆性的。……曾任大陸社科院藝術文化研究所所長劉夢溪名學者評論家，在 1993

年海南大學舉行羅門蓉子文學世界學術研討會」於會議總結文章中曾特別談到〈麥〉詩並發表一段話「初讀〈麥〉詩我被驚呆了；完全是另外一種思維，另外一種意象，另外一種符號，彷彿是詩歌的天外來客……在羅門〈麥〉詩面前人類感到渺小……從以上的述說，可見我在「戰爭」主題詩，是的確寫出最好的詩之一。……我寫〈麥堅利堡〉，我沒有流淚，有四位詩人作家掉淚，可是這些年來只要我一面讀此詩，一面聽貝多芬「第九交響樂」，幾乎都抑不住流出淚來，我曾將流出的淚，說是我心靈接受「美神」受洗的聖水。從以上所述說的可見以「自我、時空、死亡（與永恆）」所寫的〈第九日的底流〉也是具特殊性的好詩之一。

一首詩受到如此之迴響、讚美，是絕無僅有的。

四、羅門詩國的真、善、美螺旋結構

羅門的詩國，在他〈「我的詩國」訪談錄〉裡指出：「這一創作構想與觀念，是 2000 年首先提出，看來是意圖對『人的世界』、『詩的藝術』的終極存在，在找一個『美』的著落點。」而這一詩國、這一意圖，是以「第三自然螺旋型架構」世界爲基

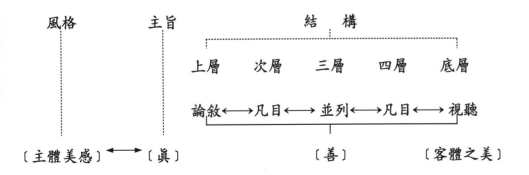

地的，他自己說：

> 「第三自然螺旋型架構」：將「第一自然」與人為「第二自然」的景觀以及古今中外的時空範疇與已出現的各種藝術流派包裝形式，全心放進內心「第三自然」美的焚化爐它的主機器——「螺旋型架構」去作業，使之全面交流交感，於向左右四周前後旋轉時，便旋入停不下來的廣闊的遠方；於向上旋轉時，便旋昇到不斷超越與突破的高度；於向下旋轉時，便旋入旋入無限奧秘神秘的深度；最後是讓有廣度、高度與深度美的世界，在詩與藝術轉動的「螺旋型架構」中，旋進它美的至高點與核心：去探視前進中的永恆。

可見在羅門的眼中，這個「第三自然螺旋型架構」之核心，就是「至美」，就是「永恆」。對此，在 2001 年 13 日的《商報》載羅門〈學者、評論家、詩人、作家對我「第三自然」世界的有關評語（下）〉收周偉民教授的評語說：

> 「第三自然」的藝術觀念的提出，是羅門對自己創作實踐的體識。他在〈詩人藝術家創造了存在的「第三自然」〉一文的序中說：「這是廿年來我透過詩與藝術，對人類內心與精神活動進行探索所做的認定，並提出這一具冒險性的觀點：『詩人與藝術家創造了存在的第三自然』。同時，我深信這一觀點，非但可以解決當前詩與藝術所面臨的種種爭論與危險，並可指出詩人與藝術家所永遠站住的位置，以及人類心靈活動接近完美的企向。」這一觀念，是羅門在1974 年提出的。當然，康德於 1790 年

在《判斷力批判》（上卷）中，就已曾經提出美學的第三自然的觀念。康德認為，整個第三自然界，都是「由一種想像力的媒介超過了經驗的界限……這種想像力在努力達到最偉大東西追蹤著理性的前奏——在完全性裡來具體化，這些的東西在自然界裡是找不到範例的。」康德是在審美判斷的演繹理論中，從美的哲學的角度提出了自然與美的辯證關係的概念。而羅門，是從自己的創作實踐中領悟和闡釋形象王國裡的「第三自然」的理論，把哲學觀念具體化於詩歌創作中。

他指出羅門「第三自然」的理論「把哲學觀念具體化於詩歌創作中」，強調了羅門對詩歌創作理論的偉大貢獻。

從源頭上來看，這種理論涉及了「陰陽二元對待」（含二元對比與調和）的問題。就以中國哲學中的「理」與「氣」、「有」與「無」、「道」與「器」、「體」與「用」、「動」與「靜」、「一」與「兩」、「知」與「行」、「性」與「情」、「天」與「人」……等，都屬於「陰陽二元對待」之範疇（見葛榮晉《中國哲學範疇導論》，臺北：萬卷樓圖書公司，1993 年 4 月初版一刷，頁 1-650），就連「意」與「象」、「真」與「善」、「善」與「美」，亦皆如此。它們有本有末，無論是「由本而末」或「由末而本」，均可形成「順」或「逆」的單向本末結構。而一般學者也都習慣以此單向來看待它們，卻往往忽略了它們所形成之「互動、循環而提昇」的螺旋關係。

而這種關係，可從《周易》（含《易

傳》）與《老子》等古籍中獲知梗概，《老子》說：「道生一，一生二，二生三，三生萬物。萬物負陰而抱陽，沖氣以爲和。」（四二章）」，《周易‧繫辭上》說：「是故易有太極，是生兩儀，兩儀生四象，四象生八卦。」依據它們，不但可由「有象」（人）而「無象」（天），找出螺旋性之逆向結構；也可由「無象」（天）而「有象」（人），尋得螺旋性之順向結構；並且透過《老子》「反者道之動」（四十章）、「凡物芸芸，各復歸其根」（十六章）與《周易‧序卦》「既濟」而「未濟」之說，將順、逆向結構不僅前後連接在一起，更形成循環不息的螺旋系統，以呈現中國宇宙人生觀之精微奧妙（參見拙作〈論「多」、「二」、「一（0）」的螺旋結構 — 以《周易》與《老子》爲考察重心〉，臺灣師大《師大學報‧人文與社會類》48 卷 1 期，2003 年 7 月，頁 1-20）。

而這種「螺旋」，在西方也曾用於教育課程之理論上，早在十七世紀，即由捷克教育家夸美紐斯所提出，許建鉞編譯《簡明國際教育百科全書》（北京：新華書局北京發行所，1991 年 6 月一版一刷，頁 61）即指出：「螺旋式循環原則（Principle of Spiral Circulation）排列德育內容原則之一，即根據不同年齡階段（或年級），遵循由淺入深，由簡單到複雜，由具體而抽象的順序，用循環、往復螺旋式提高的方法排列德育內容。螺旋式亦稱圓周式」。可見「螺旋」就是「互動、循環而提昇」的意思。這種螺旋作用，可用下列簡圖來表示：

二元對待←——→互動←——→循環←——→提升

它們如此層層作用不息，就形成了有無限擴張性的螺旋系統。

很值得注意的是：相對於人文，近年科技界亦發現生命之「基因」和「DNA」等都呈現雙螺旋結構，約翰‧格里賓著、方玉珍等譯《雙螺旋探密 — 量子物理學與生命》（上海：上海科技教育出版社，2001 年 7 月，頁 225）以爲：「生命分子是雙螺旋這一發現爲分子生物學揭開了新的一頁，而不是標誌著它的結束。但在我們以雙螺旋發現爲基礎去進一步理解世界之前，如果能有實驗證明雙螺旋複製的本質，那麼關於雙螺旋的故事就會更加完美了。」

如此，從極「微觀」（小到最小）到極「宏觀」（大到最大），都可由一順一逆的雙螺旋結構加以層層組織，以體現自然「眞、善、美」之規律（參見拙作〈「眞、善、美」螺旋結構論 — 以章法「多」、「二」、「一（0）」螺旋結構作對應考察〉，臺灣師大《中國學術年刊》27 期〔春季號〕，頁 151- 188）。由此可見人文與科技雖然各自「求異」，而有不同之內容，但所謂「萬變不離其宗」，在「求同」上，就有「殊途同歸」的無限開展。這樣，雙螺旋結構之「原始性」、「普遍性」與「永恆性」，就值得大家共同重視了。

而羅門就以這種螺旋型架構來凸顯「第三自然」，他寫麥堅利堡，是藉麥堅利堡本身之「事」（過去、現在）與週遭之「景」（現在），來抒發作者所觸發之「情」（現在、未來）與昇華之「理」（永恆）的。所涉及的，雖全離不開「墓」和「靈」，但由「象」而「意」，由「第一自然」而「第二自然」，順利提昇到「第三自然」，就像作

者所說的「在同一秒把『過去』、『現在』與『未來』存放入『前進中的永恆』的金庫」（《「第三自然螺旋型架構世界」藝術創作美學理念》）。對此，大陸詩人、文評家公劉有論文（《羅門蓉子文學世界學術研討會論文輯》，臺北：文史哲出版社，1994年4月出版，頁109）說：

> 我讀〈麥堅利堡〉，只覺得彷彿自己走進了宇宙的深處，只感到前無古人，後無來者，無邊無涯的寥寂和蒼涼，只感到周身每一個毛孔都充溢著凜然的肅穆，但那並非壓迫，更不是窒息，相反，倒有一種徹底解脫的大痛快！像這樣一種感覺，是我幾十年讀新詩時絕少體驗到的。感謝羅門先生，是他，截至目前為此，也只有他，如此逼近、如此真實、如此充沛、如此本色、如此完美地正面詮釋了直到今天仍舊在人類生活中肆虐的大怪物——戰爭。還從來不曾有過哪位詩人，像羅門先生這樣，鑽進戰爭的肚子裡，諦聽戰爭的咒語，方得以盡揭戰爭的秘密，而不耽於一味的禮讚或唾罵。這說明了詩人的超然脫俗。它使我聯想起羅門先生提倡的「第三自然」說。「第三自然」，是羅門先生在詩歌理論方面的一個具有穿透力的著名論點，我完全同意這個論點。我相信，〈麥堅利堡〉正是「第三自然」理論的一次成功實踐。

他讚美「〈麥堅利堡〉正是「第三自然」理論的一次成功實踐」，一點也沒有溢美。

五、結語

綜上所述，可知「真」、「善」、「美」三者，可落到辭章上來加以呈現，在寫作層面可形成「美感 → 真 → 善 → 美」的順向結構，由此呈現出由「意」而成「象」之歷程；在閱讀層面可形成「美 → 善 → 真 → 美感」的逆向結構，由此呈現出由「象」而溯「意」之歷程。如果由此進一步落到「篇章意象」來探討，則可得出結論，那就是：以其真誠的內容義旨反映「真」、以其完善的邏輯結構反映「善」、以其優秀的審美風貌反映「美」。相信這樣來看待篇章意象的「真」、「善」、「美」，將有助於對「篇章意象」之深入了解與研究。而羅門的詩國所反映的乃第三自然的螺旋結構，呈現出「『美』是『真』與『善』的統一」（李澤厚〈美學三題議〉）的最高境界。雖然限於篇幅，僅舉其〈麥堅利堡〉一詩中真、善、美螺旋結構的「小宇宙（剎那），來驗證真、善、美螺旋系統的「大宇宙」（永恆）而已，但所謂「以個別表現一般，以單純表現豐富，以有限表現無限」（見葉朗《中國美學史大綱》，臺北：滄浪出版社，1986年9月初版，頁26），是可由此見羅門詩國「真、善、美」之完美表現於一斑的，他自己常說：「完美是最豪華的寂寞」（羅門〈羅門論詩集〉，《大海洋詩刊》，2009年7月，頁119），從這裡可完全體現出來。

（2010.5.7.完稿）

論羅門詩國之第三自然螺旋結構觀

臺灣師大國文系退休教授　**陳滿銘**

摘要：羅門詩國的第三自然螺旋結構觀，是一種「創作構想與觀念」，意圖對「人的世界」、「詩的藝術」的終極存在，在找一個「美」的著落點。而所謂「『美』是『真』與『善』的統一」，因此美學是合科學、哲學甚至神學為一的。本文即以「多二一（0）」螺旋結構切入，先探討羅門詩國第三自然螺旋結構觀之哲學意涵，再旁及教育、科技與邏輯等學科領域作延伸論述，然後引詩例略作驗證，以見羅門詩國第三自然螺旋結構觀對詩學之重大貢獻。

關鍵詞：羅門詩國、第三自然、螺旋結構、哲學意涵、延伸印證

一、前　言

羅門詩國的第三自然螺旋結構觀，呈現出「『美』是『真』與『善』的統一」[1] 的最高境界，是冶科學、哲學與美學為一爐的。為此，繼今年五月拙作〈羅門詩國的真、善、美 ── 以〈麥堅利堡〉一詩的篇章意象為例作探討〉[2] 之後，特鎖定其「第三自然螺旋結構」的「創作構想與觀念」，以被視為反映「普遍性存在」[3] 的「多二一（0）」螺旋結構切入[4]，先聚焦於哲學意涵加以探討，再旁及教育、科技與邏輯等學科領域，作延伸的論證，然後引詩例略作說明，以見羅門詩國第三自然螺旋結構觀之客觀性、周延性與普遍性。

二、羅門第三自然螺旋結構觀之提出

羅門之詩國，在他〈「我的詩國」訪談錄〉裡指出：「這一創作構想與觀念，是 2000 年首先提出，看來是意圖對『人的世界』、『詩的藝術』的終極存在，在找一個『美』的著落點。」[5]而這一詩國、這一意圖，是以「第三自然螺旋型架構」世界為基地的，他自己說：

> 「第三自然螺旋型架構」：將「第一自然」與人為「第二自然」的景觀以及古今中外的時空範疇與已出現的各種藝術流派包裝形式，全心放進內心「第三自然」美的焚化

---

1 見李澤厚〈美學三題議〉，《美學論集》（臺北：三民書局，1996 年 9 月初版），頁 167-168。
2 此文收入羅門《我的詩國》（臺北：文史哲出版社，2010 年 6 月初版），頁 35-55。
3 王希杰：「陳教授的專長是詩詞學，非常具體。章法學則要抽象多了。這部著作（即《「多」、「二」、「（0）一」螺旋結構論 ── 以哲學、文學、美學為研究範圍》），就更抽象了。……我以為本書很值得一讀，因為這個螺旋結構是普遍性的存在，值得重視。」見王希杰《王希杰博客・書海探珠》（2008 年 1 月），頁 1。
4 見陳滿銘《多二一（0）螺旋結構論 ── 以哲學、文學、美學為研究範圍》（臺北：文津出版社，2007 年 1 月初版），頁 1-298。
5 見羅門〈「我的詩國」引言〉，《我的詩國》，同注 2，頁 3。

爐它的主機器 ——「螺旋型架構」去作業,使之全面交流交感,於向左右四周前後旋轉時,便旋入停不下來的廣闊的遠方;於向上旋轉時,便旋昇到不斷超越與突破的高度;於向下旋轉時,便旋入旋入無限奧秘神秘的深度;最後是讓有廣度、高度與深度美的世界,在詩與藝術轉動的「螺旋型架構」中,旋進它美的至高點與核心:去探視前進中的永恆。[6]

可見在羅門的眼中,這個「第三自然螺旋型架構」之核心,就是「至美」,就是「永恆」。對此,他進一步指出:

由於人類的思想活動空間,形如一透明的玻璃鏡房,「思想」走進去,前面明,背面暗;暗面就是思想的盲點。因此,「螺旋型架構」採取 360°不停地旋轉與變化的視點,要儘量克服了可能在背後所看不見的盲點,讓多向度與多元性的開放世界,都能以確實可為的卓越性與傑出性進入「美」的展望與永恆的注視,並使一切存在,都從有約束的框架中,解放到全然的自由裡來,呈現出更為新穎、可觀與美好的存在。藝術家與詩人,便就是這樣站在「螺旋型架構」的世界中去拿到上帝的「通行證」與「信用卡」,去展開這一全然自由與理想的創作世界的。[7]

為了說明清楚,他先舉「圓形」,再舉「三角形」(頂尖、銳角),然後舉「三角形」(頂尖、銳角)吞沒「圓形」,最後「圓形」又包容且融化「三角形」、「方形」與「長方形」的現象,以凸顯這種螺旋關係。接著就以「螺旋形」作總結說:

「螺旋形」便是由能溶化「三角形」「方形」「長方形」的「圓形」,不斷向前旋轉衍生持續而成。……此處「螺旋形」便也就是「螺旋形架構」,它具有向 360°彈性發展的多圓面所疊架的穩固圓底,也有向頂點突破的尖端,於是已完成統合了「三角形」與「圓形」雙項活動的實力與機能;同時由於突破的「頂點」,到突破後重又向 N 度空間展開的新「圓」,再又向新的突破「頂點」集攏等連續收放的動作,便使「螺旋形架構」的思想世界,無形中又掌握到「演釋」與「歸納」兩大邏輯思想系統以及也兼有「微觀」與「宏觀」的思想形態。從上述的思想造型符號的特性中,「螺旋形架構」被做為人類創造思想與文化思想向前推進與發展的理想基型,應是相當確實可靠的。因為它不但能使詩與藝術的創作思想不斷演化,推陳出新,從傳統與已存的世界中,凸現新的傳統與新的創造世界,而且能使「文明」在「三角形」的尖端,不斷獲得突破與前進的昇力,使文化在「圓形」的容涵中,獲得圓厚的實底與定力感,使具有精確銳角的理運空間與具有圓通的靈運空間相交合相互動,使物性與心性相交溶相交流,同時更使時間的「螺旋形架構」中,是一「前進中的永恆」,有前後的連續性,有歷史感,不像目前的社會情況,它是被物質文明快速發展的齒輪切割下的碎片。此外「螺旋形架構」也無形中在思想活動的造型空間裡,以無限自由與開放的包容性,解構古、今、中、外的框架,納入貝多芬與尼采不斷超越與突破一切阻力的「介入」精神,也納入老莊與王維不斷轉化與昇華、進入純境的「脫出」思想;在最後,它更以「三角形」頂點的尖端,刺入世界無限的高度與深度;以「圓形」360°展開的多圓面、收容世界無限的廣闊而使詩人與藝術家能因此成為一個具有思想深

6 見羅門〈第三自然螺旋型架構世界藝術創作美學理念〉,《我的詩國》,同注 1,頁 23-24。
7 見羅門〈第三自然螺旋型架構世界藝術創作美學理念的論談〉,《我的詩國》,同注 1,頁 25。

廣度的創作者，使文化也成為具有思想深廣度且不斷向前邁進的博大文化。綜觀上述有序地發展下來的圖解，可見單面存在的「圖形」，雖富安定性與包容度，但保守缺乏突破與變化；而具有突破性的「三角形」尖端，卻難免帶來衝突對抗性、緊張、不安與冷酷性。至於「三角形」吞沒「圓形」，形成物質文明突進的強勢，人文精神發展的弱勢，有失衡現象，因而便不能不引起反彈，呈現出「圓形」反過來溶解「三角形」的現象，並以溫厚的文化力源，流入進步的「文明面」，讓人文與人本精神成為生命存在的主導力，使人性與物性、感性與知性、文明與文化，進入相交溶相互動的中和情境，也使「三角形」與「圓形」終於在相抗拒中，趨向彼此間的融合，相輔相成的進入具有「三角形」尖端，也具有無數「圓」面的「螺旋形架構」造型世界，這世界使固定的單圓而演化為多圓面的立體「圓形」，且有多圓面在旋昇中所形成的「三角形」尖端，去不斷迫近存在的前衛創新地帶與連續的突破點。如此，「螺旋形架構」的創作造形世界，便無形中掌握了存在與變化中無限地展開的創作世界及不斷向前突破與創新的實力，邁進「前進中的永恆」，而這正是所有詩人與藝術家乃至任何創作者所特別強調與希求的。[8]

這樣強調「吞沒」、「融化」的螺旋作用，以「邁進『前進中的永恆』」，已充分地呈現了他詩國第三自然螺旋結構的理念。這一理念一提出，就受到詩評界的重視。如寫當代中國詩史兼寫詩評的古臘堂就評論說：

> 羅門的詩歌理論「第三自然螺旋型架構」，以第三自然就內心再現的無限的自然為核心；將第一自然（田園型）與第二自然（都市型）的一切存在深入第三自然，轉化成詩的創作世界，這一特殊的創作理念，也是被詩壇注意的觀點，在寫台灣現代詩史，也是應該被提到的部分。談到這裡，想起我赴台灣造訪羅門蓉子的「燈屋」，便更具體與更深入的瞭解羅門的「第一自然與「第二自然」的景況轉化人內心第三自然去呈現整個存在、運作與發展的具體景況與過程，而體認至羅門詩的創作精神世界，它之所以創造出這樣的深度與高度的水準，是因為他不像永詩人只是靠一些靈感與一些詩句，而是靠他內在第三自然世界至為深入的思維與心靈的感知與覺識，這些並可是從他「燈屋」的藝術理念與情況中領悟與體認得到。（見《從詩中走過來——論羅門蓉子》（謝冕教授等著，文史哲出版社 1997 年出版）[9]

他舉羅門、蓉子的「燈屋」作見證，證明羅門的「第三自然螺旋結構」是無所不在的。又如文學批評家古遠清教授評介說：

> 「羅門的「第三自然」的理論主張，生動地說明了作為觀念形態的詩，是主體對客體的反映，是在田園、城市生活的基礎上產生出來的；但這種產生並不是機械的反映，而日詩人的觀察、體認、感受、轉化與升等等心靈活動所形成的結晶。它是現實社會群體和詩人審美理想的形象再現。「第三自然」既是反映，同時又是詩人心靈的創造；既是基於田園、城市的現實生活，又必須通過「白描」、「超現實」、「象徵」與「投射」等各種藝術手段。這兩點，就其在現代詩創作中的體驗來說，任何超現實主義者也無法脫離田園、都市的現實；任何偏向寫實的作家也不應模擬、複製

---

8 見羅門〈第三自然螺旋型架構世界藝術創作美學理念的論談〉，《我的詩國》，同注 1，頁 27-28。
9 見〈學者、評論家、詩人、作家對「第三自然」世界的有關評語〉，《我的詩國》，同注 1，頁 33。

第一、第二自然，否則就會使詩質趨向單薄，缺乏意境，語言蕪雜鬆懈，走向散文化。羅門的這些觀點，雖然在前蘇聯高爾基的文化觀中及後來大陸詩人公木的《詩論》中也能見到，但將其同台灣的現代詩聯繫起來，把它和都市詩創作聯繫起來，把它和新詩創作的現代化聯繫起來，則是羅門的創造。」（《心靈世界的回響 ── 羅門詩作評論集》（龍彼德等著，文史哲出版社 2000 年 10 月出版）[10]

他著眼於「詩論」加以討論，很能凸出羅門「詩國」的特色。再如在 2001 年 13 日的《商報》即載羅門〈學者、評論家、詩人、作家對我「第三自然」世界的有關評語（下）〉收周偉民教授的評語說：

> 「第三自然」的藝俯觀念的提出，是羅門對自己創作質踐的體識。他在〈詩人藝術家創造了存在的「第三自然」〉一文的序中說：「這是廿年來我透過詩與藝術，對人類內心與精神活動進行探索所做的認定，並提出這一具冒險性的觀點：『詩人與藝俯家創造了存在的第三自然』。同時，我深信這一觀點，非但可以解決當前詩與藝術所面臨的種種爭論與危險，並可指出詩人與藝術家所永遠站住的位置，以及人類心靈活動接近完美的企向。」這一觀念，是羅門在 1974 年提出的。當然，康德於 1790 年在《判斷力批判》（上卷）中，就已曾經提出美學的第三自然的觀念。康德認為，整個第三自然界，都是「由一種想像力的媒介超過了經驗的界限……這種想像力在努力達到最偉大東西追蹤著理性的前奏 ── 在完全性裡來具體化，這些的東西在自然界裡是找不到範例的。」康德是在審美判斷的演繹理論中，從美的哲學的角度提出了自然與美的辯證關係的概念。而羅門，是從自己的創作實踐中領悟和闡釋形象王國裡的「第三自然」的理論，把哲學觀念具體化於詩歌創作中。[11]

他指出羅們「第三自然」的理論「把哲學觀念具體化於詩歌創作中」，強調了羅門對詩歌創作理論的偉大貢獻。

三、羅門第三自然螺旋結構觀之哲學意涵

古代的聖賢，探討宇宙萬物創生、含容的歷程，結果用「多 ←→ 二 ←→ （0）」的螺旋結構來呈現。大致說來，他們是先由「有象」（現象界）以探知「無象」（本體界），逐漸形成「多 → 二 → 一（0）」的逆向結構；再由「無象」（本體界）以解釋「有象」（現象界），逐漸形成「（0）一 → 二 →多」的順向結構的。就這樣一順一逆，往復探求、驗證，久而久之，終於形成了他們圓融的宇宙人生觀。而這種宇宙人生觀，各家雖各有所見，但若只求其同而不其求異，則總括起來說，都可以從「（0）一 → 二 → 多」（順）與「多 → 二 → 一（0）」（逆）的互動、循環而提昇的螺旋關係 [12] 上加以統合。茲以《周易》、《老子》為例，分別加以探討：

---

10 見羅門〈第三自然螺旋型架構世界藝術創作美學理念的論談〉，《我的詩國》，同注 1，頁 25。
11 見羅門〈第三自然螺旋型架構世界藝術創作美學理念的論談〉，《我的詩國》，同注 7。
12 凡「二元對待」之兩方，都會產生互動、循環而提昇的作用，而形成「多」、「二」、「一（0）」的螺旋結構。參見陳滿銘〈論「多」、「二」、「一（0）」的螺旋結構 ── 以《周易》與《老子》為考察重心〉（臺灣師大《師大學報・人文與社會類》48 卷 1 期，2003 年 7 月），頁 1-21。

首先看《周易》，在《周易》的〈序卦傳〉裡，對這種「多 ←→ 二 ←→ 一（0）」螺旋結構形成之過程，就曾約略地加以交代，雖然它們或許「因卦之次，託以明義」[13]，但由於卦、爻，均爲象徵之性質，乃一種概念性符號，即一般所說的「象」，象徵著宇宙人生之變化與各種物類、事類。就以《周易》（含《易傳》）而言，它的六十四卦，從其排列次序看，就粗具這種特點[14]。而各種物類、事類在「變化」中，循「由天（天道）而人（人事）」來說，所呈現的是「（一）二、多」的結構，這可說是〈序卦傳〉上篇的主要內容；而循「由人（人事）而天（天道）」來說，則所呈現的是「多、二（一）」的結構了，這可說是〈序卦傳〉下篇的主要內容。其中「（一）」指「太極」，「二」指「天地」或「陰陽」、「剛柔」，「多」指「萬物」（包括人事）。雖然「太極」（「道」）與「陰陽」（「剛柔」）等觀念與作用，在〈序卦傳〉裡，未明確指出，卻皆含蘊其中，不然「天地」失去了「太極」（「道」）與「陰陽」（「剛柔」）等作用，便不可能不斷地「生萬物」（包括人事）了。

再看《易傳》：

> 乾知大始，坤作成物。（《周易・繫辭上》）
>
> 一陰一陽之謂道，繼之者善也，成之者性也。……生生之謂易，成象之謂乾，效法之謂坤。（同上）
>
> 是故易有太極，是生兩儀，兩儀生四象，四象生八卦。（同上）

在這些話裡，《易傳》的作者用「易」、「道」或「太極」來統括「陰」（坤）與「陽」（乾），作爲萬物生生不已的根源。而此根源，就其「生生」這一含意來說，即「易」，所以說「生生之謂易」；就其「初始」這一象數而言，是「太極」，所以《說文解字》於「一」篆下說「惟初太極，道立於一，造分天地，化成萬物」[15]；就其「陰陽」這一原理來說，就是「道」，所以說「一陰一陽之謂道」。分開來說是如此，若合起來看，則三者可融而爲一。關於此點，馮友蘭分「宇宙」與「象數」加以說明云：

> 《易傳》中講的話有兩套：一套是講宇宙及其中的具體事物，另一套是講《易》自身的抽象的象數系統。〈繫辭傳上〉說：「易有太極，是生兩儀，兩儀生四象，四象生八卦。」這個說法後來雖然成為新儒家的形上學、宇宙論的基礎，然而它說的並不是實際宇宙，而是《易》象的系統。可是照《易傳》的說法：「易與天地準」（同上），這些象和公式在宇宙中都有其準確的對應物。所以這兩套講法實際上可以互換。「一陰一陽之謂道」這句話固然是講的宇宙，可是它可以與「易有太極，是生兩儀」這句話互換。「道」等於「太極」，「陰」、「陽」相當於「兩儀」。〈繫辭傳下〉說：「天地之大德曰生。」〈繫辭傳上〉說：「生生之謂易。」這又是兩套說法。前者指宇宙，後者指易。可是兩者又是同時可以互換的。[16]

他從實（宇宙）虛（象數）之對應來解釋，很能凸顯《周易》這本書的特色。這樣，其順向

---

13 見戴璉璋《易傳之形成及其思想》（臺北：文津出版社，1988 年 11 月臺灣初版），頁 186-187。
14 參見徐復觀《中國人性論史・先秦篇》（臺北：臺灣商務印書館，1978 年 10 月四版），頁 202。
15 參見黃慶萱《周易縱橫談》（臺北：三民書局，1995 年 3 月初版），頁 33-34。
16 見《馮友蘭選集》上卷（北京：北京大學出版社，2000 年 7 月一版一刷），頁 286。

歷程就可用「一 → 二 → 多」的結構來呈現，其中「一」指「太極」、「道」、「易」，「二」指「陰陽」、「乾坤」（天地），「多」指「萬物」（含人事）。如果對應於〈序卦傳〉由天而人、由人而天，亦即「既濟」而「未濟」之的循環來看，則此「一 → 二 → 多」，就可以緊密地和逆向歷程之「多 → 二 → 一」接軌，形成其螺旋結構[17]。

就這樣，《周易》先由爻與爻的「相生相反」的變化[18]，以形成小循環；再擴及這種變化到卦，由卦與卦「相生相反」的變化，以形成大循環。而大、小循環又互動、循環不已，形成層層上升之螺旋結構。關於這點，黃慶萱說：

> 《周易》的周，……有周流的意思。《周易》每卦六爻，始於初，分於二，通於三，革於四，盛於五，終於上。代表事物的小周流。再看六十四卦，始於〈乾卦〉的行健自強；到了六十三掛的〈既濟〉，形成了一個和諧安定的局面；接著的卻是〈未濟〉，代表終而復始，必須作再一次的行健自強。物質的構成，時間的演進，人士的努力，總循著一定的周期而流動前進，於是生命進化了，文明日益發展。[19]

所謂「周流」、「終而復始」、「周期而流動前進」，說的就是《周易》變化不已的螺旋式結構。而這種結構，如對應於「三易」（《易緯·乾鑿度》）而言，則「多」說的是「變易」、「二」說的是「簡易」，而「一」說的是「不易」。因此「三易」不但可概括《周易》之內容與特色，也可以呈現「多 ←→ 二 ←→ 一」的螺旋結構。

然後看《老子》，這種螺旋結構，在《老子》一書中，不但可以找到，而且更完整：

> 道可道，非常道；名可名，非常名。无，名天地之始；有，名萬物之母。（〈一章〉）
> 致虛極，守靜篤，萬物並作，吾以觀復。凡物芸芸，各復歸其根。歸根曰靜，是謂復命，復命曰常。知常曰明。（十六章）
> 道之為物，惟恍惟惚。惚兮恍兮，其中有象。恍兮惚兮，其中有物。窈兮冥兮，其中又精。其精甚真，其中有信。（〈二一章〉）
> 有物混成，先天地生，寂兮寞兮，獨立不改，周行而不殆，可以為天下母，吾不知其名，字之曰道，強為之名曰大。大曰逝，逝曰遠，遠曰反。（〈二五章〉）
> 知其雄，守其雌，為天下谿；常德不離，復歸於嬰兒。知其白，守其黑，為天下式；為天下式，常德不忒，復歸於無極。知其榮，守其辱，為天下谷；為天下谷，常德乃足，復歸於樸。（二八章）
> 反者道之動，弱者道之用。天下萬物，生於有，有生於无。（四十章）
> 道生一，一生二，二生三，三生萬物。萬物負陰而抱陽，沖氣以為和。（〈四二章〉）

從上引各章裡，不難看出老子這種由「无（無）」而「有」而「无（無）」的主張。所謂「道可道非常道」、「道之為物，惟恍惟惚」、「道生一，一生二，二生三，三生萬物」、「有生於无」、「有物混成，先天地生，……可以為天下母」等，都是就「由无（無）而有」

---

17 見陳滿銘〈論「多」、「二」、「一（0）」的螺旋結構 —— 以《周易》與《老子》為考察重心〉，同注 12。
18 勞思光：「爻辭論各爻之吉凶時，常有「物極必反」的觀念。具體地說，即是卦象吉者，最後一爻多半反而不吉；卦象凶者，最後一爻有時反而吉。」見《新編中國哲學史》〔一〕（臺北：三民書局，1984 年 1 月增訂修版），頁 85-86。
19 見《周易縱橫談》，同注 15，頁 236。

的順向過程來說的。而所謂「反者道之動」、「復歸於無極」、「復歸於樸」，是就「有」而「无（無）」的逆向過程來說的。而這個「道」，乃「創生宇宙萬物的一種基本動力」，如就本末整體而言，是「无」（無）與「有」的統一體；如單就「本」（根源）而言，則因為它「不可得聞見」（《韓非子・解老》），「所以老子用一個『無（无）』字來作為他所說的道的特性」[20]。而「由无（無）而有」，所說的就是「由一而多」之宇宙萬物創生的過程，所以宗白華說：

> 道的作用是自然的動力、母力，非人為的，非有目的及意志的。「萬物生於有，有生於无」這個素樸混沌一團的道體，運轉不已，化分而成萬有。故曰：「大道氾兮，其可左右。」（三十四章）「周行而不殆。」（二十五章）「反者道之動。」（四十章）「樸，則散為器。聖人用之，則為官長。」（廿八章）道體化分而成萬有的過程是由一而多，由无形而有形。[21]

而徐復觀也說：

> 宇宙萬物創生的過程，乃表明道由無形無質以落向有形有質的過程。但道是全，是一。道的創生，應當是由全而分，由一而多的過程。[22]

如就「有」而「无（無）」，亦即「多而一」來看，老子在此是以「反」作橋樑加以說明的。而這個「反」，除了「相反」、「返回」之外，還有「循環」的意思。勞思光闡釋「反者道之用」說：

> 「動」即「運行」，「反」則包含循環交變之義。「反」即「道」之內容。就循環交變之義而言，「反」以狀「道」，故老子在《道德經》中再三說明「相反相成」與「每一事物或性質皆可變至其反面」之理。[23]

而姜國柱也說：

> 「道」的運動是周行不殆，循環往復的圓圈運動。運動的最終結果是返回其根：「復歸其根」、「復歸於樸」。這裡所說的「根」、「樸」都是指「道」而言。「道」產生、變化成萬物，萬物經過周而復始的循環運動，又返回、復歸於「道」。老子的這個思想帶有循環論的色彩。[24]

這強調的是「循環」，乃結合「相反」之義來加以說明的。

如此「相反相成」、循環不已，說的就是「變化」，而「變化」的結果，就是「返回」至「道」的本身，這可說是變化中有秩序、秩序中有變化之一個循環歷程。

這樣，結合《周易》和《老子》來看，它們所主張的「道」，如僅著眼於其「同」，則它們主要透過「相反相成」、「返本復初」而循環不已的作用，不但將「一 → 多」的順向歷程與「多 → 一」的逆向歷程前後銜接起來，更使它們層層推展，循環不已，而形成了螺旋式結構，以呈現宇宙創生、含容萬物之原始規律。

---

20 見徐復觀《中國人性論史・先秦篇》，同注 14，頁 329。
21 見《宗白華全集》2（合肥：安徽教育出版社，1994 年 12 月一版二刷），頁 810。
22 見徐復觀《中國人性論史・先秦篇》，同注 14，頁 337。
23 見勞思光《新編中國哲學史》，同注 18，頁 240。
24 見姜國柱《中國歷代思想史〔壹、先秦卷〕》（臺北，文津出版社，1993 年 12 月初版一刷），頁 63。

就在這「由一而多」（順）、「多而一」（逆）的過程中，是有「二」介於中間，以產生承「一」啓「多」的作用的。而這個「二」，從「道生一，一生二，二生三，三生萬物」等句來看，該就是「一生二，二生三」的「二」。雖然對這個「二」，歷代學者有不同的說法，大致說來，有認爲只是「數字」而無特殊意思的，如蔣錫昌、任繼愈等便是；有認爲是「天地」的，如奚侗、高亨等便是，有認爲是「陰陽」的，如河上公、吳澄、朱謙之、大田晴軒等便是。其中以最後一種說法，似較合於原意，因爲老子既說「萬物負陰而抱陽」，看來指的雖僅僅是「萬物的屬性」，但萬物既有此屬性，則所謂有其「委」（末）就有其「源」（本），作爲創生源頭之「一」或「道」，也該有此屬性才對，所差的只是，老子沒有明確說出而已。所以陳鼓應解釋「道生一」章說：

> 本章爲老子宇宙生成論。這裡所說的「一」、「二」、「三」乃是指『道』創生萬物時的活動歷程。「混而爲一」的『道』，對於雜多的現象來說，它是獨立無偶，絕對對待的，老子用「一」來形容『道』向下落實一層的未分狀態。渾淪不分的『道』，實已稟賦陰陽兩氣；《易經》所說「一陰一陽之謂『道』」；「二」就是指『道』所稟賦的陰陽兩氣，而這陰陽兩氣便是構成萬物最基本的原質。『道』再向下落漸趨於分化，則陰陽兩氣的活動亦漸趨於頻繁。「三」應是指陰陽兩氣互相激盪而形成的均適狀態，每個新的和諧體就在這種狀態中產生出來。[25]

而黃釗也說：

> 愚意以爲「一」指元氣（從朱謙之說），「二」指陰陽二氣（從大田晴軒說），「三」即「叁」，「參」也。若木《薊下漫筆》「陰陽三合」爲「陰陽參合」。「三生萬物」即陰陽二氣參合產生萬物。[26]

他們對「一」與「三」（多）的說法雖有一些不同，但都以爲「二」是指「陰陽二（兩）氣」。而這種「陰陽二氣」的說法，其實也照樣可包含「天地」在內，因爲「天」爲「乾」爲「陽」，而「地」則爲「坤」爲「陰」；所不同的，「天地」說的是偏於時空之形式，用於持載萬物[27]；而「陰陽」指的則是偏於「二氣之良能」（朱熹《中庸章句》），用於創生萬物。這樣看來，老子的「一」該等同於《易傳》之「太極」、「二」該等同於《易傳》之「兩儀」（陰陽），因此所呈現的，和《周易》（含《易傳》）一樣，是「一 → 二 → 多」與「多 → 二 → 一」之原始結構。不過，值得一提的是：（一）即使這「一」、「二」、「多」之內容，和《周易》（含《易傳》）有所不同，也無損於這種結構的存在。（二）「道生一」的「道」，既是「創生宇宙萬物的一種基本動力」，而它「本身又體現了無（无）」[28]，那麼正如王弼所注「欲言無（无）耶，而物由以成；欲言有耶，而不見其形」[29]，老子的「道」

---

25 見陳鼓應《老子今注今譯及評介》（臺北：臺灣商務印書館，1985 年 2 月修訂十版），頁 106。
26 以上諸家之說與引證，見黃釗《帛書老子校注析》（臺北：學生書局，1991 年 10 月初版），頁 231。
27 參見徐復觀《中國人性論史·先秦篇》，同注 14，頁 335。
28 林啓彥：「『道』既是宇宙及自然的規律法則，『道』又是構成宇宙萬物的終極元素，『道』本身又體現了『無』。」見《中國學術思想史》（臺北：書林出版社，1999 年 9 月一版四刷），頁 34。
29 見《老子王弼注》（臺北：河洛圖書出版社，1974 年 10 月臺景印初版），頁 16。

可以說是「无」，卻不等於實際之「無」（實零）[30]，而是「恍惚」的「无」（虛零），以指在「一」之前的「虛理」[31]。這種「虛理」，如勉強以「數」來表示，則可以是「（0）」。這樣，順、逆向的結構，就可調整爲「（0）一 → 二 → 多」（順）與「多 → 二 → 一（0）」（逆），以補《周易》（含《易傳》）之不足，這就使得宇宙萬物創生、含容的順、逆向歷程，更趨於完整而周延了。

可見羅門詩國的第三自然螺旋結構的觀點，從其哲學意涵來看，是可以互相對應、密合無間的。

四、羅門第三自然螺旋結構觀之延伸印證

所謂「螺旋」，早用於教育課程之理論上，就在十七世紀，由捷克教育家夸美紐斯所提出，《教育大辭典》解釋說：

> 螺旋式課程（spiral curriculum）圓周式教材排列的發展，十七世紀捷克教育家夸美紐斯提出，教材排列採用圓周式，以適應不同年齡階段的兒童學習。但這種提法，不能表達教材逐步擴大和加深的含義，故用螺旋式的排列代替。二十世紀六〇年代，美國心理學家布魯納也主張這樣設計分科教材：按照正在成長中的兒童的思想方法，以不太精確然而較為直觀的材料，儘早向學生介紹各科基本原理，使之在以後各年級有關學科的教材中螺旋式地擴展和加深。[32]

所謂「圓周」、「逐步擴大和加深」，指的正是「循環、往復、螺旋式提高」，《簡明國際教育百科全書》即指出：

> 螺旋式循環原則（Principle of Spiral Circulation）排列德育內容原則之一，即根據不同年齡階段（或年級），遵循由淺入深，由簡單到複雜，由具體而抽象的順序，用循環、往復螺旋式提高的方法排列德育內容。螺旋式亦稱圓周式」。[33]

可見「螺旋」就是「互動、循環而提昇」的意思。這種螺旋作用，可用下列簡圖來表示：

　　二元 → 互動 → 循環 → 提升

這是著眼於「陰陽二元」，即「二」來說的，若以此「二」爲基礎，徹上於「一（0）」、徹下於「多」，則成爲「多」、「二」、「一（0）」之系統。而這種系統，如同上述，可從《周易》（含《易傳》）與《老子》等古籍中獲知梗概，它們不但由「有象」而「無象」，找出「多、二、一（0）」之逆向結構；也由「無象」而「有象」，尋得「（0）一、二、多」

---

30 馮友蘭：「謂道即是无。不過此『无』乃對於具體事物之『有』而言的，非即是零。道乃天地萬物所以生之總原理，豈可謂爲等於零之『无』。」見《馮友蘭選集》上卷，同注 16，頁 84。
31 唐君毅：「所謂萬物之共同之理，可爲實理，亦可爲一虛理。然今此所謂第一義之共同之理之道，應指虛理，非指實理。所謂虛理之虛，乃表狀此理之自身，無單獨之存在性，雖爲事物之所依循、所表現，或所是所然，而並不可視同於一存在的實體。」見《中國哲學原論‧導論篇》（香港：人生出版社 1966 年 3 月出版），頁 350-351。
32 見《教育大辭典》（上海：上海教育出版社，1990 年 6 月一版一刷），頁 276。
33 見《簡明國際教育百科全書》（北京：新華書局北京發行所，1991 年 6 月一版一刷），頁 611。

之順向結構；並且透過《老子》「反者道之動」（四十章）、「凡物芸芸，各復歸其根」（十六章）與《周易·序卦》「既濟」而「未濟」之說，將順、逆向結構不僅前後連接在一起，更形成循環不息的「多」、「二」、「一（０）」螺旋結構，以呈現中國宇宙人生觀之精微奧妙[34]。

如此照應「多」、「二」、「一（０）」整體，則「螺旋結構」之體系可用下圖來表示：

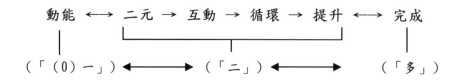

又如果再依其順逆向，將「多」、「二」、「一（０）」加以拆解，則可呈現如下列兩式：
一、順向：「（０）一」 ⟶ 「二」 ⟶ 「多」
二、逆向：「多」 ⟶ 「二」 ⟶ 「一（０）」
而這兩式是可以不斷地彼此循環而銜接而提升，而形成層層螺旋結構，以體現宇宙人生生生不息之生命力的。

很值得注意的是：相對於人文，近年科技界亦發現生命之「基因」和「DNA」等都呈現雙螺旋結構，約翰·格里賓著、方玉珍等譯《雙螺旋探密 —— 量子物理學與生命》以為：

> 生命分子是雙螺旋這一發現為分子生物學揭開了新的一頁，而不是標誌著它的結束。但在我們以雙螺旋發現為基礎去進一步理解世界之前，如果能有實驗證明雙螺旋複製的本質，那麼關於雙螺旋的故事就會更加完美了。[35]

對這種「雙螺旋結構」，歐陽周、顧建華、宋凡聖編著的《美學新編》也作解釋說：

> 從微觀看，由於近代物理學與生物學、化學、數學、醫學等的相互交叉和滲透，對分子、原子和各種基本粒子的研究更加深入，並取得一系列的成果。……特別要指出的是，DNA 分子的雙螺旋結構模式，體現了自然美的規律：兩條互補的細長的核苷酸鏈，彼此以一定的空間距離，在同一軸上互相盤旋起來，很像一個扭曲起來的梯子。由於每條核苷酸鏈的內側是扁平的盤狀鹼基，當兩個相連的互補鹼基 A 連著 P，G 連著 C 時，宛若一級一級的梯子橫檔，排列整齊而美觀，十分奇妙。[36]

這樣，對應於「多」、「二」、「一（０）」螺旋結構來看，所謂「宛若一級一級的梯子橫檔」，該是「二」產生作用的整個歷程與結果，亦即「多」；所謂「當兩個相連的互補鹼基 A 連著 P，G 連著 C」，該是「二」；而 DNA 本身的質性與動力，則該為「一（０）」。至於所謂「兩條互補的細長的核苷酸鏈，彼此以一定的空間距離，在同一軸上互相盤旋起來」，該是一順一逆、一陰一陽的螺旋結構。如果這種解釋合理，那麼，從極「微觀」（小

---

34 參見陳滿銘〈論「多」、「二」、「一（０）」的螺旋結構 —— 以《周易》與《老子》為考察重心〉，同注 12。
35 見《雙螺旋探密 —— 量子物理學與生命》（上海：上海科技教育出版社，2001 年 7 月），頁 225。
36 見《美學新編》（杭州：浙江大學出版社，2001 年 5 月一版九刷），頁 303。

到最小）到極「宏觀」（大到最大），都可由一順一逆的「多」、「二」、「一（0）」雙螺旋結構加以層層組織，以體現自然「真、善、美」之規律 [37]。

可見人文與科技雖然各自「求異」，而有不同之內容，但所謂「萬變不離其宗」，在「求同」上，不無「殊途同歸」的可能。如果是這樣，則「多」、「二」、「一（0）」螺旋結構之「原始性」與「普遍性」，就值得大家共同重視了。

而這種「多」、「二」、「一（0）」螺旋結構所呈現之層次邏輯，是有別於「傳統邏輯」的邏輯形式的。「傳統邏輯」的邏輯形式，主要是經由求「同」（歸納）求「異」（演繹），以確定其真偽、是非爲目的；而「層次邏輯」，則主要在求「同」（歸納）求「異」（演繹）過程中，呈現其時、空或內蘊之層次爲內容。這種邏輯層次，通常都由多樣的「陰陽二元對待」爲基礎，而經「移位與轉位」之過程與「『多』、『二』、『一（0）』螺旋結構」之終極統合，形成其完整系統 [38]。

說得簡單一點，這種層次邏輯系統，是由萬事萬物產生的層層「本末先後」之次序所形成的。《禮記‧大學》一開篇就說：

物有本末，事有終始，知所先後，則近道矣。

這所謂「本始所先，末終所後」[39]，正是層次邏輯形成其系統之基礎。如果著眼於「事」而又將「物」含於其中，配合「起點 → 過程 → 終點」的層次邏輯，並與「多」、「二」、「一（0）」作對應，則其系統或結構是這樣的：

因此把「本末先後」，視爲形成層次邏輯系統之基礎，是相當合理的。

而這所謂「本末」，就兩者關係言，就是「因果」。眾所週知，「因果」在哲學上，雖只看成是範疇之一，卻與「諸範疇」息息相關。張立文在《中國哲學邏輯結構論》中說：

就彼此相聯繫的範疇而言，中國佛教哲學中的「因」這個範疇，它自身包含著兩個事物或現象的聯繫，這種特定的聯繫，各以對方的存在為自己存在的前提或條件。其內在衝突的伸展，使「因」作為一方與「果」作為另一方構成相對相關的聯繫。範疇這種衝突性格，使自身或與諸範疇都處於相互聯繫、相互轉化之中，並在這種普遍的有機聯繫中，再現客觀世界的衝突及其發展的全進程。[40]

既然「因果」這一範疇能產生「普遍的有機聯繫」，其重要性就可想而知。也就難怪在邏輯學中，會那樣受到普遍的重視，而視之爲「律」了。

從另一角度看，「因果律」涉及的是假設性之「演繹」與科學性之「歸納」，而假設性

37 見陳滿銘〈論真、善、美與多、二、一（0）螺旋結構 —— 以辭章章法爲例作對應考察〉（高雄：中山大學《文與哲》學報 13 期，2008 年 6 月），頁 663-698。。

38 見陳滿銘〈論層次邏輯 —— 以哲學與文學作對應考察〉（臺灣師大《國文學報》37 期，2005 年 6 月），頁 91-135。

39 見朱熹《四書集註‧大學》（臺北：學海出版社，1984 年 9 月初版），頁 3。

40 見《中國哲學邏輯結構論》（北京：中國社會科學出版社，2002 年 1 月一版一刷），頁 11。

之「演繹」所形成的是「先果後因」的邏輯層次；與科學性之「歸納」所形成的是「先因後果」的邏輯關係，正好可以對應地發揮證明或檢驗的功能。陳波在其《邏輯學是什麼》一書中說：

> 因果聯繫是世界萬物之間普遍聯繫的一個方面，也許是其中最重要的方面。一個（或一些）現象的產生會引起或影響到另一個（或一些）現象的產生。前者是後者的原因，後者就是前者的結果。科學的一個重要任務就是要把握事物之間的因果聯繫，以便掌握事物發生、發展的規律。[41]

可見「因果」邏輯關係的重要。而這種「因果」邏輯，雖然一度受到羅素（B. Russell. 1872-1970）偏執之影響，使研究沉寂了半個世紀；但到了 20 世紀 30 年代後卻有了新的發展。如美國當代哲學家、計算機理論家勃克斯（A. W. Burks），就提出了「因果陳述邏輯」，任曉明、桂起權介紹說：

> 作為一種證明或檢驗的邏輯，因果陳述邏輯在科學理論創新中能否起重要作用呢？答案是肯定的。第一，因果陳述邏輯對於解釋或預見事實有重要意義。就如同假說演繹法所起的作用一樣，因果陳述邏輯可以從理論命題推演出事實命題，或是解釋已知的事實，或是預見未知的事實。這種推演的基本步驟是以一個或多個普遍陳述，如定律、定理、公理、假說等作為理論前提，再加上某些初次條件的陳述，逐步推導出一個描述事實的命題來。這種情形就如同上一節所舉的「開普勒和火星軌道」的例子一樣。第二，因果陳述邏輯對於探求科學陳述之間的因果聯繫，進而對科學理論做出因果可能性的推斷有著重要作用。勃克斯所創建的這種邏輯對科學理論創新的貢獻在於：通過對科學推理的細緻分析，發現經典邏輯的實質蘊涵、嚴格蘊涵都不適於用來刻劃因果模態陳述的前後關係。於是，他提出了一種「因果蘊涵」，進而建立一個公理系統，為科學理論中因果聯繫的探索奠定了邏輯上的基礎。[42]

勃克斯這樣以「因果蘊涵」作為「因果陳述邏輯」的核心概念，而建立了一個「公理系統」，「從具有邏輯必然性的規律或理論陳述中推導出具有因果必然性的因果律陳述，進而推導出事實陳述。這種推導過程，不僅能解釋已知的事實，而且能預見未知的事實。」[43] 這在科學理論方面，是有相當大的創新功能的。

這樣看來，相應於「本末先後」的「因果聯繫」，適應面極廣，如此自然可以建立層次邏輯系統，而形成「多」、「二」、「一（0）」之螺旋結構。而這種螺旋結構，不但可在哲學上，理出它的根本原理；也可在文學上，透過辭章章法規律與結構檢驗它的表現成果；甚且可在美學上尋得比「多樣的統一」更完整的審美體系。如此「一以貫之」，希望藉此可以凸顯「多」、「二」、「一（0）」螺旋結構之原始性與普遍性。

從這些角度或層面來看羅門詩國的第三自然螺旋結構的觀點，是可以印證它是能上天入

---

41 見《邏輯學是什麼》（北京：北京大學出版社，2002 年 1 月一版一刷），頁 167。
42 見黃順基、蘇越、黃展驥主編《邏輯與知識創新》（北京：中國人民大學出版社，2002 年 4 月一版一刷），頁 328-329。
43 見黃順基、蘇越、黃展驥主編《邏輯與知識創新》，同注 42，頁 332。

地，通貫無礙的。

五、羅門第三自然觀與多二一（0）螺旋結構

　　從表面上看來，羅門的第三自然觀，好像與「多二一（0）」螺旋結構無直接關。其實，羅門所謂「尖」與「圓」就是關鍵性之「二」，其中「尖」爲「陽」、「圓」爲「陰」，就在「尖」（陽）與「圓」（陰）二元的交互作用下，彼此「吞沒」、「融合」，而下徹爲各類型（如三角形、圓形、方形、長方形等）、上徹爲螺旋形，形成「多 ←→ 二」「螺旋架構」，以體認真實中的「真實」（一：以情、理統合景、事），持續邁向「前進中的永恆」，呈現出藝術至美（0）。如此看待羅門的第三自然螺旋結構，應是十分合理的。

　　這樣的「多二一（0）」螺旋結構，落到辭章得篇章時，由於篇章結構所反映的就是陰陽互動的現象，其中徹下以形成核心結構與輔助結構的，就是「多 ←→ 二」，而徹上以凸出一篇之主旨與審美風貌（風格）[44]的，即「一（0）」[45]。在此，特舉羅門的〈麥堅利堡〉一詩爲例加以說明：

　　此詩作於 1960 年 10 月，雖然大家已十分熟悉，但爲了與其篇章結構分析，尤其是結構分析表能完整對照，以方便廣大讀者，特引原詩如下：

超過偉大的

是人類對偉大已感到茫然

戰爭坐在此哭誰

它的笑聲　曾使七萬個靈魂陷落在比睡眠還深的地帶

太陽已冷　星月已冷　太平洋的浪被炮火煮開也都冷了

史密斯　威廉斯　煙花節光榮伸不出手來接你們回家

你們的名字運回故鄉　比入冬的海水還冷

在死亡的喧噪裡　你們的無救　上帝的手呢

血已把偉大的紀念沖洗了出來

戰爭都哭了　偉大它為什麼不笑

七萬朵十字花　圍成園　排成林　繞成百合的村

在風中不動　在雨裡不動

沉默給馬尼拉海灣看　蒼白給遊客們的照相機看

史密斯　威廉斯　在死亡紊亂的鏡面上　我只想知道

---

[44] 顧祖釗：「風格的成因並不是作品中的個別因素，而是從作品中的內容與形式的有機整體的統一性中所顯示的一種總體的審美風貌。」見《文學原理新釋》（北京：人民文學出版社，2001 年 5 月一版二刷），頁 184

[45] 篇章結構，奠基於「陰陽二元」，藉「章法」加以呈現。目前所能掌握之「章法」，約四十種，那就是：今昔、久暫、遠近、內外、左右、高低、大小、視角轉換、知覺轉換、時空交錯、狀態變化、本末、淺深、因果、眾寡、並列、情景、論敘、泛具、虛實（時間、空間、假設與事實、虛構與真實）、凡目、詳略、賓主、正反、立破、抑揚、問答、平側（平提側注）、縱收、張弛、插補、偏全、點染、天（自然）人（人事）、圖底、敲擊等。而這些章法可經由「移位」或「轉位」，使篇章結構趨於「秩序」、「變化」、「聯貫」與「統一」。見陳滿銘《篇章結構學》（臺北：萬卷樓圖書公司，2005 年 5 月初版），頁 1-428。

那裡是你們童幼時眼睛常去玩的地方
那地方藏有春日的錄音帶與彩色的幻燈片

麥堅利堡　鳥都不叫了　樹葉也怕動
凡是聲音都會使這裡的靜默受擊出血
空間與空間絕緣　時間逃離鐘錶
這裡比灰暗的天地線還少說話　永恆無聲
美麗的無音房　死者的花園　活人的風景區
神來過　敬仰來過　汽車與都市也都來過
而史密斯　威廉斯　你們是不來也不去了
靜止如取下擺心的錶面　看不清歲月的臉
在日光的夜裡　星滅的晚上
你們的盲睛不分季節地睡著

睡醒了一個死不透的世界
睡熟了麥堅利堡綠得格外憂鬱的草場

死神將聖品擠滿在嘶喊的大理石上
給給昇滿的星條旗看　給不朽看　給雲看
麥堅利堡是浪花已塑成碑林的陸上太平洋
一幅悲天泣地的大浮雕　掛入死亡最黑的背景
七萬個故事焚毀於白色不安的顫慄
威廉斯　史密斯　當落日燒紅滿野芒果林於昏暮
神都將急急離去　星也落盡
你們是那裡也不去了
太平洋陰森的海底是沒有門的

　　這是首詠戰爭的作品，敘寫著麥堅利堡的故事，主要是用「先論（情←→理）後敘（景、事）」的結構寫成的。對此麥堅利堡，作者以無限的悲憫出之，是愴然、也是悵然！這是嚴肅的悲愴，是剎那，也是永恆！

　　「超過偉大的／是人類對偉大已感到茫然」，什麼是偉大呢？又是什麼讓人類對偉大感到茫然呢？那是——麥堅利堡。作者以「議論」（情←→理）開篇，承接著這段議論的，是佔著全詩絕大篇幅的「敘述」（景、事）部分。

　　在「敘述」（景、事）部分，作者採用了「凡（總提）、目（分應）、凡（總提）」的結構來統攝，亦即先總括述說、再條分敘寫、再總括述說。第一個「凡（總提）」是：「戰爭坐在此哭誰／它的笑聲曾使七萬個靈魂陷落在比睡眠還深的地帶」，從中我們可以抽繹出兩個元素：「靈」（七萬個靈魂）與「墓」（比睡眠還深的地帶），作者緊抓住這兩者，在其後的篇幅中作了深刻的鋪寫，並且在最後五行中又一筆總收（第二個「凡（總提）」）。

　　在「目（分應）一」的部分，作者是就「靈」來寫，共有四行：「太陽已冷星月已冷太

平洋的浪被炮火煮開也都冷了／史密斯　威廉斯　煙花節光榮伸不出手來接你們回家／你們的名字運回故鄉　比入多的海水還冷／在死亡的喧噪裡　你們的無救　上帝的手呢」，「史密斯　威廉斯」是「七萬個靈魂」的代表，作者在此運用了「以少總多」的手法；他們的命運是如何呢？作者意欲表現出命運的慘酷，因此捕捉住觸覺的「冷」，來作放大般的描寫，「太陽」、「星月」、「太平洋的浪」、「你們的名字」，都是多麼的冷啊！並且在末尾用一個反問句收結：「你們的無救　上帝的手呢」？真真是無語問蒼天啊！

　　接著寫「目（分應）二」，作者環繞著「墓」（亦即眼前實景）來描繪。此處動用了視覺與聽覺，而且形成了「目（分應）、凡（總提）、目（分應）」的結構：整個第四節和第五節的首四行是「目（分應）一」，前者就視覺、後者就聽覺來敘寫；而「美麗的無音房　死者的花園活人的風景區」則是「凡（總提）」，其中以「美麗的無音房」統括起對聽覺的描寫，又以「死者的花園活人的風景區」統括起前、後對視覺的描寫；至於第五節中幅的十一行，則又是就視覺來描摹墓園，這是「目（分應）二」。所以在「目（分應）一」視覺的部分中，主要描寫墓園的蒼白停滯，一絲生命的氣息也闇嗅不到，所謂「七萬朵十字花　圍成園　排成林繞成百合的村／在風中不動在雨裡不動／沉默給馬尼拉海灣看　蒼白給遊客們的照相機看」，其實就是死亡的具象化，而且「百合的村」、「遊客們的照相機」等語，是頗含「省思」意味的；而接著的三行，則是就鎖定墓園的靜寂無聲來描寫（聽覺），其中「麥堅利堡　鳥都不叫了　樹葉也怕動／凡是聲音都會使這裡的靜默受擊出血」兩行，運用了「通感」的原理，以觸覺所感來描摹聽覺所得，讓這種靜默更是深刻沁人。接著出現的就是作為「凡（總提）」的一行：「美麗的無音房　死者的花園活人的風景區」，「美麗的無音房」即點出了無聲的死寂（聽覺），而這種無聲是「美麗」的，這種說法是多麼的反諷啊！而且「死者的花園　活人的風景區」也是同樣的諷刺，並且這種反諷是貫穿在「目（分應）一」與「目（分應）二」對視覺的描寫中的。其後的十一行是「目（分應）二」，作者先寫：「神來過　敬仰來過　汽車與都市也都來過」，唉！多麼空洞啊！所謂「神」與「敬仰」，就如同「汽車與都市」，來過又走了，就算是裝飾，也是多麼空洞而易於凋謝的裝飾啊！然而「史密斯　威廉斯」呢？他們是「不來也不去了」，他們是睡著，然而這是一種醒不來的睡，因此最後四行點出死亡：「死神將聖品擠滿在嘶喊的大理石上／給昇滿的星條旗看　給不朽看給雲看／麥堅利堡是浪花已塑成碑林的陸上太平洋／一幅悲天泣地的大浮雕　掛入死亡最黑的背景」，其中「昇滿的星條旗」、「不朽」，又是一個椎心的諷刺，令人省思不已。

　　前面的「目（分應）一」（靈）與「目（分應）二」（墓），作者都用結尾的五行作個收束：「七萬個故事焚毀於白色不安的顫慄／史密斯　威廉斯　當落日燒紅滿野芒果林於昏暮／神都將急急離去　星也落盡／你們是那裡也不去了／太平洋陰森的海底是沒有門的」，前幅收「靈」、後幅收「墓」，可說是一筆兜攬，呼應得十分嚴密；而且時間也從「白白」發展到「昏暮」，令人揣想到一切的一切都彷彿即將墜入恆久的黑夜之中，而那種悲愴的感覺，就更深刻了。

令人喟嘆啊！讓人想及篇首那偈語般的句子：「超過偉大的／是人類對偉大已感到茫然」，什麼是偉大呢？又是什麼讓人類對偉大感到茫然呢？麥堅利堡當然是偉大的，可是又讓人感到多麼茫然啊！這其中顯示的，是作者對戰爭的反省與疑問。以及對死者高度的悼念與崇敬 [46]。

附結構分析表供參考：

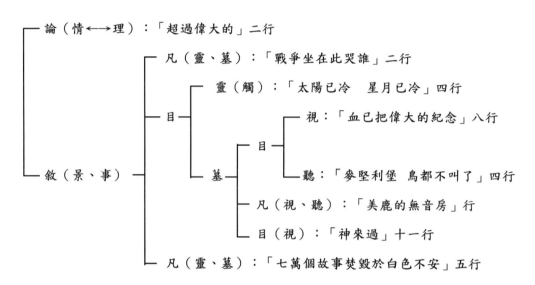

這種結構如對應「多二一（0）」螺旋結構來看，則作者在麥堅利堡，將所見（視）、所聞（聽）與所感、所思（想），融合成其內容義旨，這是「一」；用「先論（情、理）後敘（事、景）」的「篇」結構為核心，來統合「凡目」（兩疊）、「並列（靈、墓）」「視、聽」的「章」結構，以反映宇宙人生「秩序」、「變化」、「聯貫」與「統一」的規律，這是「多 ←→ 二」；至於由此創造出「孤寂」、「蒼涼」與「肅穆」的審美風貌，並進行轉化、昇華，讓作者與讀者的心靈共同接受「美神」受洗的聖水而流淚，產生審美風貌，這就是「0」。這樣，剎那即成永恆，就像作者說的：「當『看』、『聽』、『想』運作過後，便一起交貨給『前進中的永恆』」[47]。這種「多二一（0）」的表現，如配合篇章結構，可將它們的關係呈現如下表：

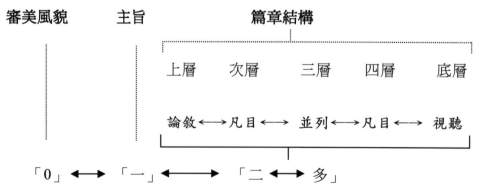

46 以上分析，見仇小屏《世紀新詩選讀》（臺北：萬卷樓圖書公司，2004 年 3 月初版二刷），頁 227-230。
47 見羅門〈第三自然螺旋型架構世界藝術創作美學理念〉，《我的詩國》，同註 1，頁 23-24。

由此可見羅門〈麥堅利堡〉正是「多二一（0）」螺旋結構理論的一次成功實踐。

三、結　語

綜上所述，可知羅門詩國第三自然的螺旋結構，從「多二一（0）」螺旋結構切入，探討其哲學意涵，並旁及教育、科技與邏輯等學科領域，作延伸的論證，可充分看出它呈現的是「『美』是『真』與『善』的統一」的最高境界。其客觀性、周延性與普遍性，無疑是可以確定的。雖然限於篇幅，只舉一首詩作為例作說明，用「小宇宙（刹那），來驗證「大宇宙」（永恆）而已，但所謂「以個別表現一般，以單純表現豐富，以有限表現無限」[48]，是可由此見出羅門詩國第三自然的螺旋結構之「完美」[49] 來的，如此，羅門這種「創作構想與觀念」對詩學之貢獻，就顯得非常偉大了。

引用文獻：

王弼《老子王弼注》，臺北：河洛圖書出版社，1974 年 10 月臺景印初版。

王希杰《王希杰博客·書海探珠》，2008 年 1 月，頁 1。

仇小屏《世紀新詩選讀》，臺北：萬卷樓圖書公司，2004 年 3 月初版二刷。

朱熹《四書集註》，臺北：學海出版社，1984 年 9 月初版。

李澤厚《美學論集》，臺北：三民書局，1996 年 9 月初版。

林同華主編《宗白華全集》，合肥：安徽教育出版社，1994 年 12 月一版二刷。

林啓彥《中國學術思想史》，臺北：書林出版社，1999 年 9 月一版四刷。

姜國柱《中國歷代思想史〔壹、先秦卷〕》，臺北，文津出版社，1993 年 12 月初版一刷。

約翰·格里賓著、方玉珍等譯《雙螺旋探密 —— 量子物理學與生命》，上海：上海科技教育
　　出版社，2001 年 7 月。

唐君毅《中國哲學原論·導論篇》，香港：人生出版社 1966 年 3 月出版。

徐復觀《中國人性論史·先秦篇》，臺北：臺灣商務印書館，1978 年 10 月四版。

許建鉞編譯《簡明國際教育百科全書》，北京：新華書局北京發行所，1991 年 6 月一版一刷。

張立文《中國哲學邏輯結構論》，北京：中國社會科學出版社，2002 年 1 月一版一刷。

陳波《邏輯學是什麼》，北京：北京大學出版社，2002 年 1 月一版一刷。

陳鼓應《老子今注今譯及評介》，臺北：臺灣商務印書館，1985 年 2 月修訂十版。

陳滿銘〈論「多」、「二」、「一（0）」的螺旋結構 —— 以《周易》與《老子》爲考察重心〉，
　　臺灣師大《師大學報·人文與社會類》48 卷 1 期，2003 年 7 月，頁 1-21。

陳滿銘《篇章結構學》，臺北：萬卷樓圖書公司，2005 年 5 月初版。

陳滿銘〈論層次邏輯 —— 以哲學與文學作對應考察〉，臺灣師大《國文學報》37 期，2005

---

48 見葉朗《中國美學史大綱》（臺北：滄浪出版社，1986 年 9 月初版），頁 26。
49 羅門自己常說：「完美是最豪華的寂寞」，見〈羅門論詩集〉（《大海洋詩刊》，2009 年 7 月），頁 119。

年 6 月，頁 91-135。

陳滿銘《多二一（0）螺旋結構論 —— 以哲學、文學、美學為研究範圍》，臺北：文津出版社，2007 年 1 月初版。

陳滿銘〈論真、善、美與多、二、一（0）螺旋結構 —— 以辭章章法為例作對應考察〉，中山大學《文與哲》學報 13 期，2008 年 6 月，頁 663-698。。

黃釗《帛書老子校注析》，臺北：學生書局，1991 年 10 月初版。

黃順基、蘇越、黃展驤主編《邏輯與知識創新》，北京：中國人民大學出版社，2002 年 4 月一版一刷。

黃慶萱《周易縱橫談》，臺北：三民書局，1995 年 3 月初版。

勞思光《新編中國哲學史》，臺北：三民書局，1984 年 1 月增訂修版。

馮友蘭《馮友蘭選集》，北京：北京大學出版社，2000 年 7 月一版一刷。

葉朗《中國美學史大綱》，臺北：滄浪出版社，1986 年 9 月初版），頁 26。

歐陽周、顧建華、宋凡聖等《美學新編》，杭州：浙江大學出版社，2001 年 5 月一版九刷。

戴璉璋《易傳之形成及其思想》，臺北：文津出版社，1988 年 11 月臺灣初版

羅門〈羅門論詩集〉，《大海洋詩刊》，2009 年 7 月，頁 119。

羅門《我的詩國》，臺北：文史哲出版社，2010 年 6 月初版。

顧明遠主編《教育大辭典》，上海：上海教育出版社，1990 年 6 月一版一刷。

顧祖釗《文學原理新釋》，北京：人民文學出版社，2001 年 5 月一版二刷。

作者簡介：

陳滿銘，歷任臺灣師大國文系講師、副教授、教授。現已退休。專長含儒學、詞學、章法學、意象學、語文教學等。個人出版有二十多種專著、發表有四百餘篇論文。近年以「陰陽二元」為基礎，經由其「移位」、「轉位」與「包孕」，確認多、二、一（0）螺旋結構，成功建構科學化章法學體系及層次邏輯系統，成為一門新學科，而普受肯定，認為成就「空前」。先後有多篇論文獲獎，入編《中國科技發展精典文庫》、《當代中國科教文集》、《中華名人文論大全》、《中國改革發展理論文集》等大型叢書，業績入編《中國專家人名辭典》、《世界優秀專家人才名典》、《中國當代創新人才》、《中華名人大典》、《中國改革擷英》、《中國學者》及英文版《世界專業人才名典》（美國 ABI）、《二十一世紀 2000 世界傑出知識份子》（英國 IBC）、《國際名人大辭典》（英國 IBC）等珍藏典籍，且以「研究成果在特定領域領袖群倫」，正入編《500 偉大領袖》（ABI），頒授「榮譽證書」。

門羅詩國 —— 羅門

淡江大學中文系教授、中華閩南文化研究會理事長 **陳冠甫（慶煌）**

一、詩人名號響叮噹

初識羅門（1928-）是在淡江大學驚聲國際會議廳內，當年由淡大中文系舉辦第一屆文學與美學的國際研討會上，每當主講者與講評人表述完畢，主持人正要開放討論之際，老早就有人拳頭高舉，準備發言，當被第一個點到時，他都這麼自我介紹說：「我是詩人羅門！」幾場研討下來，他給我的感覺就成了這首〈詩人〉絕句：

詩人名號響叮噹，似有靈光耳際翔。

跨越時空同衍爽，攪翻星海不尋常。

羅門對詩歌藝術所發出的見解和評論，總是滔滔不絕；宛如談天說地的鄒衍與雕繪龍鱗的鄒奭那般，思接千載，視通萬里，橫無涯際，不可究極。從此，我就對這位當代新詩人有了深刻的印象。

二、金門拜識洵天意

一九九四年秋天，我從景美遷來大安區居住，偶而會在泰順街和詩人相遇，纔知他也寓寄於此。但由於彼此心中各有所務，來去匆匆，從未寒暄過。想不到九年後，我們竟然在金門正式訂交了。當年我在馬鶴凌、秦厚修賢伉儷領導下，與中華學術院詩學研究所同仁一同搭機飛往金門參加第二屆詩酒文化節；而羅門則歸屬於另外一個現代詩人的團體。就在中秋節的傍晚，新舊詩人齊集於水頭，準備渡船參加兩岸詩人金廈海中會前，我還正想著：為什麼新詩人搭金龍號而古典詩人搭馬可波羅呢?這時羅門突然主動與我攀談，無論生命觀、世界觀、宇宙觀、時空觀、永恆觀，莫不涉及。甚至第二天用早餐時，仍繼續暢言昨夜鋪陳未竟的學問。於是我寫了一首〈天意〉的新詩贈送他：

壬午的不期而遇/莫非天意

在金廈海峽情/當中秋兩岸焰火沖霄前/馬可波羅與金龍號/生火待發之際碼頭上的傾談匆匆/已惺惺相惜/隔晨欣然再敘/古典與現代互補/哲學和美學相繼

許是東方張大千與/西方畢卡索/相會後/機鋒交集下/智慧之光的延續

我與羅門談詩論道時，名聞國際的政大教授張壽平老師在旁都聽到了，縵盒師曾私下建議我：此人可以締交，能激盪古典的再生，並增廣學問的視野。返回臺北後，我依約拜訪了詩人的燈屋，聽羅門說：原來獲諾貝爾文學獎的高行健不久之前纔來過，於是我又寫了一首新詩〈燈屋即興〉，全詩後來收入臺北：文史哲出版社 2010 年 6 月刊行的羅門撰《我的詩國》第 216 頁，取閱容易，茲不贅。

三、賞觀燈屋門聯想

話說：當我步上燈屋三樓半的玄關時，看到門上掛有一塊深具藝術造型的看板，原來是一首〈門的聯想〉，新詩是這麼寫的：

「花朵把春天的門推開，炎陽把夏天的門推開，落葉把秋天的門推開，寒流把冬天的門推開，時間到處都是門；鳥把天空的門推開，泉水把山林的門推開，河流把曠野的門推開，大海把天地的門推開，空間到處都是門；天地的門被海推開，海自己卻出不去，全人類都站在海邊發呆，只看一朵雲從天地的門縫裡悄悄溜出去，眼睛一直追著問，問到凝望動不了，雙目竟是兩把鎖，將天地的門卡擦鎖上，門外的進不來，門內的出不去；陳子昂急讀著他的詩：『前不見古人，後不見來者；念天地之悠悠，獨愴然而涕下。』在那片茫茫中，門還是一直打不開，等到日落星沉，天昏地暗，穿黑衣紅衣聖袍的神父與牧師忽然出現，要所有的人將雙掌像兩扇門在胸前闔上，然後叫一聲阿門，天堂與所有的門，便跟著都打開了；在一陣陣停不下來的開門聲中，我雖然是想將所有的門都羅過來的羅門，但仍怕卡門與手中抓住鎖與鑰匙的所羅門。」今天我將之改寫成古風，更名為〈門之聯想〉，其詩云：

> 詩國有門四時開，春花秋月夏陽來。
> 冬日寒風叩柴扉，喜報青鳥雲門歸。
> 山中泉水潤戶迴，川流不息經野溪。
> 駭浪不由海門出，卻將天地之門推。
> 朵雲遠從縫裏溜，雙目追問鎖禪機。
> 不見古人與來者，子昂愴然涕淋漓。
> 茫茫天地神使現，兩掌合十阿門隨。
> 堂堂天門瞬間啟，，詩眸如電彩筆揮。
> 除卻卡門所羅門，生生世世作羅門。
> 生生世世作羅門，作羅門……

從上列「新聲」與「古釀」，我們可以確知：詩其實只有文言、白話之分，並無所謂新舊之別；譬如五四時代胡適、徐志摩寫的稱作新詩，要是將它與今人所寫的現代詩相比，不是也太過老舊了嗎？再說：當我進了門，升堂入室，一眼就看到三頂金色的詩人桂冠，還有頒贈予韓仁存的獎牌。哦！原來詩人本姓「韓」，是海南省文昌縣人。父親擁有三艘輪船，從事跨國航運。他十四歲時，赴成都就讀空軍幼校。二十歲那年，直升設在杭州筧橋的空軍官校，入學後又代表空軍足球隊到上海參加第七屆全運會。1949官校遷來高雄岡山，羅門仍舊學習飛行技術，隔年因劇烈的足球運動使腿部受到重創，只好停止飛行。明年考入民航局，轉為地勤人員。他是為了紀念母親，纏以母親的姓加一「門」字而成筆名，這就是「門的聯想」之由來了。

羅門與蓉子，是以生命寫詩的詩壇嘉偶。羅門運用裝置和組合的藝術眼光，把並不寬敞的家庭生活空間，設計成一件獨特的藝術品，且復靈視為一首視覺詩。詩人夫婦無憂無慮地生活在他倆所共愛的燈屋這個詩國裡，燈屋熾熱的光寄託了這對詩人情侶的心靈，燈屋是他倆創作理念與觀念的實驗室。雖然有人為這對神仙眷侶膝下無子引憾，其實他倆經由詩與藝術使生命產生了耐度，早已孵化、培育出無數愛的結晶，這些至情至性的歌詩，在時間裡是不朽的！

四、悲憫軍魂詩悼慰

美國人為紀念第二次世界大戰期間七萬美軍在太平洋地區戰亡，於菲律賓馬尼拉市郊立了七萬座大理石十字架，分別刻上死者姓名與出生地的軍人公墓：麥堅利堡（Fort Mckinly）。羅門於1960年10月，因公赴菲時，順道憑弔，卻被這既壯觀、空曠，又悲慘、死寂的氣氛懾住，刺激他兩年後寫成了

被譽為「華人詩壇近百年來寫得最好的一首『戰爭』詩」:〈麥堅利堡〉,在羅門《我的詩國》第三十九頁有引。但以我的解讀,這不是一首戰爭詩,它並沒有描敘戰爭過程中廝殺的場面;其實它是反對並厭惡戰爭,主要係為了憐憫在戰爭中犧牲之七萬亡魂而寫的一首好詩。羅門的思維、意象及符號邏輯宛如詩仙李白般,突然天外飛來一筆,不是尋常詩人所能料想得到的。走筆至此,我也仿作一首〈麥堅利堡吟〉古風如下:

> 赤陽已冷星月寒,七萬亡靈此長眠。
> 名存七萬十字架,太平洋闊魂歸難。
> 時間靜止絕聲息,麥堅利堡綠坡盤。
> 星條旗仍顫慄在,史密斯威廉斯前。
> 悲天泣地大浮雕,不朽只堪予雲看。
> 戰爭帶來世人哭,勝利竟是心茫然。
> 勝利竟是心茫然,心茫然……

詩一起頭,我將「太陽」改為「赤陽」,讓它更像二戰時充滿血腥的日本旗。「星條旗」以下兩句,我仿宋代的長調慢詞,採用跨越韻距的連綿句,須讀完兩句纔能了解完整的詞意。羅門原作曾在 1969 年菲律賓舉辦的第一屆世界詩人大會中,由美國詩人代表李萊.黑焚(Leroy hafen)博士主動朗誦於麥堅利堡軍人公墓前,並請所有詩人默哀一分鐘;大會風頭人物仙蒂·希見(Hyacinthe Hill)女詩人說:「此詩有將太平洋凝聚成一滴淚的那種力量」。大會主席尤遜(Dr.Yuzon)在典禮中曾宣布此詩乃近代之偉大作品。羅門對於歷史時空的偉大感、寂寥感,真正地受了太平洋戰爭中七萬美軍亡魂的震撼,因而完全投射在那空前悲壯的七萬座十字架上。之所以能在 1967 年榮膺菲國總統金牌詩獎,乃實至名歸,並不是偶然。

五、玄思玄想隨心潮

羅門在燈屋內時常欣賞貝多芬的第九交響樂,使心境接觸到超越與深邃的衝擊,以致到最後。羅門說:「我就曾把自己沉入一切的底層世界,傾聽其內在活動的聲音,並且表現出生命與時空在美的昇力中存在與活動的狀況,以及那種帶有宗教彩色與音樂性的美感世界。」此時的羅門,由於有了充分的感悟和體認,幾乎見到永恆的臉貌;因而在 1962 年纔能寫出 148 行〈第九日的底流〉長詩,(見《我的詩國》第 194-196 頁)今特以我的觀點改成古風如下:

> 不安似海貝多芬,第九交響樂譜成。
> 唱針劃出螺旋塔,織紡不死之年輪。
> 昇華為穹蒼支柱,無限高遠蔚藍睹。
> 日腳透窗起和音,教堂莊穆禮拜聚。
> 天國火把耶誕紅,平安曲唱神色同。
> 聲是聖瑪利亞眼,步式調度情交融。
> 在剎那間迴響裏,隻手欲將永恆啟。
> 流注以初遇秋波,疑從掌間鳥飛起。
> 藍色音波漩渦如,最後幕落何徐徐。
> 塔頂漸感有涼意,雲來雲去風爬梳。
> 一束靈光吉祥止,擺脫時空了生死。
> 放下執著詩情馳,虛實有無本同體。
> 浪花無聲島浮雕,天地一線弦迢遙。
> 航程帆似睡髮捲,玄思玄想隨心潮。

羅門原作有深厚的抒情風格,無論詩的想像力或特質,都已到達高度的知性層次。從這一首詩可看出:羅門在短短幾年,澈底脫離了青澀浪漫期,已轉入成熟深刻,能探索人類內在的生命,可建構自己思想形貌的靈境了。至於我改寫之作,不過是個人的感悟與體認而已,誠如羅門說的:「自是另一

深層無限開放的思維空間。」未諳世人以為然否？

六、多元結合展新詩

羅門是一個不斷在文明塔尖造塔的藝術思想家，他在文明塔尖永無休止地起造精神之塔。羅門曾挾其豐厚的意象、暢快的節奏及磅礴的氣勢，寫成長達三百行的〈死亡之塔〉，其中如：「生命最大的迴聲，是碰上死亡才響的。」這樣警闢的詩句，有相當的哲思性，是獨創個人化的語言系統。羅門這首新詩於 1970 年曾首創以書法、繪畫、雕塑、造型、幻燈、音樂、舞蹈等七種多元媒體在臺北市精工社藝廊同時展出。1971 年，羅門以詩配合何恆雄雕塑，碑刻入臺北新生公園；1977 年再次以詩配合雕塑，碑刻入臺北動物園。近年來，羅門另有一百多行的〈觀海〉長詩，碑刻於海南島三亞小月灣大小洞天的天涯海角巨大岩石上，據說這是鐫鑿在地球巨石上最長的一首詩。有幸於燈屋拜觀書法真跡及碑刻相片，羅門雖非書法家，畢竟是他的親筆，自然有其價值和意義在。我曾經以高度的犖括力當面濃縮成：「飲盡江河吞日月，醉成風浪滿天星」十四個字。像羅門這種動輒過千字〈觀海〉長詩自由奔放的浩瀚氣勢，不是千年以前蘇東坡（1036-1101）在儋州所作小令：「無限春風來海上」（減字木蘭花）七律：「天容海色本澄清」（元符三年六月二十日夜渡海）那種貶謫生涯、憂讒畏譏的心境所可比擬啊！

羅門爆發性的創作力是驚人，他的詩可以長也可以短；最長的長到三百多行，最短的卻只有一句話。譬如他寫的〈我最短的一首詩〉云：「天地線是宇宙最後的一根弦」，詩本身其實只是一個主要的標題，而旁邊還加上一個副題說明：「— 它也是人類同永恆拔河唯一能用的一條繩子」。面對全民憤慨逼使政府整頓司法風紀的當下，我將之改寫成古風云：

> 宇宙最後一根弦，亙古留此天地線。
> 社會正義防線危，風憲所司亂方寸。
> 人類同永恆拔河，相繼繩繩世誰見？

羅門年輕時，為追求愛情而開始學作詩；當愛情得到了，對詩竟如癡如狂，一發而不可收拾。他說：「生命太短了，我只能以藝術作為我精神的事業。」又說：「詩人的生命應該是時刻醒覺的，他通過感知脈搏的跳動而感知時間的流逝。」基於這樣的體悟，他放棄優渥的薪水，離休齡尚欠十六年，仍毅然決然退下，甘心過清貧生活，把全部的時間和精力投入詩國，獻給詩的藝術。

七、省思文化受侵多

羅門是最早以詩嘲諷都會人為了爭逐物慾而悖離本質的作家，他用心寫作此一系列的詩，寄望讀者能追求心靈之美，因而被封為「都市詩之父」、「都市詩的宗師」，在通行翰林版《國中國文選》第六冊就曾選了他最具代表性的〈麥當勞午餐時間〉，現在我將之改寫成古風為：

> 靠窗搶位衝年少，拉風坐擁整座城。
> 手裡刀叉若車速，迷你中午帥勁生。
> 兩三中年人疲累，刀叉張成雙腳筷。
> 走回古鎮卅載前，記憶忽然桌面揭。
> 酒言酒語紅露醺，六隻蠅頭眼出神。
> 少年忙進又忙出，可聽寒葉零落音？
> 老人獨坐角落裡，西裝漢堡不自在。
> 漢朝城堡今何方？玻璃大廈豈非是！

誰憐枯坐成老松，自言自語炮聲隆。
眼前晌午變昏暮，那片水田留夢中……

　　為了方便九年級生閱讀，我儘量保留詩人的原汁原味，遂不加工提煉，怕經過度的典雅化後反而會走樣。全詩旨在省思文明的變遷和傳統文化的失落。藉由少、中、老三個不同年齡層對麥當勞外來速食文化的不同體會和感受，引發對西方文化大舉入侵的隱憂。詩人以少年人的不知憂慮，對照中年人在記憶中試圖尋回失落。更進而點出年邁的老人，在一連串的格格不入中感喟過去的烽火歲月。羅門與時俱進，對日新月異的大都會，既可回顧其歷史，又能探測其未來。於宗教墮落、道德敗壞、價值錯亂、金權崇拜、人性扭曲、物慾橫流、機械冷酷等尖銳的問題，都有充份觀照。透過詩人靈視後冷靜的內省，化成詩篇，即可發現當代都會人的迷惘。

八、桂冠頂級大詩人

　　羅門是一位思想前衛、感情真摯、嗅覺敏銳、眼光獨到，篇篇都具有強烈生命力和巨大震撼力的詩人。他有取之無盡、用之不揭的才情，對詩的專一、肫真，舉世罕見。他試圖靈視無窮的內在心象世界而將心靈的活動融入詩境中，冀能造乎「人詩合一」之絕詣。在拙著《詩鏡》有一首〈桂冠詠〉，就提出了大詩人所應具備的條件。詩云：

大師級桂冠詩人，必有巨眼以觀世。
思想智慧超時空，胸羅宇宙掌經緯。
符號邏輯通核能，爆發威力駭天地。
道貫東西兼古今，百家學術化簡易。
各大教派胥包容，優入聖域若展翅。

精神境界殊玄奇，三才並生友上帝。
會須涵養諸善根，大塊文章見創意。
了無罣礙身心靈，因緣具足成絕藝。

　　羅門之所以能五十五年如一日地在燈屋內創作優美詩篇，他曾深情地如此自我表白：「貝多芬培養我的詩人心靈，而蓉子引燃我的詩人生命。」蓉子是打開羅門「創作之門的執鑰人。」羅門在《曙光》詩集序言說：「蓉子她的賢慧與才識，叫醒我潛伏中的才華，去進行這項詩的不朽的工作。」羅門為人坦率熱情、豪邁曠放，蓉子謙遜雍容、溫文嫻雅；一位偏於內在精神的主知性，一位具有東方柔美的抒情性。如果羅門成功為桂冠級大詩人，那完全要拜吟壇上永遠的青鳥，開得最久的菊花，白首偕老的愛妻蓉子之賜了。

九、盟誓同心偕白首

　　羅門的夫人蓉子（1928-）本名王蓉芷，江蘇省漣水縣人，從小在牧師父親的教堂度過童年，又在教會辦的金陵女大附中讀高中，虔誠浸沐於宗教信仰及聖歌薰陶。又入建村學院森林系就讀，因日軍入侵而學校解散。迫於時局，輾轉來臺，1950 年，以二十二歲之齡寫出〈青鳥〉云：「從久遠的年代裡 —— 人類就追尋青鳥，青鳥，你在那裡/青年人說：青鳥在邱比特的箭鏃上。中年人說：青鳥伴隨著瑪門。老年人說：別忘了，青鳥是有著一對/會飛的翅膀啊……」時齡二十二的蓉子，正值青春年華，前程似錦，纔鼓起雙翅，蓄勢待飛之際，卻已成詩壇關注的焦點，為各方熱烈追逐尋求的青鳥。當中有位白馬王子，那就是羅門，當他看過《青鳥集》心靈起了奇異的波動；經三年多，亦

即 1954 年，在詩人大會上邂逅伊人後，羅門內心更有一股強烈的衝動，下定決心要捕捉這隻光彩亮麗、溫雅柔婉的「青鳥」。於是開筆寫詩追求愛情，就在那年羅門生日，蓉子欣然赴約共度。碰巧颱風來襲，大風雨的夜裡，羅門僱一輛三輪車送蓉子回宿舍，到了門口，兩人難分難捨，又拉回羅門的住處。三輪車在颱風夜兩地來回轉，轉出一場入世的姻緣，轉出一吻定情的愛戀，羅門終於寫下：「我的箭在颱風夜射入青鳥的心房。」這樣天崩地裂、海枯石爛的驚人詩句。我們再從後來羅門於〈詩的歲月 —— 給蓉子〉所云：「要是青鳥不來，春日照耀的林野，如何飛入明麗的四月。」即不難明白兩人的愛情了。今天我特地改寫〈青鳥〉成古風如下：

> 從久遠年代以來，人類即追尋青鳥。
> 青鳥青鳥歸何方？老中青輩見說了。
> 或在邱比特箭頭，或伴隨瑪門兜留。
> 或有雙翼飛翅膀，萬方矚目雲端求。

就在 1955 年（民國四十四年）四月十四日星期四下午四時，堪稱六個「四」數目字的奇緣，蓉子與羅門在臺北市中山北路古雅教堂裡舉辦了前所未有的詩人婚禮，從此「東方勃朗寧詩人伉儷」雅號，家喻戶曉。蓉子在婚前即有〈夢裏的四月〉：「……於是我作了一次抉擇 —— 等復活節過後，我將在這兒獻上我的盟誓，和愛者去趕一個新的旅途！」今天我特別將它改成三首七言絕句如下：

> 翠園濃蔭香如海，青鳥交鳴伴豔陽。
> 蕭穆教堂花簇擁，幾疑燈注立汪洋。
> 堂中奧秘窺天國，乳白燈開夢發光。
> 亮麗玻璃呈七彩，窗前少女自情長。
> 愁懷淡淡還多喜，信望愛童年蘊藏。
> 四月花芳欣擇藕，同心盟誓作駕鴦。

羅門與蓉子賢伉儷為新詩壇提供了陽剛豪放和陰柔婉約兩種不同的類型，海南大學周偉民、唐玲玲教授伉儷以日月譬喻羅門、蓉子，將研究他們夫婦的論文集結成書，命名《日月的雙軌》，這是根據 1968 年美亞出版社刊行羅門、蓉子英文版《日月集》詩選的靈感而來，命名頗為貼切。我每次拜訪燈屋，羅門總是禮讓我先暢所欲言，然後他就滔滔不絕地述說其第三自然螺旋型架構，那多向度與多元性，美的展望與永恆的注視，是多麼出神入化而悲天憫人的詩藝世界啊！這時蓉子則靜坐一旁，仔細聆聽，偶然回應，雖吉光片羽，卻是充滿著哲思與靈性。一千年前蘇東坡被貶到海南，使荒島的子弟獲得啟蒙，於是文風蔚起。八十二年前（1928）羅門生在海南，近年來時常回海南從事文學之旅，目前已設有海南燈屋展示中心，不久又將在出生地建立「羅門蓉子藝文館」。東坡到海南後，由於朝雲早已病死惠州，乏知心紅粉照料，其詩文仍脫不了被貶的況味；羅門因出生海南，又有恩深義重，結婚五十五年來一直相濡以沫、金石情堅的詩人妻子蓉子陪伴還鄉，相信東坡地下有知，亦必豔羨，自然不用我再就其行蹤視野去對照古今共感共震相互脈動的思維空間了！最後謹以〈詩國禮讚〉古風一首，祝福倆老同臻期頤，平安喜樂，詩云：

> 蒙娜麗莎姿絕奇，微微一笑世人迷。
> 永恆形象藝完美，曠代大師達文西。
> 羅門蓉子建詩國，兩心相照燈屋棲。
> 無限時空七星曜，吻開天地一線齊。
> 白首同遊愛琴海，詩作篇篇情不移。
> 詩作篇篇情不移，情不移……

《重塑現代詩：羅門詩的時空觀》序

李正治

　　羅門，一個響徹台灣詩壇五十年的名字，他的詩如他的筆名，爲詩心與詩藝開啓了許多門徑，在這些門徑的深處，他的自我一直與存在的問題互相拔河，試圖躍昇到存在的更高境界，這使他很早便聞名國際，被豎立起詩的碑碣，成爲台灣新詩史上不能被遺忘的一個重量級詩人。

　　而在詩壇之中，恐怕鮮少有人像羅門一樣，除了持續的創作探索之外，又不斷的追蹤人類存在的時空問題及其表現方式，並進行深刻的理論反省，建構起一套新人耳目的詩論。其詩論的核心，是立基於人所不能逃脫的存在世界：第一自然的田園時空與第二自然的城市時空，開啓一個以美爲主的「第三自然」，以擁抱生命存在的深遠遼闊與超越自由。這個心靈世界中的「第三自然」，必須建基於心靈追索的根本驅動，經由五重詩的作用方可一窺究竟。這五重詩力，就是深入的觀察力、深入的體認力、強大的感受力、卓越的轉化力以及卓越的昇華力。所有存在世界裡的生活現實材料，如戰爭、都市、死亡、甚或小至公寓門口的一雙鞋，經由心靈追索者的五重詩的作用，立刻現其不同凡響的新面目，由現實中人云亦云的事物，向詩人內在心靈中新創且富涵詩性的形象轉化，爲詩人的藝術王國植下各種奇花異果。五重詩力之說對各種詩藝的表現採取開放吸納的態度，故古今中外的詩藝表現在詩人筆下皆可取而用之。不相扞格，這是由於詩人內心中有一個無限超越的「第三自然」世界使然。

　　自人類內心中無限的「第三自然」凌虛而俯之，一切題材、一切方法都無法成爲絕對的限定，單向性強調某一題材某一方法的優位性，都可能斬喪詩的生機，遺忘詩國更全面更廣大的視野。然五重詩力的轉化，必須緊緊抓緊羅門在「第三自然」之外所強調的「現代感」，亦即創作中最主要的三種生命動力：前衛性、創新性和驚異性，以使創作在不斷地面對未來中自我突破，呈現新局。總體來看，羅門的詩論確實是深刻地掌握了詩之大本，由人類存在的心靈追索，敏銳地感受並超越現實時空的限囿，經由五重詩力的轉化，建立起自我內在世界中一個深遠廣大且超脫自然的「第三自然」，同時，這個深刻的生命體的存在，也牢牢握住詩之創造性的奧秘，使詩在時空變異中永遠展現創造性的新貌。

　　接觸過羅門的朋友，都應該聽過羅門滔滔不絕地闡述他的詩觀。這種詩意的轟炸饒有趣味，常常沒有下課時間。臨場感比單純閱讀平面的文字更令人有豐富的感觸，一個七十餘歲的老詩人，他的一生有如活在自己的創作及詩論之中，其詩與詩論即是其人的全部，展現爲其人特殊的生命風格與生活方式，不因各種現實的干擾而有所轉移，這在詩界乃至學界都是極少有的特例。詩與學術非人類生活的首需之物，一般人很容易因爲現實生計的牽引，使詩與學術脫離生命的軌道，而讓社會現實佔有其生命，使人變得世

俗猥瑣，甚至名利燻心，所以生命與其所愛好的詩與學術能合而為一，此種人百不一見，除非其生命確實在其所浸淫的詩與學術中有所體悟，而融進其生命之中，否則詩與學術乃是身外之物，斷為兩橛乃是常見之事。詩人而不失其赤子之心，才可能使詩與詩人的生命合一，這在羅門身上，可謂給人極為強烈的印象，他有一顆年輕的心靈，使得他的耄耋之年永遠保有一種年輕的美麗，他的心靈中有一個絕美的第三自然王國，使得他永遠超越世俗，尋求一個更廣大更美好的世界，他以第三自然觀世、觀物，任何主義都無法阻斷他個人邁向精神更高層次的追尋，他的世界，是一個廣大的詩的世界，他即居住在其中，因此他可以侃侃而談詩與存在的一切問題，談而忘倦。詩，真是他存在的居所！

　　大概在民國七十六年，我有幸結識羅門。說來好笑，結識其實只是打一通電話而已，但他的侃侃而談卻令我極為驚異，怎麼有人對詩沉迷至此，整個心靈都被詩所佔滿了！那時我在《文訊》雜誌發表了〈新詩未來開展的根源問題〉一文，這只是我的一時興起之作，持論雖有新見，但畢竟浸淫新詩仍淺，羅門不我遐棄，來電詳談文章裡的問題。在此之前，羅門詩論曾是我愛不釋手的讀物，我常在大學課堂以他的〈打開我創作世界的五扇門〉作為講義，中述詩的奧秘，每回閱讀，都令我有一些新的啟發。十幾年來，我與羅門只見過兩次面，但他的詩論仍是我在上課時必備的講義，只是我一直有些遺憾，沒有餘暇好好研究羅門的詩論。雖然我對文學理論一直抱持濃厚的興趣，但新詩理論卻非我所長，古典詩一向是我的宿業，新詩總是淺嚐即止。純純來到南華文學所，無意中彌補了我的這個遺憾，研究羅門雖出自我的建議，而她卻選了一個令人動容的主題，切入羅門詩的核心………

註：李正治教授目前任教南華大學；此文是李教授為尤純純碩士論文出書寫的序（摘錄）

台灣都市詩理論的建構與演化

陳大為

理論草創：羅門的「第三自然」

一九五六年，夏濟安創辦的《文學雜誌》開始爲台灣文壇引進西方現代主義思潮，一九六零年的《現代文學》進一步讓現代主義成爲台灣文壇的新浪潮，徹底終結充滿教條和政治統戰意味的反共文藝時期。六十年代的台灣文壇，幾乎籠罩在沙特的存在主義，以及尼采的悲劇精神的陰影底下，一九五四年開始寫作的羅門當然也無法免疫。六○年代的存在主義文化語境，開啓了羅門的辯證思維，他陸續寫下〈現代人的悲劇精神與現代詩人〉（1962）、〈談虛無〉（1964）、〈對「現代」兩個字的判視〉（1968）、〈悲劇性的牆〉（1972）、〈人類存在的四大困境〉（1973）等文論。這些稍嫌薄弱的理論基礎，卻逐漸成爲羅門的核心思想，貫穿往後三十餘年的詩作與詩學理念。沙特和尼采的形上思考，在很大的程度上主導了羅門對都市（人）的觀察，並且跟他與生俱來的道德人格相互合成，漸漸形成一種羅門式的存在主義哲學思考。羅門認爲存在永遠是一種悲劇，現代人除了感到生存的壓力之外，他們對一切已缺乏永恆的信心，此悲劇源自人類對生存的懷疑與默想，以及因死亡的威脅而產生的惶恐、絕望和空漠感，而人類先後借助神祇與形上思維，企圖超越此一困境，但越是向內尋找，痛苦的程度越深。

他覺得正是這種對生命理解上的空洞，令現代人墜入虛無之境，在悲劇的牆裡茫然地苟活著，無法向希臘人自苦難中超越。這個空洞，致使現代人崇拜物質、放縱於情慾，羅門強烈的道德批判意識，讓他對現代人的沉淪不拔感到無比的悲痛，他將這種沉淪於物慾的生存趨勢，視爲現代人的「悲劇」。

這套「存在主義是悲劇精神／美學理論」緊緊纏繞著羅門現代詩創作的四大主題：（一）人面對自我所引發的悲劇、（二）人面對都市文明與性所引發的悲劇性、（三）人面對戰爭所引發的悲劇性、（四）人面對死亡與永恆的存在所引發的悲劇精神。羅門對都市詩的思考根據，即源自第一、第二個主題。

在台灣現代詩史上，從來沒有出現過如此嚴謹、形上的詩學思考。這套以都市詩爲思辨例證，進而探索現代都市人的生存境況的美學理論，在很大程度上可以視同都市詩理論。羅門所有的都市詩創作，皆可納入這個理論的思考網絡，並獲得充分的印證。

站在一個充滿悲劇精神的現代虛無論的位置，羅門不僅僅對現代都市文明展開充滿憂患意識的道德批判，他在「存在主義式悲劇精神／美學理論」基礎上，進一步提出「第三自然」的超越境界。這個「第三自然」美學理念的雛型，最早表現在〈詩人創造人類存在的第三自然〉（1974）。再經過十餘年的創作實驗與反覆思辨，他又發表了〈從我詩的「第三自然」螺旋型架構看後現

代情況〉（1998）、〈「第三自然螺旋架構」的創作理念〉（1990-91）、〈談都市與都市詩的精神意涵〉（1994）等文論。其中最完整、嚴謹的論述，莫過於經過長時間沉澱和修訂的、空間感十足的〈「第三自然螺旋架構」的創作理念〉。這些文章大多收錄在《羅門創作大系・（卷八）羅門論文集》（1995），堪稱台灣都市詩理論發展史上的一座豐碑。

《羅門創作大系》的總序〈我的詩觀與創作歷程〉，清楚記述了羅門經常不自覺表現出來的，宗教意味本爲濃厚的「詩人宣言」：詩人是人類荒蕪與陰暗的內在世界的一位重要的救世主，並成爲人類精神文明的一股永恆的昇力，將世人從「機械文明」與「極權專制」兩個鐵籠中解救出來，重新回歸大自然原本的生命結構，重溫風與鳥的自由。他認爲詩人必須有正義感、是非感、良知良能與人道精神，不但關心人類的苦難，還要解決人類精神與內心的貧窮，進而豐富、美化人類的生命與萬物。這個極爲罕見的道德使命感，讓羅門站在一個鳥瞰都市各種生存環節的高度，嚴厲地指證都市帶來的亂象與道德沉淪，在透過詩的力量來力挽狂瀾。這個承載著現代人生存悲劇的空間，即是他所謂的「第二自然」——是高科技的物質文明開拓出來的「都市型的生活環境」。

無論是對「第一自然」或「第二自然」的思考，羅門皆以人類現實生存狀態爲本位，屬於形而下的現象論層次。他將「第一自然」定義爲「接近田園山水型的生存環境」，它不等於大自然，那是一片經過人類耕作及建設的田園。他筆下的大自然有兩組重要的意象：（一）「山、水」——「視覺層次」的大自然象徵。當他在描敘都市建築對自然景觀的摧毀與吞噬，這組大自然符碼必然成爲典型的受害者：（二）「風、鳥」——「感覺層次」的大自然精神內涵。風的逍遙與鳥的翱翔都是現代人奢望的自由，它兼具行動意義的形下自由，以及心靈紓解的形上自由。羅門對「第一自然」的設計與了解，偏向西方田園詩，他以感性的「氣氛」爲觀測點，不只抽離了牧人和農人，甚至根本沒有任何人生活在田園之中。所謂的生活，遂淪爲視覺、聽覺與感覺的綜合印象：「人類生活在田園寧靜的氣氛哩，視覺、聽覺與感覺所接觸到的一切，均是那麼平靜、和諧、安定與完整；寧靜的自然界好像潛伏著一種永恆與久遠的力量，支持住我們的靈魂；而在都市化逐漸擴展的現代，我們活在緊張的生活氣氛中，視覺、聽覺與感覺所接觸的一切，都是那麼的不安、失調、動盪與破碎；於動亂的都市裡，好像潛伏著一種變幻與短暫的力量，隨時都可能將我們的精神推入迷亂的困境」。可見「寧靜」的田園（幻想／構想）是爲了烘托出「不安」的都市（現況）。

羅門構想中的田園只是「理想中」的優質生存空間，完全漠視現代農民在農產品行銷過程中的被剝削處境，風災水禍的疾苦等因素，更別提前現代農業社會在政經體制下農奴般的劣境。人文地理學大師段義孚在《逃避主義》（ *Escapism*,1998）一書提出非常另類的見解：「世界各地的人們，即使當時沒有感受到，但最終也會感受到自然既是家園，也是墳墓；既是伊甸園，也是競技場；既如母親般的親切，也像魔鬼般的可怕；有時會人類做出回應，有時又冷酷無

情。從古到今，人類都對自然抱有可以理解的矛盾態度。文化就體現了這一點。文化彌補了自然的不足，可是恐怕又會矯枉過正。自然界的主要不足，在於它的不可依賴性以及殘暴性。人類改造自然，創造出比自然界更有力、穩定的人造世界，並以此做為與自然相聯繫的紐帶，為人們所熟之的人類改造自然的故事，可以被理解為是人類為逃避自然的威脅所做出的種種努力」。人文地理學的觀察角度比都市詩人的批判更接近事實，大自然的可怕力量往往在都市人的夢幻之外，人與自然之間的關係確實很複雜。從前現代到現代都市的發展，或許可以看作人類文明的生存手段，我們在吞噬大自然的同時，也在防範它的吞噬。

很矛盾的，都市文明讓人類成功「逃避自然」之後，久居都市的人們卻渴望離開都市「逃向自然」。可是「人類逃往的自然必定已經被人化了，且被賦予人類的價值觀，因為這種自然是人類願望的目標所在，而不是人們被迫或不高興進入的一個模糊的「外在」世界。所以，可以這麼說，我們希望逃向的地方已經不再是自然，而是「自然」這一迷人的概念」。羅門的「第一自然」也算是一種「迷人的概念」，而且它完全是從詩人的視覺與心靈角度來定位的，他深信那片一望無際的遼闊田園，能使都市人進入寧靜、和諧與含有形而上性的「天人合一」自然觀之心境；有利於建立「悠然見南山」、「山色有無中」的空靈詩境，這些詩境的產生，卻又說明了陶淵明、王維在這個存在層面裡得不到心靈的滿足，必須借助詩歌的藝術力量，方能進入無限開展的「第三自然」內心境界。

根據羅門的理論架構，由李白、杜甫、陶潛、王維、里爾克、米羅、畢卡索、貝多芬、莫札特等人的靈魂建構出來的「第三自然」，等同於上帝所設造的「天國」，是一個「永恆的世界」，它是詩人與藝術家超越了「第一自然」及「第二自然」的有限境界與障礙，將一切轉化到更純然、更理想、更完美的「存在之境」。換言之，都市人必須透過這些具有昇華能力的「特定文本」，晉昇到「第三自然」的存在境界（另一個更迷人的概念）。昇華都市人的心靈，遂成為現代詩人的重大使命。羅門為「第三自然」的審美與昇華過程設計了一套「第三自然螺旋型架構」，更表示它透過不斷超越與昇華的創作生命，確已發現與重認到另一種永恆存在的形態，它是一種在瞬息萬變的存在環境中，不斷展現的、永遠不死的超越的存在。

羅門的「第三自然螺旋型架構」的創作裡面對物體的審美結果，與海德格有相當程度的神似，裡面與方法的傳承十分明顯，而且「第三自然」理念存在著不少問題，但它卻能說明羅門面對陷入「非本真」（inauthentic）結構中的都市人，所觸發的強大道德動力與思考方向。他確實企圖透過詩的力量，將這些「常人」（das Man）從生存的困境中救出來。詩就是羅門的宗教，「第三自然」就是他的文化／藝術天堂，那是一個他努力營造的境界，用來超越這個黏滯的現實。

不管羅門投入多大的心血，最殘忍的事實是「第三自然」根本無法落實，那是一個幻境／概念，所以羅門在創作時終究離不開「現代都市／第二自然」。羅門選擇與「第二自然」對話的其中一個重要因素，是他察

覺到都市詩在傳達現代人生活實況時，具有明顯的透視力與剖解實力，尤其都市生活中不斷萌生的前衛資訊和流行思維。他企圖緊緊扣住「第二自然」這個對話者，以貫徹他的美學理念、道德批判、人道關懷、本體及現象論的存在思想。很弔詭的是：當他與「第二自然」對話之際，即主動又被動地加速了詩歌語言的節奏，被書寫對象的脈動牽著走，都市化的閱讀節奏加上都市題材本身的不安與沉淪，所達致的第一層閱讀感受，即是另一次感覺的沉淪，之後才轉變成反省。這種被都市生活節奏「都市化」的本文，絕對不可能產生「第三自然」心靈境界的昇華作用。倒頭來，讀者仍然受困於「第二自然」當中，閱讀著本身的現身情態。

羅門詩作裡的現代都市，一直被當作罪惡的淵藪，一種原罪；所以他總是採取宏觀的大眾代言人視野，一副替天行道的姿態，來圍剿一無是處的現代都市文明。《羅門創作大系（卷二）都市詩》收錄的三十九首都市詩，全都屬於對「第二自然」的現象批評。從道德規範淪喪、物慾橫流的〈都市之死〉（1961）、〈進入週末的眼睛〉（1968）和〈咖啡廳〉（1976）、生活步調令人窒息的〈都市的旋律〉（1976）、充滿孤寂與疏離的〈傘〉（1983）、刻劃流行文化與消費心理的〈「麥當勞」午餐時間〉（1985）、強調深層異化的〈玻璃大廈的異化〉（1986）、控訴生存空間被擠壓的〈都市心電圖〉（1990），到敘說傳統文化流失的〈都市的變奏曲〉（1992），羅門賣力地展示都市文明的陰暗面，三十年如一日。以確保映入讀者眼簾的盡是：建築空間的壓迫、機械化的生活步驟、物質文明對人性的

扭曲、自由意識的消失、空洞虛無的存在境況。

羅門更將都市人的心靈及道德的淪喪，縮寫、簡化成「物慾」和「性慾」兩個母題，並嚴厲指責都市的物質文明大量製造物慾與性慾，以致都市人被高度消費性的物質文明矇蔽了心靈，所有的思想行為都環繞在慾望的滿足上。在他筆下，「第二自然」儼然是形下悲劇與達達式虛無主義的最佳載體，實乃「惡」的化身。

當現代主義的先鋒羅門，在世紀末的台灣遭遇到後現代主義思潮的衝擊時，他立即啟動第三自然的詩學防衛機制。羅門〈從我「第三自然螺旋型架構」世界對後現代的省思〉（1992）一文，針對後現代思潮提出一個觀點（或防衛態勢）：詩人與藝術家擁有絕對的、永恆的超級性和統攝能力，不受時代思潮的動搖。在文章的開頭，他首先指出：「一個具有涵蓋力與統化力的詩人與藝術家，在任何階段的現實生存情況與境域、以及已出現過的任何「主義」乃至古、今、中、外等時空範疇、乃至「現代」之後的「後現代」的「後現代」……等不斷呈現的「新」的「時代」，都只是納入他們不斷超越的自由創作心靈之熔化爐中的各種「景象」與「材料」。經過一翻不動如山的辯證，最後，「我深信，後現代無論採取哪一種解構形式，也無法阻止我站在「第三自然螺旋型世界」，以詩眼看到詩與藝術永遠在探索人類心靈存在的另一個具有永恆性的世界」。羅門一開始便指出相對於詩人與藝術家所掌握、所追求的永恆性思想，後現代不過是一段短暫的思潮；當他並沒有修訂或調整「第三自然」去回應後現代，而是站在比

後現代更崇高的「第三自然螺旋型架構」，去俯視它，去說明兩者之間的共振點，甚至證明後現代乃其思想之局部（景象與材料）。羅門的第三自然依舊是存在主義式的，「第三自然螺旋型架構」更是堅守原來的海德格模式，沒有任何改變。

事實上，長年沉浸於存在主義思想的羅門，並不了解後現代文化精神，他只抓住幾個簡單的概念（甚至只是關鍵詞）。林燿德在〈「羅門思想」與「後現代」〉裡明白指出：「當他面對崛起的後現代（諸）主義時，則面對了資訊匱乏的問題；透過那些蹩腳的中譯以及一知半解的介紹，錯誤的資訊只會令人感到更為困惑，這是成為世界資訊終點站的台灣的莫大悲哀。因此，羅門批判後現代的基礎無疑會受到質疑」。至於羅門的回應文章，更進一步強化了本身的立場，展開全面性的反擊。最後，他把所有的理論辯證逐一統攝到都市文明的存在思考範疇，成為詩人靈視的關照對象。換言之，「第三自然」理論才是永恆的、超越的、涵蓋一切的美學思想。

本文不打算在此討論羅門思想與後現代的問題，林燿德的論述已當清楚。不管怎麼說，羅門草創的──「第三自然螺旋型架構」──都市詩理論，確實展現若干存在主義哲學的思考深度，以其強大的道德批判力量，在台灣都市詩及理論的發展史上，是一座不容忽視的里程碑。

臺灣詩學 Taiwan Poetry 學刊八號
2006.11

生命的提昇

——羅門的"第三自然螺旋型架構"詩觀

侯亨能博士

台灣著名詩人羅門創立了一個嶄新的詩學觀點："第三自然螺旋型架構"，很值得我們探討。

他說的第一自然，是指接近田園山水型的生存環境。

第二自然，是指開拓了的，受物質化污染的都市型的生活環境。

第三自然，是龐大的，豐富的，無限的，完美的生命。它是一種深遠遼闊的，無限超越的境界，包涵了"自由"，"眞理"，"完美"，"永恆"，"大同"等的蘊意。

羅門的意思是，詩人從第一與第二自然里的物象合意象，經過心的淘洗和化煉，提升上一個超然的境界。這是詩的最高藝術表現。是詩人追求的一種神思。

他所指的螺旋型架構，是一種包涵了穩定性的圓形，直趨頂端的三角形，和多向度，多面性的 360 度旋轉形，還有層層向上昇越的造型。這代表了詩人的創作生命在時空中不斷向前探索，突破，超越與創造的生生不息的永恆性。

羅門的這個理論相當具有說服力，基于幾個理由。

首先，詩，作爲藝術的高級形式，必定不只是反映粗淺的客觀現實而已。可是，隨著時間的流逝，地球上人類的環境已經從原始狀況，進入農業狀況，又進入了機械時代，現在更朝向高科技進軍。客觀現實已呈現了變化。過去的青山綠野，現在已經變爲忙碌的城市，高樓大廈林立，人潮如蟻。這種客觀現實能反映的只可能是挫折，失望，頹喪，壓力，勞累，煩躁，不安等心理狀態。這是一個有爲的詩人的唯一可能的反映範圍嗎？不亩太瑣碎了！因此，提出一個第三自然，是合時的，是適當的。這是一個詩人通過客觀現實而從內心反映出來的一個境界。這個境界高遠，超越，形而上，具有神性。它包涵了人類最高的理念，如完美，永恆，自由，空靈，神韻。這樣的形容詩的內涵，應該可以廣泛被詩人所接受。因爲一般的詩人都向來認爲詩必然是一種崇高的藝術形式，它所表現的必然是一種人類所認知的最高級的因素。

這有點類似中國傳統哲理所推崇的一些理念。如佛家講的"不可說，不可說！"的確，詩的第三自然是一種不可說的境界。因爲它涵蓋了說不完的概念和意象。佛家的不可說已經把它統括在最高無上的境界了。

這也有點像老子說的境界。老子說：有物混成，先天地生，寂兮寥兮，獨立而不改，周行而不殆，可以爲天地母。吾不知其名，強字之曰"道"，強爲之名曰"大"。大曰逝，逝曰遠，遠曰反。如果寫詩能把世界萬事萬物都聯系上道的話，這無形中已經把詩提高到概括宇宙的範疇。

給羅門　　　　　　候亨能博士

從一個個世俗的門
你
螺旋的攀登
節節的上升
遨遊天際
跨越長宇
來到了心靈的門
空靈美的第三自然
哇
七十五個寒暑過去了
你還是當年丹心一顆

（附註）

上面的短文與詩作是前馬來西亞「南洋商報」總經理候亨能博士寫的，他本人專研人文科學，也寫詩，曾兩度來台參加東亞地區有關人文財經議題會議；在當地是有實力的藝文活動推動者，曾有舉辦類似「愛荷華（IOWA）大學國際作家工作室」的構想。我與蓉子 1997 應邀到馬來西亞演講，他也在場，彼此曾見面唔談，後來他寫〈生命的提昇〉又寫〈給羅門〉，其詩作已收進他詩集《詩歌 2002 年以後》P.158。

詩與自然

兩岸海峽詩學交流學術研討會（摘錄）

王常新

「要談「詩與自然」，不能不談羅門先生於 1974 年提出的「第三自然」的理論。他認為：所謂第一自然，是客觀存在的自然界；所謂第二自然，則是屬於人為的世界；而第三自然，則是由詩人心靈與客觀融化而創造的具有藝術力量的意境，是詩所建立的形象的王國。他指出：「第三自然，便是詩人與藝術家掙脫第一與第二自然的有限境界與種種障礙，而探索到的更為龐大與無限壯闊的自然──它使第一與第二自然獲得超越並轉化入純然與深遠的存在之境。此境，有如一面無邊的明淨之鏡，能包容與透視一切生命與事物活動於種種美好的形態與秩序之中。」這表明，他認為第三自然是較之第一自然與第二自然更為完美與理想。

在當今世界都市物質文明導致精神文明破滅的急態中，羅門的「第三自然」的理論有很大的現實意義；它可以提昇人們的精神境界，可以加強詩人對社會的責任感。不論對人類社會的發展和詩歌創作的繁榮，都具有巨大的貢獻。

羅門認為第一──自然（原始的大自然）與第二自然（都市──人類的文明空間）是互相衝突的，現實的「寂寞似塔」來自第二自然機械化、冷漠化的本質，所以他這位「都市的詩國發言人」對都市文明雖然既有批判、也有禮讚，但著力的是前者，從詩與心靈在人生存於日漸物化的都市環境中被放逐、被扭曲著，他的精神作業有矯枉過正之意，這是無可非議的。

《淮南子‧泰族訓》說：「夫物有以自然，而後人事有治也。」把鋼鐵打成刀劍，把木材製成舟船，遵循著自然規律去行動，人就可以實現他的各種願望。從這個角度觀察問題，大自然和現實的都市文明，也有其一致性與統一性。既然羅門意識到「厭倦都市就是厭倦生命」，他自然也已認識到上述真理。

錢鐘書在《談藝錄》中，針對長吉《高軒過》篇「筆補造化天無功」一語說：「人出於天，故人之補天，即天之假手自補，天之自補則避人巧能泯。造化之秘，與心匠之遠，沆瀣融會，無分彼此。「我覺得這也是對第一自然與第三自然關係的最好說明，即以羅門所營造的完美殿堂──第三自然，也就是他常說的無限自然與開闊的「天空」，這詩人創作心靈永久居住的家鄉，也還是以第一自然，也就是天然意義上的自然，為藍圖的。所以，還是錢鐘書說的全面辯證：「造化之秘，與心匠之運，沆瀣融會，無分彼此。」」

世界論壇報 1994.5.19-12.

本文作者：武漢華中師範大學中文系教授

No2.

有關「第三自然」的書寫

詩人與藝術家創造了「第三自然」

羅 門

當後期印象派畫家喊出「我們照著太陽畫，怎樣也畫不過太陽本身」這句話，使我們清楚地重認到第一自然存在的隱面與樣相——諸如日月星辰、江河大海、森林曠野、風雨雲霧、花樹鳥獸以及春夏秋冬等交錯成的田園與山水型的大自然景象，它便是人類存在所面對的第一自然；當愛迪生、瓦特發明了電力與蒸氣機，在那有電器設備的冬暖夏涼、夜如晝的密封型巨廈內，窗外的太陽昇與落，四季的變化，都那麼異於田園裡所感覺的，再加上人為的日漸複雜的現實生活環境與社會型態，使我們便清楚的體認到另一存在的層面與樣相，它便是異於第一自然而屬於人為的第二自然的存在層面與樣相了。

很明顯的，第一與第二自然的存在層面，是人類生存的兩大「現實性」的主要空間，任何人甚至內心活動超凡的詩人與藝術家，也不能背棄它。然而，這一已事實上構成大多數人生存範圍與終點世界的第一與第二自然，對於一個向內心探索與開拓人類完美存在境界的詩人與藝術家來說，它卻又只是一切的起點。所以當陶淵明寫出「採菊東籬下，悠然見南山」、王維寫出「江流天地外，山色有無中」、艾略特寫出「荒原」、金士堡寫出「吼」，我們便清楚地看到人類活動於第一與第二自然存在層面得不到滿足的心靈，是如何地追隨著詩與藝術的力量，進入那無限地展現的「第三自然」。

可見「第三自然」，便是詩人與藝術家掙脫第一與第二自然的有限境界與種種障礙，而探索到的更為龐大與無限壯闊的自然——它使第一與第二自然獲得超越並轉化入純然與深遠的存在之境。此境，有如一面無邊的明淨之鏡，能包容與發現一切生命與事物活動於種種美好的形態與秩序之中，此境，可說是上帝的視境。的確，當詩人與藝術家以卓越的心靈，將一切生命與事物導入「第三自然」的佳境，獲得其無限延展與永恒的生機，這便等於是在執行著一項屬於「上帝」的工作了。所以，當畫家站在第一自然的層面上畫太陽，雖畫不過太陽的本身，但畫家可以透過靈視之深見，畫出那活動於「第三自然」中的更為無限與更具生命內涵力的太陽；詩人王維與陶淵明，在創作時（如上面列舉的詩），與第一自然於合諧中，一同超越與昇華入物我兩忘的化境；詩人里爾克、艾略特與金士堡，在創作時，與第一自然或第二自然於衝突的悲劇感中，使「人」超越那痛苦的阻力，而在內心中感知到那無限地顫動的生之源，因而獲得到那受阻過後的無限舒展，終於產生一種近乎宗教性的狂熱的追隨，信服與滿足感；樂聖貝多芬的音樂在演奏時，當時無論是權力最高的王公也好，智力最高的哲學家也好，都被音樂中一種不可抗拒的神祕的美感力量所制服，而順從於內心的那種無限的嚮往……。如此看來，則無論是進入內心的那種無限的

嚮往也好；進入物我兩忘的化境也好；進入內心中的更為無限與更具生命內涵力的境界也好……，都不外是進入我所指的那個使一切獲得完美與充分存在的「第三自然」——它正是詩人與藝術家創造的。這種創造，在廿世紀後半葉，當人類對神與上帝逐漸發生懷疑，如果我們仍確信在內心世界中，有上帝所設造的「天國」，那麼我敢說再沒有像詩人李、杜、陶淵明、王維、里爾克等人的詩句，更能確實地寫出「天國」的樣子；再沒有像米羅、克利、畢卡索等人的色彩與線條，更能確實地畫出「天國」的樣子；再沒有像貝多芬、莫札特等人的聲音，更能確實地說出「天國」的樣子。的確，詩人與藝術家將一切轉入「第三自然」獲得更為理想與完美的存在，在事實上，便也就是上帝（如果世間確有我信服的上帝）對萬物存在最終的企望與期求。

記得有一次我參加了一個頗有份量與具特殊性的座談會，談「生與死」的問題。出席有神父、神學院教授、心理學教授、台大醫院移腎權威醫師，以及死了三十六小時又活了過來的奇人；此外，便是張曉風女士與我以作家身分參加。在談論時，有一位心理學教授發表意見說：「自從信主後，主賦給我對生以無比讚美的力量。在國外讀書時，我看到一朵小花在雪地上開放，使我感到生之壯麗與無比的生存力而驚讚不已……」。這些話，是一位教授說的，但當我冷靜的想一想，這種對生之驚讚的引發力，是由於他信主才產生的嗎？其實那是他有意或無意使用詩人的眼睛看見而發出的驚讚。我絕不相信一個較他更信上帝的俗人，如果他缺乏內心的悟知力，與源自詩與藝術直覺性的美感

經驗與想像，能發出那種對生的深入性之驚讚的。可見這位身為教授與教徒的話，雖不能完全證實他的觀點，但反而助證了我的觀點：詩人與藝術家美感心靈的活動，一轉化入以美為主體的「第三自然」，便可能與上帝的天國為鄰了；同時在一切都被人類懷疑與重新估價的現代世界中，我懷疑以一般人那近乎迷信的絕對信仰，能確實的成為上帝優秀的信徒；我深信只有進入詩人與藝術家所開發的「第三自然」，使一切存在與活動於完美的結構與形式中，方可能認明上帝（如果這個世界確有這樣一個具有完美實質的上帝）。所以，有些批評家乾脆將里爾克與貝多芬喻為「神」與「上帝」。最後我更可肯定地說：詩人與藝術家創出的「美」，確是構成上帝生命實質的東西。我這樣說，很明顯的，是想重新確定詩人與藝術家在過去現在與未來永遠所站住的位置與其工作的重心；一個詩人與藝術家，當他喚醒萬物與一切潛在中的美的形象與內容（連痛苦與歡樂也是具有形象與內容的），他便是人類內在世界的另一個造物主了，像上帝造天國一樣，他造了另一個內心的天國——那個無限地容納「美」的「第三自然」。

站在這個由第一與第二自然超脫出來的「第三自然」之存在層面上，我深信我們不但確實地認識「心靈」與其透過詩與藝術所進行的永恆作業，同時也將有效解決詩與藝術，在目前所發生的某些重大問題與危機：

（1）近年來，在各報章雜誌上，一再提出詩與藝術的社會性與現實功能問題。有人站在純詩與純藝術的觀點上，認為詩與藝術，不必顧及這些問題；也有人站在實用性的觀點上，認為詩與藝術只是反映現實社會

的工具，應關心大衆，凡是離開大衆屬於個人內心的探索，都是沒有價值與意義的。我認爲這兩種看法都是偏激的，都缺乏對詩與藝術的全面世界，做深一層的剖視；都不了解詩人與藝術家的終極工作，是把存在於第一與第二自然的一切（包括有形的山水田園與都市、無形的痛苦、孤寂、快樂、虛無與絕望……）經由美感心靈轉化入「第三自然」，使之獲得更深廣更理想與完美的存在。事實上詩人在進行這項內心工作時，他既可寫出像白居易那種與大衆現實生活至爲接近的淺易可解的詩；也可寫出像王維與李商隱那種屬於個人舒懷而在事實上只能爲少數人所能欣賞與感悟的詩；他既可寫出像杜甫「國破山河在，城春草木深」那類屬於反映當時現實的詩，也可寫出像陶淵明「採菊東籬下，悠然見南山」那類屬於個人內心存在情境的詩；其實站在這個使一切完全獲得自由與充分存在的「第三自然」層面上，以上所提及的那些無論是關心到大衆的或是屬於個人抒懷的作品，都是直接或間接地提供了廣義的社會性的存在功能的。可不是嗎？當他們的作品對著人類遼闊的內心世界，從各種不同的探向與距離，投入美妙的東西與種種存在的樣相，繁富且充實了人類感知的幅面，這種表現，於人類精神文明向遼闊境界發展的情況下，都顯然是有其積極性的現實價值的。當陳子昂以個人的感懷寫出「前不見古，後不見來者，念天地之悠悠，獨愴然而涕下」；當里爾克以個人銳敏的心靈同時空交談，寫出「時間，如何我俯身向你，以金屬碰擊的聲音」；當海明威以詩的暗示性，在「老人與海」中，表現人存在於宿命性地同「空無」與「死亡」搏鬥的悲劇感

中；當貝多芬以個人激越的心靈，通過第一與第二自然的一切阻力，步入那以「美」爲主體的「第三自然」，創造出感人的「英雄」、「命運」與「第九交響樂」；當艾略特與金土堡面對現代世界給於人類內心與精神的破壞，所發出的呼喊……這些都多麼地在我們覺醒的心靈中，引起強大與深遠的顫動啊！

想想看，我們若將詩與藝術限於去服役大衆所關心的現實生活與存在的情鏡，並符合他們的內心水準程度與要求，而阻止像陶淵明、王維、里爾克與貝多芬等詩人與藝術家探入「第三自然」深遠境界的心靈之活動，這豈不等於關閉人類內在的一部分幽美的境界以及無形中降低人類與精神文明與智慧的高度發展嗎？這的確是不智與不健全的想法。這樣做，表現上看來，好像對於大衆的存在是關心的，是合理與人道的，但實際上卻是不合理與反人道的。爲什麼大衆是永遠宿命地不能進入李、杜、陶淵明與貝多芬的內心世界，去獲得與享有「人」存在的更豐富美好內容？去呼吸高度精神文明的氣氛？也許有人認爲，他們一向窮，忙於生活，缺乏教育，他們是宿命地永遠無法接受好與具有精神深度的藝術作品的；但如果他們有一天也生活好起來，也受到好的教育呢？這種似是而非的論調，多麼有礙人類精神文明的進步。難道說他們窮，他們受不到好的教育，應是詩人與藝術家的責任嗎？詩人與藝術家就得限於去寫同他們有關及他們能懂的作品，才算是作品嗎？那爲何許多偉大的詩人與藝術家，都往往存在很潦倒窮困的現實生活中，教育也往往是靠自己來教自己的，他們竟能寫出確實偉大但絕非大多數

人能欣賞的作品來呢？

這已是一個很明顯的真理，詩人與藝術家在從事創作時，任何外在的一切無論它是屬關心大眾的，關心個人的，或只關心宇宙間的一景一物，那都只是創作的對象與素材，但當詩人與藝術家將之推入美感心靈，轉化入「第三自然」，存在於美的形式與結構中，那的確是一種無法去親就誰的一種完成。至於大眾「宿命性」的內心水準與程度，把握不住作品精神與美感的深入性，那責任是不在詩人與藝術家，應該是在大眾自己是否有那種稟賦及自我教育的可能；當然更重要是在社會學家、地質學家、教育家是否能於分工中，使土地更為豐盈，使社會共同福利更為合理化、使教育程度更為普遍與提高，以期改善大眾現實的生活情況，因而使大眾也有那種進入內心美感世界的心況與時間，其實詩人與藝術家在創作時，從不考慮那種人可進入那一種人不可進入他的作品，也就因為這樣，便沒有人能限制出身寒苦的杜甫，不能讀詩，不能成為歷史上的大詩人，也沒有人敢說杜甫出身窮苦，每首詩都應該只寫給窮苦與欣賞力較低的大眾看的。

所以，我覺得凡是以文藝大眾化的觀點，來適應大眾缺乏水準的藝術心靈之需求，那實在是反文明的，那是任何一個向「第三自然」不斷深入探索的詩人與藝術家所無法接受的。因為那不但是傷害了詩與藝術的生命，而且是將人類卓越的心靈放逐。當世界上大多數人不能接受好的詩與好的藝術所帶給內心的優美的生活，這確是人類生存幾千年來，大家都不面子的事，人類各方面的智慧，都應該勇敢來面對這一重大的挑

戰。尤其是當物質文明過度發展，導致人類內心活動形成一片荒蕪的景象，我們更覺得從詩與藝術「第三自然」所引動的精神昇力，是何等的重要。由於人是具有內心世界的，人便絕不能沒有詩與藝術這種東西。當然，沒有內心世界的「動物」與「機器」，是不需要這些東西的。

說到此，回過頭來看看有些詩人與藝術家，在強調為藝術而藝術時，竟持超絕甚至漠視社會性與現實性功能的觀點，那也是令人至為疑惑的。當我們站在那個包容無限的「第三自然」的存在層面上，我們會一眼看出，持這種觀點的詩人與藝術家，他不是近視或遠視就是色盲了。事實上，任何詩人與藝術家，當他將一切透過美感心靈，導入美的形式與結構中，無論它的完成，純粹到何種程度，它總離不開人的內心空間，總有一種無形的力量，在潛移默化中作用著人類的心靈，它雖非直接也是間接地導引著人類進入社會的一切行為，於自然中，遵從著純正的心性以及人道與良知的精神。所以肯奈迪總統曾說：「詩使人類的靈魂淨化」，這句話，我們往深一層看，便會發覺詩與藝術對內心所產生的「美感力」，便是無形中構成人類一切道德生活中的支柱。同時，在廣義上，也是說明了詩與藝術在人類生存的社會環境中，是具有深遠與永恆的現實價值的。

（2）根據從「第三自然」存在層面所發現到的詩與藝術對人類的存在所提供的價值，我們可作進一步的推斷；當人類在二十世紀，逐漸遠離那近乎迷信的絕對信仰，而從內心實質的智慧與生活的美感經驗，來重新同內在真實感知的「天國」交通時，詩人與藝術家，雖不致於取代了上帝的位置，但

也至少是上帝在休假時裡想的代理人，因為他們是最了解「心靈」與「心靈作業」的人。可見作為一個存在於人類內心世界中的真實的詩人與藝術家，確是有著那種偉大的使命的。尤其是人類在廿世紀快被物化的情形下，蒸氣機的濃煙，把人類內在的視境籠罩的快要瞎了過去，詩人與藝術家的存在對於人類未來的命運與精神文明的遠景，的確有如濃霧中的日出。此刻，我非常感到驚異，竟有詩人與藝術家在回答別人問他為何從事詩與藝術時，回答說：不為什麼，只為了興趣；或回答說：為藝術而藝術，我便覺得他們多麼不了解在本文中，一再提出的那些永遠被人們尊重的偉大詩人與藝術家們，他們在「第三自然」存在層面上，所創造的那些深遠永恆與完美的境界，竟是使「上帝」也羨慕與沉醉的另一個美妙的精神「天國」啊！

（3） 站在「第三自然」存在的層面上，我們將永遠重視作家心靈的「內視力」與「轉化力」，因為它能確實看見一切的核心，並把握一切向內延伸與超昇的形而上之勢能，而觸及萬物在不可見中交感的世界，這也往往是詩與藝術所創造的至高境界。可見偉大的作品同作者深入遼闊的心境是永遠分不開的，縱使我們面對廿世紀後半葉的文藝思潮，深知物質文明已干擾，甚至阻止無數詩人與藝術家向內心的深層探索，被迫放逐在動變的外在世界上，採取新的觀物態度與審美角度，並不斷調度甚至變更創作時所用的工具材料，以期使一切存在與活動進入新境，呈現出新的創造力。這種緣自現代生存環境的複雜性與突破性，所形成的不斷求新求變的多向性創作觀點，的確使現代詩乃

至其他藝術，在不斷追索新的流派時，帶來一片熱潮與多彩多姿的新氣象，這確是可喜的，就是站在「第三自然」的層面上，也不能不承認這種成效，在某方面所建立的價值，因為它賦給一切的存在與活動以種種新異的樣相，豐富了我們內在的視境。

縱然如此，我們仍必須注意到，現代詩人與藝術家，在受制外界所採取的多樣性的審美方法，它是否冷落甚至割棄了內心的形而上「昇力」與境界，而只在為方法而方法，或只是以方法對外在事物做一些巧妙以及機械性與表面化的傳真？如果是這樣，則這類作家，便像是一個打鞦韆者，只知道「往下」打的樂趣，而不知道「往下」打的充分的樂趣，是永遠來自「往上」打的充分的樂趣中；這類作家很可能使詩與藝術偏為水源貧乏的狹小的「支流」，而流不成壯闊感人的「汪洋大海」了。的確，雕蟲小技，何能成為大器呢？古今中外那些能永遠在歷史偉大下去的詩人與藝術家，那一個不擁有偉大深遠的「第三自然」的「內心世界」？這種覺醒與重認，對於我們目前現代詩所面臨的某些危機，確是有用的。

回顧廿年來，我們一些具有認知力與創作力的詩人，的確曾意圖透過詩與藝術去擁抱廣漠的時空與壯大恢宏的人生界，以期有不凡與具有精神性的巨作來，他們的努力，總算有過某些表現，可是近年來，作品那種真摯地襲擊入心靈深處，引起顫慄性的美的威力，的確是減弱了。很明顯的，在藝術技巧的探索與實驗中，確出現創造了許多式樣新穎的不高不矮的「平房」；但想要它高大成一座座「巨廈」，那誠然不只是屬於技巧的問題了，而更主要的是屬於作者「精神」

與「內心」世界的結構與才識問題。

「精神」與「內心」世界萎縮脆弱與蕭條，並不能因改以「技巧方法來描繪一些生活現象」，就算是克服了這創作上的危機，因為這種危機，基因於詩人與藝術家對內在世界之探險所堅持的執著精神之強度，於一開始便缺乏，或於後來在被動與主動的情形下，逐漸轉弱所引起，迫使詩人與藝術家從內心與精神的深處彈出，流於浮面現象與形式之捕捉，而使作品失去向內擴展的強力，把握不到深遠的生命之源。這種危機只有當作家的心靈再度執著與醒覺起來，再度接受某些沖激的痛苦與忍受孤寂感；再度向停滯與隋性的心靈挑戰；再度向宿命性的存在挑戰；向生命與一切事物的深層繼續探索；再度將詩與藝術當作一己有信仰的宗教，當作一己生存的過程與終結……這樣方可能打破僵局，而向前開拓新境。

事實上，當現代人與藝術已逐漸發覺到，將詩與藝術只推入外在事物變化的妙趣與機械的秩序美，以及現實生活描繪中，而漠視內心深入的生命感受力，這情形，頗似一隻航行的船，離開海而擱置在沙灘上，使人難免感到這裡邊好像缺乏著一種存在的關聯性與交融感。的確詩與藝術，無論是在以往的古今中外，或在未來的古今中外，都永遠是由內心發出終又回到內心世界裏去的東西，這是無法更變的。如果變了，「一個詩人與藝術家」同「一個商品製造商」所做的，其價值有何不同呢？如果有不同，只是後者較前者更多了一項實用價值。

正當國際史學家湯恩比指控人類生存於物質高度文明的廿世紀，已面臨精神文明重大的危機，我便更感到做為一個較任何人都應強調內心空間的詩人與藝術家，他們在這刻，正是湯氏心目中認為最具有對這一危機提出挑戰力量的角色，怎能祇憑玩「物」與「藝術上耍巧」來達成這項堅苦且偉大的心靈作業？貝多芬、里爾克的藝術生命之所以能在時空中，永遠偉大與不朽下去，我敢說單憑玩弄「物」性與耍巧是辦不到的。主要的仍是由於他們的心靈能探索入深遠的「第三自然」，並對一切的存在，有著深遠的看見體認與感知，以及能確實抓住一切存在於永恆中的生之根源。

我雖不是研究科學的，不能以科學的證實方法，來指出藝術家與詩人永遠活在「可見」的內心世界中；但我敢斷言一個詩人與藝術家，若不用深入的心靈來創作，他抓住人類的心靈也絕不會「深」與「久遠」；如果他的心靈已被鄉愿與現實的勢力所侵蝕與毒化，則他的藝術生命除了趨向死亡，便沒有其他的路可走了。

（4）站在「第三自然」存在的層面上，我們尚可合理地解決且破除目前在詩與藝術世界中，所發生的「古今中外」等時空性的爭執。由於「第三自然」，被解說為是心靈能看見的一個生生不息的永恆之境，則凡是具有「根」感又能確實地根入生命之境的作品，都可能獲得長久存在與活動於「第三自然」的居留權。「第三自然」既不重視對「古今中外」時空性做機械式的隔離，也反對它們之間有任何固存的無謂的排他性。「第三自然」是掙脫一切阻撓，獲得其極大的自由與無限的包容性，永為「完美」而存在，使「時空」形成一透明無限的宇宙，「古、今、中、外」納入其中，呈現出一並列相容的呼應性的存在。這樣，作品便可隨

時順乎內在獨立存在的本然，來自由展示與完成，不受低層次的其他一切固定形態的約束，反而因此獲致那無限地被塑造與呈現的「形」。這種「形」，如果確實透過真摯的生命而存在與活動於時空與心靈的深處，能引起永恆的「美」的顫動，則它便很可能已是一種不凡與偉大的完成。這種「完成」，使我們想到陶淵明與龐德在不同年代創作時，那獨立與自然的偉大心境，這種「完成」，也使我們不必去擔心中國古代的李白會去寫像美國Ｔ・Ｓ・艾略特的「荒原」，美國現代的金士堡會去寫像中國古代杜甫的「春望」；這種「完成」，已充分說明了詩人與藝術家，在創作時，面對著存在的時空，是有一己獨力與全然自由的「心望」，去順應自然地表達一切的。若在此刻，勉強用「古、今、中、外」的時空性，去約束一個已活動於「第三自然」的創作的心靈，那不但是多餘的，而且有損詩與藝術的原意。可見詩與藝術是將現實的時空性轉化為超越的「第三自然」的時空性。

所以，當存在於「第三自然」中的貝多芬、陶淵明、李、杜、里爾克、石濤、米開蘭基羅以及龐德、艾略特、畢卡索……等這些偉大的詩人與藝術家們，都不受「古、今、中、外」時空性之限制，一同坐入「永恆」的位置中去；當一個活在現代的畫家，手動心不動地對著古代畫家筆下的自然與山水，做著那些毫無創意的近乎影印式的複寫工作，被請出真實的藝術世界；我們便不難了解到那穿越「古今中外」時空之底的屬於創作者泊泊的生命之源，才能確實使「古、今、中、外」的時空性，在創作中獲得真正的意義。除此，若我們還要在作者創作的心

境中，強調「古、今、中、外」的時空性，便的確是本末倒置，有如強調裝菜的「菜盤」，而不去注意菜盤裏裝的「菜」了。

由此可見站在「第三自然」的存在層面上一個確實具有內心境界的詩人與藝術家，於創作時，的確是非常自然地穿越「古、今、中、外」局限的時空性，而面對一個由整體時空所呈示的「永恆」世界。所以凡是具偉大性的詩與藝術品，大多是由於作者的內心轉化入「第三自然」而根入永恆的生命之源中去的作品。此刻，我們注意它本身真實的完成，遠較查證它的時空性重要得多。因為真正好的作品，往往是不大受時空性的限制的，它可超越時空，永遠引起歷代觀賞者的驚讚與佳評。

最後，我的結論是：詩人與藝術家卓越的心靈，自「第一與第二自然」超越與轉化入「第三自然」，這個「第三自然」，便永遠是所有從事心靈作業的詩人與藝術家所站定的位置，也是人類精神活動的佳境——一個存在於內心中，同天國一樣美妙的另一個「天國」。

的確，只有當詩人與藝術家創作的心靈，抵達這個以「美」為主體的「第三自然」時，詩與藝術的生命才可能全然出現，才可能全然出現於「超以象外，得之環中」的無限境界之中，被「永恆」收容下來。這種效果，凡是不確實往心靈深處走的詩人與藝術家，凡是耍巧與「玩票」的詩人與藝術家，是無法獲致的，若不相信，請去問問陶淵明與貝多芬。

的確，只有當人類的心靈，抵達這個被詩人與藝術家所創作的以「美」為主體的「第三自然」，才可能徹底了解「自由」、

「永恆」、「完美」與「大同」的真義。才可能因此想見到「上帝」與「天國」的真貌（如果這個世界上，確實有我們智慧的心靈所嚮往的「天國」與「上帝」）。

的確，只有當人類的心靈，抵達這個被詩人與藝術家所創造的的以「美」為主體的「第三自然」，才可以找到那面純淨的「鏡」，才可能以這面鏡，確實地照出「詩人」與「藝術家」以及「神」與「上帝」的臉；照出詩人與藝術家造的「天國」，同上帝造的天國，是投下同一個投影，在人類的內心世界中。

的確，做為一個賦給一切存在以完美內容與形式的詩人與藝術家，他本身已被認為是內在世界的造物主。另一方面他也是精神世界的探險者，永遠接受著現實世界「寒流」的侵襲，尤其是當人類逐漸被物化，引起內心空間發生低落與窒息感的現代世界中，詩人與藝術家勢必背負起以「美」與「精神上」所交加成的那做沉重的「十字架」，來尋獲那不斷追索中的理想與完美的存在。不要忘了，詩人與藝術家也是人，而且是在身體裏不能不加裝「心靈」的那種人。

寫到此，文章該是到結束的時候了，在未停筆前，我想說明一下，這次應「創世紀」詩刊寫稿，寫稿的範圍，本是偏在對中國現代詩的回顧展望以及批判等幾方面。而我提出詩人與藝術家創造了「第三自然」，用此指出作者內心空間的不斷擴展與建立之重要性，不外是看著目前中國現代詩壇，在偏於種種方法的追求與實驗之際，已對內心的探險不夠積極與深入，致使創作世界只呈現「一片疏落的矮林」與「維持不夠久的一次又一次的花景」，而尚看不見高大的果樹與壯闊的森林，這種受制的僵態，除了不斷開拓精神與內心的深遠境界，技巧與方法是只能治標而不能治本的。此刻，讓我們的詩人與藝術家們站在本文所提出的「第三自然」的存在層面上，再一次去校對自己確實的位置，便不難了解到我們應該特別去做，而沒有切實去做的那一些是什麼了，就因為沒有切實去做，或做了一會又停了下來，便難怪要使創作精神在本質上趨向那不可避免的「小巧氣」與「脆弱症」，而強大不起來了。

的確真正具有偉大感的詩人與藝術家，絕不是只在技巧與表面上要耍花樣的。他既被視為是內在世界的造物主，則必須將一切送進內化的「第三自然」，導入美的形式與結構中，並使之根入深遠的生命之源，連住「永恆」，才算是盡了責，才算是對自己的心靈作業宣告完成。

羅門同愛荷華（IOWA）大學國際作家交流會主席布雷斯克拉克
（DR CRARK BLAISE）「中」與 ISRAEL 名詩人 SOMECK（左）
在舉行三位（尚有 CARBONELL 女詩人 JEFFE）發表有關後現代
論文研討會過後攝影留念

The International Writing Program proudly sponsors a panel discussion on

POST-MODERN-ISM ABROAD

with IWP distinguished authors

Verónica Jaffé Carbonell
Venezuela

Ronny Someck
Israel

Lo Men
Taiwan, China

Wednesday afternoon, 3:00 pm
September 23, 1992
Gerber Lounge, 304 EPB

Getting To Know Us...

Weekend
News Ad vertiser©

Volume 3 - Issue 2 - Saturday, September 19, 1992

...Getting To Know You

FREE

✔ ...ternational writing program panel ...scussion scheduled for Sept. 23

...e International Writ-
...Program at the Uni-
...ity of Iowa will pre-
...: "Post-modernism
...oad," a public panel
...cussion, at 3 p.m.
...inesday, Sept. 23, in
...Gerber Lounge, room
...of the U of I English-
...losophy Building.

...he three panel mem-
...s are participants in
...1992 IWP: Venezuelan
...t and translator Ve-
...ica Jaffe Carbonell,
...t and critic Lo Men
...n the Republic of Chi-
...and Israeli poet Ron-
...Someck.

...affe has translated
...r books of German po-
...y into Spanish and has
...blished a volume of

her own poetry, "The Art
of Losing."

The director of the
Humboldt Cultural Foun-
dation in Caracas, she is
attending the IWP
through the support of
AT&T.

Lo Men is director of
the Blue Star Poetry As-
sociation of Taiwan, and
was formerly director of
the Poetry Workshop of
the Chinese Literature
and Art Association.

The recipient of numer-
ous major literary prizes,
he has written 10 books
of poetry and his work
has been translated into
several languages.

The writer of three vol-
umes of poetry, Someck

is a high school teacher
in Tel Aviv, where the
pop culture has influ-
enced his work.

He is considered a mod-
ern troubadour by Isra-
el's youth. Someck is par-
ticipating in the IWP
through the support of
the U.S.-Israel Education
Foundation.

The IWP, which cele-
brates its Silver Anniver-
sary this fall, organizes a
community of established
writers from all parts of
the world each year at
the U of I.

Twenty-six writers
from 21 countries are
participating in this fall's
program.

右起：主任布雷斯克拉克，另外兩位主講人以及羅門。

Reflections on Postmodernism From the Perspective of My "Third-Nature, Spiral World" Model

by Lomen

Postmodernism correlates distinctly to the post-industrial, informational society. It is also related to culture and politics. However, these are not what I want to explore and discuss in this paper.

Rather, I want to focus on the issues of artistic creation. I want to make clear, first of all, that I am a poet and therefore see things from "the eye of a poet."

I have never agreed that art, especially poetry, should be labeled by any "isms." In my own country, critics have called me "the vanguard and banner-bearer of modernism," but I don't think such a label is appropriate. The reason for that is because any "ism" is confined to a framework; but writer's especially a poet's creative spirit, constantly transcends, un-checked and unbound by any framework. Once there is a framework, the creative spirit of a poet will become a caged bird that can no longer fly freely in the sky. To a writer who constantly transcends into the boundless realm of time and space in a free artistic creation, such practice would only be limiting and less ideal. In my mind, especially from my forty-some years of writing experience, I have discovered that a real poet and artist should never let himself be trapped into the framework of any "ism" and consequently lose his freer and broader creative space. Those who constantly transcend the temporary time and space in a free and open creative spirit are the only people who can obtain a "pass" or a "credit card" from God. They should not lower their aspiration and confine

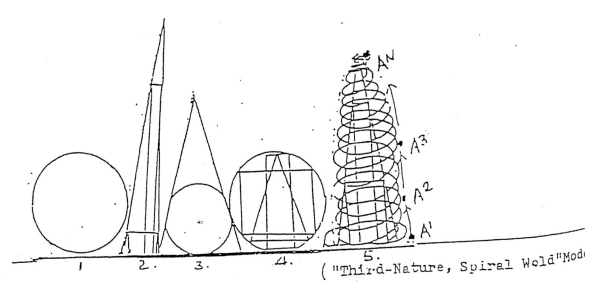

("Third-Nature, Spiral World" Model

themselves to the particular framework of an ism.

To a poet and artist who is capable of making generalizations and inductive inferences, things like the temporary human conditions and circumstances, "-isms", various concepts of time and space, and modernism that includes "postmodernism" after "postmodernism" are nothing but materials to be used in their furnace for artistic creation. They should transcend the countless forms of existence and change to create and reveal the new life with heart and soul.

At the beginning of this paper I said I that I use "the eye of a poet" to see postmodernism. What I mean by that is to examine it from the point of view of my "Third Nature" in a spiral-shaped world. It is a world that transcends the First Nature (the idyllic countryside model) and the Second Nature (the artificial urban model), both of which belong to the existing space of the indispensable human reality. Writers should enter the boundless and evolutionary nature in their inner world. This infinite and evolutionary Nature, which I call "the third nature" is presented in a spiral-shaped, three dimensional world as shown below.

In this spiral, from point A to points A1, A2, A3 and A to infinity. We clearly see that human creative wisdom does not exist in a negative creative model void of history and change, nor does it exist in a repetitive circle on the same level. Rather, it exists in a creative model that rises in a spiral-shaped evolution called "progressive eternity." Only in this way can we obtain a freer and more coherent vision of

classism, romanticism, symbolism, surrealism, neo-realism in literature, realism vs. abstraction in painting, and the transition from realism to abstraction. Only in this way can we see the whole picture of inter-connectedness in those evolutionary phenomena. What is more, we see how the poetry by Li Bai and Du Fu who have been dead for about a thousand years, and the music by Mozart who died two hundred years ago, still has the power to move us. This eternal power is what I have just referred to as "progressive eternity." This eternal power transcends the inner and outer universe and forever emits the energy of life just like the invisible particles in the world of physics.

Therefore, I am not just acknowledging here in this paper the inevitability of postmodernism and its positive values. Rather, I am bringing postmodernism into a perspective in existence. I also want point out the blind spots that have occurred behind it.

My impression about postmodern architecture is that it emphasizes direct visualization by using concrete signs, not symbolic signs. In this way, it decomposes and reconstructs cities while keeping the traces of history and tradition. It adopts the collage technique by moving things like an old roof, arched door, window sill, castle, pavilion, and even big trees from outside to inside the building. A coffee house in Taipei makes use of his postmodern concept by moving some big "pastoral" trees inside an urban building. This kind of abnormal assembling only emphasizes the sensational effects of fashion. Thus it creates the visual space which looks like an assorted candy decomposing the meaningful subject. Everything is debentured; all new and substantial branches become separate entities, which are linked together in display. The existence of such branches emphasizes only the direct and superficial relation in lieu of the deep transcendent and metaphysical the "subject," the "center" and "the existence of the inner essence" in the concept of creation is very different from and in antithesis with that of the "modernist" writers who constantly explore a special self, emphasizing the paramount spiritual condition and the inner essence in artistic creation. So I believe if there is any difference between "modernism" and "postmodernism" this must be a noticeable difference.

At this point I will not talk about the writers who do creative work on both sides of this line, because modernism and postmodernism actually cannot be clearly separated into two entities. Many writers often cross the line. Also between modernism and postmodernism, there are many issues that are entangled, and each side may stick of all other writers and artist, which have been influenced by some leading postmodernists.

(1)The issue of zero degree creation, as raised by Jaeques Derrida in connection with postmodernist thinking;

(2)F. Jameson's argument on and his dismay over the conditions of postmodernity: human beings now live under a condition that is void of depth, spiritual nobility and a sense of history.

These are the two blows to the creative life of modernism, and indeed the life of all of mankind at the end of the 20th century. Whether it is good or bad, the work to repair the damage by such blows is what we have to do.

As for Derrida's concept, I want to place it under the scrutiny of my "third nature," spiral-shaped world theory. I cannot help noticing its objectiveness. Indeed, human beings in the past have endeavored to search for all forms of authority, absolute power and perfection, the highest point in the spiritual world, only to be given suffering and dissatisfaction. Life is too hard, so people lower their eyes, and rid themselves of all the burden and unchangeable norms and icons in order make clear the living space to the level of zero so as to let everything start again. They freely enter the new space, the new order and the new living condition. During the process of this fast-paced interchange between "pre" and "post" "new" and "old", along with the external forces of civilization, the "sense of history," "eternity," or "soul" is lost. What is left are those rootless, transient and exotic fragments that keep coming and going. Life and the world then are like scenes in movies that constantly appear and disappear with no deep meanings to themselves. Between those "coming" and "going" there is always this zero degree emptiness waiting for another "coming" and "going." How can this kind of zero degree emptiness ever preserve such high cultural standards as traditional ethics, sovereignty, sacredness and nobility? How can it forever keep the spirit of Du Fu, Li Bai, Beethoven, and Shakespeare?

If Jaques Derrida's concept of zero degree creation is misinterpreted as in conformity with the above-mentioned trend, then it will open the door to those who lack real spiritual inspiration in life, who are superficial and who lower themselves to shallow, trendy, coarse and low-quality mass culture and art. From the point of my "inner third nature" which is formed on the basis of the humanist spirit transcended and transformed from reality through poetry and art, it will be very hard for me to accept this reality. I agree that new forces can break and reconstruct what is "old." Therefore, I am not trying to negate everything. What is crucial here is that the "new" should have the potential to transcend the "old" and continue to rise along the spiral path. Otherwise, it will lose its constructive impact in maintaining the continuum, and the world that has been built by the continued efforts of the mankind would become a disposable "Baolilong" bottle. I am not worried hat the world and the human living space would fall into the zero-degree emptiness, for many great thinkers of the world struggled with this "emptiness." My concern is what comes out of the zero-degree emptiness. Whether it is a new type of Taoism that has just shaken off its yoke by coming in and out freely from the "inner third nature" and eternity or whether it is sheer ignorance hat blindly negates everything that appears on the streets of modern urban civilization. All this will lower the quality of human existence. In today's world, before the temptation of materialism, most people have become increasingly indifferent, falling into the category of "civilized animals" in an urban civilization. How can we ignore the power of art and literature that beautifies the inner world of humanity? Even though we can accept, with tolerance, the concept of zero degree creation, we cannot but expect it to lead to the establishment of a real "new power" and "new order". We are not willing to see that in the "cultural cities" created by human wisdom today, what we can find are only those popular new waves, superficial fads, and swarms of low-quality cultural peddlers, whereas no cultural buildings that rise along the spiral path could be found.

As for Jameson's viewpoint that modern men are living in a world that lacks depth and a sense of history, from the point of my "inner third world" which can be used as a scanner of life, we find this to be true. However, I do not think that this is the eternal truth.

It is true that mankind has been conquered by the "fast-paced, materialistic existence.

In the agricultural society, a cattle cart goes very slowly. At every step, the driver can stop to watch how life and nature enter the metaphysical state of "in the middle of the vast nature." Later there appeared the steam engine, cars, airplanes, and the tempo of society quickened. People left the country for the cities. Buildings were crested swallowing the sky and the open land and living rise to anxiety, tension, chaos, and a repressive sense of lack of space among human beings. The sufferings and injury brought about by WWII added more pressure to the fast-moving heels of the urban cities. Nietzsche urged people to take the right of self-existence back from God. The strong reaction of human beings against such an existing environment is shown in their conscious search for human values and their intensified spiritual query. Although writers and heir exploration of the deeper meanings of the inner world.

Those circumstances differ from those found in a special life. Maybe these are what we call modernity. When rockets, space ships, computers and other electronic means of communication all of which are faster than cars, came into being, they pushed human life onto another high-speed vel. People become increasingly choked and even buried by high speed, more materialism and activity until the inner world becomes empty. They lost their ability to think, observe and adapt. Materialism, "and activity that are found in the society. People are overpowered and become massive recipients of the status quo. This can be proven by how people live today.

When people flock across streets into restaurants, clothing stores, department stores, supermarkets, MTV, clubs and bars, and when all the cars in the streets are shooting by one after another..., the "world" becomes crowded with lots of material goods, gasping under the high rnpo, especially when we see via the scan-

ner which captures Kariyoki, fast moving dancing feet, mouths that are screaming, and bodies that are swaying. All of this bears evidence to the fact that man beings in this postmodern world have been caught in "fast speed materialism" and "activity."

In such a society, where is the place for spiritual depth and sublimity? Every second is efferent from the previous one. How can anyone look back at "history." In a postmodern society, everything gives place to information technology and direct experience. This is what precisely helped Jameson to convict mankind of being "without depth, sublimity, and a sense of history." Even within the scanner of my "third nature" I have to admit this cold reality, even though I can't accept that this is the eternal truth of human existence and its direction. What is more, I believe if this hopeless human being described by Jameson is brought back to the inner "third nature", world that has long belonged to poets and artists, his metaphysical spirit can be recovered.

Through a process of "observation" to "recognition" to "experiencing" to "transforming" and to "sublimation," the poet is able to transform the real existence of the "first nature" and "second nature" into the world of the "third nature," and create the metaphysical power.

This transformation is possible due to the existence of the following two important factors:

(1)The totality of time: Although the "third nature" world also admits the progress and changes in the fast-paced modern civilization, it objects to the indifference and fragmentation brought about by modern civilization. It views modernity and time as the continuity that exists in "progressive eternity." It not only has the characteristics of progress and change, it also shows a sense of culture and history, unlike the kind of progress and change found in modern civilization which is based on the principle of the "survival of the fittest" and desertion. The totality of time in this spiral-shaped world of "third nature" has the power and capacity to fuse the fragments of life which have been crushed to pieces by the high spinning wheels of modern civilization.

(2)The totality of space: The "third nature" world comes from the process of "transformation" as discussed previously. This transformation and sublimation spin both horizontally and vertically, leading to the formation of spiral world. Within this world, there are both the sharp top which moves upward and forward, and the broad bottom which is solid, yet always changing. In this way, the world won't stay in a single course of modern civilization which is fast-paced, yet tense and monotonous, nor will it ever change its direction in its spinning. Human wisdom is this way can go upward in a spiral way. A pre-impressionist painting, for example, may come back as a realist painting, but it will never come back to its original starting point. It becomes either neo-realism or surrealism. When positive means of modern communication and perceptions are accepted and utilized, concrete images such as apple, juice and fiber can be painted. Although these are concrete images, these images are no longer the same as those in realism. The neo-realism has distanced itself from realism on a different level in the spiral world. If this progression is only horizontal, it could only lead to the improvement of existing paintings, never to a higher level of new creation.

I have always believed that the spiral-shaped world that exists in "third nature" has the capacity to go infinitely both upward and in depth. With its continuous lines and traces stretched out from all directions, it can offer alternative possibilities and ideals for improvement with regard to Jameson's charge of the postmodernism.

In actuality, who believes that there are only waves that change according to the weather, but no deep ocean; who believes that there is only a mountain foot, bout no mountain top; who believes that there is only the "present", but no "past" or "future"?

Standing in my "third nature" spiral-shaped world, I believe that if poets and artists are to uncover the inner world of mankind, they then must go against the prevalent superficial existence, fads and shallowness, and they should continue to explore and establish a "beautiful" creative world that constantly goes upwards. To me, this world is both realistic and eternal, and forever exists in the permanent structure of all human life.

That is why I firmly believe in the "third

nature, spiral-shaped world." It is a screwdriver held in the hands of humanity. It helps human beings to drive through the thick walls of the urban civilization and allows poetry and art to lead them into the infinity that transcends the world. It will help maintain the spirituality of the human soul. Let all kinds of aesthetic schools and "-isms", and all kinds of new means of communication, and new environment of human existence made possible by science become new materials and elements for creative writing, and let poetry and art transform them into the new infinity in the world of "inner third nature."

Lastly, in my "third nature" spiral-shaped world, I want to revive the image of "eternity," a concept that has been smashed by modernism and postmodernism. Postmodernism negates the existence of "eternity," but this negation proves otherwise—it only proves that this concept existed in the past, and raises the issues as to whether it will appear again. Romanticism, for example, was once viewed as something of the past by other isms, but later it reappeared. Moreover, postmodernism emphasizes plurality and contends that everyone is free to say what he wants. So if there are people who want to recover the issue of eternity, they should not be brushed away. They should be given the space where they can talk and changes are they might They should be given the space where they can talk and changes are they might say something that is correct.

The reason why I hope to call on literary writers to recover their faith in "eternity" and in "Truth," is because toward the end of this century we are seeing an increasing lack of value standards in human activities. Some people only believe that whatever fits them is the value, and that whatever direction that fits them is the right direction. The consequence is a lack of direction and the social indifference, undiscriminating sexual behavior, drug, AIDS, lack of faith, lack of belief, and lack of feelings. If human conscience still has some faith in "eternity" and "Truth," these problems may not be worsened. Without the potential directive power of "eternity" and "Truth," things will go from bad to worse. That is why in some regions and countries now, there has appeared the movement to reestablish culture and religious beliefs. In my "third nature" spiral-shaped world, we can see "eternity" glitter in infinite transcendence.

Indeed, viewed under the broad vision provided by the "third-nature, spiral world" model, who can deny the fact that the spiritual aspirations found in classical Chinese landscape poetry are a permanent form of "eternity"? Who can deny the fact that Mozart's great music, which has been celebrated all over the world in the last two hundred years echoes in "eternity"? In times of postmodernism when everybody is free to say whatever he wants, who can rule out from "eternity" world giants and historical figures such as Du Fu, Beethoven, Shakespeare, Sun Yat-Sen, Lincoln, Einstein, and Aristotle? The truth is that "eternity" is an immortal existence, and the "third-nature, spiral world" model makes if possible for mankind to continuously view this immortal existence that constantly transcends the past, present, and future on a never-ending journey.

In fact, every day we are guided by a nameless power of life and hope, which leads us into the next second in a collision with everything around us. This then leads to the creation of faith, loyalty and imagination for this existence. All this connects with eternity.

We don't have to be like Christians who can only obtain a privilege to connect with "eternity" by praying to God. In the present-day world, "eternity" is no longer the private property to God. Everything echoing in your heart that you remember, and will never forget is perhaps related to "eternity."

Now we can see that the "third-nature, spiral world" reveals to us another from of existing eternity through its open-ended process of transcendence and aspirations of artistic creation, in the midst of the constant desertion caused by the "existence and change" of the modern society and the God-fearing conventional world. This is what I call "progressive eternity," an eternity that constantly changes, unfolds, and transcends in time and space. As for those great people that I named earlier, their creative spirit has helped humankind discover the eternal truth "that transcends the inner and outer space in the vast universe." Of course, it may seem similar to "eternity" that Christians believe in, but it is not the same. From the "thir-

d-nature, spiral world" we can say that poetry and art do indeed create an eternal world in the heart of human beings. Poets and artists make inquiries into the inner world of life and existence and bring out the "beauty". They work for an eternal world whether they do it consciously or unconsciously, visibly or invisibly.

I want to close with an explanation. I cannot not (but conditionally) agree with the notion of decentralization post-modernism, plurality and openness in literary creation as reflected by many postmodern styles and techniques. In my poetry I have used its various techniques. Even in classical Chinese poetry, we can find lines of such capacity. For example, a poem by Ma Zhiyuan uses a collage of images, "Withered rattan, an old tree, a crow./ A small bridge, flowing water, a house/ An ancient pathway, west wind, and a thin horse......" The problem is whether or not the creative writer has the capacity to generalize and restore the plurality to unity. If they take another direction to unity and homogeneity, and when filing take yet another direction, the world is going to become a fragmented one. The beauty and ideal will be lost, and the world will be lowered to vulgarity. This is what I cannot agree on. If people ask me whether mankind—no matter in what historical moment: past, present or future—has or will believe in "eternity" and "truth" or otherwise, I believe most people today will identify themselves with the former.

Translated by Xueping Zhong and Dr. Peter Zhou

從我 "第三自然螺旋型架構" 世界對後現代的省思

羅 門

後現代主義同後現代工業資訊社會、乃至同政治等思考架構,有顯著的因應作用與關係,本文不從這些方面去探討與談論,只將問題著重在與文藝創作的相關方面。

首先我要聲明,我是詩人,便自然是以「詩眼」來看,來進行深一層的探視。

對於文藝尤其是詩,我一向不太贊成標上「主義」兩字的標籤,即使在我的國家裡,批評家曾將我稱為「現代主義的急先鋒」,我仍覺得不妥,因為「主義」,是有框架的,而文藝作家尤其是詩人的創作精神,是不斷超越與不受制約的,是打破框架的,因一有「主義」的框架,便已如用「鳥籠」來抓鳥,而非以「天空」來容納鳥與給鳥自由無限地飛了,這對一個不斷超越進入自由無限創作領域的創作作者而言,是多少有設限與不夠理想的。

一個具有涵蓋力與統化力的詩人與藝術家,在任何階段性的現實生存情況與境域、以及已出現過的任何「主義」乃至古、今、中、外等時空範疇、乃至「現代」之後的「後現代」的「後現代」……等不斷呈現的「新」的「現代」,都只是納入他們不斷超越的自由創作心靈之溶化爐中的各種「景象」與「材料」,他們對世界、對無數存在、與變化的一切,都必須是以「生命」與自由開放的「心靈」來面對與穿越,並創造與呈現出新的生命。因此,他們在人類無限

自由開放的內在世界,方能有理由稱為另一個造物主;方能認為是唯一能拿到「上帝」發給「通行證」與「信用卡」的人。如此,便怎能甘願將自己關在某一個「主義」的框架中。

基於名正言順,我對詩人與文藝作家的真正存在,先作一深入性的定位,然後從這一思考層面來看問題。

文章開始,我聲明以「詩眼」來看「後現代主義」,其實就是站在我「第三自然的螺旋型架構」世界來看,也就是站在超越第一自然(田園型)與第二自然(人為都市型)等兩大現實性生存空間、進入創作者內心無限地演化的更廣闊的自然——「第三自然的螺旋型架構」的立體世界,以三百六十度環視的角度來看(如下圖):

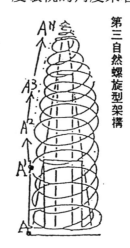

第三自然螺旋型架構

從螺旋型的 A 點旋昇至 A1、A2、A3……An 的無限境域,我們清楚地看到人類的創作智慧,是並非進行在缺乏歷史感與採取完全否定意識所從事的「存在與變化」的創造觀念模式中;也非停頓再重覆循環與閉守的單圓模式中;也非定向在缺乏轉動與變化的直線發展模式中,而是不斷旋昇在演進的「螺旋形」的「前進中的永恒」

的創造觀念模式中。這樣我們方能進入一個更開放自然與整體觀的視野，去看文學中的古典浪漫、象徵、超現實、新寫實……以及繪畫藝術中的具象、抽象、新具象、後抽象等不斷演進的具有關連性的發展實況；同時仍能看到死了千餘年的杜甫李白的詩，死了二百年的莫札特音樂，仍超越時空存在著感動人心的力量，這股死不了的超越的精神力量，應就是我所謂的存在於我內心「第三自然螺旋型」世界中的「前進中的永恒」的力量，它可歸入思想家湯恩比（ARNOLD TO-YNBEE）所認為的進入宇宙之中、之後、之外的永遠真實存在之境，像物理世界中無形的微粒子，永遠散著生命熄滅不了的動能，這也應是所謂偉大藝術家（文學家是語言的藝術家）透過創作媒體，所欲探索的終極目標。

因此，我本文不只是在只肯定後現代主義階段性的必然性與其突破現代主義，所呈現的某些正面價值，而是更將置入打破「主義」框架，同整體存在的相互觀照中，同時看出它背後所可能甚至已出現的某些盲點。

因為人類的思想世界，酷似一玻璃鏡房，任何被強調的「主義」思想，都難免在其面對的光亮面之背後，暗藏有盲點，必須在整個開放的透明世界裡，以「螺旋型」三百六十度的轉動，進行環視的掃描，使背後的盲點在旋轉中消失。如此，當現代主義不斷爬升到「自我」與一切存在的「頂峰世界」所出現的盲點，方自然被「後現代主義」解構，進入「平面」多元化發展的傾向；同樣，後現代主義在「第三自然」所旋開的「前進中的永恒」的無限地展現的Ｎ度透明螺旋型世界裡，背後所呈現的盲點，也

就接著有待於後現代於克服調整改善與重建。

所以我在「後現代主義與超越」〈POST MODERISM AND BEYOND〉研討會所規劃論題範圍中；依個人所擬的相關題目來討論，仍是採取超越「階段性」的態度，抱持全面性的通觀與審視來探索且對後現代主義可能出現的盲點，有所指陳與難免有些批判。

在我印象中，後現代視覺藝術的都市建築，是將現代都市空間解構，建立新的造型空間，納入歷史與傳統的陳蹟，以拼湊（COLLAGE）藝術手法，將古老的屋頂、拱門、窗台、亭塔、碉堡……甚至將田園的大樹移入大廈屋內（台北就有一家餐廳以後現代的解構觀念將一棵「田園」的大樹移進「都市的建築」中），反常態的湊合在一起。只強調極端新異的直覺造型效果，使視覺空間，像是任意裝進各式各樣不同性質物品的什錦果盤。至於後現代文學，也近乎如此，將有深入意涵性的主體解體，使一切脫離中心，讓任意向外延伸的諸多新異性與實在性的枝節與片段，均成為個別的主體，湊合與陳列在一起，它們的存在，著重於「指符」所呈現的直接的實趣，不太考慮自「意符」所呈現的具超越與形而上性的意趣及其往精神深層世界所追求的深厚感。但這可能就是其潛藏的盲點。這種排除「主體」「重心」與「內在本質存在」的創作意念，同大家慣說的現代主義作家，不斷探索特殊自我，專一於精神顛峰狀態與本質存在的創作意念，是顯有某些不同的，甚至形成潛在相通的兩極化，因此我認為如果有「現代」與「後現代」之不同情況產生，便可能是出現

在這一條顯著的分界線上。

此刻我暫且不談在這一條分界線兩邊從事文學與藝術的創作者，他們詳細的作業情形。因為現代與後現代目前也並非一刀兩斷分開存在的孤立體，創作者也大多有兩邊跨界的現象，何況現代與後現代之間，仍是一錯綜複雜糾纏在一起的問題，甚至各說各話，而我比較重視後現代思想大師所談到與詩人及所有文學家藝術家創作精神與有關的兩項關鍵性的問題，這也正是我開始就有意要探討的。

（一）傑克‧德希達（JAEQUES DER-RIDA）在「後現代」思想層面上，對於「解構主義」論題中談及「零度創作（ZERO DEGREE CREATING）」的問題。（見一九八七年八月第十六期《當代》雜誌陳光興編著的〈詹明信的後現代主義評介〉）

（二）詹明信（F. JAMESON）在後現代情況，對整個人類存在世界提出的可慮的裁決：目前，人類已活在沒有深度、崇高點，以及對歷史遺忘的狀況下。

這兩項不但是在二十世紀末對現代主義的創作生命，也是對全人類的內在生命，開了相當深的一刀，是好是壞，而縫合與復健的工作，都是不能不加以關切與該做的。

對於德希達談到的「零度創作」觀念。我將它置入我在「第三自然螺旋型」視界觀視人類生命真實活動過程的掃描鏡中，不能不客觀地指出它的實在性。的確當人類在以往生活中，極力企求各式各樣的「權威性」、「絕對性」、「完美性」，與精神存在的「頂峰」世界，都大多換來不同的苦痛，常不如意，而且生活得太費心，乾脆將

眼睛放低下來看，除去一切不變的規範與偶像所加的負荷力與約束力。讓生存空間一直清除與空到零度重新開始的位置。讓新起的一切，排除舊有的一切約束，且自由的進出，並建立新的生存空間秩序與狀態。在這樣「前」與「後」、「新」與「舊」隨著文明的外來變力，進行快速捷便的交接之間，無所謂「歷史感」「永恆性」，連「心靈」也只是「心臟」的解釋，生存只是許多不帶「根」與「來」了便「去」的新異性的片斷之裎裸，而意義就裎裸的本身。生命與世界，便像是電影鏡頭上一連串不斷出現與隱沒、也不須深思的景象，放完為止。在「來」與「去」之間，永遠是一個零度的虛白（虛無）空間，等待著另一個「來」與「去」……像這樣的零度空間，如何讓傳統倫理道德、莊嚴、神聖、崇高等這些高層次的文化精神意念永遠留在那裡。如何讓李白、杜甫、「貝多芬」、「米開朗基羅」與「莎士比亞」等這些超越的精神塑像永遠在那裡浮現。

如果傑克‧德希達談的零度創作意念，是被誤看成朝上面說的方向發展，那則是替沒有真正精神思想實力與生命潛力之徒，從事浮面、流行、粗糙、品質低劣的大眾型文化與文學藝術，大開便門。我站在透過詩與藝術從實現中超越與轉化所形成那深具有人文與人本精神的「內心第三自然」觀點上，是難能接受與贊同的。我雖同意前面「新」來的力量，能將後面「舊」的存在突破與解構重建，但並非全面的否定；而是必須確實具有超越舊的實力，且能繼續變成「螺旋型」推進的爬升力。否則將失去累積性與連貫性的建設效益；而使人類所不斷努力創造

的世界，像用了便丟的「保麗龍」瓶罐。於是我不擔心將世界與生存的空間，推到零度虛空（虛無）的位置，世上許多大思想家也一直與「虛空（虛無）」在一起下「圍棋」，我是擔心從零度重新走出來，究竟是掙脫一切約束，自由自在，往來於「內心第三自然」與永恒基型中的新的「老莊」；還是那無知地否定一切走在都是文明熱鬧街頭的混混，降低了人類優美生命存在的品質，像目前的社會現象，在都市文明物慾氾濫的情形下，大多數人已越來越像是高等與冷漠的文明動物，缺乏人性，我們怎樣忽視文藝永遠對人類生命內涵世界在提供優美的升力。即使我們也以包容態度願意接近乃至接受零度創作的觀點，但我們仍不能不要求在創作中，它真正的「新的實力」與「新的秩序」之建立；而不願看到人類經由高度智慧所不斷創造的「文化城」裡，到處在炒流行、新潮、浮面的熱風，到處擠滿紊亂與低水準的文化攤販，而看不見沿著「螺旋型」升展的高層次與大景觀的文化企業大樓。

至於詹明信認為在後現代人已活在沒有深度、崇高點以及對歷史遺忘的平淡世界中。這一點，在我「內心第三自然螺旋型世界」對人類生命真實活動的掃描鏡中，那確是目前一個存在的事實；但我認為那絕不是存在的永久真理。事實上詹明信仍是以存在思想的深入的視點，指認當前存在的荒謬的事實，他同樣像李歐塔仍堅信存在的形而上精神新的昇力與崇高點。

的確，人類在二十世紀逐漸被「速度」、「物質化」與「行動化」的生存處境所征服，尤其是被「速度」打垮的事實。

在農業社會，牛車走的速度很慢。它在寧靜廣闊的大自然裡走，走一步，人與車可停下來，有時候靜觀生命與大自然是如何進入「山色有無中」的形而上精神境界。但後來有了蒸氣機、汽車、飛機、速度加快了，人從田園走進都市；建築物圍攏來，在街口，把天空與原野吃掉；一種存在的焦急感、緊張、動亂、與空間的壓迫感，使人內在產生潛意識的抑壓作用，加上人在第二次大戰中受到的傷害與苦難，再送到都是機械快速的齒輪上，又再絞痛一次；以及尼采慫恿人將自我存在的主權從上帝的手中拿回來；於是一種從內心激發出對人存在價值的探求與精神往深廣度提升，仍充分表現了人對現實生存處境產生至為強烈的抗力甚至控訴。文學家與藝術家雖已開始對所謂永恒與崇高的內在世界，提出質疑，但卻沒有放棄對內在精神世界進行嚴肅與更深入的探索與開拓。

這一「階段性」的不同於田園形的特殊生存空間與情況，或許就是大家所謂的「現代」情況。當較汽車飛機更快的火箭、太空船與電腦等光電科技資訊，不斷出現，將人類推入高速的生活環境。人便幾乎被越來越快的「速度」，越來越發達的「物質性」與越來越偏重的「行動化」，一層層的捆縛，甚至一層層的覆蓋與淹埋，直至內在完全失去靈思、靜觀與轉化能力，以及「空靈」變為「靈空」為止。如此人的內在，便幾乎完全失去「現代主義」情況期對「速度」、「物質化」、與「行動化」等重壓，所表現的質疑與反抗；而呈示無力感，甚至完全被動與全面接受，迫使「靈動」空間被「物架」空間幾乎全部占領，導致凡是看不見的內在形而上世界，都逐漸關閉；大多數人都

急著往可見的外在形而下的物質世界逃亡，這可從人們目前的都市文明生活現場與實況獲得印證。

當一群群人急急衝過斑馬線、湧著進餐廳飯館、服飾店、百貨公司、超級市場、MTV、悠閒中心與酒吧，以及大街上千萬輛車追趕著速度……「世界」便擁擠在物堆裡、喘息在速度中，尤其是當掃描鏡照入卡拉 OK，一大群人用腳拼命地跳，用嘴拼命地叫，使身體拼命地擺動，人的確在「後現代」，已被「高速度」「物質化」「行動化」等全力擒住不放，「形而上」不起來。

像這樣，那裡來的精神「深度」、心靈的「崇高」；當這一秒鐘還未定下來，另一秒鐘已把另一些事情塞給你，你如何去回顧背後的「歷史」。在後現代，一切都將推給科技資訊。交給直接經驗，大多數人是去看TV、看女人、看高品質的流行服飾、看大廈的室內裝潢、看菜單、看鈔票……還是去看埋在文字堆內連文化人都難找到也不太想去找的豪華意象與精神境界？像這樣，便的確有利於詹明信在「後現代」這一「階段性」的時空位置上，將人類也裁決為「沒有深度崇高點以及對歷史遺忘」的人，較海明威筆下的「稻草人」更空乏。

這個冷酷的事實，在我「第三自然螺旋型世界」的掃描鏡內，與不能不承認它的存在，只是我不能承認它是人類存在永遠持信的導向與真理。而且我仍然相信詹明信筆下所裁決的那個失去形而上升力的人，送到詩人與藝術家內心長年居住的故鄉「第三自然螺旋形世界」去療養，是可望恢復其精神形而上的升力的。

因為經由詩人「觀察」→「體認」→

「感受」→「轉化」→「昇華」的創作思想運作過程，使「第一自然」與「第二自然」的現實生存空間，轉化為「內心的第三自然」螺旋型世界，便能產生形而上的升力，使我們站在「東籬下」不但能看見「菊花」，尚可看見陶淵明心中的「南山」；站在寒江邊，不但能看到柳宗元在釣魚，也可看見柳宗元在釣雪——在釣整個宇宙荒寒孤寂的感受。如果人類真的一直被「高速度」「物質化」與「行動化」封鎖在詹明信指控的沒有「深度」、「崇高點」以及「對歷史遺忘」的現實與冷式的客觀世界中，而人類內在熱動與靈動以及充滿潤化力的暖式世界，便將關閉，那通往「內心第三自然」螺旋型世界之道，也因而中斷；詩人與藝術家也無路回到自己的家——「第三自然」螺旋型世界，只好下放與流落在急變的現實中，被冷落，為客觀存在做「抄寫」與「廣播」工作。因都市外在的速度太快，詩人抬頭望明月，「低頭」，便不是「思」藏在「第三自然」心境中的「故鄉」，而是發生「車禍」。像這樣，通入內心世界的聯想線路，不斷被齒輪的高速度切斷，「時間」與「生命」，便也在都市文化龐大的櫥窗裡，成為無數陳列的碎片。在此刻，人類能不覺醒與向「第三自然」螺旋型世界去請求「美」援。因為在詩人與藝術家居住的「第三自然」螺旋型世界全然開放的N度空間裡潛藏有下面兩項重大的資源，可提供救助的力量。

（一）時間造型觀念的統化力：「第三自然」螺旋型世界雖也承認高速發展的現代文明所呈現的「存在與變化」進步情形。但它對現代文明強調「存在與變化」所帶來相連性的冷漠的否定與切斷情形，有意見。它

是將「現代」兩字的「時間感」，視爲「這一秒」同「上一秒」與「下一秒」相融合、整體存在成一「前進中的永恒」時刻。它不只含有「存在與變化」，那多是進行不停的淘汰、淹沒與遺忘。這樣看來，「第三自然螺旋型」世界，所呈現整體性時間造型觀念，對於生命與時間被現代高速齒輪輾成碎片，是有重新縫合的力量與功能的。

（二）空間造型的統化力。「第三自然」螺旋型世界緣自「觀察」→「體驗」→「感受」→「轉化」→「昇華」的思想運作過程，這之間，因「轉化」與「昇華」的潛在形態，含有迴旋的變化「圓形」，也含有向前端旋升的「直展形」，便在互動中溶合成爲一螺旋塔的空間造型世界。具有向前向上突破的尖端；也有變化與衍生的穩實的多面圓底。這樣，世界便不會只單向跑在物質文明高速向前推進的緊張、僵冷與單調的直線上；也不會只重複地繞著一個固定不變的圓在轉，這樣，人類智慧的創造，便沿著螺旋形不斷地爬升，如塞尙印象派以前的具象畫，經過現代抽象的表現過程，雖又一度回歸到具象的表現，但絕不是回到原來的具象表現；而是所謂新寫實與超寫實的表現，於接受科技媒體照像機與透視學的有利因素，便把具象的蘋果的果肉、果汁與纖維都畫出來，畫家雖都是畫實物，但新寫實已通過抽象的內在過程，同過去的寫實已拉開一段」「進展」的距離，在不同層面的「螺旋型世界」裡，雖相對視，但已是站在不同的基點上。如果只是「直線」發展，則只能將原樣的具象畫，畫得更好，不會有新寫實的創新畫，如果只是一個不變的單圓，那麼畫來畫去，便會畫成僵化的標本畫了，如許多畫山水的假文人畫。

同時存在於「第三自然」的「螺旋型」世界，我覺得它不但是人類生命存在與智慧創造的一個理想與永恒的基型，而且因爲它的空間造型，即含有建築性的層次構架，以及有三角形、方形、長方形等知性的幾何形，蘊藏其中；又有靈動與音律的曲線以及圓渾的圓形，同整個存在空間相融合……像這樣的「螺旋型」造型世界，便顯然已納入人類生命活動的「靈運」與「理運」兩大空間。如此，它是否又可能有助於整合人類思想偏向理性與悟性的兩極化，而成爲終極文化發展的理想基型？

我始終認爲存在於「第三自然」中的「螺旋型」世界，即有旋上去被人類仰視的無限頂端；也有旋進去看不見底的存在的奧秘的深層，以及有前後左右連貫性發展的脈絡與軌跡，則面對詹明信指控人在「後現代」已活在沒有「深度」、「崇高點」以及「對歷史遺忘」等狀態時，應可獲得改善的可能與較理想的解決。

事實上誰會相信世界上只有隨著天氣變化東飄西盪的浪面，而沒有深沉「深度」海底的海；只有低高度的山腳與山腰，而沒有山頂（「崇高點」）的山；只有「現在」，而沒有那連住「過去」與「未來」之間的「連線」的通化之存在。

而我站在「第三自然」的螺旋型世界裡，認爲詩人與藝術家旣是開拓人類內在更深廣的視聽世界，則應該反對「浮面」、「淺薄」與「流行性」的氾濫，並繼續在詩中探索與建立一個具有「美」的深度與不斷向頂端爬升的高層的創作世界，這個世界，對我而言，確具有「現實」與「永恒」的雙

層實在性，並永遠存在於人與萬有生命的永恒架構中。

因此我仍堅信存在於「第三自然」中的螺旋型世界，是握在人類生命手中的一把「螺旋型」的螺絲鋼鑽，幫助人類鑽開那由「高速」、「物質性」與「行動化」所形成的一層層圍壓過來的都市物質文明的厚牆，讓詩與藝術帶領人類繼續不斷進入超於象外的無限境域，並永遠保存藝術與詩在人類內心世界中去不掉的精神形而升力，讓所有已由美學世界的各種流派與主義，以及已由科學世界出來的各種新穎的使用工具資訊媒體與生存的物質環境等，均視爲新的材料與元素，等待詩與藝術不斷將它們溶解轉化入「內心第三自然螺旋型世界」——人類內在精神活動的無限境域。

同時站在「第三自然螺旋型」世界，那被現代主義、後現代主義相連破損的「永恒」形象，仍有重現其新的容貌的可能。

我之所以仍希望人類尤其是從事提升人類內在生命進入佳境的文藝作家，能在對生命不斷向前探索與創造的過程中，仍抱持對「永恒」以及對同「永恒」住在一起的「真理」，重新恢復信心，是因爲大家已看到在世紀末，人類活在後現代的泛價值觀中，好像越來越沒有價值標準，只要合乎我意的，就有價值；活在後現代泛方向感中，好像越來越沒有價值標準，只要合乎我意的，就有價值；活在後現代泛方向感中，所有的方向，好像都是方向，只要我高興的方向，我就去，結果是各走各的，走在沒有方向的方向裡……也沒有所謂的絕對真理以及對與錯，結果形成目前勢利、暴力、政客屬性、冷漠、性氾濫、毒品、愛滋病流行，甚至無情、無義、無信的劣質化社會現象。

此刻，人類的良知若仍對「永恒」與「真理」懷有某些信望，至少不會使問題惡化下去。反之，既沒有「永恒」與「真理」潛在的指引力，惡質化的行爲，便獲得更自由的放縱與擴張，影響之大可見。難怪有不少國家與地區，已出現文化重建與信賴宗教的救助措施。而我「第三自然的螺旋型世界」，便也一直守望與窺視著「永恒」在無限中超越與閃動的無形的形像。

的確站在「第三自然的螺旋型世界」巨視的眼光來看，誰能否認「山色有無中」的精神境界，是一直存在於「永恒」中；又有誰能否認死了兩百多年的莫札特的偉大不朽的音樂，仍一直在「永恒」中回響？就是在各說各話的後現代，誰又能將世界與歷史性的偉人如杜甫、莎士比亞、貝多芬、康利摩爾、米羅、以及孫中山、林肯、愛因斯坦、亞利斯多德……等真正的請出「永恒」與「歷史」的回顧？

其實，「永恒」對我們而言，是一種永遠死不了的存在感覺。而「第三自然螺旋型世界」，便正是使人類站上去、不斷去探視觀看那種不斷突破過去、現在與未來永遠停不下來與死不了的超越的存在一它便是可感知體悟的「永恒」的存證。

事實上，我們每天被一種莫名的生命力與希望所引領，不斷向下一秒鐘進發，去和一切事物在不同的遭遇中接觸，引發出內心對存在產生一種專注、信賴與嚮往，這都可說是無形中同廣義生存的「永恒」感有連線；不一定要像教徒在向上帝禱告時，方可能與「永恒」往來，而且在現代，「永恒」已非上帝的私產；凡是靠你心靈最近，且不

停在記憶中發出回聲與使你永遠忘不了的它都可能是與「永恆」扯上了關係。

由以上所說的，可見「第三自然螺旋型世界」，在現代尤其是後現代急速的「存在與變化」，所造成不斷的支離破碎與遺棄中，其中透過不斷超越與昇華的創作心靈，已的確感觸甚至體認到另一種永恆存在的形態，它便是我所謂的「前進中的永恆」，像上面所提到的那許多不斷在歷史中重視的偉大人物的生命形象，他們具有超越時空存在的精神，已進入大思想家湯恩比所認為的——進入宇宙之中、之後、之外的無限超越的真實的存在，那就是已具有「永恆」感的存在。

是故，我深信，後現代無論採取那一種解構形式，也無法阻止我站在「第三自然螺旋型世界」，以詩眼看到詩與藝術永遠在探索人類心靈存在的另一個具有永恆性的世界；而詩人與藝術家便終究是要進入生命與事物的深處將超越的「美」喚醒，於有意或無意、有形或無形中，替人類具有「永恆」感的精神世界工作，除非人的「心靈」被機器全面取代，或人的內在生命全面物化。

最後，我想特別加以補充說明的，是我不能不（但有條件的）也贊同後現代傾向「解構」，使用多元與開放性的創造思想表現形式與技巧。其實在我的詩尤其是我以包浩斯觀念，將我整座「燈屋」房子，溶合繪畫、雕塑與建築等三種「視能」，採取拼湊（COLLAGE）藝術手法所製成一件裝置藝術（INSTALATION ART）作品，都早就使用到：在中國古代詩人馬致遠的那首名詩「枯藤、老樹、昏鴉、小橋、流水、人家、古道、西風、瘦馬、斷腸人在天涯」，便早已用過多元意象的拼湊手法。可見後現代在創作中所強調的解構以及傾向多元化的組合，均不是問題。問題是在創作者能不能真的具有解構的實力以及確實的通視力與統合力，於潛在中，使世界再度通往新的一元性。如果不能，而且又主張「不必」，則世界便可能流失、散落成無數蕪雜的枝節性的存在，失去美好與最高理想的完成，而粗略甚至矮化高層次的具有深度與廣度的創作世界，是難免帶來可慮的負面現象與盲點的。正如後現代有些理論家在《解構》觀點中所說的，將「太陽」擊碎（解構），使所有的「碎片」，都變成個別的「太陽」，這當然是美好的構想。但如果「太陽」被解構了，所有的「碎片」都不是「太陽」，只是零星的煙火，像目前世界日趨「流行」「浮面」「薄片」，甚至惡劣化缺乏「理想」的文藝現象，那是我站在「第三自然螺旋型世界」所無法苟同的。同時，如果有人問我，人類無論活在古代、現代、與後現代、後後現代、乃至茫茫的未來，究竟是抱持「永恆」與「真理」有信望較好些，還是完全否定有「永恆」與「真理」這兩樣東西較好些，那我相信不但是我就是大多數人，都會在最後覺得前者較好些，對人類存在多一層良性的保險。

〔註〕此文是一九九二年八月底至十一月底參加愛荷華大學舉辦的數十位國際作家寫作計畫交流會（IWP），於「後現代主義與超越（POST-MODERISM AND BEYOND）」這一研討會的論題範圍中，我擔任三位主講人之一，所寫的有關論文。由愛荷華大學中國語言學博士周欣平教授翻成英文，並在研討會上，以英文做近三十分鐘的扼要宣讀。又此文發表在台灣詩學季刊　第六期

內心深層的探索

——「第三自然」超越存在的解讀

「第三自然」是指詩人與所有文藝作家的內心世界，在不滿足於第一與第二自然兩大現實的生存空間，便將之提升與轉化為內在更富足與具有生命美的內涵的「第三自然」世界，像柳宗元「獨釣寒江雪」詩中的雪，是結冰在內心「第三自然」中已一千多年，永遠化不掉的雪，這個「雪」字，竟在詩中伴隨著人與大自然，走了一千多年，還要走下去，並成為「前進中的永恆」存在。……

陳鵬翔教授在〈羅門蓉子文學研究討論會論文集〉發表的「論羅門的詩理論」中認為我的「第三自然」，受施友忠教授主張的二度超越的影響。我的確能體諒他在一般正常的情形下，有這樣的看法，因為施教授是有哲學思想的名學者，同時外在的世界既被稱為「第一自然」，內心進行「超以象外得之環中」的無限精神境界，視為「二度超越」，就已足夠與相當完善，不必再有什麼「第二」與「第三」自然的糾纏情形。但從我多年來實地的創作思想與經驗來看，又的確有必要將「自然」分類為三個：

「第一自然」是田園山水型的生活空間。

「第二自然」是人為都市型的生活空間（或稱機械與物質文明展開的生活空間）。

有人造鳥——飛機、四腳獸——各種四

輪車……太陽自窗外落下，屋內昇起日光燈的太陽光……。這一空間不斷的進步發展，人類寶貴的智慧、精力、財力與時間都大量投入這個存在與變化的空間，帶來科技文明的資訊，不斷刷新人類的經驗，思維、想像能力、觀物態度以及生存的景觀與創造的理念，這空間絕不同於田園山水的空間。

「第三自然」是指詩人與所有文藝作家的內心世界，在不滿足於第一與第二自然兩大現實的生存空間，便將之提升與轉化為內在更富足與具有生命美的內涵的「第三自然」世界，像柳宗元「獨釣寒江雪」詩中的雪，是結冰在內心「第三自然」中已一千多年，永遠化不掉的雪，這個「雪」字，竟在詩中伴隨著人與大自然，走了一千多年，還要走下去，並成為「前進中的永恆」存在。

如果沒有人為的「第二自然」，人只能與第一自然的田園對話，人沒有機會同都市的機械文明對話，便那裡來的前工業與後工業的社會形態以及現代與後現代的文藝情況；那裡來的現代抽象藝術、奧普、新寫實、光電藝術與多元的創作形態，豈不使我們只去看畫了又畫的水墨山水畫，怎能滿足創作的慾望。事實上，沒有都市型的「第二自然」生存空間，等於把人類心靈最具有挑戰性、前衛性與創新性的對話對象割離，勢必使我們懷疑「現代」與「後現代」真正的

創作精神思想，究竟從那裡來？事實上，「第二自然」生存空間，已被視爲引發與拓展人類智慧創作的思想大磁場。再說我的「第三自然」理念，是發表在一九七四年七月出版的「創世紀」，施教授發表的「二度和諧及其他」，是在一九七五年十二月號的「中外文學」，較我晚一年半；我寫「第三自然」，也從未同施教授談過「第三自然」與「二度和諧」的問題。我之所以在創作理念中，特別凸現出人爲「第二自然」的都市型生存空間，是因爲我被譽爲「台灣都市詩」的發言人與宗師以及我的詩觀特別強調「現代感」，甚至發現「都市」所主控的強烈與動變的「現代感」，同創作者使用的表現媒體，在活動時所顯示的形態、形勢、動力與創作思維空間的前衛性與新創性都具有極度的互動性與激化作用，當我們聽到有讀者說，某人的詩沒有「現代感」，便幾乎是在說他沒有同「第二自然」——都市文明對話，他使用的語言媒體與表現的美感經驗，因疏離甚至孤絕都市生存空間的現場所造成的；我們甚至可進一步說，即使是後工業、後後工業、後現代、後後現代，也不能不去面對「第二自然」——「都市」這一最富變化、最前衛、最激進、最具生存挑戰性的「文明櫥窗」——它不斷在調度與刷新人們的內視空間，影響藝術與文學的創作思想。

可見我的「第三自然」理念，是純粹由我個人創作中體認而來；之後，進一步探索成爲我的「第三自然螺旋型架構世界」，是企望以此觀看人類內在生命思想在時空中，以「螺旋形」不斷向上旋昇與超越、進入更廣闊的無限視野，讓過去、現代、後現代、後後現代的新的現代，不斷向前演化成「前

進中的永恆」的存在之境。至於陳教授論及我的「第三自然」同施教授與尼采三人內心的超越情境，我想也略補說明個人的一些淺見。

我認爲施教授的兩度超越，近乎是一種流露出中國傳統文化具有修持、有德性、無爲而爲的開闊與曠達的生命情懷，這種情懷形而上的昇華中，使自然進入無限超越的和諧與圓融的心靈境界，這同尼采式的思想超越雖都同是超越，但有所不同，尼采的超越，是屬於西方式的，有突破的「刀尖」、有「傷口」、有「悲劇」；施教授的超越，是屬於東方中國式的有謙和、寬大的包容性、雖有時對世事也有感嘆，但沒有悲劇感，這種外歸造化，中得心源、融會圓通、超塵出俗、自給自足的超越心境，確也是人存在於世的一種至爲高超卓越的人生境界。尤其在物慾、功利、道德淪落以及韓非子講心術大行其道的世紀末現實生存環境中，便更顯得高潔與珍貴了。

至於我「第三自然螺旋型架構」世界，所呈現的心靈超越，同施教授、同尼采，也有所不同，如上文所說，它是從我多年來詩創作的實踐的心境所體認與呈現出來的，我認爲做爲一個詩與藝術的創作者，是勢必要穿越「第一自然」與人爲「第二自然」兩大實際的生存空間，並使之轉化進入內心「第三自然螺旋型」的具有超越精神的世界，方能臻至與達成創作的終極目的與企求；同時爲在創作中，有效地凸現作品的「現代性」「前衛性」與「創新性」，創作者便不能不正面的介入存在與變化的「第二自然」，並同之打交道與對談，以求在創作媒體的運用與表現以及思考空間與美學觀點有新的發現

突破與建立—於無形中也顯示出這是屬於詩的創作「心靈」與「藝術」的雙重超越。並也因此，在存在與變化的時空中，看出詩人與藝術家有不同的創作心境與風貌，譬如柳宗元在千年前寫「獨釣寒江雪」，是在看得見有江有雪的景物來寫出人存在於荒寒中的孤寂感，表現心靈在超越存在中的覺悟之境；而我身為現代詩人於被人為「第二自然」的「機器鳥」帶到三萬呎高空，於無江無雪的新的時空景況之中，寫「問時間／春夏秋冬都在睡／問空間.東西南北都不在／太空船能運回多少天空／多少渺茫」，那便是在進行著一種和柳宗元同中有異的心靈超越，產生對宇宙新的時空鄉愁。如果沒有「第二自然」造的機器鳥，我便沒有機會寫那樣的詩。

如此看來，無論是施教授的心靈超越，尼采的心靈超越與我內心「第三自然螺旋型架構」世界的心靈超越，雖都有突破現實與時空阻力，進入「前進中的永恆」世界之欲求，但形態與意涵都非盡同。

如果我說的不錯，施教授的超越，是一種自足性高、自守性強、以不變應萬變較溫和的觀照性的超越；尼采的超越是採取極端、激烈性、不妥協的一直向前突破的超越；則我的「第三自然螺旋型架構」世界的超越，是透過創作心靈同第一與第二自然多元性存在與變化的現場實況，經由詩的穿透力、轉化力與提升力所進行的超越，便難免含有尼采正面介入引起衝突所產生的悲劇性，這是施教授的超越心靈，較不易出現的；有時也免不了含有施教授二度超越中所流露的一些偏於東方性的靈誤與自然觀（如我上面舉的詩例）。這是同尼采的超越心靈

所呈示激烈性的悲劇精神多少有距離的。

談到此，在思想的玻璃鏡房裡，便清楚凸現彼此內心存在的相異性以及難免出現的盲點，那就是當施教授授進入天人合一、道可道非常道以不變應萬變的靜觀自得的超越境界，有其高尚與令人敬佩之處的同時，他對「存在與變化」的時空，其主動、直接與正面介入實際生存現場去對質，去從中引發新的演化，甚至新的激變與異化作用，產生新的觀照力與新的視野這方面較聽其自然，不予以特別與積極的關注，近乎是陶淵明「悠然見南山」式的隱遁與淡薄的無為而為的超越心態，這種「大而化之」的「省略」與「跨越」，最後是難免同現實尤其是同目前已使「文化」、「政治」與「經濟」三種不同性格的思想解構交雜在一起的「後現代」以及同偏於行動化、功利化、快速地發展的後現代多元化價值觀世界，較缺乏對話，顯有某些隔閡與疏離感；而尼采採取「有為而為」永不屈服的向卓越的精神顛峰世界超越，雖令人類不能不也對他表示驚讚，但他具強勢與帶有強烈英雄色彩的不可阻擋的突破與超越，帶給人類心靈一波波的悲劇、傷口與痛苦，也同時使人類感到好累！

至於我是詩的創作者，在我「第三自然螺旋型架構」的超越世界裡，一方面必須介入生命存在的現場；一方面又必須從現場超越，像是站在水平線上，必須看「現實」千波萬浪的海，也必須看超越現實的海之外的海。在人生中，我一直希望有一個「合理」而且有原則像「奧林匹克運動場型」的現實生活空間，但事實上，它都一直很不「合理」，我又相當堅持，有時我也會理直氣

壯，探取尼采不妥協的直前態度，但那只會把事情弄得更不理想；探取施教授隱遁式的無為，從另一個角度來看，又近乎是另一種美麗的隱退，甚至是另一種美麗的逃避；可是企求「正面」穿越，又難免連續造成自己的傷害。於是便被卡在「介入」與「脫出」的拉鋸戰中，不得不面對「存在思想」明知不可為又不能不如此的某些荒謬與躲避不了的悲劇性的存在事實。如此看來，三人雖都是超越，但都顯有某些不同；同時整體看來，我較偏於「詩」，施教授與尼采較偏於「哲學」性，如果單將我與施教授的超越心境作個比喻，則在心靈的天空裡，施教授已昇華到雲上的純然的藍空，而我是必須介入生活現場去創作的詩人，於是我雖也有時超越到雲上的無限境域，但我也必須經常「形而下」的穿越雲下充滿了煙火與濃煙的現實世界，進行雲上與雲下的相互直接對話，同施教授悠然在雲上的靜觀心境顯有同與不同之處。

寫到此，文章應是結束的時候，忽然從內心的潛在世界中，浮現出人存在於世界三個任誰都得注視的選擇點

●眞理是悲劇的母親，
●鄉愿是勢利的芳鄰。
如果要「母親」，便去登記演悲劇中的角色；
如果要「芳鄰」，
便到「芳鄰餐廳」去喝一輩子
是非不明的「黑」牌葡萄酒；
●如果「母親」與「芳鄰」都不要，
便拔腿就跑，成爲美麗的逃脫，
悠然見南山去

（附）此文只是坦誠的說出四十多年來我在詩與藝術不斷探索的內在生命現場，所覺識到的內心存在情境；於開放的生命思想視野，也盡力透過詩，找到自己存在的聲音與思想的座標點——它就是我內心的「第三自然螺旋型架構世界」——「詩化的內心世界」，用以觀視與解讀人與世界的存在。

（註）
（1）文中施友忠教授，曾任教國內外大學數十年，《文心雕龍》第一本英譯本是施教授翻譯的。
（2）此文發表在「台灣新聞報」「西子灣副刊」1998年6月29日

談我的「第三自然」與
公木的「第三自然界」

我六十三年（一九七四年）七月在「創世紀」發表的「第三自然」創作理念，它比公木早在十一年前提出，它是基於下面的幾項重點來建構的：

（一）我對「第三自然」的解說

當後期印象派畫家喊出「我們照著太陽畫，怎麼也畫不過太陽的本身」，這句話，便使我們清楚地重認到第一自然存在的層面與樣相——諸如日月星辰、江河大海、森林曠野、風雨雲霧、花樹鳥獸以及春夏秋冬等交錯的田園與山水型的大自然景象，它便是人類存在所面對的第一自然；當愛迪生、瓦特發明了電力與蒸汽機，在那有電氣設備的冬暖夏涼、夜如晝的密封型巨廈內，窗外的太陽昇與落，四季的變化，都多麼異於在田園裡所感覺的，再加上人為的日漸複雜的現實生活環境與社會形態，使我們清楚地體認到另一存在的層面與樣相，它便是異於第一自然而屬於人為的第二自然的存在層面與樣相了。

很明顯的，如在其他文章我也說過第一與第二自然的存在層面，是人類生存的兩大「現實性」的主要空間，任何人甚至內心活動超凡的詩人與藝術家，也不能背棄它。然而，這一事實上已構成大多數人生存範圍與終點世界的第一與第二自然，對於一個向內心探索與開拓人類完美存在境界的詩人與藝術家來說，它卻又只是一切的起點。所以當陶淵明寫出「採菊東籬下，悠然見南山」、王維寫出「江流天地外，山色有無中」、艾略特寫出（荒原）、金士堡寫出（吼），我們便清楚地看到人類活動於第一與第二自然存在層面得不到滿足的心靈，是如何地追隨著詩與藝術的力量，進入那無限地展現的內心「第三自然」境界。

可見「第三自然」，便是詩人與藝術家掙脫第一與第二自然的有限境界與種種障礙，而探索到的更為龐大與無限壯闊的自然；它使第一與第二自然獲得超越，並轉化入純然與深遠的存在之境。此境，有如一面無邊的明淨之鏡，能包容與透視一切生命與事物活動於種種美好的形態與秩序之中，此境，可說是「上帝」的視境。的確，當詩人與藝術家以卓越的心靈，將一切生命與事物導入「第三自然」的佳境，獲得其無限延展與永恆的生機，這便等於是在執行著一項屬於「上帝」的工作了（見收進《時空的回聲》論文及中的那篇論文：〈詩人與藝術家創造了人類存在的「第三自然」〉）

（二）「第三自然」創作理念的A與B兩大作業程式

A程式：對象→潛在意象→美感意象

A→A1→A2→A3→An

詩與藝術絕非第一層面現實的複寫；而是將之透過聯想力，導入內心潛在的經驗世界，與以交感、提升與轉化為內心的第二層面的現實，使其獲得更富足的內涵，而存在於更龐大且完美與永恆的生命結構與形態之中，也就是存在於內心無限的「第三自然」之中。所以詩能使我們從目視有限的外在現象世界，進入靈視無限的內在心象世界。

的確詩人與藝術家從「觀察」到「體認」到「感受」到「轉化」到「昇華」，進入靈視的「無限的內在心象世界」，這個世界，便正是存在於內心中的「第三自然」世界。

B程式：螺旋型架構

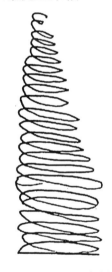

誠然詩人與藝術家站在第一自然（或第二自然）的（A）原象位置不動、則詩與藝術確實的創作行為仍在靜止狀態中，所以將（A）當做外在世界實在的「魚」或「山」來看，則詩人陶淵明必須將（A）向內做無限的超越與轉化，且玄昇到（A）N的存在空間，不會去寫「悠然見『阿里山』」，而去寫「悠然見」「第三自然」中的「南山」；同樣的，柳宗元，也不會去寫「獨釣寒江『魚』」；而寫「獨釣」內心「第三自然」中的「寒江雪」，如果寫「獨釣寒江『魚』」，則讀者應大多是菜市場不懂詩的魚老闆；但寫「獨釣寒江『雪』」，則讀者便包括有哲學家了。可見由（A）轉化到（A）N所形成詩人內心創作的螺旋型架構，已是詩人在詩中，創造了人類存在於「內心的第三自然」中的一個永恆活動的基型；並掌握著詩人創作生命那無限地演變拓展的活動航道與空間。

同時由詩人透過「觀察」→「體認」→「感受」→「轉化」→「昇華」等思考程序，所形成人類智慧創作向前連續發展的「螺旋型」世界，一方面在「時間」上可將「過去」、「現在」與「未來」相關聯地整體存在與「前進中的永恆」時刻，使創作中的「時間感」源遠流長生生不息；一方面在「空間」裏，「螺旋型」是「空間」上下走動左右迴轉的螺旋梯，它有不斷向上突破的尖端掌握美的巔峰世界；也有無數變化衍生的厚實的圓底，潛藏無限的美的奧秘。它甚至像是緊握在詩人與藝術家手中的一把螺絲刀，鑽開古今中外的時空範疇與現代物質文明圍壓過來的一層層「厚牆」，讓詩與藝術帶引人類不斷穿越，進入超以象外與脫離「框架」的無限境域，去呈現精神自由廣闊的形而上昇力；同時也鑽通所有已由美學世界出來的種種藝術流派與主義，以及將由科技世界出現的各種新穎的使用工具媒體、資訊與生存的物質環境……等均視為創作上的材料，等待詩人與藝術家不斷將它溶解轉化入「內心第三自然」，去成為創作新的「南山」境界。

（三）「第三自然」應是世界上所有詩人與藝術家真正居住的「家」

像陶淵明詩中的「南山」，柳宗元詩中的「雪」，都是屬於「第三自然」的景象，在第一與第二自然是看不到的；又貝多芬的音樂、馬蒂斯的色彩、米羅與克利的線條、布朗庫斯與康利摩爾的造型……也都是在內心「第三自然」無限廣闊的空間才出現，只能被「靈視」見到、被「靈聽」聽到，在第一自然與第二自然是不存在的。可見「第三自然」，正是現代藝術所一致強調的；藝術家必須去創造內在不可見的更為無限的實在。因此「第三自然」，便不但是詩人與藝術家永久的老「家」；而且也是他們為人類創造輝煌與永恆精神事業大展鴻圖的地方。

至於大陸學者古遠清教授一九八九年四月在香港中文大學主辦的「中國現代詩學研討會」上發表的〈大陸四十年詩歌理論批評景觀〉論文中談到公木與艾青、何其方、謝冕、公劉、流沙河、亦門、安旗、李元洛、郭沫若等各方面的評論家時，對公木一九八五年出版的《詩論》一書中，所論及的「第三自然」創作理念，做了以下的扼要介紹：「公木一九八五年出版的《詩論》是我國現代詩史上鮮見的提綱契領的美學論著；公木的《詩論》，幾乎與與有出處與根據，值得重視的是《話說『第三自然界』》。作者以其廣博的學識、深厚的藝術理論涵養談了他對『第三自然界』的看法。他認為：『科學技術是透過現象把握本質，把本質從現象中抽象出來，重在發現，它只能創造和改造「第二自然界」；文學藝術則是通過現象揭示本質，把握由現象到本質的統一，重在創造，它除了有助於創造和改造「第二自然界」以外，更創造和組織了「第三自然界」。「第三自然界」的歷史較之「第二自然界」的歷史，具有更加生動活潑、豐富多彩的內涵。它既是「第二自然界」的形象反映，又是由人類想像力所幻生出來的。它具有客觀實在性與可感性，人們可以往來出入，泳游憩息，「得到至高的啓迪與最大的滿足」。公木這一「第三自然界」的理論，雖受高爾基文化觀的啓發，但仍有自己的灼見。他為別人的著作所填入的這許多有益的科學注疏，說明他把詩歌創作與詩歌理論相溝通的能力和才學，往往超出一般的詩評家之上。』

從古教授上面所做的扼要介紹中，公木所提的「第三自然界」，雖較我的「第三自然」名稱，多出一個「界」字，但如果「界」字，能解釋為「境界」，則我的「第三自然」本也是一種精神的境界，故在質地上，仍有類似性。同時，公木的「第三自然界」，認為「第三自然界」的歷史，較之「第二自然界」的歷史，是有更加生動與活潑豐富多彩的內涵，它既是「第二自然界」的形象反映，又是由人類想像力所幻生出來的。它具有客觀實在性與可感性，人們可往來出入，泳游憩息，「得到至高啓迪與最大的滿足……如此看來，公木的「第三自然界」與我「第三自然」在上面談到的幾項重點尤其是第二項重點中的基本精神與思想意識，都相當接近，我甚至曾強調，「第三自然」是詩人與藝術家將一切推上美的巔峰世界與領上帝通行證與信用卡的地方。

【註】公本是大陸名學者文學批評家

心靈訪問記（續稿）

——談「第三自然」有關話題

羅　門

二〇〇四年的春天，就在前面，我與另一個我還是坐上「環保車」從「第三自然」出發，繼續進行探訪與對談，這次訪談的情形，仍是順著「第三自然」螺旋形三百六十度掃描視點，找到較重要的重點話題來談。

他問：首先我想再一次問你，爲何你一直強調以「第三自然」的「詩眼」來看世界以及詩與藝術較深入、精確與徹底的部份。

我答：因爲「第三自然」是內化深化經轉化所昇華與超越的無限開放空間，不是框限在「鳥籠」與「鳥店」裡的觀視空間；而是自由的「天空」與不停地飛的「遠方」；至於「詩眼」是視與聽都敏銳、精銳、明銳深廣，能看到與聽到世界上最精采甚至完美與永恆的存在。

他問：從你的論見中，可否請你具體的例舉一些事實來談與做印證。

我答：應該可以，譬如以「第三自然」的「詩眼」來抽樣看詩與藝術的情形—

一、以「詩眼」看詩的存在，則發覺：

●詩不但企求詩人以賦、比、興寫好一首好詩；更要求詩人認明詩是人與世界以及所有的文學與藝術邁向「美」的巔峰世界與「前進中的永恆」之境的主導力量。

●詩是耶穌與愛恩斯坦手中的探照燈，在尋找聖地與奇蹟的路上。

●人類活在詩偉大的想像中，世界應由詩而非由導彈來導航。

二、以「詩眼」看舞——有人一條水溝都跳不過去；舞蹈家跨步一跳底下是千山萬水；藍天、碧海、青山、綠野與風雲鳥一起飛；當然它同世界的經濟起飛是兩回事。

三、「詩眼」將視覺換成聽覺來聽貝多芬的第九交響樂，它的聲音可穿越菜市場的雞鴨聲、都市街道的吵鬧聲、議會的爭吵叫罵聲、中東的槍炮聲，而將宇宙萬物與人類生命的聲音，昇越到美的巔峰，進入完美與「前進中的永恆」之境。

再譬如以「第三自然」的「詩眼」看人與世界存在於茫茫的時空中，除發現全人類都在流浪（因下一秒地址與門牌於地球在太空移動時，已變動），尚可特別清楚看到人與世界存在於宿命性與帶有悲劇感的兩條一直具有強大壓力與挑戰的線—

一條是造物劃的「天地線」——人類無論是用「麵條」、「金條」與「拉皮條」不斷拉出那許多線條，終歸都要消隱在那條「天地線」裡。

的確，日光、星光、月光、燈光照來照去的光線以及腳步、車輛、船隻與飛機跑來跑去的路線、與風雲鳥飄來飄去的拋物線乃至所有眼睛看來看去的視線與畫家們畫來畫去的直線曲線；最後也都難免被那條「天地線」攔阻在空茫中。

於是千萬年下來，大財富可買下一個城市，帝王可搶購一個國家，然而他們即使有錢有勢可把地球上所有的地皮都買下來，但就是買不起也買不到這一條時顯時隱的「天地線」……那確是由於宿命性的存在事實，上帝也幫不了忙；因為他們的腳加上車輪加上飛機的翅膀、再加上鳥的翅膀與雲的翅膀，也到不了能買到這條「天地線」的地方。

難怪面對「天地線」這條要命的線，迫使古代詩人陳子昂向世人發出驚嘆之言：「前不見古人／後不見來者／念天地之悠悠／獨愴然而涕下」；也迫使英國當代詩人拉肯向存在時空發出驚顫之聲：「我看前面沒有東西／一腳跨過去／後面的們砰然關上」，將全人類都推進宇宙前後都摸不到門的困境中，而覺識到永恆的迷茫……至於我把「天地線」看成天地兩扇門在鎖閉中的一道門縫時，便也禁不住發出潛在的驚動之音：「猛力一推／竟被反鎖在走不出的透明裡」……最後都只留下無限空寂的回響——

於是這條要命的「天地線」，便也蛻變成「宇宙最後的一根弦」，在鳴響著存在的回聲於有無中；同時也轉型為人類同「永恆」拔河唯一能用的一條繩子。

第二條是人類自己在地球上劃的一條線——造物雖以超出藝術家的高能力，將地球創作成一個美過雕塑、繪畫、音樂、舞蹈與建築的獨一無二且偉大不朽的藝術品，展覽在廣闊無限的宇宙時空畫廊，給完美與永恆看，人類的眼睛，也只能驚讚的「跪」下來看……但不知是誰在地球打下第一根樁，便相連長出一個個大小不同的地圖來。

沿著人在地圖劃的那條線兩旁，一直是不同廠牌與編號的坦克車在護航，千萬人也一直走在看得見看不見的財路與血路上……。這一條劃出地圖來的線，穿過「東西德走廊」、「板門店三十八度線」、「台灣海峽」，又緊緊牽住中東不放……。那真是使上帝作夢也想不到，這條線，竟被「銀圓」轉動到後現代都市，也暗中轉移將它越過「愛河」、「博愛路」、仁愛路、「清真寺」、「天主教堂」……潛進公寓大廈甜蜜的家，穿過父子相依坐在沙發上的兩體之間，而引發出人與神都不敢置信與忍睹的電視新聞畫面——那是兒子的刀，直刺進父親的胸口，去接通血路與財路的連線……。此刻整個世界都靜止下來空望，沒有任何聲音，只是那條線在時空的看板上附言：「地球是圓的　眼球是圓的　銀圓也是圓的　便都圓到銀圓裡來」

他問：你的「第三自然」雖被海內外多位知名學者評論者給予相當的肯定，但也有些人說它是打高空，是空的，那顯然是用意不善；從你上面緣自「第三自然」所說的話可見；即使是打高空也不是空的，因為「高空」，也有其實存面；我想事實會說明一切。接著我想問你，過去你曾以「第三自然」所執持「從過去、現代、後現代、後後現代的新的現代—就前進中的永恆」觀點，來觀察人類面臨後現代出現的諸多亂象與盲點的生存現象面，有所批判，而其中你認為較嚴重與憂慮的是那些？

我答：在第三自然的掃描鏡中，發現的大致如下：

●人被「急速感」、「物」與「行動」追趕，許多人來不及也沒有時間向後看，而前面除了錢，幾乎看不見什麼。

●價值失控、道德淪落、後現代都市加快物慾與性慾的官能動力，驅逐人類有日漸從文明動物變爲文明野獸的可能，這從每天的電視畫面可見。

●人打電動玩具，電動玩具也把人當做肉動玩具來打；物化空間將鮮花變成塑膠花，上網只留下花的影子，生命的疏離感擴大中；人與人之間也如此。

●眞正的自我生命解體，變成勢利現實社會框架裡存在的材料。

●做爲人類眞實存在最後防線的文化人與智識份子，也有背離理想與公義的傾向。

●純正的藝文空間有被後現代越來越現實功利的「社會性」污染現象。

●上帝、永恆與眞理仍一直被「後現代」顛覆，甚至否定，沒有絕對值得信賴的，幾乎都只相信此刻自己所要的，沒有對錯，方向「亂」在沒有紅綠燈的黃燈裡出不來。

他問：你從「後現代」都市生存現象面，透過「詩眼」你所看到與所做的指認甚至指控，切入點大致上應是相當銳利與切實的，對存在也有反思作用，接著我想請你簡要談你「第三自然」主張的「前進中的永恆」同「後現代」而趨向「當下」的「存在與變化」，於思想與觀點的基點上，有那些異同之處？

我答：直到現在我仍認爲「後現代」詩顛覆「現代」詩所要求的「深度」與「高度」而朝多向度與廣度的平面發展，獲得散文平面舒放的書寫勢能，抓進新穎的創作區，雖是正面，但詩與內化深化經由轉化昇華爲有「意境」、不同於直敘坦白的散文，它便不能不具有深度與高度，難免有負面現

象，像目前在平面媒體與網路上大量出現缺乏詩質同散文糾纏不清以及滑溜與遊戲在「淺盤」與低思考維度的詩，便是在說明這個事實，談到我提出的「前進中的永恆」那是認爲創作者於潛在的創作生命中應是自然將「過去」、「現在」與「未來」渾合在一起，繼續在永恆的存在裡走——像貝多芬「過去」的交響樂、杜甫李白「過去」的詩，就是一直拉著「現在」與「未來」，不停的讀與聽下去，成爲「前進中的永恆」存在，當然「前進中的永恆」也含有「存在與變化」；至於「後現代」所偏重「當下」的「存在與變化」，若只注意變化與流行新潮，不關心存在的永恆性，而只成爲消費文化趣味性強與爽的流行品，則便仍留有反思的空間，如此，我在藝術世界將過去、現代、後現代、後後現代的新的現代，放在「第三自然」的螺旋型架構中，去不斷旋昇成「前進中的永恆」，看來似乎是一個具有理想性的藝術美學理念。

他問：談到這裡，本來還有兩個話題，因時間已不多，只能再談一個話題。請問你在近半世紀的創作心靈歷程中，有一些人（包括學者、批評家與詩人）曾在文章中稱你是「現代詩的守護神」，你的感覺如何，他們是基於什麼理由？

我答：我非常感謝他們給我激勵。但此刻我們坐在「環保車」上，將它改稱爲「現代詩（或第三自然）園區的環保者」，較自然沒有壓力。若要我坦然說出他們之所以激勵我的有關理由，我只能依我眞實的感覺，坦然大致的說出一些，那不一定都是他們所想的—

●爲了詩與藝術提前退休，半世紀來除

了透過詩與藝術以及「第三自然螺旋型架構理念」建起的「燈屋」，來專一且幾乎以全生命去守護純美的詩與藝術的世界，便再沒有什麼能使我死心去做的，的確除了能徹底解讀生命與世界的詩與藝術，我能信任什麼與做什麼？

●長年來爲現代詩與現代藝術的推展一直護航；在海內外做許多的講演與座談。

●多年來，在論文與（心靈訪問紀）中，不斷提出一己有觀照性的創作理念，以及對污染或損害純正藝文空間的情形，據理提出嚴正的質疑。

●盡力堅持維護與追認詩與藝術世界確實的卓越性與傑出性，強調創作主體性思想的永恆價值。

●持有超越的生命觀，盡力從事實事理追究存在的眞實，在後現代仍相信有「眞理」的存在。

●強調「藝術世界」同「鄉愿勢利的現實社會」作家形象，是不同的：眞正的藝術家與詩人理應較「社會人」多說眞話、可爲不可爲、有是非感與公平原則；決不能成爲鄉愿勢利「社會」的幫兇。

●盡力做到有時可得罪朋友，但絕不能傷害詩與藝術，因傷害是傷害眞實的存在。

●較沒有圈子與意識形態，坦然面對純然的詩與藝術世界，保持有是非感、執著的自我生命形象。

他問：從你上面相當坦直與自信的說出內心的那些話，是否能對最後這個問題，做出有足夠信服力的回應，還是留給客觀的事實來說與做認定；至少在對談範圍中所談的是有對應互動與貼切的交會點的，我想今天的訪談就在這結束。

詩　　國
POETREPUBLIC
中心指標與宣言

「詩國」的中心指標與宣言

——詩在人類世界中的永恒價值

羅 門

「詩使所有的生命獲得本質的美的存在與最高的境界…詩人已被認明是生命的另一個造物主；同時詩的超越性能使東西方文學一起共同來為人類存在的理想與完美的世界而工作」

關於「詩」，這一被認為是人類生命與心靈活動最靈敏、深微、極緻與登峰造極的思想力量；也是人類智慧的精華；甚至被認為是藝術家、文學家、哲學家、科學家、政治家、宗教家乃至「神」與「上帝」的眼睛，那是因為「詩」具有無限與高視力的靈見，能看到世界上最美、最精彩乃至永恒的東西。故曾有不少著名人物讚言過「詩」：

・孔子說：「詩，天地之心，君德之祖，百福之宗，萬物之戶也。」（見御覽，詩緯含神霧）。

・亞利斯多德說：「詩較歷史更有哲學性，更為嚴肅……」「詩有助於人性的倫理化」（見顏元叔教授譯的「西洋文學批評史」22頁與36頁）。

・法國詩人阿拉貢說：「詩，不是天國的標誌；詩就是天國」（我個人早年的讀書筆記）。

・杜斯妥也夫斯基說：「世界將由美來拯救」（見張肇祺教授著的「美學與藝術哲學論」集31頁）。此處提到的「美」字，

使我想到詩將生命與一切推上美的巔峰世界這一看法時，那不就等於說「世界將由詩來拯救」。

・美前故總統肯奈迪也認為詩使人類的靈魂淨化。

事實上，詩在昇華與超越的精神作業中，一直是與人類的良知、良能、人道、高度的智慧以及真理與永恒的感悟連在一起的，故「有助於人性的倫理化」以及在無形與有形中，「將拯救這個世界」與人類；並使這個世界與人類，活在有更美好的內容與品質之中。

誠然在這個世界上，若沒有詩，則一切的存在，都只是形成現實世界中的種種材料，譬如自然界中的山只是山，水只是水，都只是構成「自然」種種材料性的物體；人的世界中，從事各種行業的人，都只是構成「現實生活世界」有不同表現與成就的各種個體，尚不能獲得其內在真正完美與超越的生命。這也就是說，若沒有詩，一切存在便缺乏美好的生命內涵與境界；陶淵明筆下的「採菊東籬下」，便像普通人採菊東籬下一樣，只是止於現實中一個有限的存在現象，不會聯想到「悠然見南山」的那種超物與忘我的精神境界，而擁抱到那與整個大自然共源的生命，超越時空而存在，王維也不會在觀看「江流天地外」，正在出神時，進入

「山色有無中」的那種入而與之俱化的境界，而擁抱無限。

可見詩是賦給人存在的一種最卓越的力量，幫助我們進入一切之內，去把握存在的完美性與無限性。因此，詩也是使一切進入其存在的「天國」之路，如果這個世界確有真正的「天國」。我深信，當人類在二十世紀對生命的存在，有了新的覺醒與體認，若仍堅持信上帝、神與天堂是人類生存所企望與嚮往的世界，同時也認為神與上帝是宇宙萬物生命的永恒與完美的象徵，是施給一切以永恒與完美生命型態與內容的主宰，尚可將一切導入永恒與完美的位置——「天堂」，則詩人超越心靈工作的過程與完成，便正是使一切轉化與昇華到這一類同的世界裏來。還有誰較詩人們更具有那種高超特殊的才能，能確實去執行那真正存在於人類內心中的華美的「天堂」之工作呢？事實上，一個偉大的詩人，在人類的內心世界中，已被認明也是一個造物主，它不但創造了「生命」，而且擴展與美化了生命存在與活動的無限境界，並創造了內心另一個華麗壯闊的精神「天堂」。

的確，詩人在人類看不見的內心世界中創造了多項偉大不凡的工程：

（1）創造了「內心的活動之路」

詩人在創作的世界中，由「觀察」至「體認」至「感受」至「轉化」至「昇華」的這條心路，不但可獲得作品的生命，而且也可使萬物的存在獲得內在無限美好與豐富的生命。

譬如當詩人看見一隻棄置於河邊的鞋時，經由深入的「觀察」、「體認」與「感受」這條心路，而聯想到那是一隻廢船，一片落葉，便自然使鞋的存在立即「轉化」且「昇華」為對內在生命活動的關照與無限的感知——顯示出存在的流落感與失落感，進而揭發時空與生命之間被割離的悲劇性，而引起內心的驚視與深思，於是那隻沒有生命的「鞋」，便因而變成為一個具有生命象徵性意涵的存在了；又如，當詩人看到一隻廢棄在荒野上的馬車輪，由於他的靈視能超越一般人只能看到的材料世界（只是一隻破車輪），進而透過詩中的「觀察」、「體認」、「感受」、「轉化」與「昇華」，這一「內心的活動之路」，便深一層看到那隻馬車輪，竟是轉動萬物的輪子，也是一條無限地展現走在茫茫時空中的路——從它輪子上殘留下來的泥土看，可看到它通過無限空間所留下的痕跡與聲音，從它輪子上生銹的部分看，可看到與聽到它通過無限時間所留下的痕跡與聲音；當它此刻停放在無邊的荒野上，被詩人望成一種路，這種「路」，是吞納所有的鞋印輪印以及一切動向與涵蓋千蹤萬徑的「路」，引人類朝著茫茫的時空，走入了深深的「鄉愁」；因而觸及那含有悲劇性與震撼性的存在的思境，獲得那「轉化」與「昇華」過後的更為深入與富足的存在境界。又如詩人 T.S.艾略特面對黃昏的情景，聯想成「黃昏是一個注進麻醉劑躺在病床上的病人」，那便是將「黃昏」這一近乎抽象的時間視覺形態，置入深入的「觀察」、「體認」與「感受」中，「轉化」與「昇華」為具有神態與表情的生命體而存在了，使我們可想見到整個大自然的生命，在此刻已面臨沉落與昏迷之境，而產生無限的感懷；又譬如詩人在面對死亡，寫出了「你

是一隻跌碎的錶，被時間永遠解雇了」，詩中「跌碎的錶」，它將去紀錄哪一種形態的時間呢？詩中的「被時間解雇了」的生命，它將到哪裡去再找工作呢？它將是何種形態的生命？沿著內心的追問，我們便的確可聯想到那消失於茫茫時空中仍發出強大迴聲的悲劇性的生命了，因而覺知到「死亡」竟也是一個感人的強大的生命體，這與詩人里爾克筆下『死亡是生命的成熟』以及我也曾說過「生命的最大迴響，是碰上死亡才響的」，是一樣耐人尋味了。

又譬如當現代詩人寫下「群山隱入蒼茫」，或寫下「凝望較煙雲遠」，其詩句中的「蒼茫」與「凝望」，原屬為沒有生命的抽象觀念名詞，但這個名詞，在詩中經過詩人藝術心靈的轉化作用，便不但獲得其可以用心來看的生命形體，而且也獲得其超物的更可觀的存在了。

從以上所舉例的詩，可見萬物一進入詩人創造的「內心活動之路」——由「觀察」至「體認」至「感受」至「轉化」至「昇華」，則那一切便無論有有否生命（乃至是觀念名詞）都一概可獲得完美豐富甚至永恒存在的生命。

（2）詩人創造了「存在的第三自然」

首先，我們知道所謂「第一自然」，便是指接近田園山水型的生存環境；當科學家發明了電力與蒸汽機等高科技的物質文明，開拓了都市型的生活環境，自然界太陽自窗外落下，電器的太陽便自窗內昇起，再加上「人為」的日漸複雜的現實社會，使我們更清楚地體認到另一存在的層面與樣相——它便是異於「第一自然」，而屬於人為的「第二自然」的存在世界了。

很明顯的，第一與第二自然的存在世界，雖是人類生存不能逃離的兩大「現實性」的主要空間，但對於一個探索與開拓人類內在豐富完美生命境界的詩人與藝術家來說，它卻又只是一切生命存在的起點。所以當詩人王維寫出「江流天地外，山色有無中」、艾略特寫出「荒原」，我們便清楚地看到人類活動於第一與第二自然存在世界中，得不到滿足的心靈，是如何地追隨著詩與藝術的力量，躍進內心那無限地展現的「第三自然」而擁抱更為龐大與豐富完美的生命。詩人王維在創作時是使內心與「第一自然」於和諧中，一同超越與昇華進入物我兩忘的化境，使有限的自我生命匯入大自然龐大的生命結構中，獲得無限；詩人艾略特在創作時，是與第一或第二自然於衝突的悲劇感中，使「生命」超越那存在的痛苦的阻力，而獲得那受阻過後的無限舒展，內心終於產生一種近乎宗教性的執著與狂熱的嚮往——這種卓越的表現，它不就是上帝對萬勿存在於完美中，最終的企盼與祈求嗎？的確，當詩人的心靈活動，一進入以美為主體的「第三自然」，便可能是與「上帝」華美的天國為鄰了；同時我深信，只有當人類的心靈確實進入這個以「美」為主體的「第三自然」，方可能擁抱生命存在的深遠遼闊與無限超越的境界；方可能步上內在世界最後的階程與「至高點」，徹底看到「自由」、「真理」、「完美」、「永恒」與「大同」的真義，並認明「人」與「自然」與「神」與「上帝」終歸是存在於同一個完美且永恒的生命結構之中。可見詩創造的「第三自然」世界的偉大與非凡，並在茫茫時空中同

上帝的天國相望。

（3）詩人創造了一門生命與心靈的大學問

譬如科學家面對「海」的存在，是在研究海存在的物理性——海的水質、鹽份、海的深廣度、海的產物、海的四季變化等。而詩人則多是坐在海邊觀海，把海看到自己的生命裡來，把自己的生命，看到海裡去；看到海天間的水平線，便發覺那是「宇宙最後的一根弦」；看到海上一朵雲在飄，便聯想「雲帶著海散步」，悠哉悠哉，畫面便也跟著顯映出王維與老莊來；凝望著海圓寂的額頭，便會聯想到哲人愛恩斯坦與羅素等人的額頭；將藍藍的海，看成宇宙的獨目，又倒轉來看人類的眼睛，最多望了百餘年，都要閉上，而海的眼睛，卻望了千萬年仍在望——望著人類的鄉愁、時空的鄉愁、宇宙的鄉愁、上帝的鄉愁；更神妙的，是浮在海上的那條天地線，幾千年來，一直不停的牽著日月進進出出，從未停過；當日月星星與燈光的光線以及人的視線一直斷斷續續，而只有天地線永遠在那裡，已被視為人類同永恆拔河，唯一能用的一條繩子，再就是海也一直握著浪刀，一路雕過來，把山越雕越高，一路雕過去，把水平線越雕越細，此時，難怪王維要把「山色有無中」的無始無終境界在詩中說了出來。由此可見詩的確是探索與創造那埋在事物與生命深處的一門奧秘的「美」的學問。

從詩人在上面所提供的三項重大創造中，我們可看出詩的的確是使人類與宇宙萬物的存在，獲得一種無限的延伸，一種有機的超越，一種屬於「前進中的永恆」的存在；同時也說明詩人終歸是在「上帝」的眼睛中為完美與豐富的一切工作的，尤其是當諾貝爾文學獎得主海明威喊出了這是迷失的一代；現代史學家湯恩比認為人類已面臨精神文明的冬季，則詩人的存在，便更是人類荒蕪與陰暗的內在世界的一位重要的救主了；並絕對地形成人類精神文明的一股最佳且永遠的昇力，將人從物化的世界中救出來，尤其是在廿世紀後現代掀起解構與多元化的理念，導致泛方向感與泛價值觀所形成失控與散落的生存亂象，也更有賴詩在超越與昇華中所開放的巨大視野與統化力，穿越各種變化的資訊與符號，於「無形中」提供一開放的新的一元性，來協和「心」「物」進入一個新的美的中心，再度呈現人本與人文精神的形而上性，使世紀末「存在與變化」的飄忽不定的生存現象面的內層，仍潛伏著一種穩定的有方向感的「前進中的永恆」的思想動力，維護人類繼續對生存持有信望有意義目標有內心境界的優質化的生命觀。

寫到這我想我在柏拉圖「理想國」之外，經過詩創作半世紀所創建我詩的「理想國」是有旨意與可為的。

〔附〕此文是作者 1997 年出席華盛頓 DC 舉行的世界文學會議發表的論文

The Eternal Value of Poetry for Mankind

Lo Men

"Poetry causes all life to take on an intrinsically beautiful mode of existence and a transcend ant dimension...The poet is recognized as another creator of life."

Poetry is not only to be recognized as the most sensitive, profound, and exalted form of intellectual energy in the life and spiritual activity of man; it is also the quintessential flowering of human wisdom. In fact it is the eye of the artist, the man of letters, the philospher, the scientist, the statesman, the saint, spiritual beings and God himself. This is because poetry has infinite and super-penetrating spiritual vision. It perceives all that is most beautiful, most marvellous and even eternal in this world. For this reason many famous men have praised poetry:

Confucius: "Poetry is the heart and soul of nature, the source of virtue, the bestower of all kinds of happiness, the refuge of all creatures."

Aristotle: "Poetry is more philosophical and more serious than history...Poetry contributes to the development of morality."

The French poet, Aragon: "Poetry is not symbol of Heaven. It is Heaven itself."

Dostoevski: "The world will be saved ghrough beauty." (Since poetry confers beauty on life and everything in the highest degree, it seems to me that this quotation is equivalent to saying: "The world will be saved through poetry.")

Former President Kennedy of the United States also held that poetry purifies the human soul.

Actually, in its spiritual mission of uplifting and transcending, poetry is intimately linked with such elements as human morality, enlightened awareness, capacity for goodness, higher wisdom and a sense of eternity, It is for this reason that it "contributes to the development of human morality", and "will save the world" and mankind both on the material and the spiritual level. Moreover, it enables the world and mankind to live in an atmosphere of greater beauty and higher values.

Truly, if poetry did not exist in this world there would be nothing left except various material entities forming a merely physical ambience. For example, in the world of nature, mountains and rivers would be merely physical bodies forming part of a material world. In human society people following various occupations would form nothing more than a "society based on practical needs". The various groups and individuals in such a society, while they might produce various achievements and manifestations, would never be able to achieve their true inner life of perfection and transcendence. In other words, without poetry everything would lack the esthetic dimension. Tao Yuanming, in "plucking chrysanthemums from his eastern hedge. It would be a phenomenon limited to the world of everyday actuality. It would not lead to the following line: "I gaze up at South Mountain in the distance", a line that brings in a spiritual dimension where the world of matter is transcended and the normal "self" is obliterated; a dimension that includes the life-springs of all of nature, transcending time-space existence. Similarly, in such a world Wang Wei would not have been able to follow up his observation that: "The river flows beyond the earth and sky" with the deeper perception: "The shades of the mountain hover between being and non-being" by way of a transition from spiritual intuition to profound identification with the Infinite.

It is clear that poetry is an instrument for transcendence bestowed upon human existence. It enables us to enter into the All and grasp the perfection and infinity of existence. For this reason poetry is a road on which everything enters into the "Heaven" of its existence, if indeed Heaven can exist at all. I firmly believe the in the new awakening of mankind in the twentieth century and his new awareness with regard to life and existence, if a firm faith in God, spirits and Heaven remains the hope of mankind and the world of its aspiration and one

feels at the same time that God and spirits are eternal and sublime symbols of the totality of the universe, that they are the lords of creation that give to everything eternal and perfect life-forms and substances and are able to guide everything into perfect and eternal order— Heaven, then the process and completion of the poet's spiritual mission of transcendence is what brings the transformation and sublimation of everything to this successful stage. Who but the poet has that special talent for transcendence that is able to carry out the work of that "Heaven" that truly exists sublimely in the heart of man? Truly, a great poet is already recognized as a creator in the world of the human heart and mind. He not only creates "life", but is also able to expand and confer beauty upon the infinite domain in which the existence and activity of life take place. Moreover he creates within the world of the mind a spiritual "Heaven" of beauty and glory.

Certainly, in the invisible world of the human mind, the poet carries out an extraordinary job of polynomial engineering:

1) He creates the "Process of Internal Activity"

In the world of creative activity, as he advances along the road through the stages of "observation", "awareness", "perception", "transformation" and "sublimation" the poet not only achieves liveliness of composition but also imparts infinitely rich and beautiful life of an interior kind to everything in the world.

For example, when a poet sees a shoe lying on a river bank, through the profound mental processes of "observation", "awareness" and "perception", it brings into his mind the image of a wrecked ship or a fallen leaf. Through "transformation" and sublimation " he brings it into associaction with his intense internal activity of reflection and his infinite awareness. It thus evokes a feeling of the emptiness of life's aimless, desolate journey. It serves to reveal the tragedy of alienation from life and space-time. In thus arousing internal shocks of recognition and inspiring profound trains of thought, the inanimate shoe takes on a life of its own. Again, when a poet sees a wagon wheel, left lying on the prairie, since his spiritual vision surpasses that of the ordinary man (who sees only a broken wheel), once it has passed through the poetic processes of "observation", "awareness", "perception", "transformation" and "sublimation" the poet sees it as the wheel that keeps the whole universe turning, It is also a road that stretches through all time and space, In the mud that has accumulated on the wheel he sees the scars and echoes left as a result of its passage through infinite time. As it lies there on the boundless prairie, the poet sees it as a road, This road quite different from the the physical roads, each of a certain lengeh, that are seen in the everyday world, It is a road that leads through internal "transformation" and "sublimation" to where all living things run around and wander

endlessly in time-space, a road that reveals no starting point and no terminus and whose direction can hardly be ascertained. It is a road revealed to spiritual vision. It is a road that swallows up all footprints and wagon tracks and all the myriad paths and trails that lead in all sorts of directions to all sorts of destinations. It brings mankind face to face with the immensity of space-time leading to a profound nostalgia. Through making contact with an existential mental world that is both tragic and earth-shaking, after subjecting it to the processes of "transformation" and "sublimation" it ushers in another existential world that is more profound and fulfilling, Just as the evening atmosphere leads T.S. Eliot to think of " a patient etherized upon a table", transforming the virtually abstract concept of "evening" into a concrete image, he then goes on form the processes of "observation", "awareness" and "perception" through "transformation" and "sublimation" to produce a living entity with spiritual content and emotional force. We get the feeling that we are witnessing the life of all nature on the edge of an unfathomable abyss and we respond with infinite emotion. Then, too, as another poet wrote in defiance of death: "You are a broken watch, forever discarded by time." what kind of time can be recorded on the "broken watch" in the poem? The life that has been "discarded by time" – where can it turn for employment? What kind life lies in store for it? Through the internal pursuit of such questions we are led by a process of association of ideas to arrive at a definite perception of a tragic life that is still able to send forth strong echoes even ager being dissolved in the vastness of space-time. Thus we become aware of death as a living thing able to deep emotions in man, It conveys a feeling very close to that of Rilke's line: "Death is the ripening of life."

Again, in the lines of a contemporary poet: "Massed mountains shade into the azure abyss" and "My gaze stretches beyont the clouds and mist" such expressions as "azure abyss" and "gaze" are originally lifeless, virtually abstract nouns. But in the poem, through the poet's subtle technique of transformation they not only take on a spiritual form visible to the eye of the mind but take on even deeper visibility that transcends the world of matter.

From the examples quoted above it is clear that as objects are subjected to the "process of internal activity" created by the poet and have passed through the stages of "observation", "awareness", "perception", "transformation" and "sublimation" then any object, animate or inanimate（even a mere noun that indicates a concept）can take on a perfect, rich and even eternal life.

2）The poet creates a "third kind of nature".

First of all we all know what is meant by the "first kind of nature": an environment that reveals the beauty of a pastoral landscape. When such inventions of natural science as electricity and the internal combustion engine brought about a high level of material civilization and the creation of an urban environment, the sun of the natural world was dropped out of the window, the sun of electricity climbed in the window and an "artificial" . pragmatic society steadily grew more and more complex. This made us aware of a new aspect and level of existence, different from the "first kind of nature". This was the artificial world of existence that constituted the "second kind of nature".

Clearly, the worlds of existence represented by the first and second kind of nature, while they are important areas "form a practical point of view", which human existence cannot do without, still, form the point of view of a poet or artist who is pioneering and exploring the limits of man's rich, internal, ideal life they can be no more that a starting point for true life, Therefore when Wang Wei writes: "The river flows beyond earth and sky. The shades of the mountain hover between being and non-being: or T.S. Eliot writes "The Waste Land", we see very clearly that man can find no real satisfaction in dwelling only in the first and second kind of nature, that he strives through the power of art and poetry to break into the internal, infinitely unfolding landscape of the "third kind of nature" and embrace a greater, richer, more ideal kind of life.

In writing his poetry, Wang Wei first brings his inner self into harmony with "the first kind of nature" while by an act of sublimation and transcendence he enters an altered atate of mind where the world and the self are both obliterated. The life of the limited self is absorbed into the vast realm of nature. He gains infinity. Eliot, in his poetry, feels the tragic clash with the first and second kinds of nature and forces "life" to transcend the obstructing force of the pain of existence and gains the infinite expansiveness that follows after overcoming an obstruction. Finally he develops an internal aspiration of such firmness and ardor as to be almost religious, Is not this transcendent manifestation the ultimate hope and prayer as regards God's care for the existence and fulfillment of his creatures? Certainly, as soon as the spiritual activity of the poet enters into the "third kind of nature" that has beauty as its main motif, it is able to enter into possession of a realm of infinite transcendence where life and existence extend in all directions. It is able to penetrate into the utmost level of the inner world and attain complete understanding of the true meaning of "freedom", "truth", "eternity" and "universal harmony". He will see clearly that "man", "nature", "spirits" and "God" all ultimately subsist in the same perfect and eternal life-structure. The greatness and distinguished quality of the "third kind of nature" is fully apparent.

3) The poet creates a major study of life and the mind.

A scientist, for example, who undertakes a study of the sea might study its physical nature—its water, its saline constituent, its depth and circumference, sea produce, the effect of the four seasons on the see etc. a poet, on the other hand, would be more likely to sit on the shore and gaze at the sea. He would see his own life reflected in the sea and the sea reflected in his own life. Gazing out at the horizon that separates sea and sky, he would muse that it is the world's last frontier. Observing a cloud floating over the water he would think, "a cloud goes for a stroll with the sea". How immense! How vast! a canvas on which Wang Wei, Lao-tzu and Chung-tzu appear. Gazing at the broad dome that stretches over the sea makes him think of the the broad forehead of the philosopher Einstein and other such people. Looking at the deep blue of the sea, he sees it as the one eye of the universe. Turning his gaze around, he observes that the eyes of men can gaze for no more than a hundred years and then are closed while the eye of the sea, after tens of billions of years is still gazing—gazing at the nostalgia of man, the nostalgia of time-space, the nostalgia of the universe, the nostalgia of god. Even more remarkable is the horizon. Floating upon the surface of the sea for thousands of years, without ever stopping it has drawn the sun and moon in and out. The sea also wields the knife of the waves. Carving in one way it carves higher and higher mountains. Carving in another way it carves a thinner and thinner houizon. It is no wonder that Wang Wei expressed in his poetry how "The mountain's shade hovers between being and non-being." From such examples it becomes clear that poetry explores and creates a mysterious study of beauty deep in the heart of life and matter.

Form the great polynomial creations of poets that have been mentioned above wc can conclude that poets confer on the existence of men and all the beings in the universe a new mode of existence, one of infinite extension, one with a springboard to transcendence and one which belongs to an "expanding eternity". At the same time this explains how, after all. poets perform all their tasks of perfection and enriching reality in the eye of God. This is especially true in this age, an age that Nobel prize winner Ernest Hemingway described as a "lost generation". The historian Arnold Toynbee also felt that mankind was facing the winter of spiritual civilization. In such an age poets are even more important as saviors in the wilderness and darkness of man's internal world. They absolutely constitute the finest eternal uplifting force in man's spiritual civilization to save man from a world that is growing increasingly materialistic. This is especially true in the post-modern world of the twentieth century with its concepts of deconstruction and pluralism.They can provide guidance for the confused remnant, scattered and out of control, with no sense of direction and no sense of values. Even more can poetry be relied on, with its transformation and sublimation to link up all sorts of mutated symbols and aids to sommunication to provide a new, invisible unity which will join "mind" with "matter" and introduce a new center of beauty. Once again it will put forth the metaphysical nature of humanism and humanist spiritual cul-

ture, take the inner layer of fin-de-siecle existential phenomenolgy with its fluttering indeterminism based on the idea that "existence is always changing" and plunge it into the intellectual moving force of "expanding eternity" with its firm stability and direction. It will foster a sound outlook on life that will enable mankind to go on having faith, pursuing worthwhile goals and cultivating an interior life.

Having written this far, I would like to switch to a quicker and more convenient route. I would like to conclude with some major points taken from various "comments on poetry" I have made over the years. They are intended to show that in the past, the present and the future, in the world of man's life, thought and activities of wisdom, poetry has a transcendent and incomparable value. The following comments are selected from various publication of mine on the subject of poetry written over a period of many years.

Poetry can raise mankind and everything to a world that exists on a pinnacle of beauty.

Poetry takes the shortest distance and the swiftest speed to enter into life's true location and inner core and infuse it with pereict beauty and eternity.

If the soul of beauty created by poetry were to die, the sun and the crown of empire could only offer a chryanthemum wreath. In my opinion poetry is the perfect mirror of things, It is an absolute and transcendent force which helps us return to a region where life is pure.

Poetry and art can help us take the incomplete truth that is proved by science and the "practical world" and through the exercise of the spirit of transcendence, raise it to the level of complete truth in our actual lives.

Through transcendence and sublimation, poetry can turn time into beautiful time, turn space into beautiful space, turn life into a beautiful life turn all kinds of academic theory (including science, philosophy, politics, literature and art) into beautiful academic theory.

At all times and in all places, all great artists and men of letters, whether they have written poetry or not must have had the transcendent "eye" of poetry. Otherwise they would not have been able to see what is excellent in creative work and could not have been great or outstanding. Actually they are poets who don't write poetry.

Poetry is the nuclear energy, atomic energy and the core particle of the world of the human spirit.

In pursuing beauty to the infinite, transcendent Nth degree of space, poetry carries God's visa and credit card.

Poetry is the golden key that opens the golden treasury of the world of wisdom, including the dwelling-place of God.

Poetry and art create mankind's internal esthetic space, they build the best part of Heaven. If God and the spirits someday decide to retire or take a long-term vacation, who but poets and artists can fill the vacancy in the Heaven of man's internal awareness?

Poetry and art are not only the most beautiful pathway in the internal life of man. Even God and the angels when they come visiting us on Sunday stroll along hymns of praise and sacred music.

If one were to expel art and poetry from human life, that would be like killing the flowers and then looking for a definition of spring.

A space capsule can transport our delivery rooms, bedrooms, kitchens and cremation ovens to the moon; but the internal world of human beauty—poetry and art are the only things that can convey that.

The most beautiful human society and country in the world will ultimately be produced by art and poetry and not built by machines.

Without art and poetry, although the internal world of mankind would not be one of total blindness and deafness, the most beautiful sight and sounds would be missing from it.

If poetry were to die, where would the focal point of beauty, the core of space-time, and the coordinates of life have disappeared to?

Poetry is the eye of spirit, the pen name of God.

From the above "comments on poetry", I an sure that not only will the outstanding objective value of poetry in the world in which man finds himself be apparent but that the reader will breathe in the feeling of how important poetry is to us human beings in our very lives. Estrangement from poetry is estrangement from humanity itself and its world that is so rich in beauty and goodness.

(translated by Prof. John M. McLellan)

羅門三度赴華盛頓開國際文學會議

（一九九七年四月 六月與十一月間）

羅門蓉子於四月與六月間，曾應邀出席由財力雄厚的華盛頓時報基金會與國際文化基金會（The Washington Times Foundation and the Inter national Cultural Foundation）主辦的「21 世紀亞洲文學展望（the 21st Century: Asian Literary Perspectives）」與「21 一世紀西方文學展望（the 21st Century: Western Literary Perspectives）」等兩個國際文學會議。蓉子因妹妹剛過世，加上身邊有事與整編自己新詩集出版，未克同往。

第一次會議有三十個國家二百三十九位代表出席。台灣代表，除羅門尚有朱炎、黃碧端、沈譯、李歐梵、張雙英等教授以及詩人羅青、鄭愁予與作家羅蘭、平路等；第二次會議有一百零一百個國家三百四十八位代表出席。台灣代表除羅門尚有台灣大學前文學院院長朱炎教授（他因有急事未克前往）。這兩次會議主辦單位耗資近二百萬美金，全程接待。大會並分別特邀一九九二年諾貝爾得主 DEREK WALCOOT 與一九八七年美國普立茲獎（PULIZER PRIZE）得主 RITA DOVE（她是羅門一九九二年在愛荷華（IOWA）大學國際作家工作是時認識的）擔任大會主講人。會上羅門分贈了個人英譯詩作與〈麥堅利堡〉詩專集與兩位主講人，並作短暫會談與詩的探討交流。這兩次會議帶給了羅門至為愉快的文學之旅。

十月間羅門繼又接獲該基金會邀請參加於十一月底在美舉辦包括有文學、科學、宗教、政治、學術界、傳播界等的國際大型會議，共有 160 個國家的代表參加。這次會議，仍由這兩個財力雄厚的基金會全程接待。於分組的國際文學會議上，主辦單位分別請 1986 年諾貝爾獎獲主 WOLE SOYINKA 以及美國桂冠獎詩人 ROBERT HASS 擔任主講人。這次羅門提出的兩篇相關論文，均由任教台灣師大的美籍教授 JOHN MCLELLAN 翻譯，一篇是「21 世紀重認文藝的「主體性」思想」（A REAFFIRAMTION OF THOUGHT AS THE CONTENT OF LITERATURE FOR THE 21ST CENTURY）；一篇是「21 世紀，文學家如何面對人類存再的一些關鍵性的問題」（SOME KEY PROBLEMS OF HUMAN EXISTENCE IN THE 21ST CENTURY AND HOW LITERARY WRITERS SHOULD DEAL WITH THEM）。會議主持人安排由 ELIEABE TH E. COLFORD 博士代為宣讀羅門第一篇論文；接著羅門先以中文朗誦大會已印發給代表們的有中英文的「麥堅利堡」詩作，後由會議主持人以英文朗讀，頗獲得好評；由於這次整個大會（包括其他五個會議）的主旨，是圖透過人類各方面創造的智慧，邁進 21 世紀人類和平理想與更為美好的生存世

界，所以羅門朗讀這首透過戰爭對人道與和平進行深入審視與思考的詩，確是對與會代表有好的回應，後來代表中有一位在大學教英詩與法詩的教授（就安排代表羅門讀論文的 Dr. ELIEABETH E. COLFORD），要羅門同意她在大學教這首詩與羅門 1992 年在 IOWA 大學作家工作室時別人為他譯的一些較好的詩。這次會議對羅門來說，頗有收穫，也是他另一次愉快的文學之旅。

〔附註〕大會後成立「世界和平文學聯盟組統」，羅門提名為該組織的顧問團顧問

詩　　國
POETREPUBLIC
詩　話　語　錄

內在世界的燈柱─我的詩話語錄

在向生命深處探險的途徑上，我相信任何人的心靈都曾擊亮過一些東西，而下面，便是我在那途徑上所亮起的一排燈柱，它照著人的內在世界，同時也照入我的詩境。

『生命‧時空‧死亡‧永恆』燈區

● 詩眼看造物恩賜給人類的智慧創造力：「造物不可能只將最好的『腦』與『心』造在古代或地球的東方西方；世界上第一個沒有受過任何人影響的思想家與後來一個個在不同時空接受別人影響而超越轉化成為具有個人獨見的特殊思想家，便正是證實這一看法」。

● 生命啊！無論是「古裝」與「迷你裙」，都不能阻擋「妳」裸著走向我；在全世界開放的時空裡，只要「妳」隨帶著那顆始終跳動著的心靈，至於「妳」是踩著古老的山水或是踩著柏油馬路、電視網路或是踩著蒙露的乳房或是踩著彈片與花瓣走過來的，我羅門羅過來的門都一一開在那裡。

● 生命！它並不等於神父站在你搖籃與墳墓邊所說的那些讚美與祝福的話；它的全部實況，均留在那條在你內心中專為你工作一輩子的錄音帶與錄影帶上，當你離開這個世界，那是上帝既無法也無權改變的。

● 人存在的最大悲劇，是當他死了，花圈、銅像、紀念館與天堂所安慰的是我們；

而他是再也記不起太陽究竟是從哪一個方向昇起來了。

● 人存在的主要急務，便是在靈魂沉寂的深海，將孤獨的自己打撈。

● 世界上最可悲的人，是沒有能力保持住真實純摯的自我生命，而將之不斷解體變成現實功利社會框架裡存在的材料。

● 世界上最愚蠢的人，是想別人跟他一樣，或想自己像別人一樣；因為魚不能在空中游，鳥不能在水裡飛。

● 主啊！人活下去，除了成為墳地的佳賓，有時候好像什麼都是，什麼都不是。

● 人與理想相處，有時常說空話；人與神在一起，有時常說夢話；可是人回到自己那裡去，人便較任何東西都寂寞。

● 「台階」是最美的造型，往上可步步高昇；上不去，它便為你保留下來的空間；上面高處不勝寒；下面庸庸碌碌。

● 在時空的紡織機上，人一方面為生命紡織永恒；一方面又為死亡紡織花圈與空無。

● 所謂「永恒」，已非上帝的私產，也不是用來贈給「死亡」的冠冕；他只是那些靠你心靈最近且不斷在記憶中發出迴聲與使你永遠忘不了的東西。

● 所謂真實感，它便是那些深入心靈復又被你心靈緊緊抓住不放的世界。

● 離開人的一切，不是尚未誕生，便是已經死亡。

● 生命最大的迴響，是碰上死亡才響的。

● 海一直站在水平線上，望出去，是滿目空茫，望回來，千波萬浪，世界是有是無，只有海知道。

● 天地線是宇宙最後的一根弦；也是人類同永恆拔河唯一能用的一條繩子。

● 不珍惜過去，他便沒有活過，因下一秒鐘來，他便成為過去，他只是活在由一秒秒連成時間美麗鎖鏈中的死刑犯。

● 除了真實，人活著，還能信任什麼呢？

● 回憶是歲月宮殿的後花園，過去是故鄉，未來是異鄉，現在是汽車旅館。

● 生命啊！於存在的第一層次裡，我知道人活著，終於要被時空消滅掉；於存在的第二層次裡，我知道人活著，被時間消滅掉過後，仍可設想天堂裡復活過來；於存在的第三層次裡，我發覺他死後，紀念館、百科全書、銅像與天堂安慰的是我們；而他再也記不起太陽究竟從哪一個方向昇起來了。

● 人圖逃避痛苦，只有兩條路；一是使肉體全部死透，一是殺死自覺精神，只讓肉體活著，造成假性死亡，因為人即使在睡眠中，也會在夢中遇上痛苦。

● 哈囉！替我把那個白晝亮著名片，夜裡呼呼大睡的傢伙叫住，告訴他完全偏航了，而且離開「人」的海岸已越來越遠。

● 如果有一天，人被判逐回原始的獸區，那時，汽車、洋房、名片與銀行戶頭都無法替我們上訴；唯一能助我們獲勝的辯護律師，只有那個終日坐在我們靈魂深處默想的「人」。

● 當人類被時空追捕，只有兩個地方可躲，要麼躲進教堂裡，要麼躲進「酒瓶」。

● 人類在飯桌與宴席上，興高采烈的圍著土地豐盛的糧食；想不到人類自己竟也是鐘齒不停地啃吃的糧食。

● 世界上最大的綁架案，是死亡的左右手-時間」與「空間」，將所有的人從搖籃一路綁架到殯儀館，但沒有人知道，也從未破過案。

● 世界上最大、最忙且永不能廢除的絞刑場，是設在鐘錶長短針所建架的時間廣場上。

● 所謂悲劇性。它往往是生命的另一種更為莊嚴與積極的存在，正像在痛苦中掙扎的產婦，是為嬰兒的誕生，同樣的是感人與偉大的；所以當海明威、卡繆、卡夫卡等作家將空漠的世界推入我們的心靈時，那種沉痛的感覺，反而使我們擁抱到一個更為充實與飽和的生命。

● 當 100 人中的 99 人都說那是對的，只有他站在 101 至高點表示異議。此刻，人類劇場便在演一幕永恆的悲劇，也留下一句偉大的金言：「完美是最豪華的寂寞」。

● 只有存在於悲劇感中，方能了解真理以及偉大與永恆的真義；市儈、鄉愿是非不明之徒，是永不會認識悲劇的；悲劇往往是插入人的心口，逼著說出「真」話的一把尖刀。

● 當公理不是真理時，你又清楚的看見真理在那，悲劇便已開始存在。

● 真理不是任何一個人或一群人能做決定，真理只存在於真理的本身，也不受時空影響。

● 世界上最大的悲劇之一，是大家張眼看著「對」的他，在「不對」的他們面前，活活的變成不對，這中間也明白的說出，公理不一定是真理。

● 在我看來，悲觀主義者喝的是一悲苦酒，樂觀主義者喝的是一杯甜酒，韃韃主義者喝的是一杯烈酒；而帶著悲劇精神的詩人與藝術家往往喝的是埋在心靈深處的高級白蘭地，上帝聞到也會醉。

● 人可以對神與上帝說謊，但絕對無法對自己說謊，因為人面對自己，是面對一面鏡。

● 人從社會的大銀幕上經過，往往不是支離破碎，便是面目全非。

● 人存在於世，勢必面對下面三個關鍵的選擇點：

　　1. 真理是悲劇的母親。

　　2. 鄉愿是勢利的芳鄰。

　　如果要「母親」，

　　便去登記悲劇中的角色；

　　如果要「芳鄰」，

　　便到「芳鄰餐廳」喝一輩子是非不明的黑牌葡萄酒。

　　3. 如果「母親」與「芳鄰」都不要，

　　便拔腿就跑，成為美麗的逃脫，悠然見南山去。

● 人活著可以在飯桌上、書桌、會議桌與賭桌輸掉一些其他的東西，但人不能把「真實」的生命輸掉。

● 人活著，應有能力與信心將自我真實存在的解讀權，拿回自己的手中。

● 強調與重視卓越傑出的個體是有必要的，因為群體來自個體。

● 自古以來，政治落在政客的手中，便大多是彼此對偷，或對搶彼此口袋裡得名片與支票本；有時打太極拳；有時動刀動槍。

● 戰爭已是構成人類生存困境中，較重大的一個困境，因為它處在「血」與「偉大」的對視中，它的副產品是冷漠且恐怖的「死亡」。

● 在戰爭中，人類往往必須以一隻手去握住「勝利」、「光榮」、「偉大」與「神聖」，而另一隻手去握住滿掌的血，這確是使上帝既無法編導，也不忍心去看的一幕悲劇，而人必須自己來編導與站在血淚裡看。當戰爭來時，管你是穿軍服、穿便服、穿學生裝、穿孔雀行童裝吐乳裝，穿神父聖袍，都必須同樣的死在炸彈的半徑裡，可是戰爭過後，敵人的俘虜，我們卻又不忍心殺他。

● 他用刺刀刺入他的心臟，他用槍彈射入他的胸口，上帝說他與他同是一個人。

● 美麗的地球因有人打下第一根椿，長出地圖，地圖的邊線，便一直有不同編號的坦克車在護航。

● 戰爭的荒謬，是把人類推入炸彈爆炸的半徑裡去看成敗。

『詩‧藝術』燈區

● 我從事詩與藝術，都不只是因為它能給予一切事物存在與活動以最佳的形式，而更主要的因為人、尤其是我自己也必須在那形式裡。

● 說我寫詩，倒不如說我是用詩來證實一種近乎神性的存在；詩與藝術已構成心靈同一切在交通時的最佳路線，並將「完美的世界」與「心靈」之間的距離拿掉。

● 將詩與藝術從人類的生命裡放逐出去，那便等於將花朵殺害，然後來尋找春天的含意。

● 詩與藝術已日漸成為我的宗教，成為我向內外世界透視的明確之鏡，成為我存在於世專一且狂熱地追求與創造的一門屬於心靈

的神秘的學問。

● 我仍一直在心中追求著那樣東西，那是因為它在這裡在那裡在過去現在未來都是美好的，而它便是詩與藝術。

● 世界上第一流的詩人藝術家必須具有第一流的才華、心境思想與智慧。世界上真正的大詩人藝術家尤其是大師級的詩人藝術家是必須具有大的才華、心境思想與智慧。

● 當人類在地球最高的商業摩天樓圍觀與驚讚寶石鑽石展出無比貴重的「石頭」之光；文學藝術館則源遠流長在無限廣闊的「時空巨廈」展出緣自智慧中的智慧更高貴無比的「藝術」之光。

● 詩與藝術是歷史文化乃至「真理」與「永恆」至美之心。

● 學問的種類很多，而我選擇的是哲學家也無法在心靈中將它說得清楚的那門美的學問，而它便是詩與藝術。

● 引導人類心靈活動進入完美的方向，哲學家所給出的軌道，有如那可指認的有形的鐵道、公路與馬路；詩人與藝術家所給出的軌道，有如那難於指明的風的軌道、雲的軌道、鳥的軌道，它更為多彩多姿變化無窮且具無限的自由與超越性。

● 如果神與上帝有一天也要休息請假，那麼在人類可感知的心靈之天堂裡，除了詩人與藝術家，誰適宜來看管這塊美麗可愛的地方呢？

● 當一個人的心靈發生了意外，如果神與上帝不在，他唯一可信賴的只有兩個人：一個是哲學家——看來像是一個動作較粗強的男護士；一個是詩人（或藝術家）——看來像是一位親切細心可愛的且溫柔的女護士。

● 人類圖在生命的深海將真實的自我找

到，只有兩把釣桿，釣線較短的一把，握在哲學家手中，釣線較長的一把，執在詩人與藝術家的手裡。

● 當人類心靈的活動，一進入交感的世界，紅燈便打向哲學家，綠燈則打向詩人與藝術家；所以我說，在人類心靈深處，詩人與藝術家確較哲學家多走了一段美的花園路。

● 詩人與藝術家可說是在觀念、理念、經驗等所造成的那座龐大且堅固的「精神建築」上開窗，使無限的風景，進入心靈遼闊的美的展望。

● 詩人與藝術家，他不是躲在傳統的八寶盒裡啃著精裝書封殼的；他必須將「自我」不斷送入「時鐘」的磨坊裡去。

● 詩與藝術是文化的花朵，詩人與藝術家的文化觀並不全是文化人的文化觀，更不是有特定意識型態的文化觀，而是從詩與藝術世界所通觀與超越到自由沒有框限的文化觀。

● 詩與藝術創造人類內心的美感空間，是建造天堂最好的地段。

● 詩與藝術在無限超越的Ｎ空間裡追蹤「美」，可拿到「上帝」的通行證與信用卡。

● 做為一個開發人類內在世界的創作者，他除了感知背後的拉力，他更必須抓住前面的引力；我們對著太楊的光猛奔，讓史評家去收集背後的影子。

● 詩與藝術創造的美的心靈如果死亡，太陽與皇冠也只好拿來紮花圈了；詩與藝術在我看來，它已成為一切美好事物的鏡子，並成為那絕對高超的力量，幫助我們回到純粹生命的領地。

● 深入生命與事物的底層世界,將美的一切喚醒,它已成為詩人與藝術家存在的決策與主要的作業。一個詩人使用的文字,一個畫家使用的色彩與線條形象,一個音樂家使用的聲音,如果不能進入生命與事物的深處工作,則他實在無法去做著像杜甫、李白、里爾克、貝多芬與米開蘭基羅等永恆的夢了。

● 一個藝術家將他的生命終日忙著在現實的那張名片上,加上一些什麼?而忘了換車回到純淨的內心世界,他的藝術生命,便是已經患上「癌」,在社會安撫性的笑容中,不知不覺地步向死亡。

● 現實功利社會的游離現象,大於內心真實的本質存在時,詩人與藝術家的創作生命世界,便垂危,甚至面臨解體。

● 將詩與藝術扯進「政治」狹窄的框架裡去,那多是在做「縮水」的工作,甚至損害詩與藝術於超越中進入良知良能為完美與永恆工作的心機。

● 詩人與藝術家,不是在鳥籠鳥店裡看鳥,而是把天空當鳥籠,將遠方飛成一隻不停地飛的鳥。

● 作家沒有作品,只靠門路與活動獲取創作者的榮銜,是可悲的行徑,那等於是把「推貨員」說是「企業家」。

● 「孤寂」與「苦悶」已被認為是詩人與藝術家心靈的永久且忠實的朋友;它們確是一直毫無條件地幫助一個作家,步入偉大與不凡的遠景。

● 「孤寂」往往是精神上至為清明、高貴與豪華的時刻;「孤寂」並不同於一般人在冷漠的機械文明與都市生活中,所普遍感染到那種被空虛寂寞與疏離感陰影籠罩的孤獨;「孤寂」是能進一步將孤獨提昇到凝聚自我精神的更高強與明銳的位置,去對人與世界進行深入的沉思默想與探親;它明淨以鏡,可看清生命與一切存在的實質與本面,它響亮似鐘,一碰擊,便使世界有「回響」。

● 做為一個詩人與藝術家,有某些率直的自負與狂,在藝術世界裡,並非什麼過錯;也許在現實社會上,是一個弱點;可是做為一個詩人或藝術家,如果勢利、鄉愿、圓滑、無義、是非不分,它也許在現實社會上,可撈到一些好處;但在藝術世界裡,他犯上的過錯,則往往重大到可使詩神判他「無期徒刑」乃至「死刑」。

● 詩人在辭海中去尋找海的遼闊與深沉的含義,遠不如坐在岩石上觀海。

● 在詩與藝術的世界裡,沒有才華,等於是大胖子跑百米。

● 我寫詩因為:

1. 詩能以最快的速度與最短的距離,進入生命與一切存在的真位與核心,而接近完美與永恆。

2. 做官與作生意的,只能告訴我們在陶淵明的「東籬」下,如何採到更多的「菊花」,而無法帶我們走進陶淵明的「南山」,詩能夠。

● 「美」是一切,也是構成上帝生命實質的東西。

● 除了死亡,對人類具有威脅的是「美」。

● 「詩」是內在生命的核心,是神之目,上帝的筆名。

● 詩不但企求詩人以賦、比、興寫好一首好詩;更要求詩人認明詩是人與世界以及所

有文學與藝術邁向「美」的顛峰世界與「前進中的永恆」之境的主導力量。

● 詩是耶穌與愛因斯坦手中提的探照燈，在尋找聖地與奇蹟的路上。

● 人類應由詩而非導彈來導航。

● 詩與藝術能幫助人類將「科學」與「現實生活」所證實的非全面性的真理，於超越的精神作業中，臻至生命存在的全面性的「真理」。

● 詩是打開世界金庫的一把鑰匙，上帝住的地方也用得上。

● 如果詩死了，美的焦點，時空的核心，生命的座標到哪裡去找？

● 如果世界上確有上帝的存在，則你要到祂那裡去，除了順胸前劃十字架的路上走去；最好是從貝多芬的聽道，米開蘭基羅的視道，以及杜甫、李白與莎士比亞的心道走去，這樣上帝會更高興，因為你一路上替祂帶來實在好聽好看的風景。

● 詩與藝術不但是人類內在生命最華美的人行道，就是神與上帝禮拜天來看我們，也是從讚美詩與聖樂裡走來的。

● 詩與藝術是人類精神世界的原子能與核能。

● 只有偉大的音樂能在一秒鐘最快的使整個世界與宇宙時空全部通車，零障礙。

● 太空船可把我們的產房、臥房、廚房、賑房與焚屍爐搬到月球去，而人類內在最華美的世界，仍須要詩與藝術來搬運。

● 世界上最美的人群社會與國家，最後仍是要由詩與藝術而非機械造成的。

● 沒有詩與藝術，人類的內在世界，雖不致於瘂盲，但會丟掉最美的看見與聽見。

● 完美永恆的作品，是讓過去現在與未來都一起站在那裡看，一起被感動。

● 詩與藝術的終極工作是「美」，至於其他的像科學、哲學、政治、歷史，乃至宗教……等思想，都只能豐富詩與藝術的思想，卻不能美化詩與藝術的思想；但詩與藝術超越中的「美」的思想，可美化科學的思想，使科學不致於野蠻。

美化政治的思想——使政治不致於腐化。

美化歷史的思想——使歷史不致於乾燥。

美化宗教的思想——《聖經》是詩看著寫的。

此外尚可
美化時間。
美化空間。
美化社會。
美化整個人類世界。
美化人從搖籃到墳墓的整個生命過程。

● 詩與藝術是人類世界與地球最佳的環保者。

● 詩與藝術需要智識，但詩與藝術不是創造智識，而是創造「生命」與美的智慧。

● 學者要的是智識學問，詩人與藝術家要的是創作生命。

● 只提著智識各式各樣的鳥籠，到詩與藝術的生命天空去抓鳥，便得當心，很可能抓的是解剖室手術臺上的一隻死鳥。

● 詩人與藝術家的「思想」，大多與「生命」作愛，生出「生命」；學者與教授的思想，大多同「智識」作愛，生出「學問」。

● 詩是內在深層世界第一「知」覺與「感」覺所直覺到的整體「感知」與「悟知」，此刻若缺乏靈覺與心悟的能力，則再

好的學問智識與論點，想要回應，都碰到隔音板。

● 詩人只能往詩的方向跑，不能亂跑進散文與雜文的管區。

● 將批評視為「評論者」與「作品」在進行精神作愛，則：「印象式批評」便是草草了事、「解析式批評」便往往是過程週全，但缺乏精采的臨門一腳。「透視式批評」便往往是直進「要害」與「穿心」，使作品發出驚叫。

● 將批評視為判案，則：「印象式批評」便多採取不夠深入與慣常的一般性判決。「解析批評」是依實據與法律規文，有很好的起訴基礎，但往往缺乏超出法律的洞見與最後判決的大智慧。「透視批評」往往是既顧及法律條文，又能超越法律常態，做出智慧與震撼人心的判決。

● 第一流批評家─他必須是「表現符號」內涵力最強的感應者、解讀者與判定者，甚至是再度的創作者。他應該是能跨越「主觀」與「客觀」的固定界線，更進入高層次的「直觀」與「通觀」境域。他是有思想力量能在這一刻調動「過去」、「現在」與「未來」三位「證人」，來一起確實求證與評定作品能否進入「前進中的永恆」之境。

● 當你站入批評的位置，同時也是站在被批評的位置。

● 學者從學問與智識去解讀作品的內涵世界，同真正的詩人與藝術家「生命到位」經體悟與所做的解讀是不盡相同的。理由是前者看到的，往往是水族館玻璃箱裡的魚，金魚缸裡的金魚，罐頭裡的魚；而後者看到的是游在河海中的魚。

● 詩中的「空靈」世界，是在無限的「空無」中，呈現更具有存在實質的「實有」；是進入超越昇華的無限境域，能看見湯恩比所覺識的那種進入宇宙之中之後之外的永遠真實存在之境─就空能容萬有、靜能容能動的境界。

● 真正的藝術家似乎是永遠活在難於被眾人了解的真實中；要想被了解，就要將自己變成被接受的不真實中；但這樣又往往造成「社會人」與「藝術家」角色的混淆。

● 藝術世界是精神的奧林匹克運動場，光明正大，而不是搞幫派、串賭、詐賭的地下賭場。

● 世界上最寂寞的，不是人，而是「真理」，較「真理」更寂寞的，是看著「真理」日漸寂寞的詩人與藝術家。

● 完美是最豪華的寂寞。

● 真正的詩人與藝術家確有能力將智識、學問與經驗變成「思想」，再進一步變成「智慧」，更進一步變成美的「生命的思想」。否則，他便不可能被稱為內在「生命」世界的另一個造物主。

● 真正的詩人與藝術家是必須背起「生命哲學」與「藝術美學」交加成的十字架，虔誠且專注地為「完美」與「永恆」的存在世界終生工作，流露出對藝術把持執著的宗教情懷與信念。

● 地球宇宙時空能有秩序的存在與變化，顯然有一位至高的「造物主」─「上帝」為主使，雖有人質疑上帝在哪？根本看不見；那麼我也要反問，「悠然見南山」的「南山」、「山色有無中」的「化境」，不是更具體、更真實的存在於看不見的抽象世界中？

● 詩與藝術最了解自由，能澈底給人類自

由，但它不能民主，因詩與藝術將世界昇華到「美」的巔峰，同前進中的永恆接軌，永恆是不能投票的。

● 沒有才華與傑出性的人，並不可恥，可恥的是以卑劣手段打擊有才華與傑出性的人。

● 才華是潛藏在創作者生命中的發光體，有如埋在地下的「煤」、「煤油」、「汽油」與「核能」。大藝術家（如貝多芬與米開蘭基羅等）與大詩人（如杜甫、李白與愛略特等）的創作生命中，便都是藏有如「核能」般發光的才華。

學位不一定等於有學問，學問不一定等於有思想，思想不一定等於有智慧，而智慧也不一定等於是真理；世界思想家Ｌ・大衛認為人類存在的最大危機，是做為維護世界公平正義與真理最後防線的知識分子與文化人，竟「做」了違背公平正義與真理的事。

● 人，尤其是詩人與文化人，如果不追隨有說服力的「事實」與「事理」，走進接近「真實」與「真理」的存在之境；便是跟著鄉愿勢利是非不明的世界，陷落入錯誤陰暗的深淵。

● 詩人與藝術家是坦露在陽光中的「山」與「海」，說話或不說話；「社會人」的嘴是在亂成一團的「股票市場」裡叫。

● 人活著，要的不只是智識，而是思想；
不只是思想，而是智慧；
不只是智慧，更是「美」的生命；
所以人活著，必須從堆藏資料的智識庫、從冷硬無機的條文詞令中、從機械的邏輯理念，用詩化的思維，活活的將「美」的生命救出來。

● 真正好有良知良能的主編，是看到真正好與特別傑出非凡的作品，便趕緊找最顯著最好的版面將它刊登出來；最糟糕的主編，是將不好的作品放在好的位置，把好得作品放在不好的位置；最壞的「政客」式主編，是故意傷害甚至打擊好的作品與好的作家。

● 政治家可領導一個社會與國家甚至人類世界邁進公平、自由、民主、幸福的現實生活空間與環境，但他難於領導詩人與藝術家超越的美的生命與心靈；但真正的詩人與藝術家可啟導所有的人包括總統在內……等的生命與心靈，朝向「美」的巔峰世界昇越，而確實獲得內在生命與心靈美好且華貴的內容。

● 詩・藝術與文化是人類真實甚至完美與永恆存在的良心事業。

● 真正的詩人與藝術家不可能將真實的自我生命解體，成為現實勢利世界框架裡的材料；更不可能做為現實勢利世界的幫兇而偏離正義與真理，因為「詩」本身等於真理，等於時空的眼睛，神之目。

● 通不過真實自我的關卡，任何作為一開始便已被自己所擊敗。

● 世界「直接」從「檯面上」出來，似對詩人與藝術家較有利，若「間接」從檯面下轉折到「檯面上」來，則較無利。

● 卓越與傑出帶給人高超的困苦；平庸、鄉愿與媚俗則帶給人卑微的快樂。

● 我重視的，不是文藝的活動現象面與社會版面所看到的「現在」中的你；而是藝術永恆世界將現在過去與未來都一起圍觀過來所看到的那個永久的「現在」中的你。

● 時間與空間構成的「時空」，那是人類宇宙萬物存在的「著落點」與「座椅」；人來到地球，若不認識「時間」與「空間」，

那就是等於不知自己存在位置的失落者。但如何真的根本認識時間與空間，確實不易。對我而言，那是有一次我聽了超出十小時的貝多芬、莫札特與巴哈的音樂所領悟的。

真的不可思議，在音樂中—「空間」開始是個「無」，但只要它一開始「有」，便大到無外，小到無內。

「時間」開始是一片「靜」，但只要它一開始「動」，所有的鐘錶都得停下來，它比什麼都快，追著永恆跑。如此，可見要徹底了解「時間」與「空間」，最好是帶著詩的「靈視」、「靈聽」進入「音樂」世界去問「音樂」。

『現代・都市文明』燈區

● 都市！你造起來的，快要高過上帝的天國了。

● 神看得見，都市！你一直往「祂」那裡去，如果說戰場抱住炸彈；都市！你便抱住「祂」—肉彈。

● 「現代」如果沒有「都市文明」便絕對現代不起來。

● 「現代」更進一層的意義，不只是要人類看起重機把摩天樓舉到半空裡去；而是更要人類以焦急的心靈，守望下一秒鐘的誕生。

● 如果我們知道下一秒是這一秒鐘的重復，則人類已失去對下秒鐘活下去的理由，因為時間在我們的生命中，已成為一停滯的死海。

● 人一方面被物質文明推著去做計算機上的「人」，一方面又渴望著重返大自然的生命結構中，去重溫風與鳥的自由，於是「現代」成為一面哈哈鏡，人走樣了。

● 我們當中的大多數人，已日漸成為追逐物質文明與吞吃機械成品的人獸，而且在受傷中嘶喊。

● 「都市」是人類感官世界最巨大的工廠，主要產品是「物慾」與「性慾」。

● 人在都市中患上嚴重的寂寞與孤獨病症時，女人便是男人的療養院；男人便是女人的療養院。

● 都市人的孤獨與冷漠，是在成千上萬的人衝過熱鬧得街市，彼此肩碰肩，都不認識，也來不及認識。

● 人被看成文明動物，是他將原始在荒野睡覺與吃飯的地方，住豪華的餐廳與套房裡搬。

● 「日光燈」將「荼油燈」望成第一波鄉愁；接下來是機器人與電腦在預謀將人的生命驅離肉體的故鄉，製造第二波更嚴重的鄉愁。

● 在都市，人不停的打電動玩具；電動玩具也把人當做肉動玩具來打。

● 在都市，「消化」把「文化」打敗；「空靈」變成「靈空」。

● 都市生存空間出現危機，是由於人有從文明動勿變成文明野獸的現象；而都市裡的文明野獸，確較荒野裡的原始野獸更可怕，因他手中多出黑槍，又有比黑槍更可怕的黑心。

● 在都市，「錢是」市心、人心、與一切的中心；因地球是圓的，眼球是圓的，銀圓也是圓的；所以當眼球直盯著銀圓滾過去的路上，發現兒子的血刀下，有父母的屍體，丈夫的血刀下，有妻子的屍體。

● 都市是一輛巨大的貨櫃車，貨物與人一起推上車，開往心靈的廢墟荒地。

● 在都市，高樓大廈圍成街口，把天空與原野吃掉，人只能在屋裡看盆景，打開冰箱看冰山冰水。

● 在田園「採菊東籬下，悠然見南山」；在都市「採菊鐵欄杆下，悠然見「金山」」。

● 網路將人類送進一個沒有體重的影像世界──

　　在陽光綠野開的鮮花，在都市的機器房裡變成塑膠花，在網路上只留下花的影子。

● 保持沒有中心、沒有真理沒有永恆、只活在當下的流行風潮中，這一群人，都大多是參加後現代超達達虛無世界的旅行團。

● 缺乏理想、價值失控、道德淪落、沒有方向感的後現代，已將人推入打靶打不到靶心的困擾。

● 「後現代」是一隻在茫茫時空中迷航沒有岸可靠的船。

● 人被「物質」、「速度」、「行動」追擊在喘不過氣得後現代街道上。

● 如果說「現代詩」端出來是講究從品味角度所精選的道地龍井與凍頂茶，則「後現代詩」端出來的是講究口味新穎多花樣的泡沫紅茶、橘茶、檸檬茶、花茶、涼茶等……，各有其喝的滿足感與不同的喝法。

● 如果說「現代詩」端出來是高價位特點精點的鮑魚套餐；則「後現代詩」是多種口味的拼盤組餐，各有所不同的美食效果與口感。

● 如果說「現代詩」住的是個人精緻的豪華套房；「後現代詩」住的便是大家熱鬧玩樂在一起的通鋪，各有其享受的情調。

● 後現代生存現象，患上另一種更嚴重的失憶症，只記得「當下」，忘記過去，未來

也聯絡不上。

● 「後現代」對歷史與過去失憶，那便等於坐在沒有椅背的椅子上，失去背後的依靠。

● 去中心與典範是「後現代」的優點，同時也是它的盲點；它使海沒有海港，使十字架與經緯度的座標無法對準方向。

● 在後現代，詩與藝術雖可大眾化、通俗化，但也可小眾化與精緻化，那要看是跟一大群人去喝流水席的米酒、紅露酒，還是在心靈的豪華宮殿，去品賞高級白蘭地。

● 「第三自然螺旋型架構」：將「第一自然」與人為「第二自然」的景觀以及古今中外的時空範疇與已出現的各種藝術流派包裝形式，全放進內心「第三自然」美的焚化爐它的主機器－「螺旋型架構」去作業，使之全面交流交感，於向左右四周前後旋轉時，便旋入停不下來的廣闊的遠方；於向上旋轉時，便旋昇到不斷超越與突破的高度；於向下旋轉時，便旋入無限奧秘神秘的深度；最後是讓有廣度、高度與深度美的世界，在詩與藝術轉動的「螺旋型架構」，旋進它美的至高點與核心，去探視前進中的永恆。

● 「第三自然」世界它不但是詩人與藝術家為人類創造光輝與永恆精神事業大展鴻圖的地方，而且更是詩人與藝術家所永久居留的老「家」以及生活與上班的地方。

● 「第三自然」是人類精神世界無邊的玻璃鏡房，裝有三六〇度的旋轉梯，旋向存在與變化的無限生命空間與「前進中的永恆世界」。

● 「第三自然」是在同一秒鐘把「過去」、「現在」、「未來」存放入「前進中的永恆」的金庫。

● 「第三自然」是「美」的集中營。

● 「第三自然」是建造「天國」與「詩國」的理想特區。

● 「第三自然」是辦理領取「上帝」頒發通行證與信用卡的地方。

● 在「第三自然」內心無限的Ｎ度「空間」內，時間是生命是歷史；則「過去」、「現在」與「未來」便是一整個延續在歷史中的「生命體」，換另一個名稱便是「前進中的永恆」。

● 我從四十多年創作中體認「第三自然」的螺旋形架構世界，顯已給天人合一的中國文化獲得再生的力量，那就是使中國人長年在田園生活同「第一自然」相處的心境，再度同現代高科技所創造的人為「第二自然」（都市文明）交會，便勢必在人類內心「第三自然」的視野上，呈現新的「自然觀」與有異於以往中國傳統文化的穎新的景象與內涵，並繼續抒放中國文化新的能量，而生生不息；此外「第三自然」更在詩（與藝術）的創作世界，為詩人與藝術家找到唯一確實可靠的工作場地；並引證自然的終點方是詩與藝術的起點，所以出現在「第一自然」山頂上的雪與人為「第二自然」電冰箱裡的雪，都是存在於其他文類可說明的目視世界中，尚未進入靈視所看守的詩境，直到柳宗元在獨釣寒江魚時，內心感覺到人存在於宇宙時空中孤寂荒寒的情境，而領悟轉化成「獨釣寒江雪」，方進入「第三自然」被靈視看到的雪——呈現出詩的景象與詩境，那是其他文類進不來與看不見的。

● 後現代創作思潮最大的貢獻是解構古今中外的生存環境，解構所有存在的媒體材料運用的限制，解構所有藝術流派主義固定的設計與包裝形式，使世界與一切全然的自由解放入創作者開放的心靈視野，獲得創作上全面的自由，等於是拿到「上帝」的通行證與信用卡，成為來去無阻無所不能的創造者，應是正面的成果。然而，當後現代喊出無所不能，誰都有權是創作者，反對典範權威，高呼沒有崇高感與深度的創作的同時，在目前顯已現出盲點與某些負面的效應，那就是讓浮面、淺薄、平庸與低俗的創作世界，扼殺人類創作思想與智慧往高層建構的卓越性與傑出性。

● 存在於世紀末與後現代的人類，最大的悲劇是由沒有絕對的真理這句流行語引發的，這句話等於是沒有紅綠燈，大家誰都不讓一窩蜂衝入你搶我奪的黃燈地帶，亂成一團，並造成生存空間的連環車禍，滿目瘡痍。

● 如果在後現代，仍堅稱有絕對的真理，則必須也同時承認有悲劇的存在，因為絕對的真理是處於對錯兩面相敵對的刀鋒上，要觸及它，便難免受到刺痛與內心出血的悲劇景象。

● 後現代詩人若有人主張詩可不要意象，那便等於叫鳥不要有翅膀，叫詩人蹲在兩度平面空間，往散文與雜文的方向看，看不到詩。

● 這是墮落、價值失控、缺乏藝術家形象的危機時代，做為一個具覺醒性的創作者，必須認清：

他們大多只是文書，非有理想的文學家！

他們大多只是畫圖，非有靈視的藝術家！

他們大多只是智識推銷員，非智慧的批

評家。

他門大多都只是一群昏庸、低俗、鄉愿、勢利、沒有靈魂、信念、義氣、德性與良心的侏儒，我們用鼻子也能呼吸到他們的樣子與不好聞的氣味來。

● 在未來的廿一世紀，詩人無論是從田埂路、石板路、紅磚路、洋灰路、柏油路與電視網路……上路，都仍須隨身帶有深度與感人的生命與思想；不只是在路上耍文字遊戲，如果是，詩人同下棋耍把戲的有何不同呢？……

● 否定「傳統」，等於是砍殺人類的記憶；但緊抱住的，若不是活的「傳統」，那便可能是「傳統」的屍體。

● 後現代人類，若採取「短視」只看「眼前當下」不看未來，那便等於是瞎子走路，走一步算一步。

● 詩眼看「後現代現象」：
價值失控，沒有中心，人人是上帝；
打耙不在耙場，在耙場打耙，看不見耙心。

● 地球是圓的，日月是圓的，眼球是圓的，銀圓也是圓的，最後都圓進了「銀圓」。於是「銀圓」是人、是都市、是社會國家以及歷史文化與時空走動的輪子。

● 詩眼看人類存在的終極價值
人類來到地球上，於存在的第一層次，都要被時空消滅掉；於存在的第二層次，人被時空消滅過後，仍可設想從銅像、百科全書、紀念館與天堂裡復活過來；於存在的第三層次，他死了，上面那些被永恆瑰贈的珍品，慰安的是活著的我們，而他是東西南北與太陽從那個方向昇起來也搞不清楚了！

詩國手稿

特別說明：

詩國園區 120 座照明燈柱上的詩話語錄，將由上述數百的詩話語錄中挑選出 120 條；爲避免重複在此省略；至於在詩國爲照映詩與藝術及人類世界經過半世紀磨出的 20 面明鏡，動用精選的 20 條詩話語錄，由於數量不多，嗣親筆書寫於下——

羅門

半世紀
在我「第三自然螺旋型架構」
「世界磨鏡房」磨出的
20面鏡子，
照映著詩與藝術乃至人類存在的世界.

Omen

羅門

2010.4.14

101

詩是智慧金庫的
一把鑰匙
神與上帝也在用

101

omen

羅門

2010.4 14.

詩與藝術
是「完美」與「永恆」世界的
心

是愛因斯坦與
「上帝」手中提的
探照燈
在往神蹟與聖地的路上

101

2010.4.14 LOMON 羅門 詩話

詩與藝術
創造美的心靈
　如果死亡，
太陽與皇冠
　便只好拿來花圈。
詩與藝術在我看來，
它已成為一切完美事物的鏡子。

101

ŌMON

2010.4.14

ŌMON　羅門

世界上
所有的詩人文學家藝術家
都是以不同的符號媒体,
表現「詩 POETRY」

因為無所不在的「詩(POETRY)」非但如孔子
說為是「天地之心」與法國詩人馬拉美
說是「真理」;其實它更是「完美與永恆」
存在的最高指標,詩人文學家與藝術家
創作的心靈是一直在潛意識中受其指引牽動
與運作,而形成不可見的萬能智慧磁場,
在搜索捉拿「美」整個活動的空間與情景。

101

2010·4·14   OMEN   羅門

世界上真正偉大的「大師級」、「桂冠級」詩人文學家與藝術家是必須具有「生命觀」、「世界觀」、「宇宙觀」、「時空觀」與「永恆觀」……等宏觀的大思想智慧以及大的才華與藝術功力！

同時他們的符號媒體應是人類精神界(相對於物理世界)的原子能與核能，其爆發的威力與功能，不但能進入而且能美化亮麗東方孔孟老莊、西方亞利斯多德、蘇格拉底、柏拉圖、羅素乃至道教、回教、佛教、基督教……等生命思想活動的境域，並能接近上帝天國天堂的門鈴，以及拿到上帝的通行證與信用卡，最後同上帝一起存在於「前進中的永恆」！

羅門

〔註〕這是在我第三自然螺旋型架構世界「鑽鏡房」為詩與藝術世界以及所有具深遠見的詩人與藝術家乃至批評家豎了起這非凡抵的一面鏡。

2010. 4. 14.

OMEA

「詩」（POETRY）
不僅要求詩人以賦比興
寫好一首詩（POEM）；
更要求詩人必須認明——
詩是將所有不同類型的文學
與藝術以及萬物提昇到「美」的
巔峯同「前進中的永恆」接軌
的主導力量。

101

2010. 4. 14

羅門詩話

詩人與藝術家
絕非在鳥籠鳥店裡看鳥，
而是把天空當鳥籠，
特遠方飛成一隻——
　　　不停地飛的鳥；

同時詩人與藝術家
也不僅是在地圖上遊走，
更是飛行在——
　　　永恆無限的時空．

101

2010.4.14. omen 羅門

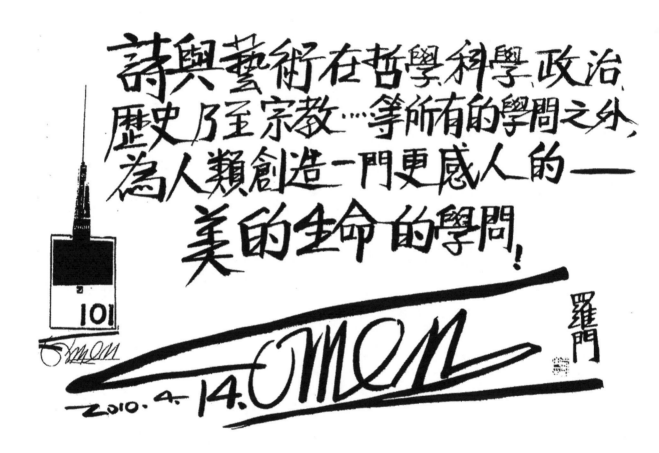

詩與藝術在哲學科學政治、歷史乃至宗教…等所有的學問之外，為人類創造一門更感人的——美的生命的學問！

2010. 4. 14. OMON

羅門

世界上
哲學、科學、政治、歷史乃至
宗教…等學問,都只能豐富而
不能美化詩與藝術的思想;
但詩與藝術美化的思想──
可美化哲學,使哲學不致於僵硬;
可美化科學,使科學不致於野蠻;
可美化政治,使政治不致於腐敗;
可美化歷史,使歷史更為光彩;
可美化宗教,聖經是詩看著寫的,
可美化時間空間
美化萬有
美化始終──……

羅門

101

LoMen

2010.4.14

太空船
可把我們的廳房、臥房、
廚房、賬房與停屍房
搬到月球星球去；

而我們內在最華美的世界
仍必須由──
詩與藝術
來搬運

101

Simon

OMEN

羅門

2010.4.14

世界上只有詩與藝術，
能切實的了解自由與澈底的
　　　　給人類自由；
也只有詩與藝術能接近真理
帶領人類的生命進入完美
　與「前進中的永恆」之境！

101

2010.4.14 omen 羅門

世界上
只有藝術與詩
不能民主

因為真正的詩與
藝術是永恆，
永恆是不能投票的.

101
Syn Cuq
2010. 4. 14
Men
羅門

世界上最美的
人群
社會
與國家
最後是必須由詩與藝術
來完成.

101

ROMEN

羅門

2010.4.14.

學位不等於有學問；
學問不等於有思想；
思想不等於有智慧；
而真正的詩人藝術家
是在智慧中對完美與永恆世界
發出智慧之光的創造者．

2010．4．14　men　羅門

在鄉愿、勢利價值失控的年代
人是寂寞的
較人更寂寞的是真理,
較真理更寂寞的
是看著真理日漸寂寞的
真正詩人與藝術家.

101

2010.4.14. amen 羅門

「悲劇」是真理的母親．

當人類偉大的心靈進入完美永恆世界前
所遭遇到崇高的悲劇性，那絕不會出現
在所有鄉愿勢利者的身上，包括社會上所謂
的名學者智識份子文化人與作家....

|01|

2011.4.14. OMEN 羅門

生命最大的迴聲，
是碰上死亡才響的！

2000. 4. 14　OMEN

101

罗門

完美是最豪華的寂寞

（註）
(1) 當100人中的99人，都認為那是對的，只有他站在101的至高點持有異議時，上面的那句話便由造物的手中送給他。他也誠摯的回敬大家一句話：「公理不一定是真理」！

(2) 上面那句話是我將「腦」與「心」以及自己的8年萬文放在我家「自然螺旋型隼構世界的焚化爐」即「飯鍋」，炊起世紀的一道菜貴得不能再貴的菜，造物在想，有幾人能吃得起呢？

2010 4 14 羅門

天地線是宇宙最後的一根弦

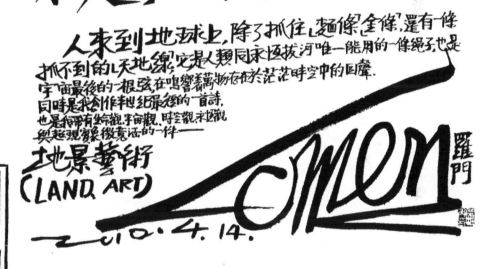

人來到地球上，除了抓住「麵條」「金條」，還有條抓不到的「天地線」它是人類同來區拔河唯一能用的一條繩子也是宇宙最後的一根弦在鳴響萬物存在於茫茫時空中的回聲.
同時是我創作觀念最遠的一首詩.
也是我帶有生命觀、宇宙觀、時空觀來以觀
與超現實象徵意涵的一件——
地景藝術
(LAND ART)

OMEN 羅門

二○一○. 4. 14.

「詩眼」看人類存在的終極價值

人類來到地球上，於存在的第一層次，
都要被時空消滅；於存在的第二層次人被時空
消滅過後尚可設想從銅像、百科全書、紀念館與
天堂復活過來；於存在的第三層次，他死了，上面那些
被永恒瑰贈的珍品，慰安的是張目活著的我們，
而他是東南西北與太陽從那個方向昇起來，也搞不
清楚了，主，阿門！

2010.4.14 OMEN

羅門

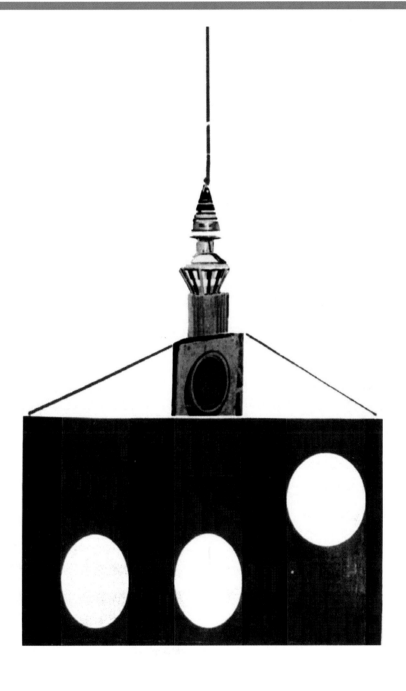

詩　　　國
POETREPUBLIC
訪　問　記

「詩國」訪問記

問：你曾提出人類存在的四大困境究竟是那四大困境？

答：對我而言人類存在的四大困境，它已是四面堅固的牆，也是永遠望著人類的四面鏡子

誠然一個Ｘ光透視師，他的工作，是誠摯地將眞象照出來，至於治療，與採取對策，那是屬於人類智慧面臨的第二步工作。

首先，容我提出一個要求，那就是當我打開內在的ｘ光透視鏡時，凡是繞在眞實生命外表的一切遮飾物──諸如美麗的幻想、假想乃至理想等這些屬於彩色屏風式的東西，都要拿掉，只讓那眞實的本體裸在純淨的時空與上帝的眼睛中，並對準我的鏡頭。此刻，我確在移動的鏡頭裡，清楚地看到人類的生命，一直活動在下面的四大困境中：

第一個大困境：
「愛慾引起的困境」

在人類情感展開的美麗的扇面上，每一個人一開始，都帶著美的夢想理想與希望，為找到一個屬於「愛」的專一的方向，並將生命專一地對著這個方向投過去，希望抓住那「愛」的具體的核心──它就是我們所謂的夢中的愛人。當你已抓住她，她也甘願被你抓住，那的確像是船抓到了溫馨的港口；你便也因此向她奉獻出你最美麗的讚詞，在眾人面前與莊重的儀式中，說出你誠心的誓言。同時那情感的搜索的扇面，便也像船帆那樣，收攏成一個美麗的定點，頗像圓心般睡在一個滿足的圓裡。這就是我們大家所謂的結婚與歸宿啦！當兩顆心合攏在那已合攏的情感的扇面裡，像兩扇門鎖在美妙的開關中，那些驚喜，新奇與甜蜜，以及那些帶著蜜月笑聲上昇的情感，都確是支持住彼此的生命活動，形成那歡悅的鳥道，於是飛著，飛著，飛入誰都躲不開的那種冷酷的現實中來了，那是婚後多年，一切都成了定態與重複的慣性；成為理所當然的生活秩序；甚至成為一種美麗的機械活動形式，與一種失去神秘感的實用呈現，迫使當初那種充滿了吸力、新奇、風趣與甜蜜的生活情景，日漸失去往昔的光彩。此刻，任何人都只能將自己或多或少地抑制入那種屬於回憶性與責任感的心態之中，對於外界的一切誘惑性，採取宿命性的態度以及種種逃避的理由。這種尷尬的現象，便是使一般人從經驗中一再體認與常提的那句老話「結婚是愛情的墳墓」。也就是當周圍那充滿了美的誘惑力，以超出我們想像的那種引力，企圖引開另一個新的扇面時，這種引力往往以不可阻擋的情勢，在不設防的某些時機中，衝激著人性中的好奇心與慾望，使我們感到困惑。我們如果說它不動於衷，除非我們是聖人（聖人在世界上太少），不然便是白癡與假道學了。可是當我們從「屏風」後走出來，坦然地承認人

類在本性中，永遠對一己所未擁有的那些美的一切，表示動心時，那便也是承認，在我上面所說的那個已鎖閉的情感的扇面之外，尚有另一個較之更迷人的穎新的扇面存在，等待著去打開。此刻，當我們想將它打開又不能，不打開它，又只是一種借助其他理由所造成的抑制，抑制的結果，難免造成內心的遺憾感，就因為在圖打開它時，有一種不宜打開它的阻力在；不打開它，又有一種拼命喊著打開它的推力在，於是便自然地形成為內在的矛盾與衝突了，因而也帶來了困境。對付這一困境，大多數人在欺騙自己，西方人雖比較能面對真實，但也因其導致情慾的氾濫，而使內在性靈的活動失去平衡，甚至使內心生活陷進另一種不安與動亂之中，這也顯得不妥；至於極少人，以修養或事業感來轉移它成為不足擾亂心緒的「低調」，那也只是一種美麗的退卻。然而不管採取那一種對策，這個來自真實人性中的含有某些悲劇性的困境，仍是難於自人類生存的內在世界解除。除非我們是能夠否定肉慾情慾，而成為那只抱住純靈上昇的神父；或者是冰凍在博物館陳列室中的維納斯石膏像；或者是完全失卻感應力的白癡，否則只要我們是由血肉與心靈混合而成的具有身體的人，這個困境便也永遠或深或淺地將我們困住。

第二個困境：
「回歸純我所引起的困境」

當一個人在成長的過程中，日漸感到現實社會與都市的機械生活環境，不斷將他的「自我」扭曲與變形，甚至將他的靈魂與精神染色，他便突然醒覺到，自己已陷入凹光鏡型的世界中，失去原來的真貌，認不出自己，人只是一個被環境塑造成的帶有適應性的生命外殼，而非連住大自然生命根源的一個有機的實體。這種不可奈何的生存情況，常常迫使一個人，不斷地將傳達自己真實生命的那些高貴的東西－諸如語言動作，表情與笑容等等，全都抑制入那種無論是他高興，或不高興的社會適當性之中，形成一種往往只有其表的虛飾的存在。這顯然是對其純然的自我生命一種損害。由於一個人活著，他的生命只是某一些時間的總和，如果在這一秒鐘的時間單位裡，他勉強自己去做自己所不願做的一切，則這一秒鐘時間單位的生命，對他來說便等於是空白的，甚至是死的。於是，一個人活著，在生命的日落之前，在不妨害他人的情形下，去渡過自己高興渡過的生活，該也是一種多麼高潔且被讚美的生之構想與權利。於是當他渴求像河流那樣回歸到自己生命的起點，重新流成那條自己高興怎麼樣流便怎麼樣流的河，並像風與鳥那樣歸回大自然偉大的結構之中，去渡過單純真摯與自由的生活，我們對於這種純我的追索，實在從人類生存的自然觀乃至從造物主那裡，都實在找不到充份的理由來責難與歧視它的。可是我們事實上又不能說它是全對與完善的。我們雖發覺人的真我，被分割入現實社會之中，有時確是一種痛苦與越想越荒謬的事，可是當他想脫出，而另一種共同生存的力量，又將他逮補回來。因為人尤其是長期被人類文化力量感染過的人，他的生命，在根本上，已不可能生活在與人不發生關聯的情形下。雖然人一走入現實社會的複雜性與虛偽性中，人便感到自我被抑制與扭曲的不快，極力想逃回他的「純我」

那裡去，但人一逃回他的「純我」那裡，獲得了完全的自由，他反又感到孤立，感到與人失去關聯的憂慮與恐懼。這種矛盾的情形正像一個受盡現實社會折磨的成年人，感到生命被愚弄的荒謬，總想再回到快活無慮的童年時代那裡去，可是那在事實上是不可能的，因為當他一轉回去，「母親」便站在那裡說：「你已經長大了」！當然往前走，其自我日漸接受現實世界的複雜性之分割日深，往往直至那「自我」的純貌，被傷害成無感的疤痕才終止。就這樣，一個圖回歸純我而受阻，所引起的困境，便也隨著歲月，尤其是隨著冷漠的現代機械標準化社會環境而不斷地形成了。

第三個困境：「戰爭引起的困境」

戰爭是人類生命與文化數千年來所面對的一個含有偉大悲劇性的主題。在戰爭中，人類往往必須以一隻手去握住「勝利」、「偉大」與「神聖」，以另一隻手去握住滿掌的血，這確是使上帝既無法編導也不忍心去看的一幕悲劇；可是為了自由、真理、正義與生存，人類又往往不能不去勇敢的接受戰爭。當戰爭來時，在炸彈爆炸的半徑裡，管你是穿軍服的也好，穿神父聖袍的也好，穿孔雀行童裝吐乳裝的也好，都必須同樣的成為炸彈發怒的對象；可是戰事過後，當我們抓住敵人的的俘虜，我們卻又不忍心殺他；當我們看到那許多多在戰爭中失去父母的孤兒，那許多多被戰爭弄成殘廢而仍活著的人，我們確是有所感動與同情的，可見人類在心靈深處，是具有上帝施給的仁慈博愛與人道的心腸。可是人類往往為了生存，又不能不將槍口去校對敵人的胸口，同時也讓敵人的槍口來校對自己的心口，這種難於避免的互殺的悲劇，的確是使上帝也不知道該用那一種眼神來注視了。透過人類高度的智慧與深入的良知，我們確實感知到戰爭已是構成人類生存困境中，較重大的一個困境，因為它處在「血」與「偉大」的對視中，它要人類在炸彈爆炸的範圍裡去交談，它的副產品是冷漠且恐怖的「死亡」。

「註」我在「麥堅利堡」那首詩中，便是表現了這強烈的悲劇性的感受。

第四個困境：
「死亡所引起的困境」

當一個曾美麗過輝煌過甚至偉大過而且對天堂也相信過的生命，投進了「花圈」，投進了火光吶喊中的焚屍爐過後，那一群一群從殯儀館內出來的追悼者，每個人的面孔，都的確較深秋陰暗的天空還要陰暗了，如此愁慘的氣氛，的確使禮拜堂的天窗，在這刻怎樣也探不出天國美麗的景色。一想起那位躺在病床上，只能用吸管輸送飲食，去支撐住那像整座山般將崩下來的危險的生命，此刻，名利財富，這些被人類以全力猛追住不放的獵物，用不著去問那個倒在床上起不來的他，那究竟是什麼，我們只看他對那一切均已無心無力接受的神情，也有所體悟了。這一生存情景，永遠覆蓋著人類的過去，現在與未來，像天空永遠覆蓋著大地，它的確不是神父站在墳邊說一兩句慰勉的話，或由哲學家式的人物說什麼『他已有所表現與完成了』，便能澈底將人類生存的疑難解決的。我們雖也深知那一切撫慰與讚美，確能構成某些生存的力量，正如一個人通過黑暗恐怖的森林，以「唱歌」或邊走邊

叫「那有什麼可怕」來壯膽一樣，那都只是我們對「恐懼」所採取的美麗的轉移與推辭。一個人能安於這種轉移性與推辭，他也可獲得生存的某些寧靜與安然之感了。可是人類醒覺的心靈，常去追近且揭開那冷酷的事實，做深一層的追索。於是又引起那種具有偉大感與震懾性的不安來了，而使海明威寫出他偉大的巨著「老人與海」使有一位哲人，在心裡看見人類將一塊巨石，來回往山頂上推，推上又滾下，滾下又推上，最後是隨著筋疲力盡而歸於靜止；至於那塊石，究竟是在山上山下，我們去追問它，都非要緊的問題了。主要的，是有一樣東西，使我們每個人總有一天，不能再去推動它，這都在在說出了「死亡」的威力。唯有感知到種威力，才能了解里爾克為什麼說出「死亡是生命的成熟」，以及我在「心靈訪問記」中喊出「生命最大的回聲，是碰上死亡才響的」。

的確，死亡一方面形成人類精神存在的困境，一方面又以此來考驗與創造人類偉大且感人的智慧與思想，令使人類的內在世界更為深沉與成熟。透過「死亡」，我清楚地看見人類生命活動在這三個層次上：

於存在的第一層次，我知道人活著，終於要被時空消滅掉。

於存在的第二層次，我知道人活著，被時空消滅過後，仍可設想從紀念館、百科全書、銅像與天堂裡復活了過來。

於存在的第三層次─我發覺他死了，紀念館、百科全書、銅像與天堂，它安慰的是我們，而死了的他是東南西北與太陽昇起的方向也搞不清楚了。

透過這三個層次，我清楚地看見人類莊

嚴的生命，一直活動在這個悲劇性的困境中，而這個使人類精神更顯示其偉大性的困境，它的製作人便是「死亡」。

「註」關於人類精神所面對的這一個無限悲劇性的生存主題─死亡，在我長詩「死亡之塔」中，確已對它做了深入與多向性的判視。如果有人將詩指為哲學思想，他準是瞎子；當然說詩與哲學思想無關，他雖不是瞎子，但也近乎是盲人──因為我們可以說鳥不是天空，但絕不能說鳥與天空無關。

問：據說你花半世紀製做一桌世界上至為精美精緻與價值高得很少人能吃得起的「菜」，究竟是什麼菜

答：那是我將「心」與「腦」以及我寫的八本論文放在我「第三自然螺旋型架構世界」的『焚化爐』─即『燉鍋』裡燉了半世紀的下面詩文──

（一）詩眼看人類終極與絕對存在世界的出口

● 『完美是最豪華的寂寞』。
● 『在鄉愿勢利價值失控的年代，人是寂寞的；較人更寂寞的是真理；較真理更寂寞的，是看著真理日漸寂寞的真正詩人與藝術家。』

「附註」

這兩小段話，是我半世紀來，在最後全面致力於我的終端作品「詩國（PO-ETREPUBLIC）」所特別感受與體認的；我也深信它確是人類終極與絕對存在世界的出口，能進入「永恆」的雙線道。

人尤其是追求「美」與「真實」存在的

詩人與藝術家都在面對它嚴格的考驗！

（二）詩眼看「詩人藝術家」

學位不一定等於有學問，學問不一定等於有思想，思想不一定等於有智慧，而眞正的詩人藝術家是在智慧中對「完美」與「永恆」生命存在發出智慧之光的創造者。

（三）詩眼看「詩（POETRY）」

要寫詩（POEM），就應該了解與說出詩（POETRY）是什麼，不然會「亂槍打鳥」；於是台灣成千成百、大陸成千成萬、全世界千千萬萬自古到今寫「詩（POEM）」的詩人，都說過「詩（POETRY）」教詩論詩與詩專題演講的教授學者與評論家都一直在說「詩（POETRY）」歷年來相連開的各種「詩研討會」、「國際詩人大會」乃至台北多次舉辦的詩歌節，都安排有對談寫「詩（POEM）」與談及「詩（POETRY）」是什麼的話題。

於各寫各的詩（POETRY）之外的各說各的「詩（POETRY）」話中,留在我創作半世紀心中印象較深的是—

孔子說的「詩（POETRY）」是「天地之心」，與法國詩人馬拉美說的「詩（POETRY）」是「眞理」。

雖然我也曾在我的數本論文集中、在兩岸所有著名大學的專題演講中、在華盛頓DC 一九九七年相連召開的「亞洲國際文學會議」、「西方國際文學會議」與「世界和平文學會議」等三個大型國際會議中，也都曾特別用心用力的將「詩（POETRY）說是——

●「神之目」

●上帝與愛恩斯坦手中提的探照燈」

●它不但是要詩人以賦比興寫好一首「詩（POEM）」，更要求詩人徹底認明「詩（POETRY）」是將不同類型的「文學（包括「（POEM）」與所有藝術以及宇宙萬物的生命提昇到「美」的巔峰世界與「前進中的永恆」之境的主導力量。

然而當我經過半世紀創作，於最近構想做我的終端作品「我的詩國（MY PO-ETREPUBLIC）誠 摯 的 給「詩（PO-ETRY）」時,它則坦然嚴正認眞的對我說：

「你們所有的人寫的「詩（POEM）」以及對「詩（POETRY）」所說與所做的，我都看到與聽到，但都無法完全的等同於我，你們都確是處在離我較近或較遠的距離裡，或許只有詩人馬拉美說「詩（PO-ETRY）」是「眞理」，是唯一能觸及到我存在的「門鈴」。因爲我既是「眞理」，「眞理」便只能唯一存在於它完全獨立自主的本身，不是你我他各說各的能說的完全與絕對的。」

（四）詩眼看音樂

●有人喜歡聽古典音樂、有人喜歡聽現代音樂、有人喜歡聽流行歌曲、有人喜歡聽搖滾、敲打樂、有人喜歡聽歌劇、有人喜歡聽京戲、歌仔戲、粵戲、昆曲……

大家各聽各的，聽完，「音樂」忽然轉過頭來問我們「你們大家（包括音樂家）都在聽音樂，究竟在音樂聽見了什麼？音樂的聲威有多大？音樂的至高點在哪？

詩與繪畫是無聲的音樂，雕塑與建築是凝固的音樂，無蹈是飛躍的音樂。

可見音樂在藝術世界無所不在巨大無比

的潛在威力；同時由於音樂較其他藝術具有更直接快速與優越的展現能力，便自然代表來參加那是地球上一次曠世的「完美與永恆世界」的錦標大賽：

現在先由「音樂」與萬能的「科學」大對決－

第一回：「科學」使出它物質文明燦爛的光輝；「音樂」放出它精神文明輝煌的光芒，彼此平手。

第二回：「科學」爆出它的毀滅性「核爆」威力時－地球與人類世界全部淪亡。「音樂」爆出它天籟強大的「音爆」神力時，天堂的門被爆開「比賽結果是「音樂」獲得「完美與永恆世界」的錦標。

接下來，由「音樂」同「科學」、「政治」與「完教」一起來進行「自由車」大決賽——

「科學」因途中有「相對論」與「環境破壞污染」的路障；

「政治」因途中有政客們爭權奪利相對抗衝突的路障；

「宗教」因途中有教宗與其他教派不同喊話的路障；

最後只有「音樂」來去自由無阻的「音道」，沒有紅綠燈，一路零障礙，讓地球上的人與國家以及宇宙萬物在一秒鐘裡全部通車，直達無限超越的「自由」世界，而榮獲比什麼都貴重的「自由車」決賽大獎！

上面寫的這一些話，是我有一天特別定下心來，什麼也不管，同「詩」坐在一起相連聽了超過十小時貝多芬、莫扎特與巴哈的交響樂所感觸與頓悟的。的確他們交響樂的聲音，是能穿越菜市場的雞鴨聲、都市車水馬龍的喧鬧聲、議會爭權奪利爭吵聲、中東

連年的炮火聲，而將萬物生命昇越到美的巔峰世界，去看「完美」與「永恆」的存在。

附註：

「音樂」之所以代表藝術世界參加曠世的兩項大賽是經由「詩眼（POETRY EYES）判視，認為它確較詩（POEM）文學性的文字及其化藝術的線條、顏色、畫面與造型等符號媒體，有更優越更快速與不可擋的直往動力與勢能，能獲勝；至於用「詩（POETRY 非 POEM）」的眼睛來判視與做決定，那是基於「詩」是神之目，「上帝」與愛因斯坦手中提的探照燈以及孔子認為「詩」是天地之心。

又基於時間與空間構成的「時空」，那是人類與宇宙萬物存在的「著落點」與「座椅」；人來到地球，若不認識「時間」與「空間」，那就是等於不知自己存在位置的失落者。但如何真的能根本認識時間與空間，確實不易。對我而言，那是有一次我聽了超出十小時貝多芬、莫扎特與巴哈的音樂方頓悟的。

真的不可思議，在音樂中－

「空間」開始是一片「無」，但只要它一開始「有」，便大到無外，小到無內。

「時間」開始是一片「靜」，但只要它一開始「動」，所有的鐘都得停下來，看它比什麼都快，追著永恆跑。

如此，可見要徹底的了解「時間」與「空間」，最好是帶著詩的「靈視」「靈聽」進入「音樂」世界去問「音樂」。

（五）詩眼看批評家

我「第三自然」藝術世界第一流批評家的鑑定——

●他必須是「表現符號」內涵力最強的感應者、解讀者與判定者，甚至是再度的創作者。

●他應該是能跨越「主觀」與「客觀」的固定界線，更進入高層的「直觀」與「通觀」境域。

●他是有思想力量能在這一刻調動「過去」、「現在」與「未來」三位「證人」，來一起確實求證與評定作品能否進入「前進中的永恆」之境。

「附」

杜威（John Dewey）說：

藝術批評，必然要受到「第一手的知覺的性質」（The quality of first-han perception）的決定；在這種情形下，如果批評家的知覺遲鈍，那末再廣博的學問，再正確的理論，也無濟於事。

（六）詩眼看藝術創作世界的主控者

世界上所有的詩人與藝術家，都是以不同的媒體與符號表現「詩（POETRY）」──

因為無所不在的「詩」，非但如孔子認為是「天地的心」與法國詩人馬拉美說是「真理」；其實它更是「完美」與「永恆」存在的最高指標；詩人與藝術家創作的心靈，是一直在潛意識中受其指引牽動與運作，形成不可見的萬能智慧磁場，搜索控管「美」整個活動空間與情境。因而小說家海明威、散文家屠格涅夫、畫家達利米羅、音樂家貝多芬的作品，都潛藏有詩思強大的激引力。

（七）詩眼看「第三自然」

●「第三自然」是無始無終、有始有終的Ｎ度無限境域，通往「前進中的永恆」，是造「天國」與「詩國」的專用地。

●「第三自然」是內在世界美的工廠──
「看」由畫與造型藝術運作
「聽」由音樂運作
「想」由詩運作
「看」‧「聽」‧「想」最後都一起交貨給「前進中的永恆」。

（八）詩眼看「後現代現象」

●價值失控，沒有中心，人人是上帝。
●打耙不在耙場，在耙場打耙，看不見耙心；內視空間普遍出現「白內障」。
●地球是圓的，日月是圓的，眼球是圓的，銀圓也是圓的，最後都圓進了「銀圓」。於是「銀圓」是人、是都市、是社會國家以及歷史文化與時空走動的輪子。
●人在只快速生產「物慾」與「性慾」的後現代都市中，已日漸成為高級享受的「文明動物」，甚至惡質變成自私殘暴的「文明野獸」。

「附語」我的讀書筆記

這是一段精準打中「後現代」存在價值「耙心」的話──

「進入大眾消費的時代，由於商品經濟的「商品崇拜症」，人的整體性已被商品切割凌遲，西方中產階級呈現出了這樣的精神面貌：

□基於「內在價值」的人格已被轉化為商品導向的人格，人和「同輩團體」之間紐

帶關係靠商品的認同為依歸，並藉著商品的微小差界以滿足自己。

□大眾消費的「用後即丟的生活「方式」（Throwaway lifestyre）內化為「用後即丟」的人格模式，諸如「永恆」「長久」等概念範疇因而消失。

□人的生存被商品的消費所切割，使得人際關係原子化。……這種包括了「自戀」「疏離」、「短暫」等屬性的人格形成過程，顯示出了諸如「寂寞」「孤獨」「虛無」、「對自我現實的饑渴」等品質……」

（九）詩眼看造物恩賜給人類的智慧創造力

造物不可能只將最好的「腦」與「心」造在古代或地球的東方西方；

世界上第一個沒有受過任何人影響的思想家與後來一個個在不同時空接受別人影響而超越轉化成為具有個人獨見的特殊思想家，便正是証實這一個看法。

（十）詩眼看人類存在的終極答案

人類來到地球上，於存在的第一層次，都要被時空消滅掉；於存在的第二層次，人被時空消滅過後，仍可設想從銅像、百科全書、紀念館與天堂裡復活過來；於存在的第三層次，他死了，上面那些被永恆贈送的珍品，慰安的是活著的我們，而他是東南西北與太陽從那個方向昇起來也搞不清楚了！

問：在你「詩眼」的掃瞄鏡中於其他的訪談裡，確 已攝取到不少精彩的思想景點，之外，你還有難於割捨要加進來的嗎？

答：的確還有，那就是

●鏡頭打開首先出現的一段啟示錄：「人尤其是詩人藝術家來到地球上，應沿著「事實」「事理」盡可能往「真理」的路上走；法國詩人馬拉美更直言詩就是「真理」，則身為「真理」工作的詩人，便的確要有下面兩種能力：

（1）能認清「真理」只存在於「真理」本身。

（2）進而更能體悟「詩與藝術」已是「真理」與「完美永恆世界」的心。

●人尤其是詩人藝術家存在的三個選擇點：

「真理」是悲刻的母親，鄉愿是勢利的芳鄰。如果要「母親」，便去登記演悲劇中的角色；如果要「芳鄰」，便到芳鄰餐廳去喝一輩子是非不明的「黑牌」葡萄酒；如果「母親」與「芳鄰」都不要，便開蹓，成為美麗的脫逃。去同陶淵明觀賞「悠然見南山」

●「重見日出」

當目前世界價值失控，人類被推入勢利與物化的生存空間，斯本格勒為藝文與人文空間，打開兩條強有力的滅火水柱：

斯本格勒說：西方已到「沒落」之時；有兩人說得最為深入與痛切：一是法國的班達（BENDA）他著「知識份子忘卻其本來神聖任務是追求正義和永恆真理，而僅為目前利益做為勢利現實的工具，而喪失理想；二是胡賽爾（HUSSERL）他在演講「歐洲人類的危機」和未完成的「歐洲人學問的危機」著作中指出歐洲人科學在初步成功後，走入自然主義之歧途，以自然科學之客觀為人文科學之模範，不知客觀知識實由共同主

觀來，這種科學帝國主義違背了歐洲文化傳統，造成歐洲人生的危機，也將破壞歐洲之和諧與團結，並使人類失去主體性與真理。

● 「台灣現代詩」思潮的速寫

首先我要說的，台灣五十年代以來的現代詩運，我是持正面的看法，主要的，是因它在追求詩的現代化思想與新的創造力。當然在這方面，紀弦提倡的「現代派」，是有可見的價值與意義的，雖也因他在主張的多項信條中，強調橫的移植，多少引起爭議與有某些盲點，但畢竟對台灣現代詩的開拓工作是有貢獻的。不過在此我也必須進一步的說明，台灣現代詩乃至後現代詩創作真正的現代精神內涵意識，除了紀弦先生在提倡「現代派」所宣告的現代詩創作信條有所指陳，我認為更主要的，應是現代詩人，不斷從現代「都市（物質）文明」中體驗到現代生存的現代感、新的觀物態度、新的思維、新的想像與心象的活動空間，以及創作上同時採用應變的藝術表現手法，使特別具有現代感與現代思想性的「都市詩」的興起，而加強凸現與具體化「現代詩」確實的現代精神意識內涵及其藝術思想實質的形體與風貌，在此可引用李正治教授在一九八七年二月出版的「文訊」雜誌上發表的論文〈新詩未來開拓的根源問題〉中所說的一段話：「如果以「現代性」為新詩發展的一個正確走向，那麼羅門的一段話正可作為「現代詩」的宣言：「由於現代生活引發新的物境與心境，使我們的經驗世界斷然有了新的變故，加上知識的爆發，使我們對外在世界的觀察與認知也有新的變故，這都在在推動詩人去表現一個異於往昔形態的創作世界，這並不含有背棄傳統，這只是必須向前創作新的傳統。」站在這個基點上，我們才可能更正確地看新詩開展的一些問題」。

● 「台灣後現代詩兩面觀」

後現代創作思潮最大的頁獻是解構古今中外的時空範疇，解構所有存在的媒體材料運用的限制、解構所有藝術流派主義固定的設計與包裝形式，使世界與一切全然的自由解放入創作者開放的心靈視野，獲得創作上全面的自由，等於是拿到「上帝」的通行証與信用卡，成為來去無阻無所不能的創作者，應是正面的成果，然而，當後現代喊出無所不能，誰都有權是創作者，反對典範，高呼沒有崇高感與深度的創作的同時，在目前顯已出現盲點與負面的效應，那就是讓浮面淺薄、平庸與低維度的創作世界，可能扼殺創作思想往高層建構的卓越性與傑出性。

● 「網路媒體的勢力圈」

廿一世紀電視網路將是發表作品居於絕對優勢的媒體，我想這是大家都必須承認的，但如果有人只抱著現實勢利不擇手段的濫用它，則其效果較報章雜誌等媒體所製造的魚目混珠，是非不明、好壞不分的情形更為嚴重與可慮，而且可悲！所以高效能的媒體，仍應為傳送人類具有高度思想智慧與原創力所創造的卓越作品，盡量清除劣質化的低俗創作，妨礙人類優質化生命世界的提昇。可見所有的媒體，包括電視網路，都只是傳送人類創作思想的工具，值得重視，但不必像有些人過於擔心網路會將真正好的作家與好的作品淹沒。因為你如果確是有好作品的好作家即使你是電腦盲，仍可以由精於電腦的機構或任何人幫你順利上網；反之，你沒有好作品，即使天天上網，那也只是天天告訴別人你是寫不好作品的平庸三流作家。

問：你創造的「第三自然螺旋型架構世界」美學理念被名詩人羅青教授與後現代名評論家孟樊及大陸美學教授徐學等不少學者都給於佳評與肯定，請你精簡扼要的做一些說明。

答：我提出這一特殊的創作美學理念是緣自創作心靈深層世界的覺識——

（1）如果人類只活在「第一自然」與人為的「第二自然」等兩個外在的現實世界中，去指認與說明所面對的一切而沒有進一步將之轉化與昇華進入超越外在現實的內心「第三自然」無限世界，去呈現一個更富足與新穎的「美」的存在，則所有的詩人與藝術家都將因此失業與無事可做了。

的確像陶淵明詩中的「南山」，柳宗元詩中釣的不是魚而是「雪」，都是屬於「第三自然」的景象，在第一與第二自然是看不到的；又貝多芬交響樂中的樂音、馬蒂斯畫中的色彩、米羅與克利畫中的線條、布郎庫斯與康利摩爾雕塑中的造型世界等，也都是在內心「第三自然」無限廣闊的空間才出現，只能被「靈視」見到、被「靈聽」聽到：在第一自然與第二自然是聽不見看不到的。可見「第三自然」正是現代藝術所一致強調的；藝術家必須去創造內在不可見的更為無限的實在。

（2）詩與藝術絕非第一層面現實的複寫，而是將之透過聯想力，導入內心潛在的經驗世界，予以交感、提昇與轉化為內心第二層面的現實，使其獲得更富足的內涵，而存在於更龐大且完美與永恆的生命結構與形態之中，也就是存在於內心無限的「第三自然」之中。所以詩能使我們從目視的有限外在現象世界，進入靈視的無限的內在心象世界。

再就是「第三自然螺旋型架構」；將「第一自然」與人為「第二自然」的景觀以及古今中外的時空範疇與已出現的各種藝術流派包裝形式，全放進內心「第三自然」的焚化爐它主機器－「螺旋型架構」去作業，使之全面交流交感，於向左右四周前後旋轉時，便旋入停下不來的廣闊的遠方；於向上旋轉時，便旋昇到不斷超越與突破的高度；於向下旋轉時，便旋入無限奧秘神秘的深度；最後是讓有廣度、高度與深度美的世界，在詩與藝術轉動的「螺旋型架構」中，旋進它美的至高點與核心：去探視前進中的永恆。也因而使我更進一步有以下的體認與覺識

●「第三自然」是在同一秒鐘把「過去」「現在」與「未來」存放入「前進中的永恆」的金庫。

●「第三自然」是「美」的集中營。

●「第三自然」是造「天國」與「詩國」的理想特區。

●「第三自然」是辦理領取「上帝」頒發通行證與信用卡的地方。

●「第三自然」世界－不但是詩人與藝術家為人類創造輝煌與永恆精神事業大展鴻圖的地方，而且更是詩人與藝術家永久居留的老「家」，以及上班工作的地方。

問：請你談真正的詩人與藝術家之定位與形象問題。

答：這論題可用我寫的〔詩眼看藝術家〕那篇論文獲得解答，全文如下：

此文是我內心「第三自然」磨鏡房，半

世紀來磨出的鏡子；將這面鏡，放在如機場通關的檢查站，我相信不但可確實照出真正的「大詩人」，同時也可看出詩人成就歷史定位較「大詩人」更位高的「大師級詩人」以及誰是能實質上「接近諾貝爾獎」的詩人作家。

當後現代叫喊誰都可以當藝術家，於是藝術家人口暴增，這樣的確把藝術家看得太過輕易隨便，那顯然是思想的色盲與殘障現象，也是對藝術家的不敬甚至污損；或許從人權角度看，誰都有權做藝術，但事實上不是任何人都能眞正的成爲藝術家。

因爲眞正的藝術家，要確實有能美化「哲學」、「科學」「政治」、「歷史」乃至「宗教」以及生命時空的超越精神思想與智慧，同時也必須有能力機動運用已有與有待突破的諸多來自「美學」的藝術表現技能以及創作上獨創與原創的前衛觀念。所以他既不是藝術的雜耍者，也不是困在狹窄的「文以載道」與「意識形態」框架裡說教的侏儒文人，他是徹底讓人類了解自由與獲得自由的啓導者；他能以〈美〉的詩化思維，將美的生命與世界活生生的創造出來，事實上他是另一個「造物者」，把沒有生命的一切，變成有「生命」的存在；把美的一切存在，變成更完美且永恆的存在。於是他便必須背起「生命哲學」與「藝術美學」所交加成的十字架，虔誠且專注地爲「完美」與「永恆」的存在世界終生工作，流露出對藝術把持執著的宗教情懷與信念。

誠然一個眞正的藝術家，他不但要將一生不知踩過多少「春天的花瓣」與看得見看不見的「流血的彈片」等實際經驗，去同書本中的智識與學問，先交融與內化成「美」的思想，再進而變成「美」的智慧，最後更轉化昇華成無限「美」的感悟的生命世界，存在於永恆的時空中。此刻地球上一座座雄偉的建築都相繼走在倒塌的路上；而從藝術家聖手中，所創造的壯觀的偉大藝術作品，是永存與不朽的。如此看來，眞正的藝術家，怎能那麼輕易與隨便的冠在任何的作家頭上？

其實從嚴格嚴正的「詩眼」來看，寫詩、寫散文、小說，都只是從事文字藝術的作家，他可能是優秀的名「作家」，但未必是「藝術家」；同樣的，從事繪畫雕塑與音樂的創作者，也都只是從事線條、色彩、造型與聲音藝術的作家，他們或許是各在其位優秀且著名的創作者，但未必都是「藝術家」。要達到眞正「藝術家」的要求，便的確不能不面對上文一再特別提出的高層思想的考察、檢驗與判斷，而在最後徹底覺識眞正的藝術家是必須除了不斷發現與主控高超與新穎的藝術創作機能與實力，更應該是有人文、人本、人道、人性、良知良能以及生命觀、世界觀、時空觀，甚至宇宙觀與永恆觀……等微觀與宏觀的超越精神思想之人；因爲他是有能力爲人類在哲學、科學、政治、歷史與宗教等所有學問之外，創造了一門更高貴的「美」的生命的學問，並使人類終於發現世界上最美的人群、社會與國家，最後是要由藝術來完成；如此可見一個在實質上名符其實的眞正藝術家，絕非任何作家乃至抬面上被大眾指點的所謂名作家（包括各門類的藝術創作者），能冠上的榮銜；也因而順理成章的將「藝術家」推想與定位爲創造完美與永恆存在的另一個「造物主」。

問：在詩眼中你看到人類存在最要命的兩條線，究竟是那兩條

答：這兩條線是我在二〇〇四年四月十五日聯合報副刊寫的〈人類存在最要命的兩條線〉已特別宣佈的。全文如下——

在交纏錯綜複雜的生命視野上，詩眼終於追視到全人類存在最要命的兩條線：

第一條是造物畫的「天地線」；人類無論是用「麵條」、「金條」與「拉皮條」不斷拉出那許多多線條，終歸都要消隱在那條「天地線」裡。的確日光、星光、月光、燈光照來照去的光線以及腳步、車輛、船隻與飛機跑來跑去的路線，與風雲鳥飄來飄去的拋物線乃至所有眼睛看來看去的視線與畫家們畫來畫去的直線曲線；最後也都難免被那條「天地線」攔阻在空茫中。

於是千萬年下來，大財富可買下一個城市，帝王可搶購一個國家；然而他們即使有錢有勢可把地球上所有的地皮都買下來，但就是買不起也買不到這一條時顯時隱的「天地線」……那確是由於宿命性的存在事實，上帝也幫不了忙；因為他們的腳加上車輪加上飛機的翅膀、再加上鳥的翅膀與雲的翅膀，也到不了能買到這條「天地線」的地方。

難怪面對「天地線」這條要命的線，迫使古代詩人陳子昂向世人發出驚嘆之言：「前不見古人／後不見來者／念天地之悠悠／獨愴然而涕下」；也迫使英國當代大詩人拉肯向存在時空發出驚顫之聲：「我看前面沒有東西／一腳跨過去／後面的門砰然關上」，將全人類都推進宇宙前後摸不到門的困境中，而覺識到存在的迷茫……至於我把「天地線」看成天地兩扇門在鎖閉中的那道門縫時，便也禁不住發出潛在的驚動之音：「猛力一推／竟被反鎖在走不出去的透明裡」……最後都只留下無限空寂的回響——

於是這條要命的「天地線」，便也蛻變成「宇宙最後的一根弦」，在鳴響著存在的回聲於有無中，同時也轉型為人類同「永恆」拔河唯一能用的一條繩子；甚至是給虛無世界上吊的一條繩子。

第二條是人類自己在地球上畫的一條線；造物雖以超出藝術家的高能力，將地球創作成一個美過雕塑、繪畫、音樂、舞蹈與建築的獨一無二且偉大不朽的藝術品，展覽在廣闊無限的宇宙時空畫廊，給完美與永恆看，人類的眼睛，也只能驚讚的「跪」下來看……。但不知是誰在地球上打下第一根椿，便相連長出一個個大小不同的地圖來。

沿著人在地圖畫的那條線兩旁，一直是不同廠牌與編號的坦克車與軍機在護航，千萬人也一直走在看得見看不見的財路與血路上……。這一條畫出地圖來的線，穿過「東西德走廊」、「板門店 38 度線」、「台灣海峽」又緊緊牽住中東不放……。那真是使上帝作夢也想不到，這條線竟被「銀圓」轉動的後現代都市，也暗中轉移將它越過「愛河」、「博愛路」、仁愛路、和平東西路以及「清真寺」、「天主教堂」……潛進公寓大廈甜蜜的家、穿過父子相依坐在沙發上的兩體之間，而引發出人與神都不敢置信與忍睹的電視新聞畫面；那是兒子的刀，直刺進父親的胸口，去接通血路與財路的連線……此刻整個世界都靜止下來空望，沒有任何聲音，只是那條線在時空的看板上留言：

地球是圓的

眼球是圓的
銀圓也是圓的
便都圓到銀圓裡來

這兩條線已近乎是世界的動靜脈、歲月不停地走的兩條腿，走在地球上最賣力最驚心最要命最長遠的兩條路上。

問：你創作半世紀已將「詩」視為一門「美」的宗教，請你談談你對這方面觀感。

答：我首先要說的，什麼是「宗教性」？經過半世紀在我內心「第三自然」深層世界以詩與藝術追踪生命的眞實體認，我對「宗教性」的覺識與再度認知，那應該是大凡對一己存在的信念，能以整個生命與心靈去專注的投入，因而產生追隨、嚮往、信服虔誠與膜拜的情懷情境，便都自然進入廣義的「宗教性」世界，於是衆所周知，世上的道教、回教、佛教、基督教、天主教……等宗教，都各具有不同思想特色的宗教性，在感動與啓導著人類同中有異的生存動向與導向；此刻若有人好奇的問，詩與藝術的世界也具有宗教性與像以上的宗教也能稱爲弓間宗教？我的回答是肯定的，甚至確認詩與藝術是能美化上列宗教的一門以『美』（註）爲至高信念的宗教；我做如此觀，是經過我半世紀透過詩與藝術穿越「理運」與「靈動」的兩大思想空間，對人存在的重大生命主題（包括自我、大自然、都市文明、戰爭、死亡、永恆時空……等）的漫長探索與創作歷程所體悟的。以下是我在這方面提出的一些抽樣與較扼要的相關範例與証詞——

（一）其實在我五十二（一九六三）年四十多年前出版的《第九日的底流》詩集，收進五十一年（一九六二）寫的〈第九日的底流〉這首長詩，已溢流著相當濃重的「宗教性」；在此可順便提一下四十多年前寫的這首詩；它曾被詩人葉維廉教授於六十年代英譯入頗受重的《中國現代詩選（MODERN CHINESE POERTRY）》，接著是廈門大學研究生張艾弓因讀此詩感動寫了近二萬字的論文，後更引發他用二年多的時間研究我而獲碩士學位；此外像詩評家張健、陳慧樺、周伯乃……等都曾對此詩做深入的評介與肯定，更值得去提的，是大家公認的傑出奇才詩評家林燿德所特別指說的——

『羅門大師：

這幾天讀您「第九日的底流」、「死亡之塔」諸詩，幾可背誦，內心受到的撞擊實在不可言說，以往讀這些作品感受並未如此之深，可見您的作品是一種向世界與人類生命內在本質的無限性層遞突穿的「生命體」，他們得自您的能量是永遠不會消滅的，所有的讀者也基於自我的能力，而在作品間，找到自己存在的位置。

我深深地被您的詩作所感動，所震懾了……」（見《存在終極價值的追索》一〇四頁文史哲出版）林燿德這段話，顯已涉及詩的永恆性，而「永恆性」同「宗教性」則有著潛在的「關聯性」與「互動性」，共存在同一精神活動境域。

再來談寫在四十多年前這首詩；直到四十多年後我有時翻開重讀，又是當心靈與世界正處在孤寂的時空狀態沉靜下來，一面聽「第九交響樂」，一面看詩一面感知生命在時空座標上移動穿越與向永恆探索的感人聲音與情景，一面又聽見自己用半世紀換來的那句話「完美是最豪華的寂寞」，便的確難

免在抗壓不住的帶有些悲劇性與神秘感的「美」中，有淚水來到眼裡，這現象對我來說應是特殊與僅有的，因半世紀來，我雖也被不少事情強烈的感動過，但沒有流過淚，除了「第九日的底流」這首詩，我也曾將為這首詩過的淚，喻說那近乎是內在生命與心靈在「美」中受洗時的聖水；如此可見詩與藝術中的「美」已在信服與嚮往中自然浮現出「美神」的形象，也因而使詩與藝稱為一門宗教獲得確認。

除（第）詩隨同「第九交響樂」對永恆存在進行沉思默想展現出詩與藝術令人嚮往與追慕的宗教性世界，此外當我發現世界上無論是小提琴、大提琴與二胡的弦線以及祖父曾祖父曾曾祖父的心弦……都相連被鐘齒咬斷，而寫出「天地線是宇宙最後的一根弦」，在鳴響著一切存在於茫茫時空中的唯一回聲，以及在（窗）詩中寫「猛力一推／竟被反鎖在走不出去的透明裡」，這都可說是人被推進一個不斷超越又永遠走不出去的「無限」中，而不知不覺中俯身低首沈迷入存在的奧秘與神秘之境，並也於有意與無意中，導使創作的心靈順向順勢的接近甚至碰觸到「宗教世界」的界線；再就是當我們坐飛機到三萬尺高空，面對浩瀚壯觀無比且具永恆震撼性的宇宙景觀，所有的畫家與雕塑家都勢必嘆為觀止，畫筆與雕刀都要放下……此刻，人類如果用眼睛平面去看、立體去讀，都無法探視出對如此壯觀的宇宙所產生無限讚頌仰慕與膜拜的情懷，而必須讓眼睛『跪』下來看，方可以；而詩中用上『跪』這個動詞，除了將詩思「動」進有生命觀、時空觀、宇宙觀與永恆觀的境域，同時也正是將詩「動」入虔誠的「宗教」世界。

於上面所指陳我詩與藝術創作已碰觸到「宗教」的世界過後，我在二〇〇〇年構想將半世紀的創作生命思想與觀感，整合建構成「我的詩國」這件作品並將創作觀念藍圖，分別在《掌門》詩刊與菲華商報發表，那應是在認知上又再進一步不但將詩與藝術推上令心靈嚮往與仰慕的「宗教」境域，而且更是將之視為能美化其他宗教的「宗教」，這可從「我的詩國」創作思想空間，所發出一部份是我半世紀內心對詩與藝術所特別體認感悟的終極聲音與話語，來做回應——

●「詩」是內在生命的核心，是神之目，上帝的筆名。

●詩是耶穌與愛恩斯坦手中的探照燈，在尋找聖地與奇蹟的路上。

●詩與藝術在無限超越的N空間裡追蹤「美」，可拿到「上帝」的通行證與信用卡。

●詩與藝術創造人類內心的美感空間，是建天堂最好的地段。

●詩與藝術不但是人類內在生命最華美的人行道，就是神與上帝禮拜天來看我們，也是從讚美詩與聖樂裡走來的。

寫到此，我忽然頓悟到所有的人來到地球上，他創造的智慧與生命，到終極到最後，面對無限空茫的時空、面對死亡、面對永恆……，似乎都難免在內心中對存在產生奧秘神秘及追慕嚮往、沈思默想與膜拜的宗教情懷，像哲學家康德、桑塔亞那、科學家愛恩斯坦與愛迪生、音樂家李斯德、韓德爾、巴哈與樂聖貝多芬、畫家米開蘭基羅、焚谷、夏格爾、詩人里爾克、莎士比亞、米

爾頓以及美國歷屆的政治領袖……他們都是信主的宗教信徒，就是中國大詩人杜甫、李白、陶淵明、王維……他們詩中呈現無限超越與轉化昇華的精神境界，往往同道家的「道可道非常道」、佛教的「不可說、不可說」那禪機參悟出神入化的空靈之境，確是有所通連與脈動的，便也因而無形中多少存在著某些奇特的奧秘感與宗教性。再說做為一個真正的詩人與藝術家，其靈視與靈聽都顯較一般人更為靈敏與明銳，感應面廣；當面對上述的生命時空死亡與永恆等存在主題，如果只是一直停留在不斷接受挑戰、衝擊、質疑與尋求突破的反復過程中，而最後沒有將之轉化昇華，進入形而上的沉思默想，產生隨和感念及膜拜與嚮往的宗教情懷，則「詩」做為詩人創作生命終極與全面的追索與通觀通視便難免出現有某些空缺與不夠完善完滿的存在結局。

（註）我詩中提到的「美」，不是外在表象的美，而是內在精神思想與觀念之美；也不只是快樂幸福理想與希望……等是美的，就是人在一生中避免不了的痛苦、悲劇乃至孤獨、空虛、寂寞……在詩與藝術中均可轉化為「美」的存在。

最後在這話題中，我想順便提一下，如果有人問我，在（麥堅利堡）與〈第九日的底流〉兩詩中我較喜欣那一首，我的回答，當然是較深廣更感動我的〈第九日的底流〉；它四十多年前已是一首有宗教情境的詩。

問：存在於世，請你進一步談談你的宗教信仰。

答：我的宗教信仰，從我下面寫的這

篇告白式的文章〈詩眼看大知大悟的智慧型佈道家－唐崇榮〉似乎已有所表明。其實在上面有關的訪問中都略有談到。現將該文附上：

詩眼看

——大知大悟的智慧型佈道家－唐崇榮

他是忘我、「名片」上只寫「為上帝奉獻生命、智慧與一切」。

他是「唯一」有說服力能有助我相信「上帝」與「真理」的存在。

他是我來到地球從事詩與蓺術創作半世紀「唯一」對他使用過「崇拜」兩字。

不同於我曾寫過令人羨慕風靡一時的王妃黛恩娜、以及令人敬佩的諾貝爾和平獎得主達賴喇嘛、文學獎得主高行健、與令人敬重的對推動愛與和平世界有大抱負大作為與貢獻的文鮮明博士夫婦；同時也不同於我曾寫過進入世界美術史的大藝術家米羅、布朗庫斯與康尼摩爾……，此刻我要寫的，是我來到地球上經過創作半世紀對生命存在終極價值與意義追索的詩心、所感到唯一能用「崇拜」兩字來稱呼的人－唐崇榮牧師，他也就是在地球上以有智慧與思想震撼性言詞進行千萬場佈道演講聞名世界的偉大佈道家；更是唯一有說服力能助長我相「上帝」存在的佈道家。

以上對唐崇榮師特別說的「唯一能用崇拜兩字」與「唯一對我有說服力」的兩個「唯一」，那是源自以下一連串發生的事情而來的——

將回憶的鏡頭打開，看到蓉子從小一路上是虔誠基督教，半世紀前我們在教堂結婚，幾十年來，她一直希望我成為基督徒，

勸我做禮拜，在教堂多次要我像一些人接受牧師禱告成為正式的教徒，我一直辜負她的好意；雖有時也在禮拜天同她上教堂，我都是有條件的，必須是特別有思想性的專人講道以及有高水準的佈道會，我才答應去，並說出一些她不是完全同意而內心也對她好意有些內疚的話，我雖不同意有些人隨便否定上帝的存在，我尊重任何人信上帝尤其是像蓉子，她從小一直那麼虔誠信主的感人情形，但我仍認為自己在詩與貝多芬第九交響樂中，對「完美」與「永恆」產生嚮往、膜拜與順從的心境，應是無形中已碰觸到那至高至美的神與上帝的實質存在……我說的，蓉子總是回答我，透過詩與藝術信主，是達不到的；就這樣我們的宗教觀，保持著某些異同性；我甚至將詩與藝術提昇為一門「美」的宗教，可美化哲學、科學、政治甚至宗教；並在構想創造一個可同上帝「天國」相望的「詩國」作品。如此，在這段時間裡，蓉子雖仍不放棄勸我信主，曾經有她認識的兩位相當好的牧師其中一位是博士也寫詩在美國波士頓用英文講道，到燈屋來談信仰，結果是他們兩位對我用「詩眼」來看生命與世界，都給於美言，認為我談話過程中，運用詩超越的美思與想像力，是有助於內心通往神地的；但還是勸我最後應該進一步信仰他們心目中的「上帝」，不止一次的交談；我對他們都表示尊敬與謝意，但我還是沒有完全接受他們的美意。

這件有關信仰的事，直到那個想不到近乎奇蹟的日子出現，才是使我較前更進一步相信有一個完美永恆與全能的上帝存在；那是蓉子特別要我到中正紀念堂廣場聽唐崇榮牧師在佈道大會講「生命價值的重建」；那

天擠滿幾千人，記得我是站在雨中聽的，而且站著不動，一直被他有思想說服力的驚動話語吸引住，聽了將近二小時，聽完確在我心靈深層世界引起從未有過的強大感應與迴響。

那是我感覺到在半世紀創作的心路歷程上，所聽到的講演中（包括諾貝爾獎得主與媒體奉上天的各界名人演講）最令我感到震撼信服嚮往十分滿意的一場具生命全面觀、永恆觀與大智慧的演講；也是使我在上文之所以說「唯一對我有說服力……」與「唯一能令我崇拜……」的兩個「唯一」的有效印證的一場演講；更是我經半世紀所創作的終端作品「詩國」，打開門窗時所唯一看到的一場傳送「上帝」天國完美與永恆聲音的曠世講演。

我有如此特殊的觀感印象，完全是他講演高超卓越非凡的思想言詞所投射的，加上後來只要他佈道與他不顧辛勞在各國講道，每週三都自國外飛來台北懷恩堂傳教，我都盡可能去聽，尤其是在國父紀念館多次的佈道；有一次他評論轟動世界的暢銷書《達文西密碼》，在文學與藝術上所展露全觀通悟的思想實力與絕對有說服力的論點……此刻我必須說，而且是處在我半世紀為詩與藝術也曾在兩岸所有著名大學與諸多文化文藝團體做過無數場演講過後有所感知與體認的心境中來說：康崇榮博士他的確已不但是有偉大使命感與作為的神學院院長與揚名世界的大佈道家，而且是我來到地球上在「詩眼」中從未看到像他這樣廣博多向幾乎全面概括有大包容度的一位偉大思想家。我如此說完全是基於造物—「上帝」恩賜給他超出想像的大才華與智慧所呈現的存在事實與奇觀：

（一）因他有「上帝」賜給高出「人」的神思，他便成為哲學家中的哲學家；他認為孔子、孟子、蘇格拉底、柏拉圖、亞利斯多德……都確是令人尊崇的聖人、善人、偉人，能指引人類向至善至上的理想世界存在與發展；但他們畢竟是人，人便不可能沒有缺點，也就是人不可能達到完美，同時任何人都會死，如何去談永生？因此他進一步發現只有存在於宇宙本然中的造物——「上帝」，方能完美與永恆永生，方能達到純正絕對沒有缺點的存在，樹立生命可靠的終端信仰，因而可見他的哲學思想更為高層、有高見、更具超越性與進一步的建構力，能確實通達上帝完美永恆的「天國」。

（二）因他有「上帝」賜給高出其他宗教性的神思，便在全世界超過二萬場的佈道演講中，大力宣導有「聖潔」、「善良」、「公義」與「永恆靈魂」的真主時，非常明智的特別以孔教、道教、回教、佛教……等宗教都未曾說過而只有基督上帝敢於說：「我就是真理」的那句曠世與空前的話，來全面總結宗教世界最高的指標與企求；因而也使他是宗教家中更有通視力、通悟力與高瞻遠見的宗教家，能在佈道中將「上帝」讚頌成令人確信的一位等同「真理」本體存在的「活」的上帝，帶領人類世界走往完美永恆的「天國」。

（三）因他有「上帝」賜給高出文學家創作思想的神思以及恢宏大知大悟的智慧，使他內化深化渾化的大心境以及思接千載視通萬里的靈視，能深入透視、解讀與評斷古代諸多大文學家的創作世界與價值，甚至為他「追加預算」。的確令作家們尤其是台灣作家在文學創作的思想世界，不能不驚佩十

七歲已到處傳教的唐崇榮牧師他在文學也有過人的慧悟力與才情才識。於此，可抽樣兩件事做為例證－

（1）五、六十年代「現代主義」存在思想浪潮衝擊整個台灣，作家們仍在開始「衝浪」，唐牧師當時已是以宣導者的身份，在大學專題演講，談論有關「存在思想」與全球注目的「存在思想」大師級作家沙特；這方面，尚可再從他在二○○三年的系列佈道大會，相連以「生命價值的重建」講了五場的文章中，發現他對沙特的文學生命所做的令人不能不信服的終極論斷與批判。

（2）在20世紀末洪流滾滾作家們大多隨波逐流直至目前仍高喊「解構重構」仍走紅仍風行的「後現代主義」浪潮中，丹布朗出版了一本在全球超銷售量的轟世巨著《達文西的密碼》，這一部十足具後現代顛覆風格與訛眾的書，讚揚與批評無數，而「盧山的真面目」在哪？如果你聽過唐牧師二○○六年在國父紀念館以「評達文西密碼－對真理與歷史的褻瀆」為題，佈道的那場演講，我相信你又會驚佩唐牧師的確是文學界評論高人；他肯定丹布朗後現代創作的藝術表現精神，欽佩他具有解構、重構與虛擬虛構以及前衛獨創至為特殊非凡的構想才思與藝能，但他也非常有說服力的指出丹布朗在書中運用藝術史料的偏差，扭曲與失真，使「虛擬世界」建構的導體失靈失效，而將作者暴露在缺乏智識與史觀的低維度思想層面；當然更重要的是唐牧師從生命終極存在採取總體觀與永恆觀的大知大悟，針對丹布朗以「後現代」顛覆與解構思維，將代表至高價值與真理存在的「上帝」虛位化，做出

嚴正充滿智慧思想光芒的評判與糾正。的確當唐牧師確認只有「上帝」能任何人都不可能確實坐上「造物」與「眞理」的「座位」，如果眞的被妄想的丹布朗解構變成「虛位」，那便等於是代表人類存在的最高指標「眞理」與等同眞理的「上帝」沒有存在之地，然而事實眞的是如此嗎？當然不是，其實「眞理」與「上帝」是一直存在於本然的宇宙時空與完美永恆之中，也可見唐牧師在文學無限的思想世界是較丹布朗，無論在藝術史觀與靈視的能見度都要淵博高明與高深。

從以上抽樣的兩點，似可點出唐牧師確是文學世界中有眞才實學與認知力的文學思想家。

（四）因他有「上帝」賜給高出藝術家創作思想的神思；他本人除會作曲與歌唱、彈一手好鋼琴，還指揮過千萬聽眾在聽的大交響樂團；同時他也是建築家，目前由自己畫建築圖與督導在印度蓋一座讓「藝術」美思與「宗教」思想，融合的高格調可容納千萬人的大禮拜堂；當然較此更令人敬佩的，是他在佈道中，談到貝多芬、莫扎特、巴哈等大音樂家的音樂時，他是那麼出神入化的深入其境，將他們音樂中的音容、音貌、音色、音境以及節奏、旋律、快慢起伏等美感，都是活生生的指說出來，眞是精細入微，我相信如果貝多芬、巴哈、莫扎特也在場，最感到驚喜的，應是他們三位大音樂家；同樣的，談到達文西、米開朗基羅、與拉菲爾……等大畫家時，他較許多畫評家，更能把他們畫中美侖美奐的色彩、線條、造型畫面以及無限深奧與神秘的視境，唯妙唯肖的指說出來；如果這三位大畫家也在場，

我相信最感到高興滿意的應是他們，因為他們的作品能被解讀超乎想像的那麼卓越精彩。看來，唐牧師已近乎是一位具有拓展性與再度創作思考力的藝術鑑賞者與評論家。

綜觀以上全方位的觀視，很明顯唐崇榮牧師是具有誇越其他宗教、哲學、文學與藝術……等思想的更宏觀能向上帝完美與永恆世界昇華的高超神思，並確有說服力能向世人宣揚「上帝」與「眞理」的絕對存在；同時他致力在地球上為上帝創作的那件壯觀的大教堂藝術作品，也事實上較我經半世紀詩創作所構想擬在地球上做的那件具新理想國色彩的「詩國」作品與文鮮明博士為人類和平世界以大構想大人力財力企圖在地球上建造 85 公里的「和平王橋」，在人類智慧最後的終極判視中，都顯有其更高的象徵價值與意義；這也就是我之所以對世界上有偉大成就者表示高度的敬佩，而只有唐牧師唯一能令我用上「崇拜」兩字的基因。

【註】我文中對唐崇榮原是以「崇拜」兩字；蓉子認為人只有對「上帝」能使用「崇拜」，我應改用崇敬。

問：「政治」是存在的一個重大主題，它一直主控人類社會與國家的現實生存空間。從你「詩國」的立場如何來看政治這一問題。

答：這問題的確很緊要與重大，須要較多的時間與心智來談。

首先我必須說，我個人對政治沒有興趣，同政治一直保持距離，我不是同政治掛勾的那類型作家，半世紀來，我是切實在做好一個純料且專誠的詩人藝術家，透過詩與

藝術，為人類開發內在「美」的視聽世界，帶來美的生命內涵、美的生存空間。至於政治雖是大家的事，但我認為由有興趣、有專業能力思想的政治人士去推行較適切，做不好時，還有監督與制裁機構。我甚至覺得詩人與藝術家應永遠站在超越不受約束的自由位置，不該參加各持不同政治利益的任何黨派，因你參加此，便往往被另一方推往不對或不完全對的位置，使你失去做為詩人藝術家乃至人存在的完整性，所以曾經有一位藝術家，他好幾次參展的具有創造性前衛觀念的高水準藝術展，我都為他的展出畫冊寫序文。但他有一次要以藝術家身份，參加選國會議員，要我為他寫競選文宣，他雖是在我半世紀來，在詩與藝術世界中能深入談論創作觀念的藝友，而且是我認為非常傑出的藝術家，我還是堅然拒絕撰寫，原因是那不是藝術家詩人純然的工作特區；那是具政治爭議性較複雜不那麼單純的現實行為的交鋒地帶；宿命性的普遍潛藏著詩人藝術家經常不能適應的思維方向，歷來不少執著的文人從政，都大多不妥協的揮冠而去，留在我們深刻的印象中，如屈原、王維、陶淵明，都是明顯的例子，相反的在我們眼前，也曾有本來寫作非常不錯也是大家重視的作家，後來因直接或間接感染上政治性的謀略、抓住主控文藝活動的權力，打壓卓越的作家，捧自己人，結果在得意於自己失去良知良能的政治耍權情況下，也使自己出發不久的創作心靈受制於鄉愿勢利與沒有公平正義而窒息與死亡。

問：依你所說，詩人與藝術家，應該完全不顧政治，與政治不發生任何關係才是好的存在選擇嗎？

答：我想我上面所說，只是認為詩人與藝術家最好不必直接介入政治的漩渦，應保持超然的距離去看政治較理想，並非毫無關係與關心，這可從我一再強調美前故總統肯奈迪說的「詩與藝術使人類的靈魂淨化，來自政治的權力使人類的靈魂腐化」這些話，証實我對政治是在基本上有關注與看法的，那就是詩與藝術在其存在的相關距離裡，已成為觀照政治純正面相的明鏡；尤其是當我說出：「詩與藝術超越中的『美』，已是道德中的道德，唯一能接近真理的力量，至於政治與科學「都無法達到人類存在的全面真理」。此刻藝術與詩不但同政治在對視中有可見的關連，而且是政治最後最佳最可靠的試金石。

問：由你的觀點，詩與藝術同政治保持距離又關連，是基於藝術與詩對政治的存在於根本上有潛在的好的影響力與啟導作用。那麼它們兩者在人類生存世界的互動性與不同的卓越表現如何呢？

答：我認為從事政治的政治家，絕對是把持良知良能與高度的智慧，專誠的為人類建造一個公平正義自由民主、幸福繁榮的現實理想生存空間；屬於存在的基本硬體設備，而詩人與藝術家是懷著人本、人文、人道、人性與智慧中的智慧，將人與世界護送進有「美」的生命內涵與精神思想的境域，屬於人類存在更重要的軟體設備；各有其努力的指標與導向。在這同時，如果從事政治

的不是政治家而是爭權奪利危害社會的政客，則直接有效制約與糾正的，應是身在政壇上有力之士，就負專職的國會議員、立法司法監察等有正義感的官員；至於住在「詩國」的詩人藝術家，他們不一定要直接介入政治事件混亂的漩渦；但他們必須堅守良知良能永遠站在兩個具有存在永恆使命感與價值觀的創作思想導向中：

（1）將人類從極權專制的鐵籠中，解救出來回到大自然的生命結構中，重溫風與鳥的自由，存在於無限廣闊的想像空間。

（2）將人類從物化與機械文明的?籠中解救出來，帶領人類從物慾與性慾純感官的文明動物，躍昇爲充滿人性、人本與人文精神的「美」感的人。

從這兩個重要的導向，我想大家可覺識到詩與藝術同政治的互動之道，不是顯形而是隱形的互動在「道可道非常道」的動向中，這可從我過去在文章中所說的一些精要的話來看：

「詩與藝術可『美』化哲學、科學、『政治』乃至宗教；上帝禮拜天從天堂到教堂來看我們，是從聖詩聖樂中走來的；藝術與詩展開的美感空間，是造天堂最好的地段……。世界上最美的人群、社會與國家，到最後還是要靠「美」的詩與藝術來完城……」

從以上的這些話，可見人類世界朝向「美」的顛峰發展，不但是從政治途徑就是從科學、哲學、乃至宗教的途徑，都不能不同詩與藝術美的途徑有關聯與接軌之處，否則也「美」不到那裡去。

問：你的回答，是不是絕對，有待大家來共同探討與做論斷，現在我想問的是在你的「詩國」如何將政治家與政客做最明確的界定？

答：在我看來自古到今，政治落在政客們的手中，便都大多是彼此對偷或對搶彼此口袋裡的名片與支票本，有時打太極拳，有時動刀動槍，受害的一直是百姓與國家；而政治家，是將自己的利益榮耀與光環都亮在國家的土地與人民的頭上。於此我曾特別寫一首詩來凸現與讚揚政治家的生命形象，詩題是「世界性的大政治家塑像」，發表在巨型文化雜誌《新觀念》2000 年七月號。

世界性的大政治家塑像

他站在磅秤上
　先看自己學識能力品德
　　　加在一起的重量
然後看另一個磅秤上
　　　由無數的精英
　　　國家的歷史文化
　　　土地的豐富資源
　　　人民內心的期望
　加在一起的重量
想對照下
他謙卑的低下頭
感到背上有一個十字架
從此他專心看好
　物質與精神兩個大庫房
帶領大家爲它的富裕昌隆
　　　　自由發揮才智
　　　　公平享用成果
最後　他把最高的價值

寫入老百姓的戶頭
把最大的幸福留給人民
自己在歡呼與讚美中
　　　　走進歷史
此後　世界無論往東往西走
　　　歲月無論往前往後看
他像藍天　能藍過所有的地圖
　像綠野　能綠在不同的土地
　像樹林　取代所有的鐵絲網
　像河海　帶著大自然流動
　像雲鳥　帶著自由飛
　像日月　進出永恆
　　　　　進出地球村
全人類都看見他的來去
　　　　他的光臨

　　附語：如果說真的政治家是為人類建構一個自由、民主、公平、合理的生存環境空間，視為「硬體設備」：則真正的詩人與藝術家便是為全世界所有的內在生命輸送「美」的內容，視為「軟體設備」：他們都同是具有良知、良能，以及懷有人性、人道、人文、人本精神與高度智慧的專業工作者，在不同的作業領域，來分別造福人類；來建構人存在的美好與理想世界。

　　從這首詩與我上面說的那些話，可見我在「詩國」對政治是有看法與關心的，我理想中的政政家，應是像維護人類自由民主公義與真理的林肯與孫中山……等，他們不是神雖也難免有做為人的某些缺失，但他們確是有良知良能與高度智慧能為人群社會與國家創造好的生存空間的世界性大政政治家典範，他們將在歷史永垂不朽，也受全球不同地區與種族的一致崇敬；至於危害社會人群的不良政客們我想做為一個真正詩人與藝術

家，他雖不一定像對政治有志趣之士，採取直面的介入與對抗，但他至少絕不能違背良知去做被政客役用的可陋的幫兇；他必須有是非感、堅守住純正且對生命有淨化作用的藝術與詩的世界，為人類永遠提供美好存在的價值。

　　問：從以上的談話中，我明白你「詩國」對一個純粹詩人藝術家同政治之間，所應保持的距離以及基本的觀念與態度，我也相當的苟同，雖然它不一定是唯一絕對的看法。現在我想進一步問你，像你以這樣的看法，落實在你半世紀詩創作的歷程中，通過那變動不定起伏不定的政治現象面與環境，你有沒有像二二八或者像左傾右傾的所謂異議份子，受到類似白色恐怖或其他政治性的迫害？

　　答：我還算是幸運，可以說沒有，這還是因為我半世紀來，一直堅持做一個純粹的詩人藝術家，同政治保持距離，不參加任何政治活動也避免參加受政治性介入的文藝活動中。我如此做，是基於詩與藝術絕非制約在政治特造框架中的使用工具材料，而永遠是超越政治性，站在對全人類都響往與看得見的良知良能與真理的最高指標與最後的大動向。因而我便不在那種各有對也有不對彼此相互爭奪具有殺傷性的政治對抗圈中，便也不至於受到任何一方在得勢時的特別排斥甚至清算與打壓；當然也得不到任何現實上的什麼好處；唯一感到欣慰的是在同政治保持距離時守住對純正藝術的忠誠度，用創

作的本身，來証實自己的存在而不像被政治役用的作家，最後都在流變的歷史時空中凋零。

　　問：的確，就如沙特說的「存在是一種選擇」，為了絕對的忠誠於純正的詩與藝術，你一直選擇同政治保持距離與採取由良知良能來監控「可為不可為」的思考動向，我想應是相當理想與有審思性的選擇。你也因此在半世紀來於無權無勢與千山萬水我獨行，靠自己的實力與努力，獲得可見的成果與聲譽。如獲得海內外不少大獎出版詩集論文集與《羅門創作大系》等數十種，作品譯成英、法、德、瑞典、南斯拉夫、羅馬尼亞、日本、韓國……等多國語言，作品選入中外文詩選集已超出100種；接受評論與研究的文章超出百萬字，出版多冊評論的書；並獲得國內外名學者與評論家在文章中指稱為：重量級詩人、大師級詩人、現代詩的守護神、都市詩的宗師、都市詩之父、戰爭詩的巨擘、詩人中的詩人……等，同時也在中國現代詩與現代藝術發展史中，從創作實踐經驗，提出一己具獨創性的美學理念『第三自然螺旋型架構世界』也獲得多位學者與評論者的好評。此外，你為國內外不少名畫家雕塑家寫了數十篇評論文章，被藝術界稱為台灣的阿

波里奈爾，以及採取包浩斯觀念用繪畫雕塑與建築三種視覺力量，在三十多年前所建構的「燈屋」藝術造型生活空間，也被大道藝術館館長最具前衛思想的著名藝術家張永村，指稱為台灣後現代裝置藝術（INSTALLATION ART）的始祖……這些成果與聲譽，都可說同政治幾乎毫無關係，只同藝術與詩追求超越中的「美」以及人類經過自我、性、戰爭、死亡、都市文明、大自然、與永恆等被詩與藝術轉化與昇華為美的生命內涵與超越的精神思想有關。可見你採取同政治保持距離與堅持純正的詩與藝術的創作觀，放在開放的自由空間視野中確也是一個具有強勢深廣度與格外值得重視的創作視向，因為它將人類從有制約性的政治意識框限中，更進一步帶進無限自由與超超的美的生命境域去看更有意義的人與世界。難怪你總是在詩中潛意識的覺識到「鳥」的自由造型，寫人在現實世界裡走，口袋裡放著各種証件，鳥在自由裡飛，天空的口袋什麼也沒有放……等類似的詩句，同時也期望終生能在永恆的「美」中工作；並認為確實為人類「美」的生命工作的世界級詩人藝術家，應由聯合國發給可通行全球的世界公民護照，甚至應拿上帝發給的通行証與信用卡；因真正的詩

人與藝術家，被視為是「上帝的代言人」。我從你對政治的看法與言談中以及透過對你半世紀從事詩與藝術創作實踐與思想理念的觀察，做以上觀感的回應與推想，但願能接近甚至擊中問題的重心。

談到此，應是該完滿結束的時候，但我總覺得尚有些疑問不能不說，難道你同政治保持距離，真的一路都能那麼平順，沒有感到絲毫「白色恐怖」或其他的一些莫明其妙的壓力嗎？如果不完全是如此，我想最後你還是應該把它說出來，以達到存在於坦然與真實的訴求以及符合你說的話：「天空、海洋與曠野是不穿衣服的，詩與藝術將人與一切裸回原來的真實」，這樣你的確是沒有理由不說了，當然你還是有不說的自由。

答：的確如你所說，政治話題較重要的言談部份，是談得相當多與可做結束了，但你最後提出的話題，確是將我推在回不回答都兩難的長考困局，因為那是多年埋藏在我內心深處不願去提的事，說出來，是傾向勇於面對真實探究真理的西方存在思想，不說出來，是較接近無所謂大而化之的中國道家精神；說出來，難免會經過尼采突破阻力、壓力而出血的傷口，不說出來，人類會繼續活在不真實與是非不分的錯誤中。此刻，我左想右想，的確對你提出的問題，不能不免其所難在最後做出回應，將它據實的說出來。說出來之前，我想特別聲明一下，

為對我在「詩國」說的話負責，我不是教徒，我不將手放在「聖經」上，但我將手放在半世紀來做為我「心靈老管家」，貝多芬他的「第九交響樂」上，並以我整個誠摯的藝術生命做保証來說。

問：讓我插一句話，你能對這本擬拒談的話題都坦然的說出來，我想以後要談的許多話題，應會相當的容易與順暢，現在就請你開始說。

答：好的！在我把持同政治保持距離的情形下，半世紀來雖沒有遭受到類似「白色恐怖」或者「左」、「右」整肅的重大政治壓害，是因為我「詩」國的純正藝術世界，在地理環境，根本不在政治迫害的暴風圈裡；縱然如此，也確實曾有些詭異、預想不到也不成形的屬於邊緣性的政治小風浪經過，在記憶留下一些不該有的陰影：

●掠過我詩藝術藍天的陰影之一

那是在民國五十一（一九六二）年，我赴菲觀摩民航業務，順便參觀「麥堅利堡」美國軍人公墓勝地，那是紀念第二次世界大戰在太平洋陣亡的七萬美軍的大墳園，非常壯觀而悲涼，我被感動寫了「麥堅利堡」這首詩，在聯合報副刊發表後，相連獲得以下的效應：

●由余光中教授譯成英文，後來發表在一九六八年冬－春季號國際桂冠詩人大型刊物（LAUREL LEADES），曾被 UPLI 國際詩人組織譽為近代偉大之作，頒發菲總統金牌詩獎。

●由榮之穎教授譯成英文，選入榮教授一九七一年出版英文版詩選「Modern Verse

from Taiwan」

●由韓籍教授譯成韓文選入韓國一九七二出版的「世界文學選集」詩類。

●由日籍教授入江恭子譯成日文，選入日本若樹書房一九七一年編選的日文詩選「華麗島詩選集」

●由菲律賓作家施約翰譯成英文，收入愛荷華大學的國際作家寫作計劃資料中心。

●由美國第三屆詩人大會主席匈牙利籍詩人卜納德博士翻譯成德文。

●收入數十種詩選集。

●被評論家撰文評論達廿次之多（包括整篇論文與部份評論文章）。

●曾被榮之穎教授在美國奧立岡大學、林明暉教授在美國俄亥俄大學用作教材。詩人張錯一九七一年在美國華大任教時，也曾在班上朗讀與講解此詩。詩人蘇凌在國外修碩士學位詩，以「麥堅利堡」詩寫學期論文報告，英文題目是：「The Inonic World in Lomon's Mckinley Fort」

●曾在菲律賓第一屆世界詩人大會，美國第三屆世界詩人大會，韓國第四次世界詩人大會上朗誦，以及在愛荷華大學「國際作家寫作計劃」會議、水牛城紐約州立大學、香港大學、大陸多所著名大學與泰國、菲律賓等地文藝界朗誦。

●曾被寶象傳播公司製作小組於一九九〇年八月下旬專程赴菲拍攝，製作專輯，在公共電視節目中播出。

●於民國五十八（一九六九）年同蓉子被選派為中國五人代表團出席在菲律賓馬尼拉召開的第一屆世界詩人大會，「麥堅利堡」在第一屆世界詩人大會上的回響。

●大會主席尤遜（Dr. yuzon）在開會典禮上曾當著數百位來自美國、蘇聯等五十多個國家代表，讚說「羅門的『麥堅利堡』詩，是近代的偉大作品，已榮獲菲總統金牌詩獎」。

●美國代表凱仙蒂‧希兒（HYACILNTHE HILL）女詩人，是大會風頭人物。她的作品曾與美著名詩人龐德（EZRA POUND）、惠特曼（W. WEITMAN）、金士堡（ALLEN GINSBERG）、康敏思（E. E. CUMMINGS）、狄更生（EMILY DICKINSON）等選入一九六九年在美出版的『THE WRITING ON THE WAR』詩選。她讀過「麥堅利堡」詩後，寫出她的感言：「羅門的詩有將太平洋凝聚成一滴淚的那種力量（LOMEN'S POETRY HAS THE POWER OF THE PACIFIC OCEAN DISTILATE TO A TEAR）」

●美國詩人代表高肯教授（W.H. COHEN）他也是這次大會的活躍人物。曾是美國大專學校的駐校詩人，於民國六十八年（一九七九）應聘來臺任政大客座教授，讀過「麥堅利堡」詩後寫出他的感言：「羅門是一位具有驚人感受性與力量的詩人，他的意象燃燒且灼及人類的心靈……我被他詩中的力量所擊倒。（原文：LOMEN IS A POET OF ASTONISHING FELLING AND POWER,HIS IMAGES SEAR AND BURN MEN'S BEING……COHEN WHO IS AUESTRUCK BY THE POWER OF HIS POETRY）。」

●美國詩人代表李萊‧黑焚（LEREY HAFEA）博士，在各國代表到馬尼拉近郊參觀「麥堅利堡」軍人公墓時，他提議由他朗誦羅門的「麥堅利堡」，並請大家於朗誦前

向七萬座十字架默哀一分鐘，在低沉陰暗的天空下，讀完，至為感人，蘇聯四位代表，有向我表示致意的意思，但基於當時的政治環境，是無法彼此握手的。李萊‧黑焚博士，寫下他讀詩後的感言：「李萊‧黑焚能在麥堅利堡十字架間為世界詩人大會朗讀這首偉大的詩，使我感到光榮。」

（LEROY HAFEN WAS HONORED TO READ THIS GREAT POEM FOR THE WORLD CONGRESS OF POETS AMID THE ACROSES AT FORT KINLEY）

●名學者文學批評家劉夢溪說：「初讀羅門詩，我被驚呆了。完全是另外一種思維、另外一種意象、另外一種符號。彷彿是詩歌的天外來客，文學的陌生人。古往今來，弄文學的人是最沒有力量的。但羅門的詩崎嶇、輝煌，有無堅不摧的力量。在羅門的詩面前，人類變得渺小。」

從上述的效應所形成這詩的一片美好的天空，很不幸曾飄過一小塊近以「白色恐怖」的「陰雲」，那是有人在當時將這首極度表現人道精神的「戰爭論」，扭曲成「反戰詩」，借著主編海洋學院校刊《海院青年（13 期十九七一年三月號）》的王家河同學在專題製作這首詩的專輯中，設計每句詩都用悲慘的戰爭圖片（不少張）製版刊登的感人情景，單向認為有強烈的反戰意識，校方負責政工官員，便在書裝釘好出版之際，下令將近廿頁的專輯抽掉，方可出版；同時這位對現代文學尤其現代詩特別熱愛的王主編，被校方記過處分。他受到的打擊與難過，我一點也幫不上忙，非常感到不安，詩是我寫的，圖片是他配的，我事先沒有看到，而他的確配得使我乃至任何有人道與同

情心的人看了都會感動與震撼。當我接到他特別要好的同學啟文的來信以及他倆從印刷廠想辦法將未抽掉的一本寄給我，並在信中說家河同學現在因受到很大的打擊，心情不好要他寫信給我……我當時一面看信，一面看〈麥堅利堡〉專輯中我預想不到的那些精彩且具衝擊性與感動力的配圖，我心中的感覺是較家河同學更為難過的；直到現在，我想起此事都難免帶來感慨，因是我的詩使他配上圖片刊出，而被記過與受到打擊的，多麼無解令人感到無奈與錯愕的一次遭遇。

此事發生時，有一位背景不錯同官方也有關係能說上話的詩人 XX，他在飛機場航空公司櫃台送一位朋友出國，遇見我，親口對我說他知道此事，我也在想，他身為詩人，為何不基於愛護詩與文學的獨立尊嚴以及幫助這位愛文學而受罰的無辜同學，向有關方面辯解此詩是超越「反戰詩」的精神意識、充滿人道關懷、同情、愛與和平的詩。我一直想不通他為何不伸出援手。接下來更令我不解的是瘂弦將所有在聯合報副刊發表的詩作，編聯副詩選時，也不選這首為讀者所重視的詩—〈麥堅利堡〉，難道這首詩真的是一首有問題對人類存在沒有正面意義與價值的「反戰詩」嗎？我想這確是人存在於政治詭異意識中的荒謬困惑與難局。

問：在你詩眼中，21 世紀高科技快速發展的物質文明世界，已出現那些盲點與受到質疑？

答：的確天在問，地也在問，人類來到地球數千年。步入二十一世紀後現代，是否在進步中也有退步與出現盲點？答案很可能會一個接一個出來

●當開在「第一自然」原野與春夏秋冬無數繽紛燦爛生香活色的鮮花在人為「第二自然」的「現代都市文明」工廠，變成沒有生命的塑膠花，接著更在「後現代高科技文明」網路所展開美妙神奇的「虛擬世界」中，只留下手不能摸到的花的空殼與影子……。

●當網卡們興高采烈奔馳在無邊無際的網路上，一路看有「實體」的白宮故宮、無數的圖書館、博物館美術館以及名勝古蹟與大自然的千景萬象……都一一落空沈淪消失，只留下觸摸不到的美麗虛象與幻影——

而不可思議與異常是網卡們坐在海與天藍在一起美在真實中可用眼睛整個抱過來好好看的「愛琴海」的遊輪上，他們此刻卻專注在看電腦網路中美侖美奐的「愛琴海」的圖象美景，而不去看一路用「美」繞著他們大聲叫「美」的活生生的「愛琴海」。

如此在平行的對照鏡中，便出現荒謬的景象，那就是在網路上看人類隔著一層玻璃握手、說話、談情、接吻、擁抱與作愛……。

●當電玩們在忘我的打「電動玩具」，其實自己同時也是被「電動玩具」當做「肉動玩具」來玩；的確，人類在物質文明高度發展的後現代生存空間，幾乎全面被「廣告堆」「大哥大的聲浪」尤其「電動玩具與電腦」佔領，噴射出大量冷冽的「機械味」，令使溫馨的文化氣息」稀薄缺氣。

●當「後現代」以較「現代」更強勢與加快的「速度」、「物力」與「行動」三大重力追擊都市人，使彼此在匆忙慌張奔跑過斑馬線，肩膊碰肩膊，大家都不認識，也來不及認識……於是每一個人，都近乎是抱住孤獨的「我」，在衝刺、在奔逃、在找出口，而整座城市都幾乎宿命性被「物慾」與「性感」所全面建構成滿足動物性官能的一個美麗具高壓力的「封閉空間」，但主要就是沒有可見的出口，同時「物慾」與「性慾」又已是「都市」本身跑百米的雙腳，大多數都市人，也都一個個抱住自我跟著都市的雙腳在跑，而往往一路上都多是跑來「孤獨」、「寂寞」與「空虛」……。

●較田園「菜油燈」與都市「日光燈」相對望的第一波「鄉愁」更可怕的第二波「鄉愁」，是人類被更具威力的現代後現代高科技文明，全面推入「機械化與物化」的冷酷生存空間，導使人的「生命」有可能離開「肉體」的故鄉；整個視野籠罩著「物」與「機械機器」巨大的動態與陰影……此刻在另一面吊詭暗藏玄機的反射鏡中，有些陰謀者冒險將「機器人」圖更進一步改造成「複製人」，便無形中是在摧毀人類過去所有由智慧創造的歷史文化，要重新來，引起何等可怕與空前的存在危機。

●後現代高科技物質文明，輸送更強大的能源威力給偏重生產「物慾」與「性慾」兩大特產的「都市」大工廠，已事實凸現重大的反差結果與情況，那就是「消化」顯有壓倒甚至打敗「文化」引發「空靈」淪為「靈空」的失落現象，使大多數美術館、畫廊的展覽與新書發表會，不是冷清，便是群眾不夠多，很少有熱潮，倒是不但好的餐館飯館吃客常滿堂，就連到處好吃的路邊攤，都往往排長龍到街道上來……。

這正在證實我六十年代創作都市詩在論文中所預言的：「都市物質文明，只不過是將人類在原始荒野睡覺與吃飯的地方搬到希

爾頓的餐廳與套房，人最後仍是一個有好享受的文明動物……」

當然更進一步跨入我的想像與預言，也被說中的是：「在物慾性慾格外氾濫的後現代都市文明，原具有自私貪慾、佔奪……等屬性的所謂「文明動物」已陷入「文明野獸」的「險區」；在此可提出一個例證，那就是地球是圓的、眼球是圓的，銀圓也是圓的，滿街追著「錢」急轉的車輪也都是圓的，於是「錢（銀圓）」，在後現代越來越「唯利是圖」的都市化生存空間，便勢必主導一切，也自然成為吸引都市人存在的強大磁場與最高意向與指標。如此，當「錢」在那裡，誰都想拿，在拿錢的距離裡，任何人包括親友乃至家人進來，都可能發生在血淋淋刀下的悲劇；或者就是在看不見血同樣可怕的互殺情景中，也有咬母親乳頭長大的女兒，為錢竟到法院同母親打官司……這種無情無義的冷酷現象與作為，便顯然是人倫人性盡失的「文明野獸」，非人也。

●當一座座禮拜堂，在後現代快速發展的文明都市中，繁忙得如牧師替上帝為眾人清洗靈魂的「大同洗衣機」，留下許多可想像與追思的空間……。

尤其是在假期與週末一批批抱著寂寞孤獨與空虛的都市人，湧入吃喝玩樂的都市鬧區，每一個人都是自己的「上帝」，腳下踩的都是自己走往「天堂」與「天國」的路，管他的詩中是「釣寒江魚、寒江雪」；還是眼前熱騰騰的烤魚與沙鍋魚頭以及一魚三吃，是真的「難開心口」準確對準「胃口」。

●更值得我們關注關懷與重視的是被視為土地筋骨的樹林樹木，被黑心的官商勾結到處砍伐，導使土地鬆軟無力，暴雨帶來台灣空前也是地球巨大的土石流與災難，連上帝都不敢看的慘重悲劇，而更可怕的是人類一再相信自己能改天換日的無限創造力與智慧，已帶來地球暖化，將地球逐漸推進重大危機與死亡毀滅之境，理應重新冷靜的思考，高科技的發展動向？是否遵從人與宇宙大自然必須共同存在於相互動的平衡架構與秩序中，而確認「科學萬能」已被破解，人類再高明再高超的思想論調也無法超前「人類同大自然宇宙總體存在的和諧系統與體制」。

說到此，如果還有往下說的，只好留在以後，因為這本來也是人類存在於世，永遠無法終止必須一直接受挑戰與說不完的話題。

問：被評介為「現代主義急先鋒」的你，請你談談你對「後現代主義」的觀感與評價。

答：後現代思想同其它思想一樣有盲點，因為

（1）人類「思想」的活動空間，形如一透明的玻璃鏡房。「思想」走進去，前面明，背面暗。暗面就是盲點。

（2）後現代思想既也是「思想」，必有其盲點。

至於「後現代」出現的盲點很可能是發生在：

（一）圖離棄存在頂端的崇高點與深層世界的深度，改向平面化與多元化生存發展空間時，難免出的問題。

因為（1）世界上不可能只有山腳山腰

而沒有山頂的山；同樣，也不可能只有浪面而沒有深沉海底的海。

（2）存在的一切，不可能完全沒有對比與被選擇的情形存在。

（3）面對只求「可見」忽視「不可見帶來全部摧毀形而上世界的危機。

（二）圖完全脫離「軸心」與「傳統」時，難免出了問題。

因為（1）後現代不可能與「前現代」完全無關。

（2）只偏重與認可自由「存在與變化」的事實，生存很可能成為一堆不連貫的片斷；不可能達到「前進中的永恆」之境。

（三）採取「拼湊（COLLAGE）」的思想包裝形式，難免出了問題。

（1）「拼湊」在與經過處理查驗的「組合」與再經過通化相互動的「統合」，相形之下是較為粗糙與不夠「精通」的。

（2）「拼湊」若不考慮內在的「高度」「深度」以及同「軸心」與「傳統」有連繫，就得當心這樣的「拼湊」，將可能帶來低品質的「地攤」與「雜貨店」型的展示狀態與效果。

（四）過於強調自由・多元化，難免出了問題。

（1）在強調過程中，可能導致大多數人活在泛價值觀與泛方向感中，最後變成是活在沒有價值觀與方向感中（像目前的都市生活形態）。

（2）在強調過程中可能送給大多數人只往形而下走的台階，失去向上所表現的昇力與抗力。

（五）「思想」自己出了問題：

（1）任何思想要達到絕對，都有困難。

（2）難度就是引起質疑的盲點。

再就是「後現代主義」我想它必定是對「現代主義」具有反逆性，至少有不同的看法，如果說現代主義使人一方面接受現代文明，同時又在特殊的自我潛在生命中，反抗機械文明的冷漠面；仍有個人獨特與專一性的主觀意識，對生存加以批判；「後現代主義」便是人在越來越不能不接受科技文明的威力下，府首承認多次元以及物質化與客觀性的實在世界。至於以往反逆與對立性的主觀情緒與意識是減弱，趨於妥協，形成「心靈」的感性反應能力，轉移為「腦」的知性思維的精密剖視與實錄；讓「物理性」與「物態性」以冷然的細密組織與結構所呈示的「實在」，逼使溫潤的「心理性」與「心態性」，在腦過度的知性中，有冷卻現象，使詩人以往抒發的情思世界質變，甚至解體而呈現新貌。那是一個充滿著物質化、資訊化、科技性與行動性的生存空間，以不停的「行動」與「實在」性客觀地佔住人的腦部思考領域，展開那較偏於理性與知性甚至智識化的想像空間，於是心物缺乏交溶與轉化，甚至使詩人以往較著重於心的無限空靈世界，也因面臨物化存在的靈空狀態，而變為「實在性」、「實用性」、「物能性」與

「理性」的實錄世界。

難怪目前有人覺得後現代主義影響下的詩風，思考與想像的「層次世界」都確實呈現新穎與相當繁富以及多面性的景觀，而且也「通」，但卻有點硬化與冷感，較缺乏真正感人的活動性與潤化力，問題就是在詩人將一切客觀冷靜地展列在腦思考認知與認明的「通」路上，「通」是「通」了，詩中所運用的理性與邏輯架構，也能使一切事物順次「通」過，但由於不將之導入「心」中澈底交溶與澈底來「化」，故大多只是「通達」而非「通化」了。

「通達」應是其他文類作家以及科學家與思想家的精確性工作與創造行為，而詩人應是能超越那精確「通達」的實在世界，進一步將一切轉化昇華到心靈的「通化」世界，也就是我所認為的「物我交感交溶的內心第三自然的通化世界」。否則詩人的創造智慧，便無法達到整合人類生命活動於「靈運」與「理運」兩大空間的最高理想。

縱然如此，後現代主義的詩風確拓展了現代詩更新穎的思放與想像世界，使詩的語言性能與活動空間進入一個新社區，是有異於六、七十年代的，也使本來就缺乏現代前衛意識的詩人乃至名詩人的「語域」，在科技掛帥的後現代主義情況下，所不斷掀開的新的思放力與美感經驗中，顯得遲緩、缺乏前衛性與直接的衝激力，甚至呈示舊態、疏離感與退後的現象。在其中我們明白地看到一個事實，有些詩人只能停留在第一自然（田園性）或以往的情思世界中，從事詩的老式的「通化」工作，語言媒體並沒有確實觸及高速度發展的現化都市文明，即第二自然的景況，對後現代主義日漸尖銳化的物本然的景況，對後現代主義日漸尖銳化的物本

思考世界，更掛不上勾，如此，怎能使創作精神，確實的穿越與超越時空。於是後現代主義的詩風，既屬於緣自構解主義思想，對以往舊情思活動世界解構後所呈現的新氣象，也是人類創造力自然的向前延長，誰也無法阻擋，正像以往古典主義被自由放縱的浪漫主義取代後，再又被客觀冷靜的高蹈派取代，是無法阻止的。但高蹈派，又不能不被流露著生命神秘性與奧秘感的象徵主義所取代。同樣；後現代主義詩風於正面價值被確定時，也暴露出它過於作向腦知性所引起的客觀冷感性之負面現象，仍需要新的人文精神與內在生命溫潤的感通力，使「心」與「物」在詩的創作中，於後現代主義更形科技與物化的生存情境下，有新的「通化」路。這種「螺旋形」地向前推進的模式，已近乎是人類生命活動與智慧創造的基型。難怪後現代主義剛出現不到幾年，據聞西方又有所謂新現代主義的論調，對後現代主義持信解構思想的不斷進行更新與否定，使人類將失去一種通向內心的較持久的永恆存在的信念，是不能苟同的。如果生存只是一種不斷的新的出現與消失，甚至將人類生命也歸入物的客觀存在架構，豈不使人感到冷漠與憂慮？人從田園走進都市，已看見茉油燈與日光燈對視中的鄉愁，人如果全然被物化，以電腦寫詩與畫畫，以機器造人甚至網路上談情作愛，那將給人帶來更可怕的鄉愁，這種鄉愁，是人離開了「自己肉體生命的家鄉」，此刻我深信人會以全面的努力來挽救的，於此，我曾在一次講演中提出一個藝術創作的實例來做印証。

有一位西方造型藝術家，讓機器替他做好一件不銹鋼彫塑，其準確性與完美的結構

形態之美，確令他覺得一件有高水準的作品已完成，但他卻越看越覺得它缺乏同內在生命深一層交感交流的力量，頗有點冷漠感，於是他用手代替機器，將頂端劈斷，直至手部受傷的血，流入作品裡去，此刻他內心所獲得的滿足感與驚異，才是更為充份的，可見一切均不能離開人內在的生命，而孤立存在，藝術創作更是如此。

問：「後現代」現象反映在生存與創作層面的正負面情況，究竟如何？請你說出你特別的看法。

答：先認真的從思考較高的層面來看，我認為

（1）「後現代」的解構與多元化，若是將「現代」當太陽擊破，使太陽所有的碎片，變成無數分解的太陽，且連成新秩序的太陽系，則是正面的表現；若解構的「現代」，不是太陽，是隨便抓來的玻璃瓶，擊破後，當然是無數紊亂的玻璃碎片，一堆等著掃除的垃圾，那當然是不好的負面表現。

（2）「後現代」所站的「現在」位置，如果是「前‧後」都在走的「現在」，也就是說在走中「現在」，它的腳是踩著「過去」與「未來」，那便走來「前進中的永恆」，也是有歷史感與前瞻觀的不斷創新的「現代」，如此，則「後現代」便出現存在的正面意義；若「後現代」只片面抓住這一刻新潮與流行的「現在」，而「過去」完全被割離與埋葬，「未來」也不去管，則「後現代」便患上「短視症」，相連受困在眼前封閉的「現在」，成為殺害人類美好記憶與想像世界的兇手，而出現存在的負面盲

點是可見的。

（3）「後現代」去中心，使所有的存在，都是自由的中心，用意是好的，且有開創性；但這些各自存在的中心，若任其自由，沒有新的無形的中心出現，它們如何互動在有秩序的存在導向中？當只有自由的「演譯」出去，沒有新的「歸納」過來，此刻不但會出現亂象，也使人類思想活動的「演譯」與「歸納」兩部機器有一部停工，造成失衡現象。例如後現代詩與後現代藝術，於去中心採取多元「拼湊（COL-LAGE）」的創作時，若過程中不經過「環境藝術（ENVIROVNMENT ART）」彼此互動的整體檢驗，使之統合在新的無形的中心導向上，結果形成不協調與散亂的堆置在一起，那就是大家都在說的所謂垃圾「裝置藝術（INSTALLATION ART）」與讀不下去的亂詩與偽詩。

（4）「後現代」去權威，沒有絕對。這雖也有其適當性與存在的正面效益，由於權威與絕對，有時確會誤導人存在失去繼續探討的自由空間，有礙進步發展；但如果完全沒有值得眾人信賴的「威望」與「絕對」時，形成誰都對，誰都是老大，誰都是上帝，根本沒有所謂對錯好壞與真理；則目前「後現代」社會現實面與藝文空間呈現的價值失衡與亂象，是否都與此有關係？

（5）「後現代」創作採用「平衡」、去「深度」與「極高點」的作法，雖獲得多面多向、大幅度散佈與揮灑的幅面與空間，但「平塗」如果真的是去深度與極高點，那很可能是看山時不看山頂，看海時看不見海底的深沉奧祕，因而使「平塗」形似可見的薄面玻璃板，致使「後現代」詩在「平塗」

式的平面書寫中，誤進詩與散文糾纏不清身份不明的灰色地帶，那時，再來談詩，如何談呢？談不下去，或許只能用「文類解構」一詞來做不當的解說。

（6）「後現代」反對「永恆」觀；在我透明形似玻璃鏡房的「第三自然」世界，它「正面」看到的確是不斷「存在與變化」的流行新潮與新貌，看不見「永恆」，但那是由於「背面」出現盲點。其實「前進（非停頓）中的永恆」在我「第三自然」全面開放的視境中是存在的，不然貝多芬、莫扎特的交響樂為何一直被聽下去，杜甫、李白的詩為何一直被看下去。因而我在「第三自然螺旋型架構」詩與藝術美學中特別追求過去、現代、後現代、後後現代的新的現代──就是「前進中的永恆」。如此可見「後現代」排除「深度」「高度」與「永恆」，只強調「存在與變化」，出現薄片淺盤的創作世界與風氣是有負面盲點與不健全的；相對的凸現出主張有「前進中的永恆」創作觀是正確的，因為它的「大格局」也容納有後現代「段落性」的「存在與變化」。

問：面對中國古典詩優良的「傳統」，做為現代新詩創作者，如何接受傳統？

答：我認為接受傳統有五種態度，選擇任何一種，都會影響你整個創作生命動向與前景。

第一種：死抱住「傳統」，把「故宮」的門關上，只看「櫥窗」內冷凍的山水，不看明天的太陽是如何將大自然不同的風景，送進人們的眼睛，管它的「抬頭望明月，低頭發生車禍」，管它的建築物圍成街口將天空與原野吃掉，人躲在冰箱冰庫裡看冰山冰水……。像這樣拒絕不同存在與變化的現代時空對話，採取封閉式的保守觀念來面對藝術的創作世界，顯已失去創造力，也自然喪失了做為藝術創作者的身份。

第二種：抱住「傳統」的大包袱，走上現代藝術的高速公路，顯有可見的壓力與阻力，以及顧「前」顧「後」，缺乏衝刺、超越與突破力……等現象，因而勢必發生新不新、舊不舊與拉扯不前的尷尬創作情形，同現代藝術特別強調與重視的前衛性與創新性是確有很大的距離與落差，也自然在藝術創作的跑程上，因步拍不一致與遲緩，而始終落後，便一直處在被淘汰的範圍內。

第三種：從「傳統」走進「現代」，「傳統」與「現代」有經過化解的相交通相脈動的可見的連線，不完全切斷「傳統」；也不是抱著「傳統」在走；而是從「傳統」走出來，走向「現代」，但仍繼續受傳統明顯與相當大的影響，形成仍含有「傳統」形質，又能展現推陳出新的現代創作形態；雖然仍難免受到「傳統」的牽制力，不能享受到全然脫離「傳統」的絕對自由，跑得特別的快速；然而在「傳統」與「現代」相互動的雙軌上仍能保持中和、穩健的前進步調，顯然也是在現代藝術創作世界中，可信賴與具平衡感且有展望的創作形態。

第四種：站在「現代」真實存在的時空環境，以全然開放的自由心靈，吸取與提昇「傳統」及「非傳統」的一切存在的有機生命質素、機能與精華，建構起能包容與觀視「現在」、「過去」與「未來」的全面開放的新的視野，而盡量排除對藝術自由創作有任何有形與無形的制約力；這樣，似更有利

藝術家在創作時，有更好的時機與更多的可能去創造出具突破性、創新性甚至「從未見過」的藝術奇蹟，以這樣的創作生命型構與態度來接受「傳統」，使「傳統」的牽制力盡力消滅，藝術的自由度相對加強，似乎是更符合後現代創作給於創作者更大的自由，大到可達到我過去一再說的：「真正的藝術家，能拿到上帝的通行證與信用卡」，去自由進入無限的世界，來為「美」工作，這也正是藝術原本的企求與終極的目的。

第五種：只抓住「現在」存在與變化的過程，及目前流行的新奇，使過去的「傳統」與「現代」之間沒有必要的接合點，甚至斷層，至於「未來」的一切，只要它來，便跟著就變就新，可謂是不停的標新立異，見到「傳統」就反，缺乏歷史感，缺乏思想根性與深度，一路擁抱流行、追逐新潮熱浪，存在於飄浮沒有岸、射靶沒有靶心的世界裡，將動變的現象，錯看成本質的存在，以外顯的相連閃爍，引起大眾驚視，那只是一連串很快死在光速中的煙火，那只是燦亮在「地攤文化」裡，沒有真正質感的假寶石，而不是亮起藝術豪華之宮的「鑽石」燈，雖都分別從「傳統」的制約力中，取回創作的全部自由，但創作的精神思想與藝術的美學觀點……等的存在層面，都非常不同，當然創作的內涵世界與結果，也大不相同。像這樣，雖都有其「存在的必要」但又完全不同的存在，便的確像是嘩眾的「流行」歌曲，同貝多芬莫扎特等人創造出「永恆」之聲的交響樂，存在於完全不同的世界中。

綜觀上述有關藝術家接受「傳統」的五種態度，可見第三種相當值得關注；第四種則更為理想值得重視，因它吸取「傳統」精華，卻不受「傳統」絲毫牽制，而持有更自由開放的創作思維空間，去充分且確實的面對無限與「前進中的永恆」的創作世界。至於第一與第五種分別在「保守」與「否定」兩極化的偏執中，均出現盲點與狀況；第二種因仍處在新舊化解不開的僵局中，展不開來，面臨停擺，是可見的。如此看來，接受「傳統」的五種態度，便也無形中成為對照藝術家不同創作生命形態與世界的五面鏡子。

問：創作半世紀你獲得國內外不少詩獎與佳評聲譽，你對這方面有那些看法與觀感。

答：「獎」在一般說來，確是代表一種榮譽，但仍必須進一步去想，究竟獎是由什麼單位頒發，評審是誰，前後頒過那些人，都確具有聲望與水準嗎？如果有疑問，獎的榮譽感就會減低；譬如一個被公認有顯著成就的詩人得了獎，接著另一個沒有什成就的詩人也獲得這個獎，那不但使獎失色，也讓那位原該獲獎的詩人多少受到污辱；再就是即使詩人獲得各種大小不同的獎，從更高的價值層次來看，所有的獎乃至來自評論的各種稱譽與好評，那也不過是圍繞在詩人創作生命主要建築物周邊所襯托與美化的一些次要的「花園景象」，否則，難道詩人住在沒有「屋子」的「花園」中嗎？同時當我們從大的方面看沙特拒領諾貝爾獎，小的方面看詩人羊令野拒領文協頒的詩獎，洛夫對某單位有意頒他博士學位他表拒絕之意，這都可見獎與所謂榮譽在某種情境下，是可考慮放棄的；也可見獎雖有其重要性，但更重

要的還是在作品是否對人類世界有永久存在的回響與震撼力。

問：在你創作半世紀的過程中，有否受過別人的影響？

答：這問題從我下面所寫的有關論述，應可証實我是具有個人獨特性與原創性的創作思想，不受到任何人可見的影響。

很巧最近接到澳門大學教授區仲桃博士（她是研究我與蓉子以及余光中、洛夫、鄭愁予等五位詩人獲港大博士學位）來函，說她同她的博士指導老師 Dr. ESTHER CHEUNG，已將我精要的一百首詩英譯出來，可望在年內出版；因序文中，要談到我創作半世紀究竟曾受到國內外那些詩人與作家的影響，希望我回信說明，這問題是一具有某些意義的創作問題，加上這些年來，有些寫學術論文與詩史的人士，憑個人主觀的感覺與不太確實的概念，將我說是受到某一些詩人的影響，那真是使我怎麼也意想不到的事。於是切實的想一想，詩與藝術既是終究要我們將一切回歸它存在的真實面，看來便似有必要來寫這篇創作受別人影響的相關文章。

以往當我接受訪問或演講時，常被問到我創作曾受到國內外那些詩人作家的影響，我總是一片恍然，摸不著頭腦，很難做回答，那的確是因為：

民國 43 年當我的第一首處女作（加力布露斯）詩，被紀弦先生以紅字刊登在《現代詩刊》，引起重視，便有人認為那是浪漫主義的詩，也認為我是受英國詩人拜倫的影響；可是我當時也寫了〈小提琴四根弦〉這首以冷靜意象同〈加〉詩顯然大不相同的詩，此詩余光中教授曾譯入台灣第一本英文

詩選，五十年後詩人向陽選入三民出版社 94 年出版的《台灣新詩讀本》。同時也有人因我早期寫過〈不滅的太陽〉……等熱情奔放有衝力與強烈戰鬥性的詩，認為是受惠特曼的影響，可是我接著也寫（第有日的底流）這首沉思默想非常形而上完全不同於〈不〉的詩，此詩除被葉維廉教授重視英譯進《台灣現代詩選》，也被研究我獲得廈大碩士學位的研究生張艾弓寫近二萬字的評介；由於「第」詩含有濃厚的象徵與超現實性，是否照樣又可推斷我是受法國象徵主義大師梵樂希與超現實詩人阿拉貢的影響？！其實那都未必能做如此觀與認定的，因為「浪漫」「象徵」與「超現實」等創作思想，是一直自由開放在古、今、中、外創作世界的「公共」資源，任何一個有思考力與創造性的詩人作家，在自我探索的過程中，都可能會碰觸到與採用，而自然出現有不約而同的「雷同」現象，不一定是誰影響誰。基於此，對半世紀來一直堅持「自主性」、「自我獨特性」與凸現超越精神的我，又加上我一再在論文中強調「一個真正的詩人與藝術家，在創作時，他必須確實有不可阻止的力量，從各種存在的現實時空環境以及所有已出現的藝術主義流派中穿越，全然回到絕對與獨立的自我位置去面對創作世界……」，便的確是比較難於找出與回答自己創作究竟明顯受到誰的影響了。

說到此，便又想起另一項同「創作思想受影響」也有關的問題，那是當光復出版我《整個世界停止呼吸在起跑線上》獲得時報新詩推薦獎，該書策劃主編林燿德特別在書面加上一張推介書頁寫著一些讚揚的話，其中開頭有一句「羅門這位孤傲高貴的現代精

神掌旗人……」此話似無形中直射與牽動我長年來在內心要求形而上「超越」與極度強調「自我性」的存在精神，也相關到有些文友之所以都認爲尤其是前衛藝術家張永村就曾當面說過我的精神思想是屬於「尼采型」，其實我一直是我自已，我是「羅門」，不是別人，我是順著自己特殊的內在生命結構形態，來完成不同於任何人的自我創作形象，直覺中並沒有感到受尼來的影響，我讀他的著作也很少，如果要我坦說我的創作思想，在印象中，曾受過誰的影響，則我在年青時是多少受到方東美教授的影響，他對我後來創始的「第三自然」美學理念，是有潛在的某些啓發性的，當然真正對我一生創作思想「最」有影響力的人，只有兩位，除了一位是我內在執著勇於向前探索與推進的直率崛強的「我」，另一位便是我自中學時代直至目前仍崇敬嚮往的貝多芬，他音樂中不斷突破超越與昇華的生命動力，一直潛伏在我創作心靈的深層世界，賜給我乃至全人類兩樣最高貴且永恆的禮物—「美」與「力」，那的確是紡織豪華富麗生命的經緯線，推動存在時空與理想創作世界的雙輪。誠然貝多芬是影響我一生創作最深遠與重大的人；他啓導我不妥協的完成自我創作生命的意志，幾十年來，我已將他視爲我「心靈的老管家」，他給我的同蓉子在現實生活中給我的，我都是誠以無限感恩的心情來接受。

接下來要談的是上文中提到的「第三自然」創作美學理念，它是我長年來，從創作中體現與創造的，也曾獲得海內外多位名學者與評論家給於某些正面的評價與肯定（見文史哲出版社一九九九年出版的《在詩中飛行》37頁至43頁），而加州大學張錯教授憑個人的大概觀感，在文章中，認爲該理念是受台大客座教授施友忠前輩在一九七五年十二月號《中外文學》發表的〈兩度和諧及其他〉思想的影響，依慣常情形來看，確是有可能的，因施教授是國內外的名學者與前輩；但事實上並非如此，因爲我的〈第三自然〉理念是在一九七四年七月（較施教授早一年半）的《創世紀》詩刊發表，可見我是沒有受到施教授影響的情形；這倒也再次証實古今中外人類思想的活動，在無限開放的時空中，有互相影響的時候，也有彼此不相影響，雖相通連有共感，但那是各自存在於不同的時空境域，如中國千年前古詩中的「大漠孤煙直，長河落日圓」☌●

早就在詩中以文字創造出當代西方藝術所創導的幾何造型與「立體主義（CUBISM）」的創作思想觀念。

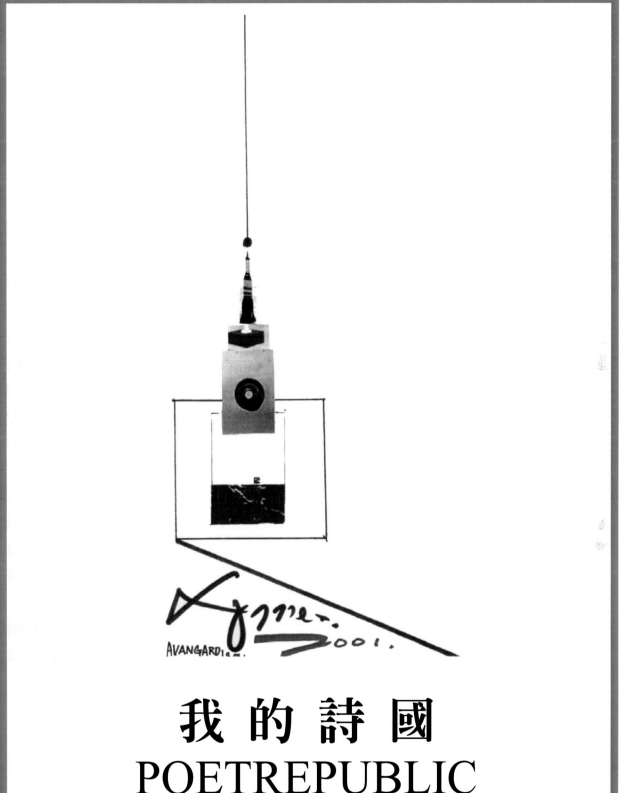

AVANGARDism.

我 的 詩 國
POETREPUBLIC
詩國訪問記特別續稿

詩國訪問記
特別續稿

詩國「訪問記」忽然引發的特別續稿

在「詩國」彙編準備出版之際，「詩國訪問記」五萬多字的文章，也告完成；忽然腦海中，又浮現三個相當亮眼的「訪問」大浪潮，至為特異，要我不能不繼續特別的訪談下去。

（一）第一個「訪問」大浪潮，是「諾貝爾文學獎」深層世界的探究——

「諾貝爾文學獎」，應是世界被公認的最高文學獎，然而在肯定中，仍難免有批評的聲音來自不同的方向。譬如，我曾書寫高行健有獲得諾貝爾獎的特殊條件與表現，但兩岸有不少知名的文學高層人士存有意見；甚至有些知名的有心人士產生由華人世界設較諾貝爾獎更符合自己觀感與理想的文學獎。

這些年來，兩岸尤其是台灣有多位「名」詩人作家，曾敲「諾貝爾獎」的門，但都沒有登堂入座，多少有些失落感，這些疑惑，如何來面對與解答呢？！我曾來回冷靜且深入的想了又想，嗣提出對此話題關心的有識之士來共同探究——

「諾貝爾文學獎」既是文學界最高的獎，則它的最高價值在哪？必須澈底明察的找出來，以便作為頒獎的最高指標與確實的依據，基於此我們必須站在文學純正與絕對的位置，排除情緒大開大放不受特定的意識形態干擾，盡可能讓「文學」為自己本身存在的至高價值說話。

誠然半世紀來，沒有任何東西可取代

「詩」與「藝術」給予我的能見度來看世界與一切；同樣的，面對「諾貝爾文學獎」這個話題，我也是以七視的「詩眼（POETIC EYES）」來觀看；終於在創作漫長的心路歷程上，覺識悟知到「詩・文學」存在的至高意涵與價值，而寫出下面似可對準問題正面切入的那段「詩話」：

「世界上真正偉大的「大師級」、「桂冠級」詩人文學家與藝術家，是必須具有——「生命觀」、「世界觀」、「宇宙觀」、「時空觀」與「永恆觀」……等宏觀的大思想智慧以及大的才華與藝術功力。

同時他作品的媒體符號應是人類精神思想世界（相對於物理世界）的原子能與核能其爆發的威力與光能，不但能進入而且能美化與亮麗東方孔孟老莊、西方亞利斯多德、蘇格拉底、柏拉圖、羅素乃至道教、回教、佛教、基督教……等生命思想的活動境域，並能捺響「上帝」天國天堂的門鈴，以及拿到「上帝」的通行證與信用卡，最後同「上帝」一起存在於『前進中的永恆』」。

其實此段詩話，是我在「第三自然」磨鏡房，為「諾貝爾獎」得主與評委磨了近半世紀的一面鏡，於相對照中——

●諾貝爾文學獎獲主，他的作品是否達到此獎上面所說的至高水準與要求？

●諾貝爾獎評委是否確有高見也真的看出獲獎人的作品已確實的達到此獎上面所說的至高水準與要求？

如果在鏡中，對照的結果，彼此間尚沒有完全那樣的達到，仍有某些可見的差距，則諾貝爾獎便自然出現仍有不夠理想的現象，而獲獎人與評委雙方面都仍存在著有繼續努力的自我「修身治文」空間。

至於持較輕易想獲「諾貝爾文學獎」的作家們，我想他於作品送審前，最好是先經過上面那面鏡，確切的去自行照鑑一次，方做決定。因「諾貝爾文學獎」仍有它一定的價值水準；由確實高明的評委來評選；至於評委的評審至高點在那？我本文試圖說的，那只是我個人所持的論點，仍有待大家的商談與論斷。

「附註」詩眼（POETIC EYES）的七視是：

（1）

環視　看不見範圍

注視　使一切穩住不動

凝視　焚化所有的焦點

窺視　點亮所有的奧秘

仰視　再也高不上去

俯視　讓整個世界

　　　跪拜下來

無視　從有看到無

　　　從無看到有

（2）較詳說明，請參閱文史哲出版羅門的論文集《存在終端價值的探索》p11-16。

（二）第二個「訪問」大浪潮是「人類世界出現存在新的至高抗衡點」——

我創作半世紀來，在「第三自然螺旋形架構世界」，以詩眼（POETIC EYES）看到詩與藝術終端存在的崇高價值，曾寫出以下的詩話：

●詩與藝術是人類歷史文化與「永恒完美」世界的心。

●詩與藝術超越中的「美」的思想，可美化科學的思想，使科學不致於野蠻美化政治的思想，使政治不致於腐化美化歷史的思想，使歷史更為光彩美化宗教的思想，《聖經》是詩看著寫的。

此外尚可美化時間。

美化空間。

美化社會。

美化國家。

美化整個人類世界。

美化人從搖籃到墳墓的整個生命過程。

●詩與藝術是人類世界與地球最佳的環保者。

由以上兩段詩話，可見詩與藝術是人類存在的試金石以及至高的指標與航向，也因而形成「藝術（詩也是藝術）」與「非藝術」世界的抗衡，是不能不視為人類來到地球上新的存在至高抗衡點。當任何的存在包括地球、社會與國家都當作有「美」的內容與形態的「藝術品」來看待時，「藝術」與「非藝術」的界線，便勢必要拉開來，呈現差異與分野的抗衡甚至敵對形勢，而要求確實、正面與肯定的答案。

如此人類自古以來宿命性近乎荒謬的一直被大家重視的「政治」抗衡，便自然從以往傳統至高的抗衡點，移動到第二層次，當然它仍緊抓住人類的心驚肉跳與較大的注意力。

的確移動到第二層次的「政治」抗衡，仍維持它以「戰爭」來昇高其驚人的抗衡點，而且歷時不變；於此我曾以「詩眼」追視「政治」這一冷酷抗衡點的根源，寫過這

樣的陳述：

『地球本是造物主創作最美的一件藝術品，不知是誰在地球上打下第一根樁，便長出「地圖」來（地圖裡，又長出大大小小的「地圖」），「地圖」的邊線，便有不同編號的飛機與槍炮在護衛，於有意或無意中碰撞時，便彼此丟炸彈，也各自叫喊生存自由與民主和平，上帝也從天國的窗口窺視。「地圖」的邊線被戰爭燒成火線，便燒進「東西德走廊」、「板門店38度線」、「台灣海峽」與「中東地區」還有「伊拉克」……至於「地圖」裡的小「地圖」也是各個黨派集團的爭權奪利，以及「絕對的真理」，都大多由自己來說……。的確「政治」抗衡這一條緣自原本勢利以及個人或團體的私謀所隱藏的「線索」是最奇妙無比的，它在「現代」「後現代」高科技物慾文明的唯利是圖生存環境，於沒有戰爭將它燃燒成「火線」；它便絕妙的轉型為追逐著「錢利」在跑的「熱線」，從具有暗諷性的「仁愛路」、「博愛路」、「和平東路」、「和平西路」……穿過車水馬龍的街道，到了幾十層高的豪宅大廈，進入豪華的大客廳，太巧啦，父親與兒子正親「熱」的坐在沙發上，肩碰肩之間也出現那條「邊線」，很巧同燒著「錢利」的「熱線」急速連上，此刻真的上帝也避不敢看，兒子竟用暗藏的尖刀，從父親的胸口直刺進去，從血路中找到財路……這種為「錢利」父親與兒子互殺的新聞已有多次，這證明人類在 21 世紀過度利慾發展的生存世界，顯已有從文明動物朝下沉淪為文明野獸的形勢，是非常可慮的警訊。我再度將曾在文章中指控的這些存在實況提出，便是在印證這條無論是引燃戰爭

的「火線」或是帶動利慾的「熱線」，其切割力與殺傷力都是將人類推入生存嚴酷不容忽視的險境。

說到此可見溢流著人文人本人性人道思想的「詩」與「藝術」，確是唯一能拯救人類從沉淪中提昇進入完美與永恆存在的主導力量；也因勢形成我在上文所確認的「藝術」與「非藝術」世界的分際，確是人類終極存在價值相抗衡的至高點，看來是有實理與說服力的，同時我發現要面對項重大問題是要動用超越的思想與智慧。

（三）第三個「訪問」大浪潮是「詩神派特使的專訪」。

電鈴響，我拿起話筒，聽到「您是羅門嗎？我是詩神特使，要專訪您；」接著他說：

「之所以特別專訪您，因經過長時間的觀察，你是有是非感的詩人，寧可得罪朋友，也盡可能不損傷詩與藝術，堅持從「事實」往「事理」盡力朝接近真實與真理的存在方向；據說你曾破例當選中國新詩學會任十七年之久的值年常務監事，青協也擔任六年常務監事；同時被詩壇評論界譽為「現代詩的守護神」……當然更重要的，是詩神看過你在「詩國」訪問記中，對詩與藝術存在終極價值的判定以及對詩人與藝術家真正形象的確認，都確具有深切與澈底的特殊觀念，尤其是在「第三自然」磨鏡房為詩人作家評論家與人類存在於地球上所磨了近半世紀的 20 面鏡子，具有永久的觀照作用……便認為你應是除較能就事論事也能稱職的理想專訪人選……」。

聽來應是件榮幸的事，我冷靜的想了一下，站在我曾強調說過的話：「詩與藝術是

裸在陽光中的大自然」，便也坦然接受他專訪我創作半世紀一些確值得認眞來深談與回應的話題。（在訪談中，詩神特使簡稱 A，我簡稱 B。）

A 在詩與藝術開放的世界，你如何看待曾同您一起創作超過半世紀的詩人「洛夫」。（詩神特使一開始便定調的問那多少是帶有策動我 VS 洛夫的某些機制與意念在，這方面，詩論家蕭蕭在 10 期《詩學季刊》的專訪文章，也曾出現過；而現在應是要較大幅度來延續與拓展的談下去，也自然有新加的論談空間與內容）。

未交談前，有一個小插曲，那是在方明詩屋，我遇見多年不見的詩人洛夫，便對他說找個時間，我們談談，我是誠懇的，因為我當時正在策劃創作我的終端作品「詩國」，確有一些可深談的話語，洛夫回答我，要談付款五萬，我也很快回答他，要與我談付拾萬……那是一些「嘴皮」上的玩笑話……。

B 基於「詩人是裸在陽光中的海」，便也讓「語言」的波浪自由的起伏在它的坦然與直率中，此次專訪，盡可能以明快的速度進行，順乎存在的事實，盡量讓事實本身說話。如此我首先站在詩與藝術的純世界來看洛夫，我必須坦說他確是台灣詩壇半世紀來極少數有重大成就的重量級詩人。

A 你說的是眞確的，不必管別人說什麼「互相拉台」的話；接下來我想細部來訪問你與洛夫的相關情形，在詩壇你是何時與如何認識詩人洛夫？

B 我與洛夫應是在 50 年代（民國 47 年）

一九五八年開始認識的，這可從洛夫 47 年六月廿五日的來信說明：

羅門兄：

大著「曙光」已於詩人節前夕由瘂弦轉來，拜訪後深感吾兄感情細膩深邃優美，而裝幀印刷之精良爲餘事，承兄賜贈至爲感激。日前詩人節未見兄蒞臨，大會頗爲減色，唯此一遺憾已爲嫂夫人蓉子詩人彌補矣！

吾兄今年兩度得獎，至堪慶賀，此乃兄之智慧與心血結晶也。弟現于大直軍官外語學校受訓爲期一年，初來北市，星期日外出無處可去，頗感寂寞，弟擬於本週星期日至府上拜訪，但未知兄是否有空！何時告來，弟將於星期六上午十二時來電話先行連絡，並盼能另邀約幾位詩友暢敘一番！順頌

吟安

弟洛夫上　六、廿五。

A 後來你們更深入進一步的認識情形爲何？

B 我與洛夫更多與進一步的認識，應是基於詩與藝術創作上的認知與專注的投入精神，那是在 50→60 年代間，於洛夫寫出著名的（石室的死亡）、（雪崩）……詩作，我也寫受重視的（麥堅利堡）、（第九日的底流）、（都市之死）與（死亡之塔）等作品，這中間確存在彼此在詩與藝術世界眞正於本然中所直覺通連與互動的認識基因，這又可從洛夫當時相關的兩封信函來說明：

「羅門：

昨日一度暢談，至感愉快，切勿因未予招待而介意，朋友之間貴乎知音，酒肉實不重要。在表面上，外人以爲我們處於兩個陣

營，實際上不論就詩想、氣質及藝術欣賞，我們都是同道，且幾乎是精神上的孿生子，We are not friends of need, but friends of mind

祇要有空我會經常去拜訪你倆的，與你們談話我能獲得很多啓示與快樂……（下省略）

祝好！

蓉子好

洛夫 六、八。

羅門兄：

你的論文集我已讀過一篇，嚴格說來，這本集子並不是一種純客觀的論文，卻有點近乎紀德或愛默生的散文，因爲它的啓示性實較論說性爲多，今天在台灣寫這一型文章的你還眞是數一數二的，其中大部份觀點均與我的不謀而合，其實，你的心聲也正是大多數具有自覺的現代人的心聲，祇有那些戴著假髮在人慾中湮沒了本性的傢伙才會認爲「虛無」是洪水猛獸，認爲現代精神是魔道。沙特與卡繆並不是瘋子，存在哲學更不是「旁門左道」，它爲人類找到自我，從亞里斯多德到老子，從尼采到沙特，無不是在追求「人」是什麼這個問題，而結論也都是一個「虛無」，我相信眞正懂得「虛無」精神的人，他是不會比那不懂「虛無」精神的人更爲痛苦。

我覺得你這本論文集倒可當作散文詩來讀，一般人對你的文章都不易消化，主要是他們未能以讀論文與散文詩的觀點來讀它，不過現在已有一些人正在調整他們的看法，我相信歷史會給予你應得的評價……（下省略）

祝好！ 七、七

洛夫

A 談過你們認識的扼要情形過後接著要專訪的，是您與洛夫都被《文訊》總主編李瑞騰教授在該刊 79 期的評論文章指稱爲「大師級」詩人，被張漢良教授……等多位評審委員選爲「中國當代十大詩人」、被「晨光」詩社社長葉之誠評爲「詩壇五巨柱」、被大陸名評論家陳仲義在一九九五年北京著名的詩刊《詩探索》發表的論文指稱爲「台灣詩壇三大鼎足」、被大陸中生代傑出評論家譚五昌在他主編的《中國新詩三百首》序文中指稱爲「台灣詩壇三巨柱」，可見你們將整個生命投注給詩與藝術，應是都有了一些值得慶慰的回應；現在我想請你談談洛夫與你創作世界究竟有哪些異同的情形，這方面你可採取畢卡索 360 度的搜瞄鏡，精點的追隨著事實自由直率的去談，全部時間交給你。

B 好的，我具實在下面做相關的一些陳述——

(1)我與洛夫的學習背景：

我們都是軍中作家，他是海軍，我是空軍；我在空軍飛行官校學飛，因打足球傷腿、技停；只是肄業，後進民航局迢往美國民航研究中心受訓，回國考取考試院高級技術員，曾任民航業務發展研究員，洛夫是在軍方的政工幹校畢業，後也在大學畢業與任教。

(2)我與洛夫都是在地球上寫詩較久的詩人，超半世紀。

(3)我與洛夫都各出十多本詩集與近十本論文；詩作被用做大專院校教材並名列大美百科全書。

(4)洛夫與我被國內外知名學者教授與評

論家寫超出百萬字的論評文章，均出版近十本的評論專書。

(5)洛夫與我都有多位研究生研究獲得碩士或博士學位。

(6)我與洛夫都在兩岸舉行多場有關詩創作的研討會，或發表會。

(7)洛夫與我在詩的創作世界中，都提出個人的創作理念：

●我 70 年代提出受兩岸學者評論家頗有好評與重視的「第三自然螺旋型架構」美學理念（見「詩國」本文）。

●洛夫近年來也提出有一己獨特見解的「天涯美學」理念。

(8)詩與藝術確是高級想像的遊戲——就心視的意象力量之展示，這方面我與洛夫都獲得名詩評家蕭蕭的重視；的確洛夫在（石室的死亡）與（漂木）作品所推出「意象」的不可擋的「重兵部隊」，其威力是驚人的，是詩壇很少有人比擬的。現在於下面舉一個可參照的詩例：

●凸現洛夫「意象」運作相當精彩的一首詩——

四月的行板

夜爲日之水　　日爲夜之鹽
月爲妹之衣　　風爲窗之客
雲爲山之動　　魚爲水之舞
花爲果之唇　　井爲女之臉
框爲畫之牢　　酒爲夢之足
虹爲天之醉　　露爲花之血
蝶爲春之傘　　街爲市之弦
岸爲河之囚　　船爲渡之手
翼爲鳥之路　　輪爲路之歌
煙爲伊之眸　　淚爲禪之初

●凸現我詩中特殊想像力的一首散文

詩——

門的聯想　　　　　　　　　　羅門
——詩是高級想像的遊戲

花朵把春天的門推開，炎陽把夏天的門推開，落葉把秋天的門推開，寒流把冬天的門推開，時間到處都是門；鳥把天空的門推開，泉山把山林的門推開，河流把曠野的門推開，大海把天地的門推開，空間到處都是門；天地的門被海推開，海自己卻出不去，全人類都站在海邊發呆，只看到一朵雲從門縫裡，悄悄溜出去，眼睛一直追著問，問到凝望動不了，雙目竟是兩把鎖，將天地的門卡擦鎖上，門外的進不來，門內的出不去，陳子昂急讀著他的詩「前不見古人，後不見來者，念天地之悠悠，獨愴然而涕下」，王維也忍不住讀他的詩「江流天地外，山色有無中」，在那片茫茫中，門還是一直打不開，等到日落星沉天昏地暗，穿黑衣、紅衣聖袍的神父與牧師，忽然出現，要所有的人將雙掌像兩扇門（又是門），在胸前關上，然後叫一聲阿門（又是門），天堂的門與所有的門，便跟著都打開了；在一陣陣停不下來的開門聲中，我雖然是想把所有的門，都羅過來的羅門，但仍一直怕怕「卡門」與手中抓住鎖與鑰匙的「所（鎖）羅門」。

【附註】人類確是活在詩偉大的想像力中；因為詩，時間的門、空間的門、哲學家的腦門、詩人的心門、上帝天堂的門，都在此刻一連串的全被打開。

(9)我用宏觀鏡頭看到並寫出（全人類都在流浪）的詩作；洛夫從個人的實際生活面切入產生自己〈兩度流放〉的詩思。

(10)我與洛夫都到過菲律賓馬尼拉麥堅利堡軍人公墓，都彼此寫（麥堅利堡），我

寫在一九六一（60年代），洛夫寫在九十年代，由於我是採取生命到位的通感手法，較為感人，故四十多年後，仍有多位詩人作家讀後掉淚，顯已是進入歷史的一首「戰爭詩」；有十多位詩人寫（麥）詩，我寫的獲得較佳的評價；其實洛夫採取具有特殊創意的藝術設計構想觀念，所寫的（麥）詩，也非常傑出與精彩。

(11)其實嚴格說來，我與洛夫的創作思維空間仍有些不同——

我是正面進入都市物質文明多元化的「物化」空間，去探索現代人從「田園」轉型到「都市」生活新的美感經驗世界與心境，以及以這樣的內心經驗，去重新同田園型的自然對話；視情形，採用多元（包括超現實、象徵、比、新寫實、投射與白描……等手法）表現，展開一個較接近「現代都市物質文明生活層面」的多元思維空間，因此我寫了不少「都市詩」，也寫了同大自然景觀對話的詩。

洛夫是站在都市與自然的鄰近處（非「都市」強烈的中心磁場），較偏向於由「自然」材質潛在屬性所引發的聯想以及超現實與繁複的意象活動，因而有利於他避開現代都市文明多元化「物架」空間的層阻與壓制，而使他一向使用的「超現實」，能得心應手的出招，在詩壇建立具有他個人傳統特色的傑出創作思維空間。

對於他與我的創作思維空間，依我一向以「天空容納鳥」的觀點來看，都應各有存在的位置。我以「都市詩」意象，激化「現代詩」想像、思維與精神意識活動的「現代感」與「前衛性（新穎性）」，對於藝術表現慣用的各種技法，應是在其活動的型態與

空間上，有新的異動與移變作用。我這樣說，是如果洛夫將「超現實」正面送進都市文明多元化物架空間的「當中」去「超」，情形會不一樣，其「超現實」呈現的活動空間、狀態與景象，將有新的調整與呈露新的形勢，而有不同於洛夫一貫所援用的「超現實」表現情況出現。

我說上面的這些話，沒有做價值判斷，只是說出我與洛夫創作的思維空間都多少些不同的地方；這種不同便也形成不同的「詩感」。

12.洛夫與我除寫詩是否也關注其他的藝術，這應是這次訪談較值得去談的特別話題，也似乎要以較多的篇幅來談，由於詩與藝術是一體存在的；而一般的情形，從事詩文學創作的，大多不太去特別關心藝術，從事藝術創作的，往往也不太去用心的探視哲學與文學，結果有分面的創作層面與途徑；而我半世紀來，則在詩與藝術雙向的互動發展中，為詩與藝術世界的直航通車，確做了相當多的努力，也呈示下面詩與藝術共同的表現效應與收益——

● 我曾以廢棄物透過拼湊（COLLAGE）手法、創作台灣最早的裝置藝術作品——著名的「燈屋」，看來也是一首可看的「視覺詩」，引起藝文界相當的重視。

●我曾以四首詩配合名雕塑家何恒雄教授的雕塑，碑刻在台灣的土地上，也是台灣現代詩碑刻的首創。

●我曾以詩與評論為國內外廿多位知名畫家寫序或寫評論；並由文史哲出藝術的評論專書。

●我曾同尖端科學胡錦標、張榮森博士與雕塑家楊英風、何恆雄音樂家李泰祥在台

北市美館首次舉辦「藝術與科學結合」的特展，並在中時文化版與「新聞報西子灣」寫感評文章。

●我曾同音樂家李泰祥多次詩與音樂合作，並寫評介；同時擔任青韻音樂營講師（一九九二年）。

●我曾擔任青年寫作協會秘書長林耀德策劃的 1990、1991、1992 年三屆電影營的特邀講師。

●我曾以詩人身份參與最具前衛新創性的畫會之一的圖圖畫會，一九七〇年以我300 行長詩《詩亡之塔》為主題舉辦（已進入台灣美術史）的多元媒體藝展。

●我曾在兩岸著名大學（包括台大、師大、交大以及大陸北大、清大、復旦大學……等）以及國內外（包括港大、菲律賓、馬來西亞、泰國以及美國愛荷華大學國際作家工作室與紐約洲立大學、華盛頓 Dc 舉行的國際文學會議……）等各方藝文團體進行一連串詩與藝術的專題演講，宣揚詩與藝術的關聯性。

●我曾在不少次在大畫家展覽酒會上，應邀以貴賓做評介性的致詞。

●國內外不少知名畫家，由於我為他們寫評或畫冊寫序，贈送我四十多幅畫作，使我「燈屋」無形中也成為台灣現代繪畫可參觀的小型現代畫廊。

●此外令我多少感到慶慰的，是我多年來對詩之外的「藝術世界」所做的一切，能獲得台灣現代繪畫領航者李仲生「藝術前輩稱許為「台灣的阿坡里奈爾」，以及深具前衛觀念與創新力的名藝術家——大道藝術館館長張永村於開館展舉行我「燈屋」的圖象展，也特別在邀請卡上，介紹我是「台灣裝置藝術的鼻祖」。

如此可見我在藝術這一特殊境域，顯然也是在用心做較多的經營，並有所表現。（這可參閱我「詩國」較詳的有關藝術報導）至於洛夫在他也參與藝術的活動之外，則較著重書法，他相當下功夫，的確寫出一手具有素養意涵的好書法，並舉行不少次書法展，也有不少仰慕者的收藏，或許要建起個人獨特有別於歷代著名書法家的風貌，尚有努力與發展的空間。整體看來，在將「詩文學」與「藝術」兩個半球合為一個在「美」中，轉旋的「球體」，這方面我所做的努力，似乎較洛夫範圍與層面都要大與廣些。

13.我與洛夫受到兩岸名評論家高度的肯定與稱許，同樣也想不到的受到另一些知名人士，有意的批評甚至指罵；其實這是人尤其是詩人藝術家存在於世，所面臨現實社會的正常現象；最好是坦然以對。

14.評論家譚五昌在編《中國新詩三百首》序言中，指認我與洛夫為「台灣詩壇三巨柱（尚有詩人余光中）」其所論評的觀點，似有精銳與透徹的說明，或有參考與觀照的作用。（見「詩國」——「羅門研究擋案」譚五昌教授寫的文章）。

15.洛夫出版他的三千行巨構型近三百頁的《漂本》長詩選，我出版了約九百頁數十萬字包抱詩文與視覺藝術綜合創作的巨構型終端作品《詩國》，彼此都應是用心力心思心智較多的創作行為，也都顯有個人指標性的存在價值與意義。

A 於任由你扼要的陳述你與洛夫表現的異同點過後，我想同你談一樣相當有趣看來值

得去談的話題——那是有一次在大陸名評論家陳仲義家中的聚談，當時有揚名兩岸的詩人評論家林燿德、創世紀詩社名詩人簡政珍教授以及當前「後現代」名理論家孟樊與女詩人舒亭等⋯⋯談到你與洛夫的話題時，幾乎引起激辯，林燿德在台灣詩壇上較特別推崇你，簡政珍則推崇洛夫；據說激辯到深夜，這一頗具歷史性回憶的趣談，是孟樊在林燿德四本新書發表會擔任發言人提起的故事，你對林燿德與簡政珍所持的態度，有何感想與看法？

B 他倆都是目前台灣詩壇至為傑出的詩人與詩評家，林燿德死後，有多位研究生研究他獲得學位，可見他受學術界的重視；簡政珍也是名學者，所以我都尊重他們的意見與看法，至於我個人若尚有其他的話要說，那就是，林燿德之所以給予我較多的關注，是除了我四十多年前寫的《長期受著審判的人》特別引起他的重視，便是他在我研討會上發表的那篇《羅門思想與後現代》論文中所發表的意見——

『羅門，做為一個具備現代思想與前衛創新傾向的重要詩人與詩論家，在五〇年代以降台灣詩壇形成一家之言，他的發展軌跡隨著自己的思想與詩風、以及整個文化環境的變遷而顯現出來。在多次有關潮流、技巧以及詩人內在生命本質的論爭中，羅門始終能夠提出獨到的見解，包括了創作的形式、與古典詩的關係、各種主義流派的反思，他的洞見維護了詩的純粹性，並且以不輟的創作親自證明了詩人毫不屈撓於現實的意志。

「羅門思想」中的「第三自然螺旋型架構」對於後現代的批判與修正仍然具備以下嚴肅的意義：

（一）羅門能夠以一己營造的壯美思想體系面對時潮，提出具體的立場，這種胸襟和氣魄，在台灣詩壇陷入沉寂、被小說界奪去解釋權的八、九〇年代，無疑是令人振奮的。

（二）羅門講究立場，雖然也有模型理論的自我制約，但比起後現代主義玩家的閃爍其詞、飄忽不定，他篤定而誠懇的態度值得肯定，重建真理的企圖則令人敬佩。

（三）後起的浪潮不見得必然高過前驅的浪鋒；能夠堅持自我理念的詩人羅門是永不過時。⋯⋯』。

見（羅門蓉子文學世界學術研討會論文集）文史哲出版社一九九四年
林燿德「羅門思想」與「後現代」

再就是我似乎較洛夫更正面介入「現代」與「後現代」都市物質文明的生存空間，去展開偏向有現場性「進程」與特殊現代感的創作思維境域；這同林燿德握住「現代」「後現代」平衡槓與身為中介者，所站的立足點與守望的視向，顯有較親近的共見距離與相互動的熱線。

然而無論如何我與洛夫都各有其自己獨立自主的存在世界，創作別人無法取代的屬於一己獨特的形象與風貌。

A 訪談到此，我想將上面所進行的專訪，告一個段落，接下來，便較為專注與深入來談此次專訪確實較為重要的一些話題；那就是你在詩人方明詩屋見到多年不見的洛夫希望能像五、六十年代那樣坦率的深談詩與藝術以及生命存在的價值與意義，的確在創作超過半世紀的心路歷程上，人類也步入21世

紀新的「後現代」高科技文明的生存境域，探望生命新的發展動向；你也集中心力出版巨型的《詩國》終端作品，洛夫也出版他令人驚視的大構想的《漂木》長詩選，彼此顯然是較過去應有更豐富更有意義的話可談，現在就讓您以「交談」或「VS」的任何形式來坦談你本來要在詩與藝術的純然世界同洛夫深談與無所不談的話題：

B 好吧！我本來要與洛夫深談的話，基於進行的條理性與明快的效應，我採取 VS 洛夫的正格形式似較為適當；未開始前我必須特別提出一些說明：

●我 VS 洛夫首先要像上面曾說，讓詩與藝術裸成陽光下的大自然，所有的話語是裸在大自然中的「海浪」，盡可能讓「事實」與接近「真理」的「事理」說話。

●至於我與洛夫最後都退場，讓有說服力的「真實存在」留下。

(1)現在我首先想請問洛夫——

我創作半世紀，發現很多人，對詩與藝術以及詩人與藝術家終極的存在價值都似乎不夠深入的了解，我認為：

「詩不但要求詩人以賦、比、興寫好一首好詩；更要求詩人認明詩是人與世界以及所有文學與藝術邁向「美」的顛峰世界與「前進中的永恆」之境的主導力量。

「詩是耶穌與愛因斯坦手中提的探照燈，在尋找聖地與奇蹟的路上。」

「真正的大詩人與藝術家，必須具有「生命觀」、「世界觀」、「宇宙觀」、「時空觀」「宇宙觀」與「永恆觀」……等宏觀的大思想智慧以及大的才華與功力；同時他作品的符號媒體，近乎是人類精神界

（相對於物理世界）的原子能與核能，其爆發的威力與光能，不但能進入而且能美化與亮麗哲學家乃至宗教世界等生命思想活動境域，並能捺響上帝天國天堂的門鈴以及拿到上帝的通行證與信用卡最後同上帝一起存在於「前進中的永恆」；這些話在上文談諾貝爾獎時，曾說過，再度來說，可見其重要性，你同意嗎？

(2)我認為「語言」是人類思想智慧存在與活動的形態與位階；而世界上最美的語言是詩人而非哲學家說的，你是否也同意？

(3)我長年來除寫詩尚對詩壇盡可能做些環保工作，說真話；也努力將詩與藝術的本然世界同現實勢利社會的藝文現象面與環境拉開界線，比較採個人獨來獨往的存在作為，盼能在人類共同存在的生存空間，去接觸、發現與維護凡是確實傑出非凡與卓越的一切……記有一次耕莘文教院的詩座談會上，有一些人對你的創作世界，有所抨擊，我當時提出反撲，更有人私下對我說你的（石室的死亡）是有問題的政治詩，可告你入△，我也不同意，那是荒謬的指控；對我而言，（石）詩是你在 60 年代現代主義存在思想高漲時，具有「自我」突破困境與悲劇性能進入現代詩史的震顫性大作品，的確只有作品能確實的說出真話；我說的這些，不外也是在問多年不見的你，對我一直堅持的這種不變的態度，其觀感與看法如何？你自己這些年來又是如何的看待自己，應也是交談中自然涉及的有審思與深切性的有關話題。

(4)再就是以下三項具解密性更需要坦談深談也是詩神大使事先預知要特別去談的話題——

（一）我認為詩人與藝術家既是將世界送往「美」與「真實」的存在位置，他本身應盡可能有良知良能說真話，而誰都不是神，能盡力而為就好。半世紀來我除了創作，也的確在共同存在的藝文空間，雖批評家說我仍不敢自己說是「現代詩的守護神」，但多久是為詩與藝術純正的世界做些環保的工作與盡量說真話；如此，我便難免有這方面的體認感觸與可談的事情，那也都是同作家切身存在不可忽視的有關事情，也是同我上文特別強調「藝術」與「非藝術」相抗衡的至高點以及「本質」與「現象」存在的話題，有確深切的關聯。

現在我們在「我愛我友、我更愛藝術」的心境與讓事實本身說話，開始來談——

首先我扼要地將我「環保」工作搜瞄鏡中有特別顯著的傷害到詩與藝術真實存在空間與扭曲歷史的事件，投射在陽光中，讓你與大家都來面對，而有是非對錯的看法。

●當文壇至有知名度的文學刊物《聯合文學》舉行問卷誰能是接近諾貝爾獎人選的作家，結果不少人都有相當多的選票，你洛夫一票都沒有，那確實嗎？

●同樣的，文建會所屬有關藝文部門與編選人士花納稅人的錢，編數十本個人詩選，就是沒有我，應該嗎？

●60年代我寫了（麥堅利堡）、（第九日的底流）、（都市之死）、（死亡之塔），是我創作轉型獲得詩壇不少著名批評家的肯定與好評，但就有寫60年代詩史的所謂知名評論家主編，一個字都不提我；又我被現代詩壇有些評論家指稱為「現代主義的急先鋒」，但也有人寫「現代主義」詩人作家，也一字不提我，不荒謬嗎？

●有一些所謂名學者、評論家出版台灣的「經典」詩選，也難免是對歷史說謊與不忠實的作為，除受到笠詩社不少人的批評，我也認為是一種錯誤，因為在一本詩選中，能每一篇都是好詩已相當困難，要篇篇都是經典之作，那絕對是不可能的事，顯然是打不實的廣告，有違詩神的旨意。

●再就是「後現代」誰有「舞台」與「碼頭」，便做良莠不一的叫賣，普遍造成價值失控與紊亂的現象，而也難免導使詩壇失去確實與絕對可靠的信賴度；基於彼此的現實性互利關係以及私情私見……而勢必使純然的「本質」朝向「現象面」呈示變貌與走樣的價值錯位，是可見的。此刻詩人與藝術家有理由將「自我存在」的解讀權於必要時從「大家」的手中收回一部份，你是否同樣也有這樣的思考與看法呢？

●台北辦過多次的國際詩歌節，竟在這一神聖的節日，出現令使詩神不忍睹的事；譬如在晚宴酒會上，主席在介紹在場詩人代表，竟有工作人員將名單送交給主席照讀，而其中有些人不在場，有些也非有高成就的著名詩人，就是故意不介紹當時同諾貝爾獎評委馬悅然在晤談的「東亞勃朗寧夫婦」名詩人羅門蓉子；再就是詩歌節策劃人策劃的「都市文學」討論會，請了不少詩人出席，其中有他詩社的詩友向明，但向明並非都市詩的要角，我被稱為「都市詩之父」「都市詩的宗師」，也有研究生研究我都市詩獲得學位，以及我也出版都市詩專書與撰寫都市詩研討會的論文，卻故意不請我；其實這都絕非文人尤其是詩人行事的正道，那只是破壞大家共存的藝文純淨空間。於此，你會毫不顧慮的站在「藝術」純然的位置來看事情

的對錯嗎？

●又你與我與余光中被評論家指稱爲台灣詩壇「三大巨柱」「三大鼎足」，我與你之間，多年來都保持彼此尊重，沒有打過筆戰，沒有互捧互罵，是值得欣慰的事，至於你與余光中在創作中雖有過論辯，那也只是存在過的歷史事件，我持較客觀的看法──詩人光中的機智靈巧，語言網路運作的繁複暢通與變化多端以及對西方文學的了解，尤其中國文化的護衛……，都是使他建構自己別人無法取代的詩創作境域，他看來像是「梁實秋」相當有定力感中道有守的學者與文人風格的創作者，呈現特殊與傑出非凡的形象；而你是標準屬於現代主義存在思想強調自我突破超越進入內在深層世界探險帶有某些悲劇性與強烈切割力以及批判精神的創作者，看來似乎是異於「梁實秋」的「魯迅」；有更近距離同存在現場的直面接觸與碰撞；我或許以現代人類存在的四大重要主題，創作「戰爭」、「都市文明」、「自我死亡永恆」與「大自然觀」等，四部書，形成我創作的「四方城」與「四合院」，又特別在多本論著中強調現代感，現代前衛思想與現代人的悲劇精神……等，也具至爲強烈的存在思想與批判性，因而便自然同你的創作世界看來比較接近。其實這些情形，也可在彼此約談中來任意直言暢談，獲得彼此創作的互解，不也是件好事？這你不致於反對吧！

●再就是你對詩人楊牧的看法，也可來談；站在我「第三自然」開放的視野上，我認爲楊牧是台灣詩壇上具有文才學養以及怡然適性至爲超逸瀟灑自主性強與特別以「賦」的高規格形式創作，值得重視的大詩

人。你是否能接受我這樣的看法呢？

●又受詩壇至爲重視的詩人商禽，除詩創作有傑出優秀的表現，也從事現代繪畫，你我也可以客觀來交談，我覺得商禽曾參加諾貝爾獎的選拔，有其某些可能性，從詩藝表現的美學觀點來看，水準與條件是有的，其觀察力、內視力與透視力都敏銳，然而從創作量以及哲思涵蓋的宏觀與浩大淵博感──包括「生命觀」、「宇宙時空觀」與「永恆觀」……等智慧思想，似乎都尚有加強的空間，我想詩神特使會認同我所持的觀感，你如何來看呢？

●至於同你創辦「創世紀」的詩人張默，他是直腸子的詩人，他長年編《創世紀》給於我相當的禮遇，除刊登我的名詩《觀海》，七〇年代登我著名的美學理念「第三自然」，以首版刊登十位詩人訪韓我寫的〈板門店38度線〉排第一位，於一四六期製作老中青三位代表詩人的專輯，老一輩他選我，同時兩度以彩色版介紹我著名的「燈屋」；他本人也贈送詩作給我與蓉子，實在是長年來相處保持尚好的往來，然而我們站在詩與藝術不談私情的情形下，我想問你，也許你也聽過有些詩友說，張默編《創世紀》與其他書刊是對詩壇貢獻重大的，創作也具水準與豐富，但似乎仍不能同你與瘂弦齊觀，你是否也同意有人這樣的看法呢？

（二）是你預想不到我在方明詩屋說要同你交談的話題是詩壇都已談了不少關於你巨構型大作《漂木》；當然在此次詩神特使的專訪文章中，因篇幅不能詳談，只能深談與採取快速「打耙心」的方式來談──

的確你的「漂木」三千行長詩是中國現代詩格局規模較大令兩岸詩壇驚顫與重視的

巨構型作品；而你仍是延續「石室的死亡」力作，以不斷突破超越的自我「存在思想」，通過「現代」銜接「後現代」存在的時空處境，動用你「意象」庫房中所有的「意象」新舊貨，全部出籠，爲創作做全面與整體性的出動與衝刺，的確是壯觀與有相當大的回響……

於我對「漂木」也表以至爲重視與肯定過後，冷靜的站在詩與藝術的眞實世界，確也有一些値得在彼此約談中去問的眞話：

●兩岸對你有讚許的一些著名批評家（你我都認識）他們與我談起都覺得《漂木》在結構的完妥性與整合力方面，沒有（石室的死亡）嚴緊與好，你同意嗎？我相信你不會反對。

●當長詩《漂木》劃分四・五個章節，每個章節，都特別寫上不同意涵的標題，便不像《石》詩以一、二、三、四……等符號與交響樂只有一、二、三、四……樂章，沒有特別的文思標題，故在形質上嚴格來說，《漂木》仍應是一本在大範圍中的「組詩」型長詩選。如果若說那是三千行長詩選，觀念顯有些問題，像我是否也可將自己上面所說的四本詩選，彙編在一起，定名爲《我詩國的四方城》數千行的長詩選呢？的確尚存在有交談的空間。

我深信以上的約談問話，詩神特使在旁，應會認可，你是否站在藝術是探求眞實存在的絕對立場，而也有所認同？當然即使出現以上一些不夠理想的地方，但仍不能不認定《漂木》確是有思想深廣度的巨著。

（三）接下來是我在方明詩屋說要同你談的應爲其中較特別認眞與嚴肅的話題，那也是世界上所有具大思想智慧的創作者，都幾乎要面對的——

我深信古今所有眞正的詩人與藝術家，都是以他作品表現的符號媒體來解讀他「自我」以及全人類存在於世的『美』的著落點與精神思想活動的至高指標；那麼你半世紀來一直抱持現代主義存在思想，帶著自我不斷突破超越的精神以及你那不可擋的「意象」重兵部隊，向前衝刺，整個過程從《石室的死亡》到目前的《漂木》，你在華文詩壇，確展現傑出非凡以及重大的成果與表現；然而你仍一直處在繼續抗衡與衝刺的境域與動向中，好像仍不安然的感知到時間的重量與空間強大的阻力，而將自我存在於潛意識與心靈深處轉型到具有宗教性的形而上膜拜情境；於此，也無形中分明我與你的創作生命結構與世界，顯有「同中有異」之處；因爲我四十年前寫的被評論界也有佳評的（第九日的底流），便早就無形中將詩與藝術當做我具有形而上性的宗教信念，直至我目前出版的《詩國》終端作品，便是做進一步的確認；這個事實，其實在詩評家譚五昌寫的（台灣詩壇三巨柱），也特別提到這一要點，如果你靜下來沉思默想，究竟自己是否已經將「自我存在」送往最後的至高點與著落點，像英國大思想家湯恩比所認爲，如果人類是確實的探索生命，就終歸發覺要將生命送進宇宙之中之後成爲眞實與永久的存在；若不如此便仍是繼續奮進在不斷的抗衡、突破與衝速的過程中？！

說到此我不能不調度對照鏡頭來看與談——爲何科學家愛恩斯坦發現自己無法完全了解與擁有無限的宇宙時空時，最後便朝向宗教世界信仰上帝？爲何樂聖貝多芬創作突破一切阻力的「英雄」與「命運」交響樂

過後，會寫安於時空的阻力而寫出溢著宗教信望讚美上帝與天國的「第九交響樂」？同樣的，像巴哈、韓德爾莫扎特等偉大的音樂家、米開蘭基羅、拉菲爾、達文思等偉大的畫家以及但丁、米爾頓與大衛王……等偉大的文學家，……他們的創作生命與智慧中，終歸在最後都潛藏與散發出宗教甚至信仰上帝的虔誠情懷與情境……說到我本人，我四十多年前寫的（麥堅利堡），我沒有掉過淚，但有多位名詩人作家包括大陸名評論家沈奇教授四十多年後讀（麥）詩卻掉過淚；倒是同樣在四十多年前寫的（第九日的底流），只要我閒靜下來，尤其是當整個世界都在沉睡的深夜，一面默讀這首在心靈深處走動同時空對話發出回音的詩作，一面聽本來是為我「心靈老管家」樂聖貝多芬寫的「第九日的底流」，便都往往抑壓不住的流出眼淚來，我也虔誠的將流出的淚，喻為是我接受「美神」受洗時的聖水，而深深覺識與感悟到詩與藝術在無限超越與昇華的時空中顯然也無形是一種「美」的宗教，甚至可美化哲學、科學、政治、歷史與其他宗教生命思想活動的世界。

由於我創作半世紀，內心的潛在世界有這樣的特殊發現，與進一步的去建構我的「詩國」，便的確是在方明詩屋導致我去提同你來探談這一帶有解密意味的話題——

因而記起在二〇〇六年北京大學舉辦相當盛大的「新世紀中國新詩學術研討會」，蒙大會主席謝冕教授特別安排你我與余光中教授都以貴賓在開幕典禮上做 20 分鐘的致詞，確是一項榮幸；當時我心中想好長的一段日子，沒有同你見談，此次當我們正好坐在鄰座的交通車上，我必須說，我要問你的，是早就想好的一個緊要與關鍵性的問話，也就是同上面所認真與深談的話題特別有關係——

「洛夫兄據說你曾兩度受洗，是真的嗎？」我問：

「是真的，受過兩次洗」你回答。

我聽到，一切都有清楚的說明了，也就不必往下問了，但我還是附帶的說一些可說的話：「無論是《石屋的死亡》與《漂木》都顯示你的創作世界有可見的某些悲劇性，這方面你是相當表示同意……。其實，我主要問你的是試圖知道你是否有宗教甚至對上帝信仰的思想問題，你的回應似較為低調與令我在想，為何你會兩次受洗信主，還是沒有實現，從（石）詩到目前的《漂木》，你一路所展現創作思想的主導向，也都一直沒有特別彰顯宗教信仰與信主的虔誠精神；倒是緣自你強烈的存在思想特別凸現你在生存實境兩度流放中所見所聞關於人存在的困境，而爆發創作世界所噴射強大的抗衡張力是令人驚動與餘波盪漾的，而這種在進程中不斷揮發的高度勢能與激情，便正好是相對地無法使你冷靜與沉靜下來讓世界朝形而上轉化與昇華進入上述的宗教甚至信主的生命存在至高情境；雖此，我仍認為《漂木》是驚世的巨作。

我想我要同洛夫坦說的話，就到此為止；接下來是我在最後對此篇臨時特別續談的「訪問記」，要加以特別的說明——。

●這是我坦誠以近乎「自白」與「告白」的心情來寫那不但是給個人給詩壇也是給所有的詩人藝術家乃至「歷史」一起來看的「訪問記」，期盼大家只去看所談的是否對與有理，其他都不必太在意了。

●在訪問中，盡量讓「詩與藝術」和「事實」的本身說話。

●在訪問中，只要說的是依「事實」朝「事理」與「真實」的方向進行，然後交給詩神的特使去過目做判定。

●在訪問中，有一點要特別說的，是人存在於世，必要時應可將自我存在的解讀權從「大家」的手中收回一部份；其實「大眾」是來自許多不同的個人，沒有個人那裡來的大家，只要說的有理，合乎事實有說服力，則任誰來說都一樣。

●在訪問中，於我「第三自然」具有大包容度無限開放的視野上，我們應盡可能看護地球上確實傑出優秀美好的一切；我們每個人都有自我肯定的權利，但也必須同樣的肯定別人確實的好處與優點。

●希望所有的詩人與藝術家都跳出「小圈子」的有形框架，坦然的站在「詩與藝術」同「現實社會勢利的現象環境」的分野位置，來看來談詩與藝術的存在價值。

●在訪問中，由於絕對的客觀中，難免也有主觀性，同時人不是神，如有缺失之處也當接受善意的批評。當然主要的還是在我「訪問記」續稿中所寫的一萬多字，是否緊握住大家在的內心都能接受與認同的「真實存在」。

●再就是在專訪中，因是特別以抽樣性的例舉，未能詳述仍有多位可談的名詩人，請參閱文史哲出版我的《創作心靈的探索與透視》。

A 經過第三個「訪問」的大浪潮，你在專訪中回應我問與談以及你自由陳述與探究詩與藝術真正存在的終極價值，有人物事證……等重大話題，兩個多小時下來，應是有可見的答案與結果，也達成這次相當理想深入與有多方位多向度內涵力的專訪，回報詩神，應會獲得其應有的正面肯定。

B 我接受此次專訪，由於詩神特使你給予完全的自由與信賴，沒有任何制約，我便可坦率直面來說出內心中真實的話與觀感；看來整個過程與結局，都呈現有值得重視與可為的部份。對我而言，確是誠懇與用心以對，應不辜負詩神派你為特使來對我進行此次特別的專訪。於專訪結束前，我除了向詩神與你表示謝意與敬意，便是再一次宣示我曾說過的話：「做為詩人與藝術家應盡力做到寧可得罪朋友，也不能損害大家所熱愛的詩與藝術」；同時也絕不能因私人或一群人的關係而扭曲與不顧詩與藝術，此外也必須有高度的警覺與深悟，並果敢地指認「公理不一定是真理；真理只存在於真理自己的本身……」。

當詩神特使於第三個「訪問」大浪潮的專訪，加上第一第二個「訪問」大浪潮的訪問續稿告完成，整個連接「詩國」原已寫的數萬字「訪問記」，則「詩國」整部「訪問記」。便也在我「第三自然」詩與藝術創作無限開放的思維空間展現出它全面的風貌。

于二〇一〇年十月一日

詩國 POETREPUBLIC
羅門贈給詩國恩人的詩作
（1）給女詩人蓉子 15 首
（2）給樂聖貝多芬〈第九日的底流〉
　　長詩 100 多行附相關詩文

我獻給「詩國」兩位恩人的詩作

一位是女詩人蓉子，同我共同堅苦創作近半世紀，
給我關懷最深。
一位是樂聖貝多芬我心靈的老管家。

給蓉子 15 首詩

曙　光
——給蓉子

劃黑白線在時間跑道上的白衣女，
牽著歲月的白馬遠行，妳容態端莊嫻靜，
閃動的白衣裙遙在天邊不可攀。

注視維納斯石膏像的臉，
我刻劃妳的形象，
傾聽蕭邦的鋼琴詩我跟蹤妳的步音，
天上亮著星月，地上明著燈火，
遍找不見妳的蹤影。
在夢裏，一支金箭射開黎明的院門，
妳倚在天庭的白榕樹下，

我雙手撩開妳夜一般低垂的黑髮，
盯住妳美目流動的七色河上，
太陽正搭著黃金的橋通入白晝的宮殿，
妳走來亮麗華美的世界，
我在年華中便永遠凝望著一幅不朽的畫，
　　　　　默唱著一支聖潔的歌，
　　　　　細讀著一首絢麗的詩。

四月裡的婚禮

玫瑰色的日子來了，
耳、目、心房陸續收到快樂的信件，
我同力露接信就去的，

在海水湛清天空變藍時動身，
去訪那常時在懷中默戀著的春園，
聽說那邊綠色的果林長年在心上茂生，
藍色的別墅在夏日夢裡格外明麗，
紅磚屋在「想像」的樹叢中半露，
別緻的臥室同小書房在燈下久候，
「幸福」的鄰居為我們準備賀餐，
我同力露接信就去的，
在教堂的門前登車，
那時正是花開鳥鳴的四月天。

蜜月旅行日月潭

美的情意，麗的旅程，
三輪車四輪車如鳥飛在蜜月的花林中……

我眼睛是靜靜的潭水，
沿途攝下妳笑中的容顏，
我手臂是宮廷的圓柱，
妳繞著它晝夜圓舞，
妳的小嘴是粉紅色的小郵票，
我的心是密封的快活的情書，

大霧裏，我呼舵手將汽艇急馳，
讓妳倒入我懷中閉眼定神，
默數愛情在幸福中航行的速度，
船靠無人島，欣喜如驚醒的小浪跳在妳臉上
谷風吹開妳的圓裙如百合花歡放，

我蹲下意欲托住卻怕日月潭水低低竊笑。

疲憊熟睡在蜜月的搖籃裏，
愛情散香在回憶的花園中。

假期
　　——給蓉子

被風揑住的那輛特快車
　　　　　　刀般
將大地像一隻水蜜桃破開
　　淌甜美的汁在風景裡

開麥拉的彩色軟片
　　是一條被陽光引向南方的花園路
眼睛走深了
　　雲朵與楓林也被看成白紗與紅氈來啦
數百哩長的那條錄音帶
　　繞著車輪轉 繞著旋轉的風景轉
海天的藍色的語言
山林的綠色的迴音
還有妻子的笑 將整張臉
　　　　　　笑成豐年裡的田園
還有鳥與遠方 搖籃曲與圓舞
在車窗外說出旅行快活的樣子

給愛妻
　　——蓉子

親愛的，如何能把心話說盡，
婚後一切在我懷中益加情深，
每當雙眼相望，笑口同開，

歲月便多麼榮華富麗呵！

我常稚笑妳往榮場時主婦的裝束，
更難忘妳筆前沈思時美麗的芳韻，
外出，行人眼睛說我們相愛，
在家，快樂又常繞圈在我們身邊。

鳳凰鳥
　　——送蓉子代表女作家訪韓

那是放鴿子與噴泉開放的日子
當花環環住我心中的夏威夷島
一隻鳳凰鳥
　　　　　便也在此刻輝煌滿了我的雙目

愛妻 QUEEN 是印在紙牌上的
你是我眼中的鳳凰鳥
還沒有飛到目之頂點
太陽便提前用光猛擊你的前額
讓你的彩翅去華麗北國的天空

童時 教堂的鐘聲與風琴
　　　　說給你聽的一切仍在
戴面紗的日子 「青鳥」飛向「七月的南方」
白朗寧夫婦也從百年前的英格蘭趕來
歲月在鐘面上划著玲瓏的雙槳
我的眼睛便永遠工作在你的眼睛裡
　　　　　　為完成那種沒有距離的凝望

註：「青鳥」與「七月的南方」均為蓉子之詩集。這
　　首詩是我在她同小說家謝冰瑩、散文家潘琦君三
　　位代表女作家訪問韓國時寫的。

湖之歌
——給蓉子

坐在山色中
你是不著顏色的那面鏡
照樹已見山
照雲已見天
就是照海不見浪
太陽到了這裡
　　　都變藍
藍得最深的是凝眸

坐在萬籟中
你是不著聲音的那面鏡
夜來群星唱
月出泉水鳴
花開原野動
果熟萬樹叫
叫的最響的是凝眸

坐在蓮心中
你是不著聲色的那面鏡
向外照　一朵青蓮
　　　　昇起多色層的天空
向內照　海是圓寂的谷　也是琴
　　　　河是彩虹　也是弓
　　　　風雨是漣漪　也是絃線
色調最美的是凝眸
音調最美的也是凝眸
坐在凝眸中
你是自光中流出的透明
　　　也是在透明中流動的
　　　　　　　那面鏡

海之歌
——給蓉子

是誰把天空洗得那麼藍
　　　雲若不是肥皂泡
　　　便是自目中漂泊出去的
　　　　　　　　　眺望
　　　　　美得像那朵遠方
遠方若是波狀的　只有你能雕出山海的形象
遠方若是飛的　只有你能雕出青鳥的形象
遠方若是迴旋的　只有你能雕出天空的形象
遠方若是塔形的　只有你能雕出仰望的形象
遠方若是不謝的花季　只有你能雕出春秋的
　　　　　　　　　　　　　　　　形象

爲了山在不安中起伏
你收容那麼多逃奔的河流
爲使樹林與天空不是鳥籠
你把水平線拉到翅膀之外
當日月滾來滾去
你是它響亮的輪子
當你開來滿園花
太陽便踩著最亮麗的光彩
　　　走進春暖花開的四月

附註：我們的婚禮在四月，四月充滿了我們生命的記
　　憶與聯想。

詩的歲月
——給蓉子

春日啊
要是青鳥不來
你照耀的林野

如何飛入明麗的四月

踩一路的燦爛與繽紛
要不是六月在燃燒中
　　已焚成那隻火鳳凰
夏日怎會一張翅
便紅入兩山的楓樹
將輝煌全美給秋日
那隻天鵝在入暮的靜野上
　　留下最後的一朵潔白
　　　去點亮溫馨的冬日
　　　隨便抓一把雪
　　　　一把銀髮
　　　　一把琴線
　　　　一把詩
　　　　一把相視的目光
　　都是流回四月的河水
　　　寄回四月的詩

給「青鳥」——蓉子
寫在結婚三十週年紀念的四月

一

這一天
因妳要求
整個天空
停業一天

地平線上
只有一座三十層高的
　　　　玻璃大廈
　　　望在透明裏

天空的層次很美
四月的坡度更美
　　風不快
　　海不急
妳唧住那隻仍青翠的桂葉
　　飛來歲月的雙翅
　　　　　一邊山
　　　　　一邊水
什麼是靜
什麼是動
時間還會不懂嗎
世界就是閉上眼
也知道往那裏去

二

把妳每天用詩
　　釀造的白晝
泡好在那杯茶裏
將妳每日用筆尖
　　　裝訂的夜晚
堆滿在妳沉思的燈下
一聲晚
一聲早
日月已伴我們
　　走了三十年

三十年
是詩說的
就讓詩回頭來看
白晝與夜晚
都一頁頁
疊在「日月集」裏
疊高成時空的「燈屋」

註：寫完此詩，我在妳一直對人善意和藹的臉上，仍
　　可看出妳童時在父親禮拜堂剪草搖鐘與讀經的樣
　　子。（「日月集」是蓉子與我合出的英文版詩
　　集）

單翅鳥
　　——蓉子返大陸探親（1）

每次南下北上
車窗都把我們的眼睛
　　同藍空與綠野設計
　　　　在風景裡

天地坐車外
你我坐車內
總是一起上車
　　一起下車
今天我獨坐車上
旁邊的座位
有沒有人坐
都是空的
坐著我一生對你的思念

我知道你此刻也獨坐在
　　　　另一輛車上
旁邊的位置
有沒有人坐
也是空的
坐著你三十多年搬不動的鄉愁
誰會在旁幫你忙
望著茫茫的遠天
世界竟飛成一隻
　　　　單翅鳥

回到家
將燈屋所有的燈
　　　　都打亮
它們從沒有這樣
大聲的叫你與
　　　　問你

中秋夜看月
　　——蓉子返大陸探親（2）

三十多年來
我們都是一同在燈屋的窗口
　　　　　看中秋月
月亮的臉與我們的臉
　　同照在光的那面鏡子裡
今晚　妳在離我千萬里外的故鄉
　　　　　　看故鄉月
　　我在離妳千萬里外的異鄉
　　　　　　看異鄉月
我們的臉與月亮的臉
　　相照在三面反光的鏡裡
（這絕不是圓圓的月亮要這樣
　　是圓圓的炸彈要這樣）

燈屋裡
廿多盞燈　忽然不安起來
　　　　吵著要看妳
急得我只好讓雙目
　　　　往窗外叫
月亮還是被我叫動了
將它亮麗的桂樹
給我看成心中的榕樹
這樣　榕樹與蓉子

不就有一字可找的連線了嗎

加上整個天空

僅留下一輪月

只要我想起妳從小

　　一直溫和到現在的那張臉

　　　　　　又盯著月亮看

即使妳遠在千萬里之外

月光也會把妳帶回燈屋的窗前

同我與廿多盞燈

　　在一起團圓

　　　　一九八九年九月十四於中秋節深夜

別離半個月後妳的臉
——蓉子返大陸探親（3）

別離後　妳的臉

從一張張被社會塗改的臉中

　　　　　　　　脫出

　　　　　同天空的臉

　　　　　原野的臉

　　　　　大海的臉

　　　　　河流的臉

　　　　　日月的臉

　　　　一同在大自然的畫廊裡

　　　　　　原版展出

站的距離越遠

眼睛自動裝上遙望與記憶的

　　　　　　　雙鏡頭

　　　　　　便越清楚

當凝視盯成一隻鑽石針

看的世界響成聽的世界

它不只是那幅典雅的

《維納麗莎》詩畫像

更是一張虔誠的聖樂唱片

　　　　伴著教堂的鐘聲

　　　　　一路鳴響過來

註：《維納麗莎》是蓉子自我生命塑造的一首長達兩
　　百行的組詩。

　　　　　　　　　一九八九年九月

為了等待一切都停下來
——蓉子返大陸探親（4）

為了一個忽然失去的聲音

整個世界與我

一同跌進谷底

　　　靜下來

靠近電話機

天天在等待

等待是唯一留下的兩個字

　　　　　要我一直盯牢它

為了等待　一切都停下來

我能做的只是從早到晚

　　去照顧那越來越沉重的

　　　　　　焦慮與不安

所有的時間與空間

都空出來等待

整個白晝與夜晚

也輪流等待了好幾天

　　　　　已累不過來

為等待那個失去的聲音

　　　　　　趕快回來

其他的聲音　請暫不要進入

這條電話專線
我要接聽的
是三十多年來貼著我耳邊
　　　從未中斷過的聲音
要是斷了
天地走不在一起
日月走不在一起
晝夜走不在一起
歲月該如何走呢
燈屋裡廿多盞燈
還能爲誰照
　　放出什麼光彩
　　亮給誰看

註：蓉子九月十一日返大陸探親，她在上海的親友卻
　　未接到她，十七日晚接到她妹妹從廣州打來的長
　　途電話，說蓉子尚未連絡上。已是一個星期了，
　　尚未接獲她回到江蘇連水老家的消息。這是我有
　　生以來，最感到內心擔憂與不安的一次。
　　　　　　　　　　　　　　　一九八九年

海誓山盟
　　　——給蓉子

山不在身邊
海動來動去
那裏來的依靠
海不在身邊
山晝夜能與誰
　　　一起走

海與山不在一起
叫大自然站在什麼地方
　　　去仰視與遠視
叫世界如何
　去睡與醒

　　　　　　　　　　　一九九一年十月

第九日的底流

獻給樂聖貝多芬
——我心靈的老管家，
我創作半世紀能完成「詩國」這件大構想的終端作品，
他生命與精神的意志力一直激勵我確是我永難忘懷的恩人

第九日的底流

　　不安似海的貝多芬伴第九交響樂長眠地下，我在地上張目活著，除了這種顫慄性的美，還有什麼能到永恆那裡去。

序曲

當托斯卡尼尼的指揮棒
　　　　　砍去紊亂
你是馳車　我是路
我是路　你是被路追住不放的遠方

樂聖　我的老管家
你不在時　廳燈入夜仍暗者
　　　　　爐火熄滅　院門深鎖
　　　　　世界背光而睡

你步返　踩動唱盤裏不死的年輪
我便跟隨你成為迴旋的春日
在那一林一林的泉聲中

於你連年織紡著旋律的小閣樓裏
　　　　　一切都有了美好的穿著
日子笑如拉卡
我便在你聲音的感光片上
　　　　　成為那種可見的迴響

一

鑽石針劃出螺旋塔
所有的建築物都自目中離去

螺旋塔昇成天空的支柱
高遠以無限的藍引領
渾圓與單純忙於美的造型
透過琉璃窗　景色流來如酒
醉入那深沉　我便睡在底流
在那無邊地靜進去的顫動裏
只有這種嘶喊是不發聲的
而在你音色輝映的塔國裏
純淨的時間仍被鐘錶的雙手捏住
萬物回歸自己的本位　仍以可愛的容貌相視
我的心境美如典雅的織品　置入你的透明
啞不作聲地似雪景閃動在冬日的流光裏

二

日子以三月的晴空呼喚
陽光穿過格子窗響起和音
凝目定位入明朗的遠景
寧靜是一種聽得見的迴音
整座藍天坐在教堂的尖頂上
凡是眼睛都步入那仰視
方向似孩子們的眼神似於驚異中集會
身體湧進禮拜日去換上一件淨衣
為了以後六天再會弄髒它
而在你第九號莊穆的圓廳內
一切結構似光的模式　鐘的模式
　　我的安息日是軟軟的海綿墊　繡滿月桂花
　　將不快的煩躁似血釘取出
　　痛苦便在你纏繞的繃帶下靜息

三

眼睛被蒼茫射傷
日子仍迴轉成鐘的圓臉
林園仍用枝葉描繪著季節
在暗多　聖誕紅是舉向天國的火把
人們在一張小卡片上將好的神話保存
那輛遭雪夜追擊的獵車
終於碰碎鎮上的燈光　遇見安息日
窗門似聖經的封面開著
在你形如教堂的第九號屋裏
爐火通燃　內容已烤得很暖
沒有事物再去抄襲河流的急躁
掛在壁上的鐵環獵槍與枴杖
都齊以協和的神色參加合唱
都一同走進那深深的注視

四

常驚遇於走廊的拐角
似燈的風貌向夜　你鎮定我的視度
兩輛車急急相錯而過
兩條路便死在一個交點上
當多日的陽光探視著滿園落葉
我亦被日曆牌上一個死了很久的日期審視
在昨天與明日的兩扇門向兩邊拉開之際
空闊裏　沒有手臂不急於種種觸及
「現在」仍以它插花似的姿容
　　去更換人們的激賞
而不斷的失落也加高了死亡之屋
以甬道的幽靜去接露臺挨近鬧廳
以新娘盈目的滿足傾倒在教堂的紅氈上
妳的聲音在第九日是聖瑪利亞的眼睛
調度人們靠入的步式

五

穿過歷史的古堡與玄學的天橋
人是一隻迷失於荒林中的瘦鳥
沒有綠色來確認那是一棵樹
困於迷離的鏡房　終日受光與暗的絞刑
身體急轉　像浪聲在旋風中
片刻正對　便如在太陽反射的急潮上碑立
於靜於動的兩葉封殼之間
人是被釘在時間之書裏的死蝴蝶
禁黑暗的激流與整多的蒼白於體內
使鏡房成為光的墳地　色的死牢
此刻　你必須逃離那些交錯的投影
去賣掉整個工作的上午與下午
然後把頭埋在餐盤裏去認出你的神
而在那一剎間的迴響裏
另一隻手已觸及永恆的前額

六

如此盯望　鏡前的死亡貌似默想的田園
黑暗的方屋裏　終日被看不見的光看守
簾幕垂下　睫毛垂下
無際無涯　竟是一可觸及的溫婉之體
那種神祕常似光線首次穿過盲睛
遠景以建築的靜姿而立　以初遇的眼波流注
以不斷的迷住去使一顆心陷入永久的追隨
沒有事物會發生悸動　當潮水流過風季
當焚後的廢墟上　慰藉自閤掌間似鳥飛起
當航程進入第九日　吵鬧的故事
　　　　　　　　退出海的背景
世界便沉靜如你的凝目
遠遠地連接住天國的走廊
在石階上　仰望走向莊穆
在紅氈上　腳步探向穩定

七

吊燈俯視靜廳　迴音無聲
喜動似遊步無意踢醒古蹟裏的飛雀
那些影射常透過鏡面方被驚視
在湖裏撈塔姿　在光中捕日影
滑過藍色的音波　那條河背離水聲而去
收割季前後　希望與果物同是
　　　　　　　　一支火柴燃熄的過程
許多焦慮的頭低垂在時間的斷柱上
一種刀尖也達不到的劇痛
常起自不見血的損傷
當日子流失如孩子們眼中的斷箏
一個病患的雙手分別去抓住藥物與棺木
一個囚犯目送另一個囚犯釋放出去
那些默喊　便厚重如整個童年的憶念
　　被一個陷入漩渦中的手勢托住
而「最後」它總是序幕般徐徐落下

八

當綠色自樹頂跌碎　春天是一輛失速的滑車
在靜止的淵底　只有落葉是聲音
在眉端髮際　季節帶著驚慌的臉逃亡
禁一個狩獵季在多霧打濕的窗內
讓一種走動在鋸齒間探出血的屬性
讓一條河看到自己流不出去的樣子

歲月深處腸胃仍走成那條路
走在那從未更變過的方向
探首車外　流失的距離似紡線捲入遠景
汽笛就這樣棄一條飄巾在站上
讓回頭人在燈下窺見日子華麗的剪裁與縫合
沒有誰不是雲　在雲底追隨飄姿　追隨靜止
爬塔人已逐漸感到頂點倒置的冷意
下樓之後　那扇門便等著你出去

九

我的島　終日被無聲的浪浮雕
以沒有語文的原始的深情與山的默想
在明媚的無風季　航程睡在捲髮似的摺帆裏
我的遙望是遠海裏的海　天外的天
一放目　被看過的都不回首
驅萬里車在無路的路上　輪轍埋於雪
雙手被蒼茫攔回胸前如教堂的門闔上
我的島便靜渡安息日
閒如收割季過後的莊園
在那面鏡中　再看不見一城喧鬧　一市燈影
星月都已跑累　誰的腳能是那輪日
天地線是永久永久的啞盲了
當晚霞的流光　流不回午前的東方
我的眼睛便昏暗在最後的橫木上
聽車音走近　車音去遠　車音去遠

一九六〇

〔附〕

《第九日的底流》的迴響

悲劇與救拯

——評〈第九日的底流〉

張艾弓

作者簡介

張艾弓　從事詩學、美學與哲學的研究，並寫文學創作評論；在俞兆平教授的指導下，研究羅門詩的創作世界，於 1998 年 8 月提出「羅門論」的研究論文，獲得廈門大學碩士學位。

　　詩人羅門的〈第九日的底流〉是一首關於藝術——救拯、時空——悲劇、死亡——悲劇的長詩，它的發表距今已三十六年。在這三十六年後的今天，大家對藝術的地位和價值仍是搖擺不定；儘管人類的觸角都伸到了星際空間，可是時空對人類的鎖閉依然故我；死亡也同樣在展示著它恐怖與親和的兩副面孔，人類未得成功地逃離時空的圍困和死亡的陰影，〈第九日的底流〉卻成功了；詩與藝術那面神聖的大旗，三十六年來始終飄盪在最高處，衝出時空的層層合圍和死亡的威逼而呈現在這三十六年後的視野中，依舊動人、憾人、感人。

　　自然，〈第九日的底流〉這種擺脫時空和死亡的追擊的成功是悲劇性的，同其內裡所發出的悲劇之呼告、苦痛之哀號一樣。在詩中，那微妙、矛盾的情緒與形而上的意念融匯成一股不斷演進的詩情；由明朗、樂觀、自得到生的空茫與混亂，再到個人性的苦痛、掙扎和絕望，直到飄向死亡那陰暗而

迷離的天地線，一束靈光的綻現……一波三折、起伏跌宕。可見在那一列列詩行下面不知深藏著多少思想的珍寶！這裡所要做的也只能是一次發掘而已，因爲你自己也並未跳出這個漩渦、這支底流，反過來說，對〈第九日的底流〉的挖掘同時也是對自己的一次「打撈」。

　　〈第九日的底流〉展示了非凡的跨度；從古典到現代，從人類到個體，從生到死。不同的視角就可以發現不同的線索，爲了方便起見，本文擬打下四樁界碑：螺旋塔；鐘錶；鏡房；死亡。從以上這四個主題意象爲結點來繪出一幅關於「第九日的底流」的流程。

一、螺旋塔

　　螺旋塔是羅門詩歌中的原型意象，是羅門詩學理論——「第三自然螺旋型構架」的具體呈現。「第三自然」起自於「第一自然」（指山川田園一類的生態自然）和「第二自然」（指以都市爲代表的人造自然）並超越第二者的藝術存在方式和運思方法，是通過對「第一自然」和「第二自然」在心中的不斷盤桓、超升而構建形成螺旋塔。故發表於羅門「第三自然螺旋型構架」理論成形之先，但詩中「螺旋塔」的意蘊已與後來的這個理論相暗合，這點林燿德先生在其遺著

《羅門論》中〈360 層疊空間〉一文已給予溯源式的論證。

螺旋塔象徵著藝術，在本詩中又有了具體的指向，即象徵貝多芬（Beethoven）的《第九交響樂》。貝多芬的音樂既是古典精神的最高峰，又是古典精神的終結，同黑格爾（Georg Wilbelm Fridrich Hegel）的哲學一樣有著承前啟後的地位。而貝多芬將席勒（Johannven Schiller）的《歡樂頌》作為合唱納入《第九交響樂》中則更把整個人類精神、力量推到登峰造極的地步，以全人類的意志力和激情向著命運、向著一切人類悲劇撞擊，傳達出不屈的抗爭精神，顯示著人類對自我力量的自信與樂觀。至今，每逢國際性大型活動，《歡樂頌》這一主題曲總要被奏響、被頌唱。

除了這種顫慄性的美，還有什麼能到永恆那裏去。（引文）

《第九交響樂》在詩中被唱響，唱出了一個充滿光明與快樂的完美世界：那裡有「迴旋的春日」，有「一林一林的泉聲」，還有「笑」。隨著唱片在唱機裡旋轉。

鑽石針劃出螺旋塔／所有的建築物都自目中離去／螺旋塔昇成天空的支柱（第一節）

螺旋塔在不斷地旋升中凸現在詩人的視野裡，超越人類在生活的世界和精神的原野上建起的一切建築物，而升成天空的支柱—詩人終極的價值信仰。詩人賦予這座螺旋塔以最純粹、最美的意象：

高遠以無限的藍引領／渾圓與單純忙於

美的造型（第一節）

以及「靜」、「透明」和「暖」。詩人躺在螺旋塔那春日「三月的晴空」下踏實、快樂、沉靜而安靜：

你是馳車／我是路／我是路／你是被路追住不放的遠方
日子笑如拉卡／我便在你聲音的感光片上／成為那種可見回響（序曲）
醉入那深沈／我便睡成底流（第一節）

乘上這支「第九日的底流」，踏上了藝術天國的朝聖之路，詩人真的要往永恆那裡去了！詩人在表白這份對貝多芬音樂讚美詩般的感恩心情時，選用的是單稱人稱代詞「我」，在「我」與「你」的頻繁出現中顯示出一種親密無間的關係，而將第三者排除。顯然，第三者——「他者」（other）的缺失，與貝多芬音樂作為古典人類精神之集大成者的身分不相匹配，尤其對《第九交響樂》而言，它所讚頌的是作為全稱人稱代詞的「我們」——人類，是「我們」的溶合、「我們」的偉大力量和「我們」至高無上的尊嚴。詩人將這個「我們」打開個缺口而單單倒出了個「我」——人類的整體已經異化，詩人的一只腳蹩近現代，另一只腳卻還停留在古典。詩人的情思此刻已含蘊著存在的抗性，雖然詩章的調子還得明朗、和暖。

不祥之兆同時籠罩在螺旋塔上空。貝多芬一生在同各式各樣的命運——身份上的、生理上的——作鬥爭，對抗命運的歧視、限制和不公，他因而要通過音樂來召喚一種偉大的精神力量對抗一切苦難與阻力，企盼建造起真正賜福於人類的天國。

來吧，我們要建造一座城和一座塔，塔頂通天，爲來傳揚我們的名，免得我們分散在全體上。（《舊約全書‧創世紀11.4》）

這座塔是屬於「我們」的塔，能夠將「我們」的力量召集在一起，打通我們自己的天國之路，要它成爲「天空的支柱」，而把其他一切假托的、詭騙的神或上帝統統清除。螺旋塔即是這樣一座巴別塔（Tower of Babel），羅門在後來的論文中曾經給予表述：

我們站在「第三自然螺旋型」架構上，可以說：「詩人與藝術家創造了人類心靈的另一個令人嚮往的永恆世界，同上帝永恆的天國，門當戶對」。（〈「第三自然螺旋型」的創作理念〉，見《羅門論文集》頁143，文史哲出版社1995年四月版）

這種想法確是夠感人的，《歡樂頌》一奏起，不分膚色、種族、國籍、貧富的人們，會感動得將淚水流在一塊兒的，儘管戰爭還在進行，種族歧視還在繼續、剝削和壓榨依然如故。悲劇照舊是悲劇，徹頭徹尾，巴別塔尚未造成，上帝之指那麼輕輕一拈，人類就離散了。而巴別再希伯萊文中正是離散之意。

悲劇即將啓幕，讓我們接下來看——

二、鐘 錶

而在你音色輝映的塔國裏／純淨的時間仍被鐘錶的雙手捏住（第一節）

還在詩中那最爲光明的詩節裡，不祥的預兆已如閃電般向純美無比的螺旋塔擊來，鐘錶——時間伸出人類難以抗衡的雙手。時空也是羅門詩及詩論圍繞的主題之一，尤其是現代異化的時空受到了羅文的格外關注，因爲

人到底不是神，人畢竟是不堪受時空一擊的軟弱之物。（〈現代人的悲劇精神與現代詩人〉，見《羅門論文集》頁49。）

而鐘錶全然是時空在現代的代理、化身。

在貝多芬時代，古典時空觀以康德（Immanuel Kant）爲代表。康德認爲時間與空間概念源自於人的先天認識能力，屬於人的感性直觀認識形式，肇始於人，如空間就是產生於人與世界的距離感應，即是自我與外界間的那道裂口，顯示出自我先在的優越性。康德的時空是人類自我自由穿行的時空，而現代的時空對於人來說則是徹底地異化。現代心理學的先驅者——帕格森（Henri Bargson）把時間分爲兩類：一是能夠感悟到生命在其中流淌的時間，可以跨越歷史和現在而無止境地延伸下去，具有永恆性的意義；另一是人爲通過儀器計量的時間，有著機械的可循環性，是斷裂的也是乏味的。在現代，其悲劇就表現在計量的時間不斷地侵吞、蠶食生命的時間。鐘錶尖利的指針把渾然一體的生命流程割劃得一條一條來組裝成人的囚籠。

眼睛被蒼茫射傷／日子仍迴轉成鐘的圓臉（第三節）

一方面是「鐘的圓臉」把人們圍在此、當下和有限的高牆裡羈押起來，一方面是生命被

遺棄在越來越遙無可及的遠方「蒼茫」處。現代人逃不脫「鐘錶的雙手」所壘起的囚室，也爬不出「鐘的圓臉」滙成的漩渦，靈魂被上緊了發條，再也回不到生命的寧靜和舒展。而空間則是作為擠兌生命的幫兇出現，協同計畫的時間作案，為鐘錶的統治擴張地盤。現代的人類實是無處可逃。

> 身體湧進禮拜日去換上一件淨衣／為了以後六天再會弄髒它（第二節）

鐘錶揮舞著人類牲畜般的驅趕，一切依照鐘錶的日期、時刻為標準，人們的生活日益形式化、平板化、生命的意義，生活的旨趣全給鐘錶沒收。

面對著鐘錶的飛揚跋扈，人類要如何抵禦呢？人類是否還有足夠的積存來抵消鐘錶的不斷侵擾？

> 林園仍用枝葉描繪著季節／在暗冬／聖誕紅是舉向天國的火把／人們在一張小卡片上將好的神話保存／那輛遭雪夜追擊的獵車／終於碰碎鎮上的燈光／遇見安息日（第三節）

漆黑、寒冷的冬夜，一支「舉向天國的火把」、「一張小的卡片」，將天國之途照徹，把人類的神話延續下去。在「聖誕紅」的日子，人類或許能把自己的聲音傳到上帝那裡去。這輛「遭雪夜追擊的獵車」，終於在無路可走的絕途看到鎮上的燈光，遇見安息日。在二十世紀即將終結的現在，回頭審視一下這個世紀，那將是怎樣的一個境況啊！人類的苦難層層淤積，自古迄今的兩次世界大戰都擠在這個相對人類歷史而言僅是短暫的百年間，人類陷入了其最深重的絕望

之中。而且，據統計世界現所貯存的核子武器可以將人類及地球毀滅上百次，這些人類自己造出來毀滅自己的核子怪物仍靜靜地躺在武庫裡，不曾瞑目。羅門這於三十六年前的詩篇至今仍讓人戰慄不已。

人類的貧困、可憐之態已顯而易見，人類可資救助的資源已貧乏，人類神話只需一張象徵性的小卡片便可記滿、在神話破滅的世紀，人們四散而去，帶著重創和絕望，詛咒神話的蒙騙。共同的神話、共同的信仰、共同的上帝已逐漸消亡，人類轉入更深一輪的悲劇——空茫、焦慮——之中。

> 在昨天與明日的兩扇門向兩邊拉開之際／空闊裏，沒有手臂不急於種種觸及／現在仍以它插花似的姿容去更換人們的激賞／而不斷的失落也加高了死亡之屋（第四節）

拋離了神話，人類沒了歷史；拋離了信仰，人類也將失去未來。人類被遺棄在過去與未來之間空蕩蕩的門檻上，在一無所有的「空闊裏」想抓住某個支撐物，可又能抓撈住什麼呢？沒了過去和未來。

> 許多焦慮的頭低垂在時間的斷柱上（第七節）

現代的時間殘缺不全，人們哪裡也去不了，徒自焦慮。伏在那「時間的斷柱上」，只餘下了「現在」，也就只好在「現在」頭上做文章，靠著實利的衝動，拿出媚俗的勁頭，活在有一切可就是沒有自我的畸形生存狀態中，苦熬生命。

對於悲劇，詩人靠著敏銳的知覺和預感往往先行一步。當人類向著空茫、絕望處墜

落、趨滑時，詩人寄寓在藝術的螺旋塔裡安穩而自得。上個世紀末，現代的悲劇初露臉目，王爾德（Oscar Wilde）便吹響「為藝術而藝術」的號角，迅速地將現代詩人與藝術家納召到這藝術的神殿下，確立新的宗教，即藝術。藝術本身即是終極的存在，終極的信仰。在本詩中，詩人也是從對藝術的宗教般膜拜起始的，螺旋塔即是藝術的聖殿。可是在詩中藝術的宗教化卻有一個顯明的演化趨勢；人類的悲劇愈沉痛，藝術宗教化的氛圍便愈濃烈。全詩是由引文、「序曲」和九個十四行的詩節構成，在第一至第四這四節詩中，形成了螺旋塔與鐘錶雙方意象上的對抗，以二者所占據的詩行作為計量單位，具體如下：螺旋塔——鐘錶／13——1（第一節）／12——2（第二節）／7——7（第三節）／4——10（第四節）。明顯鐘錶的勢在不斷地強（1→2→7→10），而螺旋塔力量卻在不斷地穿越抗衡（13→12→7→4），實表明詩的悲劇濃度在持續地升高。再從詩的具體意象上看，藝術的拯救在不斷向宗教的拯救靠近，即螺旋塔意象逐漸在同宗教意象重合。

> 螺旋塔昇成天空的支柱（第一節）
> 而在你第九號莊穆的園廳內／一切結構
> 似光的模式／鐘的模式（第二節）
> 在你形如教堂的第九號裏（第三節）
> 你的聲音在第九日是聖瑪麗亞的眼睛
> （第四節）

「天空的支柱」是已將螺旋塔——藝術置於獨一無二、至高無上的地位，而「光的模式／鐘的模式」則只有在宗教中會產生此靈異的感受，與宗教在漸趨靠攏。及第三節，

「教堂」二字便給明點出來，到第四節藝術達到了宗教的精髓處——「聖瑪麗亞的眼睛」。一切都在暗示是詩人不斷傾向宗教的心境；藝術只有向宗教靠攏才有可能施得就拯，這點與黑格爾的哲學取得吻合。

三、鏡 房

現代人類悲劇已不再是於一種外力的脅迫與敵視下所暴露出的族類力量的衰弱，和趨於共同的毀滅的危險，相反，人類的力量異常地強大，憑依著工業技術文明把自然牢牢地踩在腳下。如果說人類的悲劇仍是外力驅遣的結果的話，人類力量還會有可能重新凝結起來去與敵對的外力相抗衡的。可是現代的悲劇悲就悲在人類的集合力量與精神已鬆散、崩潰，危機與苦難不再由全體人類來擔負，而是由一個個個體來承擔，現代悲劇其根本就是個體的悲劇。

> 人是一隻迷失於荒林中的瘦鳥／沒有綠
> 色來確認那是一顆樹／困於迷離的鏡房
> （第五節）

潰不成軍的人類只剩下一個個「迷失於荒林中」的孤獨的個體，沒有指向、信仰來給人以「確認」，而失足於自己為自己掘掘的深井——「鏡房」之中。鏡房是羅門詩及詩論的原型意象與主題，是對心靈與靈魂的喻稱，此處的「鏡房」即是此意。鏡房的出現喻示著現代悲劇的發生地不再是原始部落的祭祀台、不再是浮屍遍野的戰場，也不再是一灘灘殷紅的血淚，而就是鏡房：

> 終日受光與暗絞刑／身體急轉／像浪聲
> 在旋風中／片刻正對／便如在太陽反射

的急潮上碑立／於靜與動的兩葉封殼之間／人是被釘在時間之書裡的死蝴蝶／禁黑暗的激流與整冬的蒼白於體內／使鏡房成爲光的墳地／色的死牢（第五節）

在靈魂中，「光與暗」、「靜與動」、「黑暗的激流與整冬的蒼白」塑成一面有裂紋的鏡，砌成一座由靈魂風乾的「碑」，壘就一堵悲劇性的「牆」。

> 數千年來，人類用盡心血，想對付這道悲劇性的「牆」，企圖從其相對立的兩個存在面，找出絕對優勢的一面，去壓倒另一面，可是都白費心機了。因爲世界上那裡有單面的「牆」，我們仍能想見它那被壓住的那一面，除非它被擊碎了（人類全死了）。這就是「牆」存在的定態與宿命的悲劇性，它必須背負起存在的兩面，「人」也一樣。（《悲劇性的牆》，見《羅門論文集》頁249）

人類被圈進這面「牆」中，一面是生，一面是死。牆的兩面經過現代人靈魂的「鏡面」又折射出無數對立的二元糾纏，個體的痛苦便起自於此雙重對立間的撕扯。時空的壓迫、生死的分裂；生與死；自我與本我；自我與世界。對於時空的擠壓，企圖尋找整合一體的人類力量來對抗已是不可能。個體的有限力量是如何也支撐不起的，鏡房終被壓變了形、擠裂了口。靈魂──鏡房，受著兩相反力量的脅迫，就像吊在「絞刑」架上，就像被「釘」入埋葬自我的「墳地」、羈押自我的「死牢」，成爲一只失去氣息和活力的「死蝴蝶」。此刻，「靈魂的苦痛之深實

是無以言表。

> 一種刀尖也達不到的劇痛常起自不見血的損傷（第七節）

「刀尖也達不到」且「不見血」的創傷是難於療治和撫摩的內傷，是靈魂深處的傷。

轍陷於悲劇中的個體伸出求救的雙手，發出哀痛的呼告。〈第九日的底流〉究其根本也就是一種深沉的呼告，呼告拯救自我。在人類都同聲哀哭的巨響中，哪裡還有救拯自外而入將手遞上？上帝、人類的自信及其整合的力量俱已軟弱、散去，獨把人人受挫的個體留在地上，怎麼可能獲救？

> 此刻／你必須逃離那些交錯的投影／去賣掉整個工作的上午與下午／然後把頭埋在餐盤裡去認出你的神（第五節）

人們不願再思考、也不願再等待。因不堪忍受時空的虐待，個體們思謀著「逃離」，把折磨自己的時間全部「賣掉」，用一種強加的機械式的肉體折磨來擺脫靈魂對自我盤查和拷問、以及鏡房裡光線交錯下的絞殺。把鏡房的入口堵得死死，不讓一絲光線游入而引來「交錯的投影」，其實就是自虐；以一種有意施加的痛苦來躲避和遮蓋來自鏡房深處的痛苦。二十世紀正是一個自虐的世紀，也因此是一個遺忘的世紀，而這個以後現代冠名的世紀末則更像一巨型海濱娛樂場，全體人類都擠在裡面洗浴記憶，在圖像、音響、塞滿文字的紙張和各式各樣商品消費品的海洋裡，大家都願意穿得很少，讓欲望盡情展露和發洩，不再害羞，無所顧忌，一同狂歡。自虐與狂歡成爲現代人麻痺悲劇性痛感的兩條極端途徑。

狂歡有兩種：一種是個體的，通過個人的放縱與墮落把本能的聲音調到最高檔，壓過鏡房的呼聲；另一是集體的狂歡，個體把全部自我無償地上繳給一個集體的幻念，陶醉於其中，而把自我的審視和靈視、責任和使命拋得遠遠。集體的狂歡是最古老的一種人類借以消散悲劇的途徑，接近於宗教活動，個體與集體消融一體而在個體中產生一種分有得集體性偉力的幻覺，從而戰勝恐懼。但是，狂歡往往沒有好結果，是變形的逃避。

而在那一剎間的迴響裏／另一隻手已觸及永恆的前額（第五節）

個體的放縱對自我的逃避永遠有一個極限，作為自我局限的另一端是永恆與崇高，它們一同形成鏡面的左右鑲邊，而自我便於此兩極間來回地驅動。現代的混亂把此在的放縱與靈魂的永恆性追求二者之間的距離拉扯得越來越大，但此在和永恆、墮落與崇高屬相對概念，需彼此依賴、相互印證。所以說，放縱的個體根本不可能把審視的鏡房甩掉，在當下此在的不期然中會在街上、酒館裡或工作間中撞上永恆。大概陀思妥耶夫斯基（Fyodor Mikhal Lovich Dostoevsky）就是在賭場的牌桌旁才急切地可望永恆、渴望上帝那張拯救的手掌，然後由上帝將他領回到藝術，贖回永恆。對於集體性的狂歡，尼采（Friedrich Nietzhe）早在《悲劇的誕生》一書中就指出它是人類富於悲劇性的行動。六十年代中期興起的全球性反叛運動是距離我們最近一次人類性的狂歡，可給我們留下的是什麼呢？微弱的影跡和一片廢墟，那個時代具有代表性的文化戰將及近八十年代都一

個一個地去了，因為人類的八十年代不在厚待他們，把他們遺忘、丟棄，或瘋掉（指阿爾都塞 Luis Althusser）、或患上狂歡的後遺症——愛滋病（指富柯 Michel Foucault）、或死於車禍（指羅蘭‧巴特 Roland Bathes）。八十年代是又有了新的狂歡節，如果說六十年代是打破禁忌的文化的狂歡的話，由七十年代末至今的這場後現代的狂歡就是沉迷於消費與影像的欲望的狂歡，人們被消費欲望和傳媒的聲像所鼓動著，同時也被控制著。這將是一場怎樣的悲劇呵！是人被機器在耍？

詩人此時也進入了沉思，把「我」消融在濃重的現代悲劇氛圍之中，他再也沒有先前對人類的悲劇時的那種自得與自信了。當靈魂——鏡房轉成悲劇的現場之後，悲劇的濃度和苦味便益發沉重起來。在詩行的第五節，螺旋塔的救拯意象同鏡房的悲劇意象的比重轉為 1:12，與第一節的比例恰好翻了個個兒，螺旋塔化作「另一隻手」，只能在那「一剎間」突然鑽出來，藝術亮出一道光。詩人由站立在一旁觀看轉而跳進了鏡房的悲劇之中，與悲劇融在了一起。進入鏡房——靈魂的深處，便觸摸到了現代悲劇最最敏感的神經。

現代的悲劇是個體的悲劇，現代的救拯實質上就是自救。企圖帶著救世主的面孔把全人類從悲劇深淵的邊緣拉回來，只能是空想。冠在人類名號下的博愛、自由、和平在現代的辭典裡似已成冷僻的字眼，喪失了它們在古典時代的那種偉大的歸化力量。如何救贖？詩人回轉至自身，去和鏡房裡的那個敵手對視、較量。

四、死　亡

〈第九日的底流〉在不斷向下沉潛著，在一個節奏愈來愈快、鐘錶的雙手不斷地擴張地盤的世界上，充滿著躁動和不安，如何回歸寧靜、讓生命在寧靜潔白的幕上顯出清晰的影來，成為詩面臨的最大問題。寧靜是本詩一直潛伏著的主調，滲透於全詩每個詩節中。在螺旋塔意象階段，藝術的螺旋塔之所以吸引著詩人將其緊緊地擁著，也就是因為它的寧靜。

> 在那無邊地靜進去的顫動裏／只有這種
> 嘶喊是不發聲的／
> 啞不作聲地似雪景閃動在冬日的流光裏
> （第一節）

> 陽光穿過格子窗響起和音
> 寧靜是一種聽得見的迴聲（第二節）

最極致的靜，就是一切發聲、鼓聒的都好像止歇了，它們的聲響被忽略，而本來啞默的瞬間活躍起來，跳動著、發出與心臟同步的聲響，將生命的弦撥動。隨著人類與個體的悲劇日益加深，藝術的絲弦被深重的悲劇繃拉得幾近失去彈性，寧靜越來越稀少了，嘈雜中難以傾聽到生命的樂響。詩人只好無奈地一步一步地邁向寧靜的最終及庫存地——死亡。

羅門在其論文〈悲劇性的牆〉中指出：在生與死中，人不可能依照意願去獨占一方而把厭惡的另一方捨去，就像一面牆的兩面，得之俱得。牆的悲劇性圍堵引來悲劇性的對抗，人類可通過生生不息的繁衍而永生下去，但同樣也適用於個體，從某個意義上

講：個體雖沒有生的自由，卻有死的自由。人類是以頑強的再生能力來抗擊「悲劇性的牆」，個體則是以自絕來向悲劇示威，一個從生、一個從死來兩面地向著「牆」——悲劇夾擊。文學中的第一個存在主義者基里洛夫（Kirilov，陀思妥耶夫斯基小說《群魔》中人物）就是為了測驗自我意志自由的極限而把自己殺掉，把死的自由從上帝手中奪回來。卡繆（Albert Cumus）認為最高深、最逼人的問題就是自殺。「牆」的圍困、時空的逼迫是人類永恒的生存境況。在遙遠的年代，死亡——時空的終結點的巨閘是由上帝擔負著，馬丁·路德（Luther Martin）說過：「死被耶穌之死殺死了」，於是，死亡的恐懼在宗教的庇護下被征服。可在現代，「上帝死了」，人類成為詩去看護的孤兒，死亡的巨閘重重地摔落下來，使本來就窄狹的人類生存時空更為擠迫，人們以掩耳盜鈴的姿態紛紛「逃離」隱在時空背後的死亡的捕殺，可這又如何能呢？

死亡是人類一切意義與價值最終及參照系，於此臨界點，生命、時空乃至「終極追尋」方能顯影。時空則是織成死亡的材料，人們從時空裡讀到了有限和無限、此在和永恒、古典的理性主義者是樂觀的，因為他們從死亡的背後搜索到「牆」的另一面：無限與永恒。死亡生出時空，而死亡便是時間的中斷。對於一個人而言，依照死亡作為計量工具，這種時間的中斷只能有一次，然後就永劫而不復。可是鐘錶——人類發明的更美觀、更精確的時間計量工具——則把一個人的時間肢解得七零八落，甭說人的一生中有多少個中斷了，一天的中斷就頗夠人消磨的了。

在那凌亂的時間碎片裡，人難於拼出一個完整的自我，不得不活再當下的每一時每一刻，平添煩燥和不安。時間本是「牆」那光明的那一面，同時是死亡對峙的壕塹，如今卻暴露出獨裁者的面目，人製造的東西轉而控制人，異化的時間就是人異化的元兇。

死亡作為人的活動之終極參照系，於它靜默的湖面上也投射出生命輕盈的身姿。所以，羅門喊出：

> 生命最大的迴聲，是碰上死亡才響的。
> （〈內在世界的燈柱〉，見《時空的回聲》頁2，大德出版社1986年5月版）

生命的第一對應就是死亡，如果人是不死的，也就不會生出生命這個概念了。當異化的時空把人往絕路上驅趕的時候，死亡的「無時間性」（timelessness，維特根斯坦Wittgenstein.L.語）能某種程度上抵消異化時空的脅迫。死亡同生命這一層上的親緣關係使二者攜起手來共同對付異化的時空，由此，死亡開始綻放出它魅人的美。

> 鏡前的死亡貌似默想的田園
> 竟是一可觸及的溫婉之體
> 那種神祕常似光線首次穿過盲睛／遠景
> 以建築的靜姿而立／以初遇的眼波流注
> ／以不斷的迷住去使一顆心陷入永久的
> 追隨（第六節）

死亡顯出了它的親切，它攝人的美使漆黑一團的生命顯影，它激起生命感應，如「光線首次穿過盲睛」、「初遇的眼波流注」般光鮮。但這種死亡是有距離的，詩人注視死亡的時候還待在螺旋塔中，處在「航程」的第九日，因而這是一種對死亡的審

美，而非死亡本身。對死亡的審美是二十世紀的產物，人們通過詩與藝術的表象將最險惡、最危險的東西陳列為可面對的第三者，使那噬咬靈魂的惡魔成形之後再面對面的「觀賞」中把其消除、解決。現代藝術沿著醜與惡的路向越走越遠，出現了死亡詩篇（如狄蘭·托瑪斯Dylan Tomas作品）、死亡繪畫（如薩爾瓦多·達利Solvador Dali蒙克Edvard Munch 1863-1964作品）、死亡音樂（最極端如搖滾樂中的「死亡金屬」Death Metal），它們製造出震驚和恐怖的藝術幻象來消解不斷由外界湧至的震撼靈魂深處的裂變。

以死亡的手段和意象來回擊正把人拽向絕望和死亡境地的敵手，其所遵從的無疑是「以暴制暴」的原則，依照殘暴對手的遊戲規則來對付敵手。二十世紀的藝術以擺脫理性的控制，以及理性在現時代強大的化身—工業技術文明的統制而出現的，可是在抵禦過程中卻把工具理性精神、達爾文進化觀於不知不覺中吸收入其藝術行為中，使現代藝術競賽般瘋狂地推出所謂新主義、新流派、新技法，以至藝術成為追求風尚、時髦的工具。藝術就是極端，藝術就是遊戲，其結果，藝術漸趨遠離了人本身，難以承負起「人本質力量的對象化」（馬克思Karl Marx經典論述）這一定義，僅僅是種戲耍、膚淺的遊戲。經歷二十世紀現代藝術興起、高鋒和衰落全過程的歐洲最後一位現代藝術大師、年屆九十高齡的巴爾蒂斯（Barthus）在他1995年的《致北京書》中這樣諄諄告誡中國藝術家：

> 我懇求我的中國朋友們，不要受現代西

方的影響，而此地只是一片極度可怕的混亂！

請你們惠顧我的哀曲，因爲這是一個力圖走出20世紀大亂的人所創作的作品。（見《世界美術》雜誌1995年2月，北京發行）

多麼誠懇的忠告！據此可以說躺在螺旋塔裡的死亡不是眞的死亡，而是一種警示的死亡。只要還有最後的看護，就不會經歷到死亡，因爲死亡是在無可依傍的暗夜裡才會從絕望中鑽出來。

詩人是不會待在與死亡達成的暫時妥協中的，詩人的使命就是探險，他讓我們看到了眞的絕望、眞的死亡：

> 喜動似遊步無意踢醒古蹟裡的飛雀／那些影射透過鏡面方被驚視／在湖裏撈塔姿／在光中捕日影／滑過藍色的音波／那條河背離水聲而去／收割季前後／希望與果物同是一支火柴燃熄的過程（第七節）

「喜動」是藏在被看護的懷抱裏蠢蠢欲動的希望，但希望卻是如「湖裏撈塔」、「光中捕日影」一般空渺、無望，漸漸地「燃熄」。希望死亡而絕望衍生。

> 一個病患者的雙手分別去抓藥物與棺木／一個囚犯目送另一個囚犯釋放出去（第七節）

一切都在靜悄悄地發生，死亡躺在「棺木」中等候著「病患者」，或去迎接倍時空的磨難「釋放」出來的「囚犯」。還是何等地慘痛！面對這顆星球上寄居著的數十億計的

「病患者」和「囚犯」，詩人進入了任誰也看護不住的眞正悲劇狀態。而此刻的螺旋塔僅是一聲對希望之死的冷漠宣告，同時也是對自己「最後」的宣告。在希望死亡的同時，還有一種狀態或行爲也在死亡：

> 禁一個狩獵季在冬霧打濕的窗內／讓一種走動在鋸齒間探出血的屬性／讓一條河看到自己流不出去的樣子／歲月深處腸胃仍走成那條路／走成那從未更變過的方向（第八節）

「狩獵季」移入「窗內」，鏡房——靈魂的自我搏鬥開始，詩人意圖箝制那種環繞在鏡房周圍的悲劇蔓延，要讓分裂的靈魂擠出血來，要把分裂的靈魂憋死在房中，意在自救的行爲化爲了自虐。但悲劇是任何力量都無法阻擋的，沿著「那從未更變過的方向」，「仍走成那條路」。自此，抗爭也死亡了，人陷入了徹底的絕望。是任什麼也無法將自己從悲劇中搭救出來了。

> 爬塔人已逐漸感到頂點倒置的涼意（第八節）
>
> 下樓之後／那扇門便等著你出去（第八節）

這幢塔無法給予處在渴盼、期待之中的人以拯救，在人宿命地淪入悲劇中時，卻有「頂點倒置的涼意」，撈不到一點神聖的救護。「下樓之後」，「那扇門便等著你出去」，一切便是如此地冷漠和不可救！

悲劇把企圖征服它的人們置於死地，而後生—

五、結尾，並開始

生存悲劇所以發生的悲劇感是一種進入到生命與人類精神深處的感受，是人類與個體存在悲劇性最真實的映照。它是一種健康的情緒，以保持住人類的清醒。可是當悲劇感走向它的極端而絕望時，便具有了毀滅性和自殺性的意味。絕望是一種危險的病態，陷入其黑洞，一切美善、價值、意義都將給吞噬乾淨，人因此而走向非人和癲狂。美狄亞（Medea，古希臘著名悲劇人物）屠戮親子，阿爾都塞（Althusser，1918-1990）弒妻、以及顧城的悲劇等即是明證，他們明顯地拾取了反人性的、殘暴的悲劇解決方式。

現代的生存悲劇應如何解決？羅門先生在致筆者的一封信中，談及此詩，曾說：

> 詩中「爬塔人」的「塔」是指現實世界中，人所爬的塔，同詩開頭所指的第三自然螺旋型的「塔」是不同的。人在現實世界中爬「塔」的悲劇性，只能放在被詩與藝術昇華與超越的內心第三自然螺旋型之「塔」中，方能激化與昇華出生命存在的「美」的感知與悟知……（於 1996 年 10 月 22 日）

這是點撥迷津的一封信，讓我看到兩座「塔」的存在及其分別：一是現實的「塔」，另一是第三自然螺旋型之「塔」，即藝術之「塔」。前者現實的「塔」是用欲求、願望與目的依照因果邏輯的程序堆起的，由欲求堆起再由欲求扒去，重起，如此循環往復而沒有一以貫之的精神，若按叔本華（Arthur Schopenhauer）的說法即是在欲求和實現間永無止境的搖擺與重複，它是人類無望的悲劇性的根源。而第三自然螺旋型之「塔」雖是自現實始，但絕不停留於現實。

> 透過聯想力，導入內心潛在的經驗世界，予以交感、提昇與轉化為內心的第二層面的現實，使其獲得更富足的內涵，而存在於更龐大且完美與永恆的生命結構與型態之中，也就是存在於內心無限的「第三自然」之中。（〈「第三自然螺旋架」的創作理念〉，見《羅門論文集》頁 116）

這座藝術之「塔」通過無盡的超越、旋升、盤桓而成，沒有終極，也沒有既定的指向，其中貫徹的邏輯就是超越。羅門先生自繪的圖示更足以說明此點。

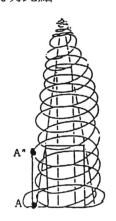

從現實原型的 A 到 A^N，不斷地乘方，其冪不斷地積加直到 N 這一個沒有確指的無限的代號，已表明了第三自然螺旋型之「塔」的存在方式、形態和演進邏輯，是正好臻致羅門心目中的「前進中的永恒」的生命途徑。

現實的「塔」再與現代生存悲劇的對抗中有一個終極，在終極處，悲劇非但未被消磨掉反而以更為凌厲的姿態跳於人前，這不能不使現實爬塔人於其「登峰造極」處發出無物以傍、無神以護的絕望與哀痛。而第三自然螺旋型之「塔」──詩與藝術之「塔」則能將悲劇統化入一種不斷對其超越的永恒

狀態中。也就是說詩與藝術是一種對抗悲劇的恒在與潔淨的聖地。以爬現實之「塔」的姿態去爬藝術之「塔」是與第三自然螺旋型構架的存在方式、邏輯和精神是有很大的差距的。現實人對現實之「塔」的爬行是外在化的，它需要一種可見、可觸的兌現，宗教便是利用了現實人急切渴望得到兌現的心態給予未來——遙遙無期的天國之存在——的許諾，從而延遲、鈍化悲劇感。藝術卻是充分內在化、個人化的，因爲只有藝術才能傾聽和表達生命的內在樂響，藝術因與生命的聯盟而取得了生命跨越時空的無限性和永恒性，同時生命也因著藝術得到被表達、被傳示的欣悅和感動。

作爲生存之中最深處、最具威力、至眞至純的人的生命，悲劇性往往是最先於其至上得到呈現，生命因之更近深沉和眞實，進入「本眞」狀態。也可以說，藝術與悲劇同時在生命中紮下了根，並內化到生命的存在狀態中，將存在著的失意（任何有形之藝術）化成詩意地存在（活動意義上的生命存在方式）。在詩中，詩人及爲我們明示了這內化的行程：

藝術：貝多芬《第九交響樂》→宗教化　　→個體化
　　　　↓征服　　　　　　↓拯救　　　　↓抗爭　生命
悲劇：人類的悲劇　　　　→人世的異化　　→存在的痛苦

藝術與悲劇由外在的敵對狀態，經過第三階段個體「鏡房」那裡的衝突，兩敗俱傷，達到融合，藝術、生命、悲劇獲得一體化，藝術的拯救模式也從而轉化爲藝術地、詩化地生存方式。化靜爲動、化外爲內，詩人徹底地回復到一種深在的生命狀態上。

我的鳥／終日被無聲的浪浮雕

在明媚的無風季／航程睡在捲髮似的摺帆裏
在那面鏡中／再看不見一城喧鬧／一市燈影（第九節）

「無聲」、「無風」，也「看不到一城喧鬧」、「一市燈影」，就連「航程」也「睡」下了，顯得那麼地靜寂、安然。這一切都是知天安命通觀與達觀的結果，詩人應承了自身的那份悲劇性，坦然地擔負起來。

當晚霞的流光／流不回午前的東方／我的眼睛便昏暗在最後的橫木上／聽車音走近／車音去遠／車音去遠（第九節）

在時空的層層阻力中，詩人曉悟了生命存在的悲劇性，其生命與詩在悲劇的抑制下趨於沉凝和成熟，化爲自足自在的底流，從而透悟生命。

一種東西在死去的時候，另一種東西卻在活過來。詩中被死死追逐的、要求現實現世兌現的希望已經遠離，但是，在另一個維度上，希望又復活了：機心死而靈心活。當機心在不斷地碰壁受盡創傷之後，一個詩的更爲空曠、博大的空前開始展現。

以沒有語文的原始深情與山的默想（第九節）

世界沒了理性的分割與功利的褊狹，物恢復了它的本象，將那種「沒有語文的原始」的眞實敞露在詩人與藝術家的靈視（Poetic Vision）前，撞擊出「沒有語文的原始的深情」來，返歸到一種「前概念性」空間中來，這一切正式至純至美的詩與藝術所渴求來的。此時，詩人所追尋的正同致力於思與

詩融合的哲學家海德格爾（Matin Heideg-
ger）不謀而何。後期海德格爾就是在探索如
何使物從傳統理性主義的桎梏下解放出來，
恢復物象的本眞。再跨越遙遠的時空，於

驅萬里車在無路的路上（第九節）

　　這旅途中，詩人還將碰見「無爲而爲
之」的莊周，一同向著「絕聖棄智」的原本
回歸。因悲劇而沉鬱下來的生命會重新啓開
和綻放在藝術中，而藝術則將因此獲得廣博
的空間和視野，悲劇也將消融，散失在生命
中，然後在詩與藝術中生長出美的根系。

　　就此意義上來說，〈第九日的底流〉是
詩人隨著音樂這天啓之音旋入詩與藝術之
途，踩著悲劇那堅實的基石向最美、最神聖
的無限終極推進，趨向那凝結著生命血力、
精神的第三自然螺旋型之「塔」——藝術之
「塔」。只有在悲劇之中才能把悲劇遺忘，
只有在救贖中才能被拯救，藝術能看見上帝
對人世悲劇的擔負和承諾，至於現實的那種

悲劇與救拯的相對抵消，因爲麻痺與延遲、
躲避與對抗都無法將悲劇化解。悲劇與救拯
永不可放在一個緯度上言說，只要有人存
在，二者就誰也消磨不掉誰。悲劇在時空中
延展，救拯也在每时每刻通過人類與個體不
屈的姿態贖回著，你難道聽不見在悲劇層層
抑壓下「第九日底流」那厚實而蒼勁的回聲
嗎？

　　悲劇仍在繼續，並將繼續下去。我們看
到我們的周圍出賣時間的人越來越多，而且
他們似已不再有痛苦和被逼無奈的感覺。一
個時代在模制一個時代的人，處於後現代的
今天，詩人與藝術家更應該站出來拒絕置身
於被投入制模中的一群。他們的任務就是目
擊、紀錄，「於神性之夜走遍大地」（荷爾
德林 Friedrich Holdelin 詩），給予人們以警
示，就像已在悲劇的夜空中穿行三十六年的
《第九日的底流》所做的一樣。

注：文內引詩均出自《羅門詩選》洪範書店版

〔附〕有關〈第九日的底流〉詩的一些話

（一）評（第）詩，張艾弓（廈大研究
　　生）在文史哲出版他的碩士論文集
　　《羅門論》P.138 中說：

這篇論文歷時三個多月。在羅門眾多的
詩篇中，〈第九日的底流〉是個評論的禁
區，極少有人整體上的涉足，大概是其艱、
其險、其難於把握，今我把推到這個「前不
見古人，後不見來者」的境地，來探這個雷
區，也是對自己極限的一個測試。

很感激俞兆平師將羅門的作品推薦給我
作為研究對象，也很感激羅門在詩頁和文章
中給予的教誨，要不是俞師的嚴格要求和督
促，像我這樣的人估計早就飛了，飛到街市
中再也回不來；要不是羅門在詩行裡，語句
間轟立的身影和敏銳的目光，我或許也不會
摸回到回程的路。這條守在書桌旁的路可能
會很孤獨，在當下這個語境下，也很淒涼，
但卻是最有意義，也許是最健康的，我將向
〈第九日的底流〉中的羅門學習，去獨守那
份悲劇感，勇敢地承擔起來。……

張艾弓　1996.10.5.凌晨.廈大.

（二）名詩人評論家林燿德來信說：

羅門大師：

這幾天讀您“第九日的底流”、“死亡
之塔”，幾可背誦，內心受到的撞擊實在不
可言說，以往讀過些作品感受並未如此之
深，可見您的作品是一種向世界與人類生命
內在本質的無限性層遞突穿的“生命體”，

它們得自您的能量是永遠不會消滅的，所有
的讀者也基於自我的能力，而在作品間找到
自己存在的位置。

我深深地被您的寫作所感動，所震攝了
……

晚　燿德

（三）高歌（高信疆）在《幼獅文藝》
　　　（1971 年 210 期訪問我有一段
　　　話：）

高歌：在一首詩的創造過程中，你曾否
刻意將自己投入某一特殊環境，以捕捉你心
靈深處的某種聲音、形象？使它們完美無缺
的躍入你的詩境……

羅門：有的，就拿「第九日的底流」這
首詩來說，我就曾把自己沉入一切的底層世
界，傾聽其內在活動的聲音，並且表現出生
命與時空在美的昇力中存在與活動的狀況，
以及那種帶有宗教彩色與音樂性的美感世
界。

當時，我不僅把燈屋裏所有的燈光都熄
掉，使整個時空產生一種無盡地空茫空寂的
壓力；我更不止一次的，讓貝多芬的第九交
響樂衝擊著我，使我的心境接觸到超越與深
邃的衝擊，以至到最終，它們已成為我自
己，我的感悟與體認，使我透過深一層的看
見，幾乎認出了永恒的臉貌……

（四）張艾弓獲學位的來函：

羅門先生：

您好！由於畢業與工作上的原因，論文今日方寄予于您，望您諒解。

論文我校對有六遍之多，可仍避免不了錯字漏字，對其疏漏野望您諒解，因為時間與篇幅的關係，論文的各個部份都沒有全部鋪開來寫，故很多地方會有欲言又止的感覺。為眾教授所愛護，碩士論文答辯被評為優秀畢業論文，是我的榮光，也更是您的榮光。

拜問蓉子先生好。

祝先生身體健康，萬事如意！

張艾弓　98.8.25　鄭州

〔附〕我寫給樂聖貝多芬那首感恩詩〈第九日的底流〉，特別將研究生張艾弓評〈第〉詩的文章收進我「詩國」的文庫，實在是基於他評論的透視點能見度，顯示超出我想像的卓越與敏銳，能潛進「第」詩深層無限開放的思維空間，啓開我隱藏的特殊私密以及我一直守望生命與永恆存在的心境。

國內外詩友藝友文友
贈給詩國「燈屋」與
羅門蓉子的詩作

贈給詩國

PART 1

「燈屋」的詩

燈屋即興

—— 贈 羅門
　　　 蓉子 賢伉儷

陳慶煌

風雨送走殘暑　循著高行健爬過
一夫當梯
萬夫莫登的蜀棧　終於直參
詩人伉儷之堂殿
屈指已是
去年金門海中會議
第一箇中秋前夕

外面僅管仍車水馬龍
裏邊卻像是驟然誕生的
貝多芬之交響樂
雷霆萬鈞之電光
我便亦學著詩人　泰然地
順那旋律的螺旋梯
跌入迴盪的漩渦裏

是誰夜半偷移來
比薩會發光的斜斜塔
和埃菲爾摩天的鐵塔
害詩人終日沉醉在這深不見底
又尖又銳
亦圓亦弧　循環不停的
螺旋形星系裡

聽說：
圓形尚和諧乏進取
三角重突破易失控
三角吞沒了圓　理性知性主義昂揚
圓融化了三角　人文人本思想抬頭

而螺旋形架構　理運靈運空間互動
它解構了古今中外所有匡架
有著老莊王維　廣大包容雅量
和貝多芬尼采　超越突破精神
更刺入宇宙無限的
高度與深度

詩人的心如月姊旁的寧靜海
平時
收容了一切
反映了一切
當風起時
卻在那無邊無底的迴旋藝術空間裏
不斷地向前突破與創新
一種等同上帝又甚於上帝的存在

　　　　　　二〇〇三‧九‧十　首次嘗試之作

〔註〕作者：淡江大學教授名書法家，古詩新詩都
　　　寫。

附圖：「第三自然螺旋形架構」世界

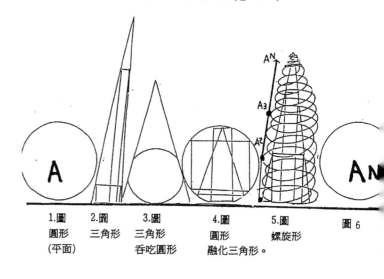

無題之秋

贈羅門、蓉子伉儷

張　默

用一塊巨大的戰爭把你們窄窄地包裹
安東街在秋的投射下顯得更長了
黃昏似飛奔的怒潮恆在不朽地撞擊
把安坐著的貝多芬的前額
斜斜地引向靠近青鳥的那一邊
十七座燈柱撐不起頻頻呼起的死亡之塔
落葉滿階
雨水滿階
每一片落葉是你晶瑩的字語
每一滴雨水是你冷峻的眼神
哦，一起一落我要把你們生命的神秘高舉

有光從輕盈的顧盼中漏下來
有聲響從川流不息的靜默中閃出來
有爭吵從線裝的書冊中跳出來
有童話從燈屋熠熠的輝芒中飄出來
於是你們嘩噪
於是你們嬉逐
於是你們張望
攤開在秋的面容上的兩幅心靈的棉紙
吸進去不少的風雨
杜甫高聲朗誦，保爾克利揮舞著畫筆
史特勞斯打著三拍子四拍子
還有我們的貴客約安・紀涅先生
被掛在偏西的牆上呼呼入睡了

哦，是的
百年後燈屋如故，秋如故，你們的名字撒滿
大地

——此詩發表在一九七一年
「藍星年刊」
〔註〕作者：名詩人「創世紀」詩社發
起人兼總編輯

千燈室印象

——訪羅門蓉子之燈屋

向　陽

超越。超越。從尼采的眼中提升六千呎
沉著。沉著。自貝多芬手下輾轉七指鍵

簡直不敢相信
在沉沙的灘上竟隱著如許斐燦的
珍珠，如翼
翔著，在超越陽光的國度裡
為完成山海互凝的愉悅
他們宣佈超人與繆思的誕生

當風與浪從事著無止期的斜鬥
當浪與礁嘶摩紛纏
唯歐鳥雙飛，翔著
並且，向天地的渾茫
劃開眩目的日之芒，月之光
朝以及夕，暮而至晨

關山之外，有無數萍水
酒店過後，巴不著那村
足跡永遠翻版足跡，而眸與眸
互相拓印，這層層疊疊塔般的
落實，這涓涓漾漾水般的
情長，駕鍵，凌越宇宙時空

讓根芽對土壤賒欠養料
讓土壤向蟲鳥借貸生與死亡
路已經情人似地走向悠悠之外
他們燈似地繁殖燈以及
燈的回眸

下降！下降！凡果必墮向泥且血葬爲種籽
上昇！上昇！凡煙必迴旋且血焚爲昂仰

後記：有一天，與復興文藝營李白組同學造訪羅門蓉
子燈屋。推門進屋，赫然是千燈萬燈翼般飛
來。其後，親聆詩人對其室內設計之形上學解
釋，並眼見「中國白朗寧夫婦」之伉儷情深。
歸來後，低迴徘徊，久久不能自己，乃草成
「千燈室印象」，並識之。

藍星詩刊　一九七二年十二月號
〔註〕作者：著名詩人傑出詩評家「陽
光詩社」發起人。

燈屋即興

羊令野

誰把藍星燃出千燈
誰把杯酒釀出風雨
誰值一株茉莉
誰染一株綠意
誰在花季中輪唱
誰在多角城頭眺望
而我呵，一面壁就是千年
　　〔註〕作者：「中國當代十大詩人」、
名詩人、散文家、書法家詩友於「燈屋」夜
聚贈詩。

燈　塔

——給羅門

夏　菁

拾五十一級而上
到你的居處
旋轉如攀登一座燈塔

在這大都市的午夜
塔上的燈總是亮著
守塔的人也總是
嚅嚅不停地說著——
　詩國的童話
　永恆的謎語

藍星詩刊・第三十一號
中華民國八十一年四月出版
〔註〕作者：著名詩人、散文家，「藍
星詩社」發起人。

參觀海南「圖象燈屋」感言

管　管

燈屋裝置藝術完成時世上尚
無裝置藝術，之是是先行者是
先知是
詩與藝術之裝置藝術
羅門與蓉子是詩的中國之
白朗寧夫婦，是詩的結合！
藝術之結合！

參觀海南「圖象燈屋」後
在留言簿中寫的感言。
〔註〕作者：著名詩人、畫家、電影名

演員。

題羅門燈屋

雁　翼

沿著狹窄的木梯
進入天宇，驚異於
銀河系光彩的橫飛

迷亂之後才明白，這是一間
囚禁星星的作坊
冰封的月亮裏
桂樹吐綠
大戈壁飄來了花香

只有把生命化作詩的人
詩裏才有陽光

一九九四年十二月十日

〔註〕作者：大陸著名詩人，曾任《當
代藝壇》社長

燈　屋

——給詩人羅門、蓉子伉儷

林　泉

夜晚踏進燈屋
我渾然忘記，我是走在宇宙那一面？

星子在你屋裡點燈
在這被夢幻被美被眞理追隨的世界

爲茫茫的夜色
燈盞

是你將詩句點燃了
將自己點燃了

而在這邊傾聽的
眾多枝椏
乃沐浴著詩聲燈光開花

這時，那些開的花
是否也如星子，燈
一樣熠熠點燃著嗎？

一座燈屋
一個全然宇宙
大小疊一
星宿羅列運行
陀螺旋轉之中
織成經緯
織成風塵道路
轉過日子
一頁頁攤開著的詩
璀璨的語字
千燈指點方向

而星子點燃的燈
在你窗裏
在你屋內……

一九八三、四、廿八

〔註〕作者：菲華著名詩人「千島詩
社」主將。

訪羅門燈屋

周濟失

燈屋高名流浪傳，星河出入一椽間，雄傑玄

思飄天下，前席眞如對滴仙。

一九九五・四・廿一 臺北

〔註〕作者：海南省名作家從事詩、散
　　文與文藝刊物主編工作。

初訪「燈屋」二帖

商　略

一

以意爲之的
以意想之極
的組合
組合之的
那多
燈燈盞盞
以組織空間的手遂又慇懃的
替一個時間之縫隙裏的來客
捻亮
了
啊塵囂上的
燈屋

二

一串魚筌啦吧
謂之時光隧道
得魚也罷
亡筌也罷
智者
不惑

記：今年暑假承邀往訪詩人羅門燈屋，流連久之歸來
　　得此兩首小詩不亦快哉

〔註〕作者：傑出現代詩人，「藍星詩
　　社」同仁。

給燈屋

丹　萱

無非總是緣
與圓的初遇與聚合

在多色的流裡
那暖暖的悸動呵
似是曾相識的一瞥驚鴻

匆匆　也是三生前訂的
盟約
因此　我欣然赴會
只爲圖這一醉啊
好裸露
一張珊瑚色的嬌容

然後　再孄孄的
以一支筆
訴盡前生的行蹤

只緣流浪過後
我仍願與你相逢

七十一年三月二十日

〔註〕作者：詩與散文作家，藝文節目
　　知名主持人

蒲　團

──記羅門，蓉子的燈屋

王　牌

一室寂然
諸神環坐
傾耳
有蝶翅翩翩
翩翩，且迴旋
且
　　交
錯
　　飛
舞

諸神環坐，細細交談
蝶翅
是祂們交談時的語言
語言，是點燃了一室燈焰
燈焰
炒熟了一室的
暖。

時間，在諸神腳下
是一片蕭蕭的蒲團

71.1.8 於台北

〔註〕作者：知名詩人，曾多屆擔任中
　　　國新詩學會常務監事，並
　　　從事詩書畫評創作。

寫二十七年前夜訪詩人羅門、蓉子燈屋

——懷舊詩情寫真

范揚松

時空：一九七九年
背景：台北市泰順街燈屋
人物：范揚松和同學與羅門夫婦

記憶，自遠方打撈年輕的夢的海洋
光的亮度，在黯黯深海裡逗引著
珊瑚礁岩間，魚群穿梭、集聚
在盞盞燃亮的燈下，讀驚心意象
第九日底流呵，自心臟深處奔——騰——

冷不防地，瑰麗意象擊傷了右眼
左眼頓然茫茫望著城市的風景線
上升，旋轉又上升如燈屋般璀璨
聒噪是年輕的，星子閃爍屬於夜的
距離以外，我們在天體中逼近又飛離

星子凌散而有序，鑼鼓此起彼落
流瀉天際的音符，夾雜靜靜辯論——
關於意象死亡、再生以及節奏快感
戰爭，腥羶與修女的祈禱，同在
慾望、荒蕪與一隻鳥兒死於交通事故

眼前，泰順街燈屋是否撫媚依舊
光影轉折處，掛有記憶的勾痕
歲月的眼瞳，向喧囂塵世凝視——
視線之外，海浪追悼戰爭的廢墟
燈屋以內，魚群一口口嚼著鮮美意象

懷舊本事

現任大人物知識管理集團董事長，澳洲南昆士蘭大學 MBA 學成教授的范揚松，1979 年就讀政治大學二年級，擔任文藝社社長，某日率社員夜訪詩人羅門、蓉子夫婦，在著名的燈屋內，聽著貝多芬交響樂及詩人侃侃而談，使初入詩們的學子受益匪淺，在燈屋內留下這張難忘的影像。圖左起：王體信、鄭淑華、黃玉燕、蓉子、寧嘉齡、范揚松、羅門、黃宏輝。

時空：一九七九年
背景：台北市泰順街燈屋
人物：范揚松和同學與羅門夫婦

贈給詩國

PART 2

羅門蓉子的詩

贈羅門老師

——祝老師生日快樂

西元一九二八年
一位偉大的詩人
自東方神州昇起
這時地球的命運
便已決定
天蠍座的刺
將使地球上的罪惡
躲到極地冰層下
痛哭流涕
而比光線還要光線的
刺筆
把生命往成詩篇時
宇宙中的一顆行星
便又再一次
痙
　攣
起
　來

P.S. 羅門老師：您生日那天，我仍在期中考，所以未能如日向您祝賀，趁今日沒有考試，遂寫下這首詩以表達我的祝福之意　鐘士珍

再 PS：老師如果想不起我是誰的話，請回想上次耕莘八個小孩到燈匣造訪蓉子師，而有二個跪坐您旁邊聽您述說詩的真義。其中有一個是我

〔註〕作者：在學，大專青年詩人

詩神羅門

您的聲音
是突破千萬層烏雲
而來的雷鳴
隱隱驚醒
詩人昏睡的靈魂
您的聲音
閃爍著劍的光芒
潔白而寒冷
苦苦照亮
詩人漆黑的心思

陳寧貴
一九八三、九、十八

〔註〕作者：從事詩、散文、小說評論與編輯……等的傑出創作者。

致大詩人羅門

頃接來信真是懷念特別多
近來我們雖然較少聯絡
但是依然很關心您與蓉子的動態
前陣子我從文學刑物得知
您與蓉子到大陸清華大學講詩
將詩的種籽撒得更廣闊了
這次信中您提到
您最大的心願是要建立———
「詩國」〔羅門詩藝術館〕
這壯舉令我佩服之至
在此社會瀰漫泛政治的氛圍下
大部的人對詩是冷漠的
但願有心的企業家能助您一臂之力

「詩國」若能成功建立
這不但是您心願的完成
更為這陰暗時代
留下溫暖而美麗的窗口
讓人從這窗口
眺望到人性的眞善美

本文同步發表在
陳寧貴詩人坊 http://ningkuei.blogspot.com

羅門大師：
我很好，蓉子一併致意
詩國是偉大的構想
是這時代的希望，
是人人嚮往的國度

陳寧貴敬之 94.1.19

給羅門

林燿德

你掌中的紋路環繞成古典的圓
自圓心旋起前衛的螺塔
向天空與雲霓節節拔高
頂起文明穹盧
一對精神的翼搏扶搖而上
然後你立足塔頂
俯瞰人類的歡樂與悲哀
那些流動的哭泣和笑聲
你雙袖中源源輸入兩道歷史的音樂
東方與西方便在燙熱的胸腔中滾滾匯溶
一棟以戰爭‧都市‧自然與生命為四維的宮殿
你是心靈的燈屋主人

〔註〕作者：是兩岸著名的傑出詩人、散文
　　　　家與評論家

堤上行

──贈羅門之一

余光中

一道白堤界分了水藍的世界
裏面是淡水湖，外面是海
淡的是香港四月的兩水
鹹的是中國悠悠的海波
襯著遠去的渡船
為你照一張堤上的立姿
回島上給蓉子
告訴她：右頰的湖光
是三十年的友情淡而永
左頰的海色
是五千年的鄉情鹹而濃

漂水花

──贈羅之二

余光中

在清淺的水邊俯尋石片
你說，這一塊最扁
那撮小鬍子下面
綻開了得意的微笑
忽然一彎腰
把它削向水上的童年
害得閃也閃不及的海
連跳了六、七、八跳
你拍手大叫
搖晃未定的風景裏
一隻白鷺貼水
拍翅而去

〔註〕作者：名教授名詩人散文家評論家翻譯家藍星詩社發起人，曾任中國筆會會長。

因為貝多芬的原故

碧果

致　老友羅門

燒天之火　狂燃
他　浸在一滴　淚中

奇蹟　我們怡然落籍
因　這滴　淚
它包容了「第三自然」的投射
因　貝多芬大師
在聽覺內外
傾聽　我們生命在虹與花中
的閃爍
與
絕對。

〔註〕作者、台灣著名的超現實詩人、從事繪畫設計…等創作

──給羅門

張肇祺

當你眼神一連串心境
灼閃著
美的
散落……打擊在
這一音符的那一個
旋視

之上……盤繞著的
是
羅門──心靈世界
遠方的……回音
乃：
「雙手被蒼茫攔回
一個死不透的世界」
這是──
我的眼直走你的眼
是你的「眼睛便昏暗
在最後的橫木上」

〔註〕作者：在大學任教美學，從事學術研究，撰寫理論與詩文

鍊・給羅門

方明

你飛躋千噚的手剪一疋亮麗的天空披我，那片曾昇沉日月滋孕靈光的彩衣，使我驚寵得不敢恣意起舞，而夜夜幽古的涓思仍隨月色流來。

磅礴的詩泉是來自天上的冷溅，誰不愛痛飲甜醇的甘霖，只怕有時孤獨得無影對味。

燈屋的迴響啊，這生我們都下了最大賭注，攜生命到迢遞的國度換購那世人遙觸不及的詩歌。
（誰教我們不學習流行時麾。）

美麗的心靈葡萄在物慾擠逼僅剩的罅隙裡，而你奔馳的山水仍然豐腴。縱未知他朝成像或被風霜蝕去，而壯麗的神思必能跨越死

亡，跨越無數迷惑的陷阱。

無須驚視於千雙眼神的審察，從荒蕪種出的
還禮最晶瑩。當上帝的雙手推開層層通往天
堂的門，你的詩便是一面清晰的明鏡，讓世
人梳理零亂的形像。

68.4.11

後記：昨耕莘寫作會討論我的詩作，並邀請詩人羅門
　　　蒞臨指導。頓時，我內心交集寫詩的掙扎與被
　　　討論的驚悅，而羅門先生對我作品褒貶之分
　　　明，更轉成一種巨大的力量，鼓勵我邁向邃深
　　　的心靈探索。

〔註〕作者：從事詩散文創作是傑出優秀的
　　　作家，曾是台大現代詩社創社人之一

羅墨詩美入世門

——致詩人羅門

田運良

攤開藍圖
俯望腳下延伸而去的萬坪草茵
兩相對照著您我相異的幾何詩學
這這那那……幾經修改
終在您遙指美的鳥瞰下的塞內靠右的沃土
慎重將愛奠基
動工
　　　　　「一座都市，形成前
需先將整個世界停止呼吸在起跑線上，」
　　　　　神秘的您如是預言。
　　　　在臨界的混沌轉換間，我
企圖捕捉日月的行踪及影響日月行踪的慣性
　　　　　「然後，屏息……」
　　　　　　或者眞有
巨類似編年史的心靈訪問記

會完整記錄地變的來龍去脈
「，慎防一場世紀火浴的入襲。」
　　　　可供我索引。嗯
　　　　　我決定：
要去探您那用詩意象堆疊的城堡的險。
　　　　一座都市，建築中
　　　　好深好黑的地基
　　突然冒出第九日的底流。
有時不免躊躇於配線管路的文纏
因它像極了我的心您的詩；
路過 A 路與 B 巷與 C 街的三叉口
　　　　　瞥見您
　　正默默估算著鷹架的結構
感動於巍巍六十層的必然高度
　　我的社區計劃遂被您牽動
　　　　　起身離座前
恰巧一道曙光順勢遞補了我
　　　　餘溫未散的盆地。
　　　　一座都市，落成後
死亡之塔就矗立在建國英雄的銅像旁。
　　　　　完工的那夜
　　　　　全市宵禁
霓虹以少有的燦爛對空示警
戒備著流行熱潮將會淹沒整個現代……
　　也許您只是忘了跟我講
那只是都市特有的螺旋形的胎痣罷。
　　這時，樓幢叢林裏
　　遽然飛出一隻傷蝶
　　　　它驕傲說：
　　我停過您的花圃喔。

非難能可貴的，我很感激
邀請到您來爲這座都市即將毀滅
剪綵。您定定地
剪斷這條縱貫古今的臍帶……

轟隆。（猶記得
轟隆。　您剛才的致詞
轟隆。『歡迎諸位後現代人
轟隆。　爲這次時空的迴響作歷史見証』）

〔附言〕旁邊加線部份，均係羅門詩集與論文集的名
　　　　稱
〔註〕作者：傑出現代詩人，並從事編輯與
　　　　出版工作

羅　門

張健

強拉訪客上閣樓
瞻仰自己的雕塑、構圖和乾坤
你是第九日的底流
貝多芬的棋友

電話裏滔滔說
眞理是寂寞
每次頒給我一張成績單
甲等的孤獨人
我受也不安
不受，也不行

熱情燒掉了幾許歲月
你年過半百，孩子們都不信
有人在大學聯考的作文裏寫：
條條大路通羅門
〔註〕作者：台大教授名詩人評論家

曠　野

戲擬羅門

孟樊

我的視線在羅門的曠野上
行走，聯想中的光景
餐廳咖啡廳地攤
露背裝迷你裙瘦美人
——從都市的旋律中逃
而且痛，彷彿自焚者的告白
合演樹鳥二重唱
山與海之醉只是三十年前
那只火車牌手錶的幻影
還不如目下的垃圾車與老李
實在，飲茶無茶意
喝咖啡亦缺咖啡情
只能速寫詩人之死的一幅素描
以遙望故鄉之姿找尋
歲月的兩種樣子—
一種是野馬
另一種是雲
心靈的疊景自此始逐漸浮現
直至羅門在我的曠野上走失
抬頭從窗眺望
悠然見南山

（編者按：詩中加粗字體爲詩人
羅門詩作標題）

〔註〕作者：台北教育大學教授，後現代著
　　　　名詩人與評論家

關島開門

隱文詩一首贈羅門

孟樊

天藍成印象派潑在普羅旺斯的油彩
地平線拉長爲一枝梵谷摔落的畫筆
線條濃烈地描出杜夢灣的碧海白沙
是查莫洛人載歌載舞宛如熱帶魚群
宇宙最近處一三三四英呎高之海拔
宙斯與眾神賭賽狗在胡本陽山之巔
最終則與遊客宴會於砂堡晚餐劇場
後頭是漢月星光慢穿過濱海棕櫚樹
的繞指柔在五星旅館腹肚纏綿悱惻
一望無際的音樂之海波皮如浪起伏
根鬚般伸展的神經是德弗札克帶來
弦樂四重奏把羅門的門打開在關島

後記：羅門有一首最短的詩名曰（天地線是宇宙最後
　　　的一根弦），這首「最短的詩」也是一首隱題
　　　詩，意象突出。一九九八年春節期間我曾與妻
　　　同遊關島，給我碧海藍天的印象，遂聯想到羅
　　　門的這首短詩；並於執筆之際他的另一首散文
　　　詩（門的聯想）同時「開門」進到我的腦海。
　　　關島現爲美國託管，德弗札克著名弦樂四重奏
　　　（美國）正可與之相應合。

為羅門寫真

韓秀儀

你　是我幻象中的哈姆雷特
心中燃燒著激情
手持利劍　飛步攀上峰頂
與天庭對話

矛盾焦慮　亢奮不安

都市的水泥森林
阻擋不了你銳利的視線
你從透明的不夜天中
看到赤裸裸的丑陋和不平
你那深邃的思辨
永不停息地追逐那漫天星云

你牽著茫茫的天地線
在人海中走成理想的直線　和
無奈的曲線　最后
以螺旋狀上升得以解脫
你懂風雨中澎湃的海
更仰那堅守無語的山
你縱有海的性情　然而
一顆敏感純眞的心
卻極易受到傷害

這一切又算什麼呢
你已是天之驕子　上帝的寵兒
因爲你擁有詩　擁有青鳥
這就足夠了

當你手捧盛開的鮮花
唱著深情的歌
走向含羞草般的蓉子
且兩類相依偎時
瞬間已化作永恆

你從光影里走來
你從詩與藝術中來
你　爲詩而生
　　　爲海而生
　　　　　爲蓉子而生

2008.4.16

〔註〕作者：大陸名詩書作家

同羅門在大小洞天觀海

蔡旭

詩人羅門在台灣沒有回來。他的名詩《觀海》就刻在小月灣巨大的岩石上。

110行充沛的情感，連同5節散文詩的哲思，連同詩人蒼勁的手跡，就在我遠道而來的激昂中奔涌。

隨著羅門略帶沙啞的嗓音，一朵朵落日與旭陽在浪來浪去中吞進吐出。

我看到海的博大，海的深邃，海的自由自在。

在羅門的指點中，隱約看到海的眼睛，海的額頭，以及它包容人生的境界。

此時，海濤拍擊著寂靜的海岸。

那是海的發言。

或是贊嘆，或是討論，海以它的聲音，加入我與詩人的三方座談。

三亞的大小洞天，果然是觀海的最佳處。

對得起國家旅游局給的5A級的頭銜。

如今，有了羅門長詩的長駐，它的山海奇觀中又加進了抒情與哲理。

那海的聲音與詩的聲音，就這樣，在我的心中，飄得比永恒還遠。

（2009年7月）

聽羅門給蓉子唱情歌

蔡旭

這支用英文唱的歌，用不著翻譯。

這支貝多芬原唱的情歌，超越了國界與語種，突破了時空。

詩的交杯酒喝了整整53年了，這時"東方勃朗宁夫婦"這對"世界詩人大會杰出文學伉儷"，又難得地用音符傳遞他們的心聲。

暫別了"養母"台灣，重見到"生母"海南，男主人公出人意外的放歌，讓所有酒杯都伸長了耳朵。

同他那坦率奔放的詩一樣，那深沉的歌唱中，有大海的壯闊、豪邁與硬朗。

在當年用箭在颱風夜射入青鳥心房的興奮與激動。

有從沒有送過戒指與梳妝台的不安與不悔。

有每年今日都令整個天空停止一天的深情。

啊，歌聲中也有九百九十九朵玫瑰嗎？爲何全場耳朵，都翩飛如蝴蝶！

窗外的海風與椰林，也以天長地久爲題在輕聲地討論。

只見女主人公，那只青鳥，也許亦有心潮逐浪吧，卻不動聲色，坐在凝眸中。

也如她的詩，溫柔，典雅，閑靜，永恒地微笑……

（2008年4月14日，海口）

〔註〕作者：爲大陸詩與散文作家曾任海散文會長

致羅門－蓉子

趙國泰

青年是寫詩的黃金時代
中年是寫詩的寶石時代
老年是寫詩的鑽石時代

或許人們能抓住黃金
但又常常丟掉了寶石和鑽石
誰能擁有這三倍的幸運？
哦，羅門－蓉子！

黃金－寶石－鑽石
締結著詩路的璀璨
鑽石－寶石－黃金
提示著創意的艱難

只有在荊棘上流過血
才能采摘到玫瑰
只有為詩而存在
才能獲得詩的純粹

只有近俗才能遠俗
才能保持詩的高貴

真正的詩人不向任何東西屈服
他只屈服于詩的需要

純粹的詩人不在乎任何得失
唯有詩的平庸才是對他最大的傷害

詩人是渺小而偉大的工匠
詩是不能出售但必須出售的黃金

詩人是一支十字軍
能開到人類心靈的遠方
而一枚小小的鎳幣
又足以使他尷尬萬分
寸步難行

這，就構成某種對抗
當然，對抗也是一種滲透
當商品和詩達成和解
人，才又重新插上翅膀

哦，中國，中國的版圖是一個金雞形狀
此刻，我們就坐在雞爪上
華夏通過我們而引頸長鳴
我們因為華夏而意象耀煌

要讓詩走向世界
要讓世界走向詩
當然，誰也無法將世界召喚到詩的旗幟下
我們悠悠期待
世界能發出詩的回嚮！

呵，詩人——詩人
舉起你年輕的黃金
舉起你成熟的寶石
舉起你不朽的鑽石
去鑲嵌，鑲嵌一個
跨世紀的詩時代！

1993.8.5 晚

〔註〕作者：大陸詩人作家兼出版主編工作

在火車上

——覆「詩龍」羅門

李少儒

不聞鳴鳴長嘯

不震於軋軋的顛悸！

祇見一匹飛馳的彩虹

有「詩眼」　閃爍（註一）→（用大作「詩眼看世界」）

塵・霧・

飄散

聞道寶島天降「詩魔」（注二）→（指洛夫）

驀地峽沉濤瀟！

浪破崩雲處

有詩龍盤舞！

「詩眼」舒捲

高寒處有珠玉聲浪浪

鞭太陽

驅目光

推山・踏海

伏雲烽之下

奔刀同之上

吸盡天下勞塵 ⎫ 兩句，兩義・

飛颺人間灰寒 ⎭ 勞塵佛語：指物質禮合

　　　　　　　灰寒：指生存時代詩心式微

既不滅大宇洪荒 ⎫ 不屈從於俗的詩論和行動

不毀紅塵溶燄 ⎭

啊！您是很中個的

一條彩虹化身的「詩龍」。→「彩虹」之美，和平的象徵

「詩龍」一、由詩魔而生

二、多元性，多變化的風格。

五月卅日下午見大函，二時半往看牙醫，思流起伏，進診之前，一氣呵成，六時入暮，略改。試以全詩用意識流完成，是不是行的詩，多多教我　弟少儒・六月

〔註〕作者：馬來西亞星加坡華文詩壇著名詩人作家評論家

詩人帶著無數經典回顧

——歡迎台灣詩人羅門、蓉子

符策精

未見過面的詩人回來了

椰島的熱風吹醉了赤子詩心

詩人透視般的慧眼

在短速的時間里湊熱鄉土

幾天椰島詩友聚會

留下了永恒的歷史記憶

酒和詩的交融

織出了親情和友誼

熱島椰樹舒展英姿

挺秀立滄溟　飄香酒雲霓

宇內是詩神的殿堂

詩人的筆放出輝煌

家鄉的詩人回來了

帶回無數的詩篇經典

和詩人聚會合影

讓歷史之夢永遠團圓

時間留不住詩人

詩人留住了時光

〔註〕作者：海南詩人散文作家

邂逅集

王一桃

給羅門

親情是一張身份證書
鄉音是一張通行證件
連小孩也蜂擁到你跟前
用鞭炮燃起你火樣的童年

望月樓頭望出幾回圓
讀書樓上讀破幾多卷
如今自彼岸來重新登臨
將要卷起多少如潮的詩篇

給蓉子

你早就已經嫁給海南
（儘管你一直沒有上過門）
嫁給〈南方之旅〉般的火熱
嫁給〈觀海〉那樣的深沉

像天邊青鳥翩翩而至
（今天你終於上了門）
嫁妝是滿燈屋的藝術世界
嫁壯是滿車載的文學珍品

〔附語〕：〈南方之旅〉、〈觀海〉均為羅門詩作
〔註〕作者：香港名詩人作家，目前任世界
　　　　華人作家協會會長

（一）贈羅門

侯享能博士

從一個個世俗的門

你
螺旋的攀登
節節的上升
遨遊天際
跨越長宇
來到了心靈的門
空靈美的第三世界
哇
七十五個寒暑過去了
你還是當年丹心一顆

17-Jun-03

（二）眼睛

太陽
在你眼裏

即使是冬天
有侯任的光茫閃爍
便有溫暖

黑黑的眼睛
在黑夜
是燈

在太陽下
是向日葵

常在歌頌

95.1.26

〔註〕作者：馬來西詩人作家，曾任馬來亞
　　　　南洋日報總經理，兩度參加台灣召開
　　　　的太平洋地區國際會議。

鳥

——贈羅門

施約翰

每一回　從你詩中飄出的
鳥　各自的翅膀
總飄看提升的
悠逸　心是宇宙
　　　界限是大氣

而綠茵場上
空球的你是
鳥　輕靈如飛
踢出的球是
鳥　疾射如飛

你也伴過另一種
鳥　穿梭烽火間
你不動　以駕駛座當蒲團
鳥動　駛你而動
　　　且爲你的信念
　　　投下照明彈

你終於伴
青鳥　以原子筆造
鳥　而這些
鳥　便將你飛成
長青的鳥

〔附言〕：羅門兄說過，他一生最引以爲榮的三件事
　　　　是踢足球，當空軍和寫詩。其實，他和
　　　　「青鳥集」作著蓉子詩藝比翼，更令人羨
　　　　讚！
〔註〕作者：菲華名小說家兼寫詩與翻譯工
　　　作

天意

——贈詩人羅門

陳慶煌

壬午的不期而遇
莫非天意

在金廈海峽情　當
中秋兩岸焰火沖霄前
馬可波羅與金龍號
生火待發之際

碼頭上的傾談匆匆
已惺惺相惜
隔晨欣然再敍
古典與現代　互補
哲學和美學　相繼

許是東方張大千　與
西方畢卡索
相會後
機鋒交集下
智慧之光的延續

〔註〕作者：淡江大學教授，名詩書創作者

有一條永遠的路

——贈羅門老師

匡國泰

趕在風雨來臨之前
故鄉以金黃的斗笠
爲行者加冕

上路吧
上路後才知道什麼叫鄉愁
才懂得怎樣去接近憧憬

有什麼地方比明天更遠
有哪一種爬行動物
比路更積極？
〔註〕作者：大陸優秀傑出青人詩人曾獲藍
星詩社詩獎

麵包樹下

——在樹下聽羅門師講課有感

蔡芸

每一朵葉罩成濃密的雲
紋路中網住無數求知的心
腕錶在轉
圈住走在前面的春　山雲遠盼
圓葉滿載著飽滿落下成扇
和諧春風的談話
是果樹年華裏永久的憶夢
覆影灰色的路外
一個明亮的人
撐傘而充實的走過
〔註〕作者：文藝營青年詩人

在詩人的課堂上

——贈羅門

劉希聖

（一）
不知那裏來的

白蝴蝶，從你手上炸開的宇宙
飛進來
在我們中間
氤氳起一棧藍色的溫度

港邊的飛鳥很藍，藍起幾隻寂寞的靈魂
飄往遠方
此時，天上的雲
已燒成一壺
眼眼相望的
酒
（二）
即使醉了
蓄短髭的意象主義者：
淡海的潮音已握在你掌心中
一揮出去
就把滿目迴翔的鳥射下

剖析鳥腹，你猜
竟是百年前沙灘上
出去流浪的頑石

石頭的故鄉算是確定了
而現在我們坐在山上望海
我始知你不祇是一個
純粹的意象主義者
（三）
日頭從高爾夫球場那邊下班了
風仍在你的短髭上
（或許會出現飛蝶）
仍然　我們端坐靜聽
你朗誦著詩的乳名

海天交給你

你交給上帝
上帝給你一把雕刀
教課堂上的石頭
坐成一尊準確的
仰角
〔註〕作者：文藝營青年學生詩人

海南詩詞學會歡邀海南在台著名詩人羅門先生座談會感咏（兩首）

（一）
吟壇初建迎高賢，
峽海詩心一線牽。
興發中秋惟雅集，
興情感咏共嬋娟。
（二）
滄桑幾度國情牽，
邈闊江山地咏連。
都付年華流水去，
豈余殘夢結詩緣。

　　　　　　陳修發　1988.10.19
〔註〕作者：海南詩人作家

明天，你們要走了

——送羅門、蓉子

鄺海星

人間沒有不散之筵席
經過幾天熱情聚會和淡吐……
你們要走了，在幾天
幾天，你們要走了，但留下

天限依依情，不滅的記憶—

看萬物，看世界
詩人應有透視般之慧眼
一切生命中都有詩之含量
詩，一切事物之主宰和真諦
當物質享受豐滿了，精神空虛
詩人，你的筆，你的使命呢

桂冠，假如贈賜于詩人
尋處應在你們的談吐和訪問字里
詩人，指向吧，何處找尋
不敗的花朵，求恆的春天
留下這無限多的余音
留下了，無限多的不滅記憶

啊，你心行色匆匆奔向世界
又回故里，又要回到你們的燈屋

明天，後天，　從燈屋
　將噴射燦爛的詩光
看呵，永遠是一座飛花
　　　的殿宇……

　　　　　　　　　　1993.8.7 絕
〔註〕作者：海南前輩名詩人曾任海南詩社社長近 30 年

四月之歌

丁平

杏子回家了
春雨輕步趕來
在江南在太平山下，

在杜鵑艷舞中，我們以紫荊之旗

迎您，懷思

自古越跨橋而來，然後凝聚於「大會堂」之

中

以一盞清香敬您，敬您在兩岸穿梳歌唱的詩

人！

記：詩人羅門、蓉子伉儷，月前自台灣回大陸探親，
　　訪友並參加多省之詩歌研討會。四月廿五經港返
　　台，「香港大學」四項「現代文學創作高級証
　　書」課程學員，各沤二人，在「在會堂酒樓」以
　　清茶一盞迎，之藉表最純、最樸、最高敬意。一
　　九九三、四、廿八日－于「大會堂」。

〔註〕作者：港澳地區名作家詩人、評論
　　家，曾任世界華文詩人協會秘書長

詩國傳奇

──贈詩人羅門大師

望星海

燈屋玄奧的光環

旋轉出你的詩國

君臨文字

指揮意象的兵團

衝鋒陷陣

你的頭顱

頂起詩國的天壇

心跳　歷史能聽到

熱血　澎湃在環宇

掌聲　響在

詩國之外　時空之外

你的子子孫孫

詩巳縱橫

天

下

附言：中國當代都市詩與戰爭詩的巨擘羅門，一生獻
　　身詩藝詩學，被譽爲『心靈大學的校長』。最
　　近出版《創作心靈的探索與透視》，縱論詩人
　　作家和追踪詩與藝術。羅門已開始撰寫自傳性
　　的巨著《我的詩國》，這是一部詩與藝術在他
　　內心『第三自然』所建構的『心靈工程』之
　　書，擬在二零零五年四月十四日與女詩人『永
　　遠的青鳥』蓉子結婚五十週年時完成出版問
　　世。謹以此詩預賀之。

　　二○○二年十一用十八日於博覽堂

〔註〕作者：菲華名詩人作家，即王勇目前
　　任菲華商報副刊主編

臺　北

──給羅門、蓉子伉儷

卜納德

那幾天的日子，每一個小時

我們一起相處的情景，深叩著記憶。我幾乎

可以看見我對你們的朋友，中國的

作家們，談及匈牙利作家的事蹟。

你們問及有關愛倫‧達馬瑟，羅霖‧沙普以

及

顧佑拉‧易理斯等人的消息。然後談到了

史丹貝克和杜思‧巴梭思以及

中古時的匈牙利宗教詩。

我不知我回答了多少問題，只是突然間

黃昏已來臨。我們穿過

荷花點綴的新公園

漫步於太原五百壯士塚。

我們做了一個漫長的散步，然後回轉。你談

到了

方東美教授以及博物院，於是我問

你明天能否來陪我找幾本

甲骨文的書籍？

〔註〕（台北）一詩，英文是美第三屆世界詩人大會
主席卜納德〔JENO PLATTHY〕博士所寫發表
在他的英文詩選《SUMMER FLOWERS》，
中文是林綠詩人翻譯的發表在在卜納德的中譯
詩選《秋舞》

TAIPEI

JENO PLATTHY

To Mrs. and Mr. Lomen Yungtze.
It was unforgettable those few days, every hour,
that we spent together in Taipei.. I can almost
see myself lecturing before your friends, the
Chinese writers, about the deeds of the Hungar-
ian writers. You asked about Aron Tamasi, Lor-
inc Szabo and Gyula lllyes, what happened to
them. Then about Steinbeck and Dos Passos
than again about the religious Hungarian poetry
in the Middle Ages. I don't know how many
questions I answered, only that suddenly even-
ing had come. We walked

beside the Shrine
of the Taiyuan Five Hundred Complete Men
through the water-lilied New Park on the
Chuny-Shan Bridge:
we took a long walk. Then we returned. You
spoke about Prof. Fong Tong-mei and the Mu-
seum and I asked, would you come tomorrow to
find some books about tortoise-writing with
me?

For Lomen, Controller of the Doors

W. COHEN

Lomen tells me his name means
　"Controller of the Doors"
which means:
Whether you're low man, high man
door man, sky man
You must apply to Lomen
for the door to be open.

Lomen, You're the best-named poet I know
for have not we poets always been
controllers of the doors to the sky.
Unless man's cry comes up through poetry
no God will hear him
which is to say
WORDS THAT DON'T RHYME
(at least internally through spirit's music)
WILL NEVER CLIMB.
As Hamlet's Uncle said it
　"My words to Heaven go,
my thoughts remain below;
word without thoughts
never to Heaven go."

In your poems bathed in the glow of the spirit
every word is a thought with heaven's name on
it.
And so I invokeeyour name my poet friend
whenever my thoughts reach upward toward
that sky.
And when I hear your poems I know its true

that all the doors of the world have your name
on them.

First Fair Copy
8-7-76
at Jacksonville beach

FOR LOMEN & YUNGTZE
THE FLU THAT MAKES US SICK

Lao Tze and Confucius
Philosophized before
That life, so precious and luscious
Shail bore flu to its core.

Both are gone now, 'tis true,
But we who live today
Still fear and combat with the flu
That makes us sick this way.

ARIEL H. LAOSON
Acting Coordinator-General

AN ASIAN SONNET
for
L O M E N, ESQ.
Born: November 20.

Autumn is near its end, now is November
And yellow leaves are on their final go;
Storms in October, Christmas in December,
But for November mankind will remember

The Armistice signed 60 years ago.

The winds are blowing cold and blowing colder
And overcoats and globes start to appear;
Mists overhead are growing bold and bolder
Even as the good year is aging older
While Christmas notes begin the air stir.

In this autumnal month dear, you were born
A month in history for Armistice;
Happy birthday to you this happy morn---
Remember please world brotherhood and
peace;

AMADO M. YUZON

AN ASIAN SONNET
Y U N G T Z E
Born: May 5

The butterflies are each a mini plane
Flying no other passenger than love;
The multi-colored flowers now complain
Why Spring must go and Summer with its train
Of burning suns descend down from above.

May is the "Amen" if Spring were a prayer
Punctuating a crystal dreams of joy come true;
The birds like winged poets here and there
With gladsome music overwhelm the air —
On your birthday, dear bard, they sing for you;

On your birthday so my heart becomes

A mini plane, a butterfly or dove:

It flies to you beyond the ocean foams

Carrying no other passenger than love.

                                        AMADO M. YUZON

AN ASIAN SONNET

L O M E N

Born: November 20.

This is the month of your birth, this November

As you behold the farewell leaves of Fall,

Drop to the ground, fondly you remember

That there was once a Spring when bloom and

ember

Reflected love and beauty on the soul.

But there is poetry even in Autumn

For like a nudist virgin, though uncrowned

And naked, Sans green and pink top to bottom,

There is in it unseen, though felt an atom

Of vast, transparent beauties all around.

And you were born in such a month and season

To feel a vacumn for an earthly use;

Happy birthday, bard, we have every reason

To celebrate for you, and your sweet muse.

                                        AMADO M. YUZON

L O M E N

Birthday: Nov, 19, 1928

LOMEN, your birthday is dear to me

For you yourself is dear;

You write inspiring poetry

And you blossom throughout the year;

Brother of the Muses and mine too,

Very happy birthday to you!

                                        AMADO M. YUZON

BORN NOVEMBER: 20

The Xmas is just a stone's throw from now,

So even while November's growing cold,

The atmosphere is loaded with the show

Of the unfolding festival and glow,

Of golden bells and gifts from young and old.

It's in this atmosphere that you were born,

And with your same good spirit now I write

To greet your dear birthday this happy morn,

Saying; Poet, the world is being torn

By hatred, do make love the world's delight.

You who has made the world a fair Parnassus

And knocked at every heart the hand of love,

Advance, treat one; long live your flashy Pegas-

sus,

God showers you his blessings from above.

                                        AMADO M. YUZON

TO

Lomen & Jungtzu

on receiving from China's Browning Couple a
pair of wine kettle "to congratulate" me and
"to wish your (my) good health forever."
HERE IS A CHINA of some thousand years,
Contained in this pair of cute, golden kettles;
Ages and dynasties drank from this two dears,
Whether in revelry or drowning fears —
History's here, these are not simple metals.

And this set came from our YUNGTZU and
LOMEN —
The Brownings of new China's poetry —
That this set came from them — YUNGTZU a
woman
Of Letters, and LOMEN who could be Roman
In lyricsm — is by itself history!

And these two kettles they raised for my health
And from them they drank for my victory;
I, too, will raise these kettles for the wealth
Of the world's brotherhood through poetry.

6:00 a.m., March 9, 1971 — AMADO M.

YUZON

Philippines

LOMEN

Born: November 20.

This are belated greetings, Poet dear
On your recent natal day,
May God always bless you year to year
And spread flowers on your way.

We were busy last November
At the World Congress of Poetry
But I never forgot to remember
The date of your nativity.

So even now, though belated, please
With this hurried verse I'd serve you!
May inspirations, health and peace
Guide you, follow you, and preserve you!

--AMADO M. YUZON

Dec. 3, 1973

9:30 p.m.

〔註〕作者：Dr. Yozon 是自第一屆歷屆來的
世界詩人大會會長，任期好幾屆

羅馬造成非一日
門前冠蓋集祥雲
大哉萬物乾元始
師道宏揚舉世聞
蓉也詩心花競發
子房制勝出奇軍
夫隨婦唱吟哦樂
人月雙圓永不分

初識詩人羅門應始於廿年前淡江國際研討會而真正歡談則在客歲金門詩酒文化藝海中會時金難與同住一條街卻難得相遇 羅門思想前瞻上下千載縱橫萬里永遠超越時空領先詩壇其學博大淹通研究他而撰成博碩士論文者不可勝數許為世界名詩人洵富之無愧其夫人蓉子早年以我的粧鏡是一隻弓背的貓享譽文壇措思有若雷廣運等之神奇倜儻情篤出雙入對吟哦之樂一如金門所見之鸞鳳庚重逢十秋月圓佳節謹此虔誠祝福

民國第二癸未中秋
倩平 陳慶煌 敬撰于心月樓

陳慶煌淡江大學中文系教授，國家文學博士。

我 的 詩 國
POETREPUBLIC
蓉子羅門研究檔案

蓉子研究檔案
羅門研究檔案

【說明】

蓉子羅門研究檔案，在目前較詳的資料可查看：

●國科會委托台灣交通大學圖書館設置蓉子羅門的數位網站。

●海南大學圖書館 1998 年舉辦羅門蓉子創作半世紀成果展彙編的
　《羅門蓉子創作年表》

●海南省圖書館 1999 年舉辦羅門蓉子「詩光・藝光・燈光」的大
　展所彙編的《羅門蓉子作品和入選與被評論書目鈎沉》

蓉子研究檔案

蓉子簡介

　　蓉子，本名王蓉芷。江蘇人，五十年代初正式走上詩壇，被稱爲台灣光復後現代詩壇第一位女詩人，1953 年出版其引人矚目的處女詩集《青鳥集》爲光復後第一本女詩人專集。此後陸陸續續出版《七月的南方》、《維納麗沙組曲》、《這一站不到神話》、《黑海上的晨曦》（1997）和《水流花放》（1998 年）、《衆樹歌唱》（2006 年）、《童話城》（2009 年數位典藏新版）、《蓉子集》（2008 年國立台灣文學館）等共十九種詩的單行本。歷年來作品選入中文詩選近一百五十種選集，部分作品選入英、法、德、韓、、南斯拉夫、羅馬尼亞等外文版詩選集。（散文及其他文類未計》，有詩壇「永遠的青鳥」之譽。

　　曾擔任中國婦女寫作協會值年常務理事，青年寫作協會常務理事兼詩研究委員會主任委員。曾出席在菲舉行第一屆世界詩人大會與羅門獲「大會傑出文學伉儷獎」，接受菲總統大綬勳章。曾獲國家文藝獎、國際婦女年國際婦女桂冠獎、青協第一屆文學成就金鑰獎。中國詩歌藝術學會「詩歌藝術貢獻獎」等。曾先後應聘擔任各公私立文化教育機構文學評審委員，曾應聘擔任「文建會」與東海大學合辦「文藝創作研習班」詩組主任。一九六五年曾以詩人身份同小說謝冰瑩、散文家潘琦君，應韓國文化出版界之邀，以中華民國女作家三人代表團身份赴韓國，做了一次南韓全國性的訪問。一九八三年曾參加新加坡第一屆國際華文作家會議，會中初晤大陸詩人艾青、作家蕭勤和蕭軍三位著名的前輩作家。曾赴菲講學以及應邀赴香港大學、泰國與美國……等地發表有關詩的演講。曾擔任中山文藝獎評審委員。名列《世界名詩人辭典》。

　　1992 年和羅門應邀赴美參加愛荷華著名的國際作家寫作計劃（International Writing Program），獲頒 IWP 榮譽研究員證書。1993 年專程前往海南島海口市參加由海南大學和海南日報聯合主辦的「羅門、蓉子文學世界學術研討會」，與會的學者、作家、詩人分別來自美國、新加坡、馬來西亞、台灣、香港和大陸等地。研討會中所提出的卅多篇論文，已於 1994 年由文史哲出版社出版成書。1995 年，中國社會科學出版社，以「羅門、蓉子文學創作系列」爲總題，陸續出版了兩人共八本系列書，並由北京大學、清華大學、海南大學和中國社會科學出版社等聯合召開「羅門、蓉子文學創作討論會」暨《羅門、蓉子文學創作系列》推介禮。本次討論會中的多篇論文以及會外由學者專家、評論家所執筆的數十篇論評均收集在 1997 年 10 月由文史哲出版社出版的《從詩中走過來》和《從詩想走過來》兩本論文集內。

●作品接受國內外著名學人、評論家及詩人

評介文章近八十萬字、已出版五本評論蓉子作品的書。

●二位研究生研究蓉子分別獲得學位。

●作品選入國中、高中及大專國文教科書。

其本人則在 2009 年 11 月，因在詩的領域內的長久努力和成就，榮獲瑞典寄贈的「國際莎士比亞獎」。

又 2010 年 3 月 30 日台灣漢學研究院寰宇漢學講座，邀請斯洛伐克科學院教授，著名的漢學家同時也是重要的比較文學學者高立克博士（Dr. Marian Galik）假國家圖書館，以「台灣當代女詩人『蓉子』與聖經」為題發表演講，其演講中有謂「關於中國現代女詩人－作為中國宗教、哲學以及文學價值的繼承者如何看待這部最富有智慧的希伯來的遺產，會非常有意思等語」。令蓉子覺得有些沉重。

蓉子著作目錄

類別	書　　名	出　版　者	出　版　年　月
1.詩集	青鳥集	中興文學出版社	1953 年 11 月
		爾雅出版社（新版重印）	1982 年 11 月
2.詩集	七月的南方	藍星詩社	1961 年 12 月
3.詩集	蓉子詩抄	藍星詩社	1965 年 5 月
4.童話翻譯	四個旅行音樂家	國語日報	1965 年 12 月
5.童詩集	童話城	台灣書店	1967 年 4 月
童詩集	童話城	國立交通大學（數位典藏新版）	2009 年 5 月
6.英譯詩集	日月集（兩人合集）	美亞出版版社	1968 年 8 月
7.詩集	維納麗沙組曲	純文學出版社	1969 年 11 月
8.詩集	棋笛與豎琴的響午	三民書局	1974 年 1 月
9.詩集	天堂鳥	道聲出版社	1977 年 12 月
10.詩選集	蓉子自選集	黎明文化公司	1978 年 5 月
11.詩集	雪是我的童年	乾隆圖書公司	1978 年 9 月
12.散文集	歐遊手記	德華出版社	1982 年 4 月
		純文學出版社	1984 年 2 月
13.詩集	這一站不到神話	大地出版社	1986 年 9 月
14.詩選集	羅門・蓉子短詩精選	殿堂出版社	1988 年 9 月
15.詩集	只要我們有根	文經出版社	1989 年 9 月
16.詩論集	青少年詩國之旅	業強出版社	1990 年 10 月
17.散文集	千泉之聲（上下冊）	師大書苑	1991 年 1 月

18.詩選集	太陽與月亮（兩人合集）	廣州花城出版社	1992 年 3 月
19.詩選集	蓉子詩選	中國友誼出版社	1993 年 7 月
20.詩精選集	千曲之聲	文史哲出版社	1995 年 4 月
21.詩選集	蓉子詩選	中國社會科學出版社	1995 年 4 月
22.散文選	蓉子散文選	中國社會科學出版社	1995 年 4 月
23.散文集	千泉之聲	群眾出版社（大陸版）	1996 年 1 月
	——台灣名家散文叢書		
24.詩集	黑海上的晨曦	九歌出版社	1997 年 9 月
25.詩集	水流花放	遼寧春風文藝出版社	1998 年 5 月
	——中國女性詩歌文庫		
26.詩集	衆樹歌唱	萬卷樓圖書公司	2006 年 6 月
	——蓉子人文山水詩集		
27.蓉仔集		國立台灣文學館	2008 年 12 月
	——台灣詩人選集		

◎「羅門‧蓉子文學創作系列」八冊（中國社會科學出版社，1995 年）

　　1.羅門短詩選

　　2.羅門長詩選

　　3.羅門論文集

　　4.羅門論

　　5.蓉子詩選

　　6.蓉子散文選

　　7.蓉子論

　　8.日月的雙軌—論羅門蓉子（周偉民‧唐玲玲教授合著）

蓉子作品選入中、外文詩選

作品選入中文詩選集

①《中國新詩選輯》（創世紀詩社 1956 年出版）

②《中國詩選》（大業書店 1957 年出版）

③《詩創作集》（復興書局 1957 年出版）

④《十年詩選》（明華書局 1968 年印行）

⑤《寶島頌》（台灣省新聞處 1968 年 6 月）

⑥《七十年代詩選》（大業書店 1969 年 3 月）

⑦《乙酉端午詩集》（台北市文獻委員會 1969 年 6 月）

⑧《中國新詩選》（長歌出版社 1970 年）

⑨《一九七〇年詩選》（仙人掌出版社 1971 年）

⑩《中國現代文學大系》（巨人出版社 1972 年）

⑪《中國古今名詩三百首》（華岡出版社 1973 年）

⑫《六十年詩歌選》（正中書局 1973 年）

⑬《中國現代文學選集》（書評書目出版社 1976 年）

⑭《廿世紀中國現代詩大展》（大昇書庫出版 1976 年）

⑮《中國現代文學年選》（巨人出版社 1976

⑯《當代詩人情詩選》（濂美出版社 1976
年）

⑰《八十年代詩選》（濂美出版社 1976 年）

⑱《現代詩導讀》（故鄉出版社 1979 年）

⑲《現代名詩品賞集》（聯亞出版社 1979
年）

⑳《小詩三百首》（爾雅出版社 1979 年）

㉑《當代中國新文學大系》－詩（天視出版
公司 1980 年）

㉒《中國新詩選》（長安出版社 1980 年）

㉓《龍族的聲音》（國軍新文藝運動導委員
會印行 1980 年）

㉔《新詩評析一百首》（布穀出版社 1980
年）

㉕《童詩百首》選（爾雅出版社 1980 年）

㉖《中國當代新詩大展》（德華出版社 1981
年）

㉗《剪成碧玉葉層層》－現代女詩人選集
（爾雅出版社 1981 年 6 月）

㉘《青青草原》－現代小詩賞析（青草地雜
誌出版社 1981 年）

㉙《抒情傳說》－聯副卅年文學大系詩卷
（聯合報 1981 年出版）

㉚《葡萄園詩選》（自強出版社 1982 年）

㉛《童詩欣賞》（華仁出版社 1982 年）

㉜《現代詩入門》（人民文學出版社 1982
年）

㉝《台灣詩選》（人民文學出版社 1982 年）

㉞《中國現代文學選集》（爾雅出版社 1983
年）

㉟《七十一年詩選》（爾雅出版社 1983 年
出版）

㊱《她們的抒情詩》（福建人民出版社 1983

年出版）

㊲《中國現代詩》（五南圖書公司 1984 年）

㊳《七十二年詩選》（爾雅出版社 1984 年）

㊴《大地注》（神州彩色印刷公司印 1984
年）

㊵《生命注》（神州彩色印刷公司印 1984
年）

㊶《七十三年詩選》（爾雅出版社 1985 年）

㊷《七十四年詩選》（爾雅出版社 1986 年）

㊸《世界兒童詩選》（安徽少年兒童出版社
1986 年）

㊹《星空無限藍》（九歌出版社 1986 年 4
月）

㊺《海是地球的第一個名字》－中國現代海
洋文學詩選（號角出版社 1987 年）

㊻《台灣女詩人卅家》（湖南文藝出版社
1987 年 2 月）

㊼《小詩選讀》（爾雅出版社 1987 年 5 月）

㊽《海外詩箋》（中央日報社 1987 年 5 月）

㊾《千曲之島》（爾雅出版社 1987 年 7 月）

㊿《鏡頭中的新詩》（漢光文化公司 1987
年）

51《七十六年詩選》（爾雅出版社 1988 年）

52《當代臺灣詩萃》（湖南文學出版社 1988
年）

53《臺灣兒童詩選》（湖南文藝出版社 1988
年 8 月）

54《現代中國詩選》（洪範出版社 1989 年）

55《中華現代文學大系》（九歌出版社 1989
年）

56《名詩手稿》（海風出版社 1989 年）

57《水仙的心情》——台灣女性抒情詩（廣
州花城出版社 1989 年）

58《臺港朦朧詩賞析》（花城出版社 1989

年）

㉟59 《台灣現代詩四十家》（人民文學出版社 1989 年）

⑥ 《秋水詩選》（秋水詩刊社 1989 年）

⑥ 《兒童文學詩歌選集》（幼獅文化事業公司 1989 年）

⑥ 《台港百家詩選》（江蘇文藝出版社 1990 年）

⑥ 《鄉愁》——台灣與海外華人抒情詩選（河北人民出版社 1990 年）

⑥ 《七十九年詩選》（爾雅出版社 1991 年）

⑥ 《台灣現代詩選》（香港文藝風出版社 1991 年）

⑥ 《海峽兩岸朦朧詩賞析》（長江文藝出版社 1991 年）

⑥ 《台灣新詩鑑賞辭典》（山西北岳文藝出版社 1991 年）

⑥ 《台灣現代詩賞析》（河南人民出版社 1991 年）

⑥ 《中國兒童詩佳作選》（遼寧少年兒童出版社 1991 年）

⑦ 《葡萄園卅週年詩選》（文史哲出版社 1992 年）

⑦ 《八十年詩選》（爾雅出版社 1992 年）

⑦ 《活水詩粹》（活水文化雙周報社 1993 年）

⑦ 《半流質的太陽》－幼獅文藝四十年大系（新詩卷）（幼獅文化公司 1994 年）

⑦ 《中國詩歌選》（漢藝色研文化公司 1994 年）

⑦ 《三年詩選》——1990 至 1992（北京人民文學出版社 1994 年）

⑦ 《中國海洋詩選》（大洋文藝雜誌社 1994 年）

⑦ 《新詩三百首》（九歌出版社 1995 年）

⑦ 《國際華文詩人百家手稿集》（廣州出版社 1995 年）

⑦ 《國際華文詩人精品集》（廣州旅遊出版社 1996 年）

⑧ 《中華新詩選》（文史哲出版社 1996 年）

⑧ 《彼岸的繆斯》（百花洲文藝出版社 1996 年）

⑧ 《中國詩歌選萃》（花城出版社 1996 年）

⑧ 《中國當代名詩一○○首》（湖北教育出版社 1996 年）

⑧ 《中國詩歌選》（詩藝文出版社 1996 年出版　1997 年增訂版）

⑧ 《可愛小詩選》（爾雅出版社 1997 年）

⑧ 《當代名詩人選》（絲路出版社 1997 年）

此外作品（散文）選入散文選集卅多種，論蓉子的著作共七種，其中四種是和羅門合論，書目如下：

蓉子論書目

1. 《日月的雙軌》－羅門蓉子合論（周偉民、唐玲玲教授合著，文史哲出版社出版 1991 年）

2. 《羅門蓉子文學世界學術研討會論文集》（文史哲出版社出版 1994 年）

3. 《永遠的青鳥》——蓉子詩作評論集（詩論家蕭蕭主編，文史哲出版社出版 1995 年）

4. 《蓉子論》（余光中、鍾玲、鄭明娳、張健、林綠等教授著，中國社會科學出版社出版 1995 年）

5. 《從詩中走過來》——論羅門蓉子（楊匡漢、鄭敏、潘麗珠、沈奇、侯洪、李漢榮等詩評人著，文史哲出版社 1997 年）

6. 《從詩想走過來》——論羅門蓉子（張肇

祺教授著，文史哲出版社 1997 年出版）

入選歷年詩、文或文史選集的詩

① 《百家文》（文明印書館 1954 年 4 月）

② 《自由中國文藝創作集》（正中書局 1954 年）

③ 《當代中國名作家選集》（文光圖書公司 1959 年）

④ 《百壽文》－國父百年誕辰百家文集（中國青年寫作協會 1965 年）

⑤ 《她們的世界》－當代中國女作家及作品 （純文學出版社 1973 年）

⑥ 《文藝選粹》（幼獅文化事業公司 1977 年）

⑦ 《我需要一份愛》－當代散文、詩歌、小說選輯（龍鳳實業有限公司 1977 年）

⑧ 《彩虹文藝》（彩虹出版社 1980 年）

⑨ 《現代兒童文學精選》（正中書局 1986 年）

⑩ 《織錦的手》（九歌出版社 1987 年）

⑪ 《台灣新詩發展史》（北京人民文學出版社 1989 年）

⑫ 《七十七年文學批評選》（爾雅出版社 1989 年）

⑬ 《現文因緣》（現文出版社 1991 年）

⑭ 《台灣文學家辭典》（廣西教育出版社 1991 年）

⑮ 《台灣新詩鑒賞辭典》（山西北岳文藝出版社 1991 年）

⑯ 《中國當代新詩史》（北京人民文學出版社 1993 年）

作品選入外文選集

A 英譯選集：

1. 中國新詩集錦（*New Chinese Poetry*）　全光中教授編譯　台北 Heritage Press　出版 1960

2. 日月集（二人詩英譯）（*Sun-Moon Collection*）　榮之穎博士編譯　台北 Mei Ya Publications 出版　1968

3. 台灣現代詩選（*Modern Verse from Taiwan*）　榮之穎博士編譯　美國加州大學出版社出版　1972

4. 蘭舟——中國女詩人（*The Orchid Boat*）　Kenneth Rexroth、鍾玲教授合譯　美國 McGraw-Hill Book Company Newyork 1972

5. 亞洲新聲（*Voice of Mordern Asia*）　新芥昱教授譯介（中國詩部分）　新美國圖書公司出版　1973

6. 新歐洲評論（*New Europe-Quarterly Review*）　Director Mimmo Morina 策劃在盧森堡發行（Luxembourg）　1974

7. 中國現代文學選集（*An Anthology of Contemporary Chinese Literature*）　國立編譯館（台北）　1975

8. 夏照——中國當代詩選（*Summer Glory-Contemporary Chinese Poetry*）　殷張蘭熙編譯　中華民國筆會　1982

9. 當代中國詩人評論集（*Essays on Contemporary Chinese Poetry*）　林明暉教授著美國俄亥俄大學出版社　1985

10. 千曲之島——台灣現代詩選（*The Isle Full of Noises*）　張錯博士編譯　美國哥倫比亞大學出版社　1987

11. 一九九〇世界詩選（*World Poetry 1990*）　Dr. Krishna Srinivas 主編　印度馬德拉斯發行　1990

12.中 國 現 代 詩 選（*Anthology of Modern Chinese Poetry*） 奚密教授編譯 美國耶魯大學出版社 1992

13.一九九二文學的奧林匹亞選集－國際詩選（*Literary Olympians 1992 – An International Anthology*） Elizabeth Barllett 主編 美國波斯頓出版 Ford-Brown & Co. 1992

B 法譯選集：

中國當代詩選（*La Poesie Chinoise Contemporaine*） 胡 品 清 編 譯 Seghers paris 1962

C 南斯拉夫文選集：

1.環 球 女 詩 人 之 聲（*The Poetic Voices of Women from all Meridians*） Ajsa Zahirovic 主編、Ivo Soljan 翻譯 在南斯拉夫出版 1991

2.中國詩選集（*Antologija Savremene Kineske Poezije*） Radosav Pusic、張香華主編 南國出版 Filip Visnjic, Beograd 1994

D 羅馬利亞文選集：

當代中國詩選集（*Antologie de Poezie Chineza Contemporana*） 張 香 華 主 編、杜 山、拜士奇（Dusan Baiski）翻譯 羅馬利亞出版 Editura de Vest Timisoara 1996

E 日譯選集：

台灣詩集——世界現代詩文庫 12 北影一主編 東京新宿土曜美術社發行 1986

華麗島詩集——中國民國現代詩選 笠編委會企劃編輯 日本東京若樹書房 1976

F 韓譯詩選：

1.中國文學史 尹永春教授著 韓國漢城白映社 1965

2.廿世紀詩選－世界文學全集 69（*An Anthology of Twentieth Century Verse*） 李昌培

教授主編 韓國乙酉文化出版社 1971

3.現代中國文學史 尹永春博士著 漢城瑞文堂出版 1974

4.中國現代詩選 許世旭博士編譯 韓國乙酉文化社 1975

5.韓國文學 7 卷 7 號——世界詩人大會紀念特輯 金東里主編 漢城韓國文學社出版 1979

6.全北文學 77——中華民國三詩人集 崔勝範教授策劃、全北文學編輯室主編 在韓國全州市發行 1979

7.亞洲現代詩集（含韓、日、英三種文字翻譯） 亞 洲 現 代 詩 編 委 會 Dong Hwa Publishing Co.出版 1984

8.湖西文學——中國現代代表詩人五人選特輯 湖西文學會編著 韓國湖西文化社發行 1987

9.全北文學 179 全北文學編輯室、全泰成韓譯 韓國鮮明出版社發行 1998

蓉子研究

「蓉子論」書目

1.永遠的青鳥——蓉子詩作評論集（評論家蕭蕭主編，文史哲出版社，1995 年）

2.蓉子論（余光中、鍾玲、鄭明娳、張健、林綠等教授著，中國社會科學出版社 1955 年）

3.蓉子詩賞析（古遠清教授著，文史哲出版社，1998 年）

4.青鳥的蹤跡——蓉子詩歌精選賞析（朱徽教授著，爾雅出版社，1998 年）

「蓉子羅門論」書目

1. 日月的雙軌——羅門蓉子合論（周偉民·唐玲玲教授合著，文史哲出版社，1991年）

2. 羅門蓉子文學世界學術研討會論文集（文史哲出版社，1994年）

3. 從詩中走過來——論羅門·蓉子（謝冕教授等著，文史哲出版社，1997年）

4. 從詩想走過來——論羅門·蓉子（張肇棋教授著，文史哲出版社，1997年）

5. 燕園詩旅——羅門蓉子詩歌藝術論（長江文藝出版社，2000年4月）

詩人·詩論家眼中的蓉子

●「七十年代詩選」曾介絕蓉子的詩風：

「她早期的作品頗流露著哲思與智慧的光輝，『青鳥』時期，她活潑玲瓏的句法，音響輕柔的節奏，單純明澈的意象，嚴整穩妥的結構，以及含蓄的抒情風貌，在在使人低迴不已。之後，『七月的南方』與『蓉子詩抄』相繼出版，蓉子的詩風便有了極顯著的轉變，在現代新審美觀與新的觀物態度的影響下，她逐漸更換了『自我』的坐姿，逐漸遠離了『青鳥』時期那單純雋永與可愛的抒情世界，也像其他的現代詩人，強調深入的思考與知性，向內把握住事物的真實性，追求精神活動的交感作用，使作品在現代藝術的新領域裏塑造交錯繁美與帶有奧秘性的意象，獲致其更純的深度與密度。……蓉子大部份的作品給予我們的感受是整體的躍動——一種女性特有情緒美，一種均衡與和諧的心象狀態的展露……。」

●詩人余光中教授評介蓉子說：

「蓉子為詩壇『開得最久的菊花』」。

「近年來，她忽然如一隻自焚而復活的鳳凰，一個更成熟的蓉子出現了，她的新作不再是以往理想國度飛來的青鳥，而是現實風雨中的一隻風信雞，她的題材具體而複雜起來了，她的手法也現代了，且能做到透過具體的高度抽象……」（1971年高雄大亞書店出版的《七十年代詩選》為張默、洛夫、瘂弦三人主編）

●詩人余光中教授評介蓉子說：

"蓉子為詩壇『開得最久的菊花』"。"近年來，她忽然如一只自焚而復活的鳳凰，一個更成熟的蓉子出現了，她的新作不再是以往理想國度發來的青鳥，而是現實風雨中的一只風信雞，她的題材具體而復雜起來了，她的手法也現代了，且能做到透過具體的高度抽象……"（刊於菲華雜志《荒原》，詩人南山鶴主編，約在1962年出刊）

●詩評家張漢良教授評介蓉子說：

「蓉子文如其人，她一向素處以默……她具有大多數女詩人敏銳觸覺；但又和浪漫的女詩人，如胡品、沈花末、馮青不同。她的詩表現出一種寧靜的秩序與斯多噶式（Stoic）的收斂……。她的另一半一羅門則是詩壇有名的慷慨激昂人物；有人把他們喻為中國現代詩壇的「白朗寧夫婦」。就其詩觀之，蓉子比伊莉莎白古典多了。（原載《現代詩導讀》，1979年故鄉出版社）

●評論家鄭明娳教授說：

「蓉子是被詩壇共認的『永遠的青鳥』，她的羽翮在時空的雕琢下，愈見清麗光滑，不僅是美、是善，更是智慧的榮耀。這一站不到浪漫神話，到的是比神話更真實的人生，充滿著愛和悲憫的境界，那麼自然而親和地浮昇在我們的眼前，痕轍已換，風

也轉調，但是『維納麗沙』的微笑，始終肯定了藝術、肯定了人類的靈魂。（1986年11月23日《大華晚報》書評書介）

●女詩人鍾玲說：

「蓉子的詩有多面化的特色。包括描寫現代女性的內心世界、抨擊都市文明、歌頌大自然，還有旅遊詩、詠物詩、對時事或新聞人物之感懷等等。在體材上，她最突出的成就在以下兩方面：（一）她的詩塑造了中國現代婦女的新形象，（二）她表現了充滿生命力的大自然及豐盈的人生觀。「……沒有一位臺灣詩人能如她有力地呈現大地的母性與豐饒。」她也說「在臺灣諸女詩人中，以蓉子處理的題材最多面，視野最廣。她處理的主題包括哲思、親情、大自然的讚頌、女性的形象、旅遊、詠物、以詩論詩（ars poetica）、社會現實素材、都市文明之批判、環境保護主義、名人事跡有感等等。」（鍾玲：《都市女性與大地之母：論蓉子的詩歌》見1988年8月《中外文學》第十七卷第三期）

●詩人兼評論家林燿德在論文中說：

「蓉子她對於生命中真善美的昂揚，對於文學創作的執著，她對於名利淡泊不泥的率真，在在於詩中顯影出一個溫婉純潔的形象。蓉子之所以被形容為『永遠的青鳥』、更成為中國詩壇一朵不凋的青蓮，並不僅止她是『自由中國第一位女詩人』這種記錄上的意義，更在於她數十年毫無間斷而且高潮迭起的創作生涯已帶給我們一種典範。」（林燿德：《詩的信仰－我讀蓉子之（一）》和《向她索取形象－我讀蓉子之（二）》見1987年8月－9月的《大華晚報》）

●詩人兼詩評家羅青說：

「蓉子自從『七月的南方』出版後：她開始緩慢而有節制的於作品中，注入現代機械文明下所產生的種種經驗，使溫柔純美的詩風裏，透露出些許苦澀及西化的頃向。她寫下了『我的粧鏡是一隻弓背的貓』等作品，語言、意象、內容都比過去成熟了許多。到了她出版『維納麗沙組曲』時，她已經能夠收發自如的處理任何題材了。這一個時期的作品如『公保門診之下午』、『未言之門』及『詩』等，都顯示出她不再只是一個閨秀詩人。（1982年9月《文學時代雙月叢刊》第九期《月桂冠》號）

●詩人兼詩評家蕭蕭說：

「詩如其人，就蓉子而言，端莊是人格的總體表現，端莊的風味就是詩的主要風格之一。如果是青蓮，那是端莊的青蓮，如果是青鳥，青鳥的飛翔之姿也是優雅而端莊的。」（1981年《陽光小集》夏季號）

●詩人高歌（高信彊）說：

「在蓉子的世界，一再旋著那生育我們的大地與自然的親情，那種人性完美的追求，自我真實的塑造，以及心智的成熟與豐美……。」又說：「如果說，蓉子是那種曖曖的宗教與自然之光的話，那麼，羅門便是那熾燃的生命與精神的火花；如果蓉子是寧靜的湖，羅門便是那湖上遽然而來的風浪；如果蓉子是流泉涓涓，羅門便是那一瀉千里的江河－表現在性格上的是：蓉子謙遜、質樸而典雅，羅門坦率、誇張而熱情；在創作上：蓉子偏於東方柔美的抒情性，而羅門則偏於內在精神的主知性；蓉子是一完美的雕塑，一股溫柔的風，而羅門則是一個寵然的建築，是一不能自己的震動……」（高歌：

《生命的二重奏》，見 1972 年 4 月《幼獅文藝》33 卷第四期）

●詩人兼評論家周伯乃說：

「我常常覺得，女詩人蓉子的本身，就是一首詩，一首典雅的詩。她那幽幽的情懷，和那長期深受宗教氣氛薰陶的一種肅穆，她的早期的詩，清新、簡潔，而又有一種柔柔的節奏感。她不重視格律，但她的詩有一種自然的音樂美，大部份是建立在整體的完美上，從她最早在『新詩周刊』上發表的「青鳥」到現在的『一朵青蓮』。她都是守住她那屬於東方古典美的特有氣質，也是形成她一貫創作詩的高尚情操。」見 1969 年 7 月 7 日出版的《文藝》第一期。

●詩人張默說：

「卅年來一直保持不急不徐的創作狀態，每年都有新作出示讀者，環視當今詩壇，在眾多女詩人群中，應以蓉子列首位。『一種季節的推移』，依然顯現作者一貫的詩風，『親切、明澄、華美』。我想這也就夠了，一個詩人能數十年如一日，追求她的理想，絕非易事，編者衷心為她的執著鼓掌。」（1983 年 3 月出版的《七十一年詩選》）

●詩人向明：

「在我國現在詩人中，女詩人蓉子當是這麼始終堅持的一位。蓉子早在民國四十二年就曾出版膾炙人口的『青鳥集』，此後直到今天，她年年月月一直都有作品發表。而且詩壇幾十年來風起雲湧的各種激流，她都屹立不，搖始終默默於詩的耕耘。她已經出版過十種詩集。余光中早在十九年前即曾稱道『蓉子是開得最久的菊花』，而現在這菊花仍欣欣向榮，開很茂盛。」（見 1986 年

12 月 18 日台灣《中華日報》）

●詩人辛鬱說：

「抒情，是蓉子作品的特色，這也許是因為女性天生愛美，蓉子的詩，在意象的營造，氣氛的營造，氣氛的烘托，以及語言的構建等方面，可說是得心應手，其技巧運用的圓熟，一般女詩人是很難達到的。從蓉子的特中，你會發現美的完整。」（1976 年 11 月 22 日《青年戰士報》評《蓉子的（傘）》）

●詩人兼散文家陳寧貴說：

「蓉子是自由中國第一位女詩人，生長於一個教會家庭裏，養成了待人待己都極虔誠的性情，與她交談你會感覺她具有一顆中國傳統的溫柔敦的心，因此從她玲瓏剔透的詩中，隱約透厚出對物的關愛，讀她的詩，能使煩躁混濁的情緒，慢慢沉澱透明起來，像這種具有安慰力量的詩，在現代詩壇是稀罕的。」

●詩人兼散文家陳煌在論文中說：

「一再翻讀蓉子的詩，我感覺到有一種類似古典溫婉的情調充滿字行間，而升至我心中的，卻是一股柔和芬芳的成熟！甚至在取材內容上，她似乎早已能熟練地運用生活經驗的情感，融入詩中，經過多方觸鬚的敏銳感應，而從妍婉中擎起。」他又說：

「蓉子是一位不斷肯定自己的女詩人，同時，藉著詩的表達，她更認清了生命的意義！而在技巧上，蓉子特別喜愛以漸層入境的手法，將自己的觀照和諧且完整地呈露，並閃現出智慧的心思，而純真明澈的感情尤使得蓉子的作品，從詩的意境上傳出韻味的芬芳，叫人反嚼回來。」（見 1981 年夏秀號《陽光小集》）

●詩評家潘亞暾教授說：

「久聞蓉子芳名，聽說她是臺灣詩壇最先出現的女詩人，素有『首席女詩人』、『永遠的青鳥』之譽……」。

「在長期的藝術實踐中，蓉子逐漸形成意境悠遠、含蓄委婉、寧靜雋永的風格，詩中每每流露出一種訴諸於生命的哲思與靈性的祥光，詩的語言清淡遠、自然和諧、凝煉舒展。」

「三十多年來，蓉子鍥而不舍地在詩壇耕耘。她淡泊名利，執著追求的只是藝術的真善美。願這詩苑的『青鳥』振翮高飛，永保藝術之青春。」（潘亞暾：《求真、求善、揚美－蓉子短詩賞析》見 1989 年 8 月《國文天地》

●女作家莊秀美說：

「蓉子，這位絕美的女詩人，一直被詩壇所共認為『永遠的青鳥』，竟誕生於這樣一個光輝的日子－五月四日文藝節，而且是自由中國第一位出版個集的人女詩人。」

「這些年來，不僅是因為『詩是一種對生活現象的探索，對生命本質的體驗』，更由於「詩是一種良知的事業」，致使蓉子奉獻了三十餘年的生命而無悔，如今她的詩國枝繁葉茂，一片錦繡天地：她並為中國詩壇孕育了肥沃豐實的土壤，使得後起之秀有一條脈絡可循，說她是詩壇永恆的奠基者，實不為過！」（見 1987 年 4 月 9 日《大華晚報》詩人專訪）

●女詩人兼散文家張秀亞說：

「在自由中國的新詩壇上，蓉子女士的詩筆，首先在寶島上綻開了『一束馨美的小白花柔』她的深沉的感情，豐富的想像，充沛的才分，皆在一種克臘西克 Classic 式的節制下，淡淡的表達出來，似顯露，而實深

藏，所以耐人尋味。」

●女詩人涂靜怡說：

「蓉子寫了許多好詩，可惜我不能把它一一引在這裏，我只能夠說，她在我們的詩壇，是創作最豐，寫了許多好時，令我非常敬慕的一位詩人。她的成功，絕非偶然，她的成就，也不止是寫下了那麼多感人的詩篇，也不止是那一寫就是三十年的執著和毅力。更令人敬佩的是她謙和的態度。她待人親切，不因自己的成就而以「大詩人」自居。和她在一起，你會覺得特別愉快，不會有拘束感，她的親切總是叫人難忘。」（見 1979 年 4 月 15 日《秋水詩刊》怡園詩話專欄）

●女作家南之在評論中說：

「最近讀了蓉子女士的『天堂鳥』詩集，深感她纖細、圓滑、溫柔的詩心，正是我們這個倫理社會所要求的優美的內在氣質。」

「蓉子的詩，和現代主義的風格，有點不同。她的特徵，是來自中華文化的儒家面貌，且含有宗教、淑世、教育的精神。從她的每一首詩中，都可找到中國文化的內蘊，看到她詩心的慧美，清遠的靈思，和優雅的生活內容。而其作品的軸心，大部份都是表達自己對社會、和周身事物的關愛與欣賞。」（見 1981 年 5 月 9 日《青年戰十報》）

●女作家李曹說：

「詩是文學王國中的聖殿，居最高的榮姿，蓉子以她的才情、智慧、毅力建立了她在聖殿中的地位，我們介紹了她的成就，也刊用了她的詩，以向這朵詩國中不謝青蓮致敬。」（見 1989 年 12 月出版的台灣《婦聯

畫刊》第十八期《巾幗英杰》專欄）

●名詩人評論家陳芳明說：

五〇年代出發的蓉子驕傲於「我是一棵獨立的樹」時，顯然已為後來的台灣女性帶來了無窮的想像…進入六〇年代以後，蓉子拾棄具像的描述，轉而投向抽象的思維，啓開她成熟而動人的現代主義時期。她的重要詩集陸續問世豐碩的創作，建立了她在詩史上的穩固地位。蓉子的經典詩作（我的粧鏡是一隻弓背的貓），頗能顯示她的現代轉折。（聯合文學‧220 期 2006）

●大陸名詩人評論家龍彼德說：

在女詩人蓉子的眾多稱號中，令筆者最為欣賞的，不是"永遠的青鳥"，不是"不凋的青蓮"，也不是"開得最久的菊花"，而是"一座華美的永恆"；因為它將"美"與"永恆"聯系在一起，既突出了二者的辨證關係，也促使我們去探求美的本質與奧秘……因此，她寫青春，寫城市，寫自然，寫生命，寫時間，寫鄉愁，並以這六部分題材組成了她的美之奏鳴曲……

蓉子大多數的詩無論情操、氣質、語言、節奏、都是中國的！（芝田文學 2002.NO.4）

●大陸名詩人評論家沈奇說：

蓉子，生活中的蓉子，寫作中的蓉子，近半個世紀裡，她在我們中間，持平常心，作平常人，寫不平常的詩，作我們平和、寧靜的「隔鄰的謬斯」，散佈愛意和聖潔。

蓉子的代表作（一朵青蓮），是置於整個中國新詩之精品佳作寶庫中，都不失其光彩的經典之作。同時，在研讀完蓉子的大部分詩作後，我更願將這首詩看作蓉子詩歌精神和詩歌美學的、一種以詩的形式所做的自

我詮釋，足以引導我們去更好地認識與理解蓉子詩歌的靈魂樣態和語言質地，亦即可稱之為「青蓮之美」的意義價值和藝術價值……在『製作的』人之上，還有一個更高的種族。①蓉子自是屬這「更高的種族」的詩人。在她幾乎所有的詩作的背後，我們都可以或深或淺地感受到她那種從容、達觀、溫婉、澄明高貴氣息，使我們為之深深感動。精明的批評家還會更進一步地發現到，凡蓉子的成功之作，皆是與其心性最為契合的語境下的詩性言……單純而不失豐富，悠揚而不失堅卓，音色純正，音韻和諧，在整個臺灣現代詩的交響中，有如一架豎琴，佔有不可或缺的一席重要位置。（見文史哲出版的《從詩中走過走》1997 年）

●名評論家潘麗珠教授說：

蓉子的詩歌作品，深感她的「自然詩」與她的宗教生命、人文關懷息息相關，與她對美的追求、美的堅持也密不可分。

她的確是溫婉寧靜的，但溫婉寧靜中有靜水深流的動力、堅持不懈的韌性，就像大自然中恒定的光，雖遇黑夜，星在天際；又像暖陽，祥光照耀時，不忘提供綠蔭供人休憩。她的「自然詩」充滿光的意象，色彩繽紛，音聲泠泠，活潑而沉潛，顯現了她的性靈之美，一種活力飛動卻深沉靜照的生命情調，塑造出與自然同一的精神氣韻、與宗教同德的藝術境界。

蓉子自然詩中，光影意象的經營，是極為精彩而有特色的。她就像印象派畫家一樣，輕喚陽光探視詩境，在詩作裡塑造了一種溫暖祥和的氛圍。這樣的氛圍，反映了詩人內心的坦蕩，顯現雍容開朗的氣象。（《從詩中走過來－論羅門蓉子》文史哲出

版社出版 1997）

●**名詩人評論家鄭敏教授說：**

在這很難讀到令人怡情養性的詩的時代，遇到蓉子的，讀後令人精神爲之一爽……蓉子的詩顯露出遠離商業與後工業時期的喧囂浮華，眞誠地埋首於開發自然予她的詩才的寶藏。她的才華因此能充份的流露、橫溢於她的詩行中，……蓉子的詩語和她的女性心地及靈活的思維十分貼近，幾乎無間。我想語言的泉湧和詩思的伸展在她可能是幾乎是同步的。語言這來自文化無意識的地下泉眼的流溢，帶來詩人的心靈的每一閃波光，使我們在閱讀中時時驚嘆自然賦予人類的美和智慧。在這到處都遇到語言交通阻塞的今天，蓉子的詩以其新穎、清麗如山風的詩歌語言給我以極大的閱讀愉悅。她的詩可讀性很強，而又有很深邃的內涵。用字飽滿、穿透而不誇張；色彩鮮亮，喚起視覺的形、色之感，而不造作。漢語的優美韻味及高度的活力被自然地吸收到現代詩語中。漢語的視覺美與活力，聽覺的音樂性如何能回到當代詩作中，棲居其中，如在古典詩詞中那樣，是我們在 21 世紀必須面對的一個重要課題，捨此當代漢言詩無法比美於世界名作。在詩語的音樂性方面蓉子的詩是有可借鑑性的。（《從詩中走過來－論羅門蓉子》文史哲出版 1997 年）

●**文學評論家譚五昌說：**

或許是出於從童年時代就培養起來的宗教信念，或許是出於詩人天生的敏感心靈，蓉子對於生命本體持有一種近乎本能的執著關注精神，並在此基礎上融入自己開闊而深沉的理性思考。體現在其具體的詩歌作品中，則是一種充分審美意義上的生命哲思。蓉子在其詩歌創作中所展開的生命哲思是多角度、多層次，而且貫穿了她四十多年的創作歷程。

蓉子的生命意識非常強烈，她常常自覺或不自覺地以生命作爲審美觀照與凝思內省的對象，創作出充滿豐盈情感與深刻思想的詩篇，這使她的創作擁有開掘不盡的資源，而她仍時時保持著自我更新與自我超越的姿態。可以說，蓉子是一位深情而又執著的生命歌手，一直在用她自己的聲音唱著生命的歌。自蓉子登上詩壇以來，臺灣及大陸詩界人士用「自焚新生的火鳳凰」、「中國詩壇上一朵開得最久的菊花」、「永遠的青鳥」等評語來讚譽蓉子本人及其創作，這些讚譽蓉子保有長盛不衰的創作生命力提供了美麗而有又有力的證詞。（《從詩中走過來－論羅門蓉子》文史哲出版社 1997）

●**名詩人評論家張國治說**

四十年來蓉子創作之評鑑。我們看到許多的贊譽、許多的榮耀冠諸於前輩詩人蓉子身上，在臺灣現代詩壇上，無疑的，蓉子擁有她極其閃亮的桂冠。

在她的盛名之下，作爲新生代，或新新詩人，常常忽略了對其作品的實質閱讀，或整合式的完整閱讀。對筆者而言，從高中伊始閱讀蓉子的詩至今已閱讀了不少評論文章，再回到作品原點的閱讀……她的詩美學風格，我們似乎可印象式浮塑出一些形容語！中國傳統婉約的抒情、對宗教虔誠安詳兼具柔美浪漫的詩風，古典與現代的結合……等。（《從詩中走過來－論羅門蓉子》文史哲出版社出版 1997）

羅門研究檔案

羅門簡歷

空軍飛行官校肄業，美國民航中心畢業，考試院舉辦民航高技術員考試及格

曾任民航局高級技術員，民航業務發展研究員。

從事詩創作五十年，曾被名評論家在文章中稱為：「重量級詩人」「台灣當代十大詩人」、「現代主義的急先峰」、「台灣詩壇孤傲高貴的現代精神掌旗人」、「現代詩的守護神」、「戰爭詩的巨擎」、「都市詩之父」、「都市詩的宗師」、「都市詩國的發言人」、「知性派的思想型詩人」、「大師級詩人」、「詩人中的詩人」……；甚至在文章中被稱為台灣詩壇的五大三大支柱……。半世紀來，他不但建立自己獨特的創作風格：也提倡個人特殊創作的藝術美學理念：「第三自然螺旋型架構創作世界」。

曾任藍星詩社社長、世界華人詩人協會會長、國家文藝獎評審委員、中國文協詩創作班主任、中國雷射藝術協會發起人、世界和平文學聯盟顧問……。先後曾赴菲律賓、香港、大陸、泰國、馬來西亞與美國等地（或大學、或文藝團體）發表有關詩的專題講演。

●1958 年獲藍星詩獎與中國詩聯會詩獎。

●1965 年「麥堅利堡」詩被 UPLI 國際詩組織譽為世界偉大之作，頒發菲總統金牌。

●1969 年與蓉子選派為中國五人代表團，出席菲舉行的第一屆世界詩人大會，仝獲大會「傑出文學伉儷獎」，頒發菲總統大綬勳章。

●1967 年在美國奧克拉荷馬州民航中心研習，獲州長頒發「榮譽公民狀」。

●1972 年獲巴西哲學院榮譽博士學位。

●1976 年與蓉子應邀以貴賓參加美第三屆世界詩人大會，仝獲大會特別獎與接受加冕。

●1978 年獲文化復興委員會「鼓吹中興」文化榮譽獎。

●1987 年獲教育部「詩教獎」。

●1988 年獲中國時報推薦詩獎。

●1991 年獲中山文藝獎。

●1992 年同蓉子仝獲愛荷華大學國際作家工作室（IWP）榮譽研究員證書。

●1995 年獲美國傳記學術中心頒發二十世紀世界五〇〇位具有影響力的領導人證書。

●1997 年曾應邀出席華盛頓時報基金會與國際文化基金會在美國華盛頓舉行的「21世紀亞洲文學會議」、「21世紀西方文學會議」、「21世紀世界和平國際文學會議」等三個國際文學會議。

●名列英文版「中華民國年鑑名人錄」、「世界名人錄」、「世界名詩人辭典」、及中文版「大美百科全書」。

●著作有詩集十七種，論文集八種，羅門創作大系書十種；羅門、蓉子，系列書八種，並在台灣與大陸北京大學兩地分別舉辦羅門蓉子系列書研討會。

●作品選入英、法、德、瑞典、南斯拉夫、日、韓，等外文詩選與中文版「中國當代十大詩人選集」……等超一百多種詩選集，若包括評論評介書目已超出 400 種（見海南省圖書館「羅門蓉子作品入選與被評論書目鈎沉」）

●作品接受國內外著名學人、評論家及詩人評介文章超一百萬字、已出版八本專論羅門的書。

●作品選入大專國文教科書。

●因評論羅門作品，國立台灣大學教授名批評家蔡源煌博士獲「金筆獎」；國立臺灣師範大學教授戴維揚博士獲一九九五年國科會學術研究獎。

●八位研究生研究羅門分別獲得碩士或博士學位。

●羅門作品碑刻在臺北新生公園（1982年）、臺北動物園（1988年）、彰化市區廣場（1992 年）、彰化火車站廣場（1996年）與台中清水公共藝術園區（2004 年）以及 100 多行長詩〈觀海〉2008 年石刻在海南三亞甲級觀光區的巨石上，是古今中外詩人石刻在地球上最長的一首詩，或可謂是詩世界的「金氏記錄」。

●二○○八年四月十四日羅門蓉子結婚53 週年，海南大學「歷史文化研究基地」、「海南大學人文傳播學院」、「海南詩社」、「海南作家協會」共同舉行「羅門蓉子詩歌藝術活動週」，並在海大新圖書館舉行創作成果展與館前廣場設置石牌，刻上「羅門蓉子詩園──東亞勃朗寧夫婦詩人」。

●海南島於二○○九年經各方面高層人士於相連召開的高端論談會議中，一致通過海南島提昇為「詩國島」與「國際旅遊島」，大會中，文聯主席韓少功為響應這兩大構想，特別建議在海南大昌縣（羅門出生地）造「羅門‧蓉子紀念館」與立碑（見二○○九年二月十八日海南日報）

二○一○年三月間經韓少功主席與作協孔見主席前往文昌親自同文昌高層晤談，獲得協議，決定建館。並來電要我為建館事，專程飛海南進一步商談。

●羅門除寫詩，尚寫詩論與藝評，有「台灣阿波里奈爾」與「台灣現代裝置藝術鼻祖」之稱。

《羅門蓉子研究書目》

◉ 「論羅門蓉子」書目（21 種）

(1)《日月的雙軌－羅門蓉子合論》（周偉民、唐玲玲教授合著，文史哲出版社出版，一九九一年）

(2)《羅門論》（詩人評論家林燿德著，師大書苑出版社，一九九一年）。

(3)《羅門天下》（蔡源煌、張漢良、鄭明娳教授與詩人評論家林耀德等著，文史哲出版社出版一九九一年）。

(4)《羅門蓉子文學世界學術研討會》（周偉民、唐玲玲教授合編，文史哲出版社，一九九四年）。

(5)《羅門詩一百首賞析》（朱徽教授著，文史哲出版社，一九九四年）

(6)《詩壇雙星座》（周偉民、唐玲玲教授合編，四川文藝出版社，一九九五年）。

(7)《羅門詩鑑賞》（作家王彤主編，香港文化出版社出版，一九九五年）。

(8)《永遠的青島——蓉子詩作評論集》（詩論家蕭蕭主編，文史哲出版社，一九九五年）。

(9)《蓉子論》（余光中、鍾玲、鄭明娳、張健、林綠等教授著，中國社會科學出版社一九九五年）。

(10)《羅門論》（蔡源煌教授等著，中國社會科學出版社出版，一九九五年）。

(11)《羅門都市詩研究》（陳大爲碩士論文集，東吳大學，一九九七年）。

(12)《從詩中走過來－論羅門蓉子》（謝冕教授等著，文史哲出版社，一九九七年出版）。

(13)《從詩想走過來－論羅門蓉子》（張肇棋教授著，文史哲出版社，一九九七年出版）。

(14)《羅門論》（張艾弓碩士論文集，文史哲出版社出版，一九九八年）。

(15)《蓉子詩賞析》（古遠清教授著，文史哲出版社出版，一九九八年）。

(16)《青鳥的蹤跡－蓉子詩歌精選賞析》（朱徽教授，爾雅出版社，一九九八年）。

(17)《燕園詩旅－羅門蓉子詩歌藝術論》（謝冕教授等著，武漢長江文藝出版社，二〇〇〇年）。

(18)《心靈世界的回響，羅門詩作評論集》（龍彼德、張健等著，文史哲出版社，二〇〇〇年）。

(19)《羅門詩的時空觀》研究生尤純純二〇〇〇年獲得南華大學碩士論文集。

(20)《蓉子詩研究》研究生夏聖芳研究蓉子，二〇〇〇年獲得南華大學碩士論文集。

(21)《羅門與蓉子懷鄉詩研究》作者呂淑端碩士論文（二〇〇八年台北市立教育大學國文學系）

《羅門‧蓉子 20 本系列書》

◉ 羅門蓉子出版系列叢書（十二卷）

（一）羅門創作大系（十卷）

　　卷一：戰爭詩

　　卷二：都市詩

　　卷三：自然詩

　　卷四：自我‧時空‧死亡詩

　　卷五：素描與抒情詩

　　卷六：題外詩

　　卷七：《麥利堅堡》特輯

　　卷八：羅門論文集

　　卷九：論視覺藝術

　　卷十：燈屋‧生活影像。

（二）蓉子創作（兩大卷）

　　(1)《千曲之聲》

　　(2)《永遠的青島》

　　（以上十二卷，文史哲出版社一九九五年出版）

◉ 羅門蓉子文學創作系列（八卷）

　　卷一：羅門長詩選

　　卷二：羅門短詩選

　　卷三：蓉子詩選

　　卷四：蓉子散文選

　　卷五：羅門論文集

　　卷六：羅門論

　　卷七：蓉子論

　　卷八：日月的雙軌

海內外學者教授名評論家作家對羅門的指稱

◎ **在文章中指稱「羅門大師」的有：**

●任教中央大學、曾任文訊雜誌總編輯、名評論家李瑞騰教授（見文訊革新號 50 期總號 79 期李教授的文章）。

●名詩人評論家林燿德（見羅門研討會林燿德發表的論文（山河天眼裡，世界法身中）收入文史哲出版社出版的《從詩中走過來》論文集）

●名詩人評論家游喚教授（見《當代臺灣都市文學論》中游教授的論文 P.422。）時報文化出版社出版 1995 年。

●名詩人向陽（見林明德教授著《實踐生命理境》195 頁。）

●菲華名翻譯家施穎洲（見菲華聯合日報 1990 年 10 月 4 日菲華文藝版）

●廈門大學研究生張艾弓（張艾弓碩士論文集《羅門論》文史哲出版社，1998 年出版）

●菲華名詩人王勇（見菲華聯合日報 2002 年 12 月 26 日，文藝版）

●「秋水」詩社女詩人雪飛（見《秋水》詩刊 130 期 2006 年 7 月）。

●香港「藍葉」詩社社長舒慧在論文（「燈屋」的啟迪）2006 年 5 月。

●名攝影家黃華安（見《中華攝影報》2006 年 10 月 2 日－8 日）

◎ **在文章中稱「羅門宗師及其他」的有：**

●任教台灣大學、曾任台灣比較文學學會會長、名評論家張漢良教授稱羅門為「臺灣都市詩的大宗師」（見文史哲出版的《門羅天下》P.33，張教授寫的論文）

●後現代文學評論家孟樊稱羅門為「都市詩宗主」（見世新大學 2001 年 10 月 20 日舉辦的「台灣現當代詩史書寫研討會」，孟樊發表的論文〈台灣新詩的後現代主義時期〉）

●任教河南鄭州大學、曾任河南省文藝理論研究會會長、名評論家魯樞元教授稱「羅門為都市詩的宗師」（見文史哲 1994 年出版的《羅門蓉子文學世界學術研討會論文集》P.350 魯教授寫的論文）

●名詩人、藝術家杜十三在（羅門論）中稱羅門為：「都市詩之父」（見《藍星詩學》1999 年第二期）

●任教國立師範大學名評論家潘麗珠教授稱羅門是「都市詩的守護神」（見文史哲出版的《從詩中走過來》1997 年）

●詩人陳慧樺教授稱羅門為「詩壇獨行俠」（海鷗詩刊第 25 期秋/冬季號 2001 年 12 月）

●詩人書法家楊雨河稱羅門為：「詩人中的詩人」（見文史哲出版的《從詩中走過來》1997 年）

●名詩人評論家蕭蕭稱羅門為：「真正的詩人」（台灣日報：1982 年 6 月 24 日）

●大陸作家劉福春稱羅門在台灣詩壇有「孤傲高貴的現代精神掌旗人」之稱。（見 20 世紀中國文藝圖文誌，新詩卷瀋陽出版社 2001 年）

●此外羅門與林燿德一九八八年赴北京大學演講，校方海報寫「歡迎台灣詩壇大師羅門」。

●二〇〇四年六月中旬羅門蓉子應邀往北京清華大學演講，校方海報寫羅門為：「重量級詩人」、「大師級詩人」、「現代

詩的守護神」、「戰爭詩的巨擘」、「都市詩之父」以及「知性派的思想型詩人」與「詩人中的詩人」……

●2005 年 4 月海南大學邀請羅門擔任「名師論壇」講座，演講海報稱羅門為「大師級詩人」、「現代詩的守護神」、「戰爭詩的巨擘」以及「知性派的思想型詩人」……。

●2009 年海南省圖書館舉行羅門蓉子半世紀創作成果展，在海報與展出文字中指稱羅門為「大師級詩人」。

◉ **在書信（或其他文件）中指稱「羅門大師」的有：**

●任教國立師範大學、名評論家鄭明娳教授。

●曾任教美國匹士堡大學，現任該校圖書館東亞館主任周欣平教授。

●任教輔仁大學曾任青年寫作協會秘書長張瀛太女士。

●馬來亞大學何國忠教授。

●任教四川大學、文學理論家王曉路教授。

●IOWA 愛荷華大學藝術設計系主任、名藝術家胡宏述教授。

●在大學任職、香港大學比較文學博士區仲桃女士。

●名詩人評論家林燿德。

●後現代名評論家孟樊。

●任職廈門大學台灣研究所名理論家朱雙一。

●廈門大學中文系俞兆平教授。

●廈門大學中文系徐學教授。

●四川聯合大學中文系侯洪講師。

●廈門大學研究生張艾弓。

●詩人、散文家、從事文學評論陳寧貴。

●香港著名作家溫瑞安。

●菲華女詩人謝馨。

●詩人張國治。

●乾坤詩社發行人藍雲。

●海洋詩社社長朱學恕。

●《中縣文藝》主編洪富連。

●女詩人謝家樺。

●名詩人許水富。

●詩人評論家落蒂。

●「創世紀」詩社名詩人張堃。

●大陸詩人馮椿。

●大陸詩人雲逢鶴。

●浙江省《芝田文學》主編李青葆。

●上海外國語大學海外聯誼會副會長施行。

●畫作被故宮收藏聞名國際的現代大畫家林壽宇。

●名小說家畫家王藍。

●名畫家霍剛。

●名畫家莊普。

●名畫家張永村。

●名畫家蔡志榮。

●旅美畫家俐文小姐

●環球旅行家馬中欣

●香港「藍葉」詩社社長舒慧

海內外學者教授名評論家作家對羅門的指稱（之二）

●**臺灣詩壇五巨柱：羅門、洛夫、余光中、鄭愁予、楊牧**

曾任晨光詩社社長、任教實踐專校的詩人葉立誠，他以（詩壇五巨柱）為題說：「當今詩壇具影響力，成就斐然的五位詩人，分別為羅門、洛夫、余光中、鄭愁予、楊牧，每位詩人，獨塑一格的詩貌……」（見一九八九《藍星詩刊》廿一期）

●臺灣詩壇上三大鼎足：羅門與洛夫、余光中

大陸名文學批評家陳仲義在（羅門詩的藝術）論文中說：「羅門他詩人的想像，穿越時空的能力，智性深度、靈視，乃至悟性都在一般詩人之上……羅門擁有自己的特技。他的靈視、想像力、詭譎的意象，以近乎隨心所欲的錯位倒置手法，把現代詩推向更富於表現性的廣闊天地，他的持久不衰的才情，連續的爆發力和後勁，與洛夫、余光中堪稱臺灣詩壇上三大鼎足。」（見北京一九九五年出版的《詩探索》雜誌第二輯）

●臺灣詩壇三巨柱：羅門與余光中、洛夫

大陸文學批評家侯洪任教四川聯合大學評介羅門時說：「羅門這位現代著名詩人，正是當今台灣詩壇的三巨柱之一（還有余光中、洛夫），他以詩歌的創新精神和現代性，享有「現代詩的守護神」和「都市詩與戰爭主題的巨擘」的聲響，並且在大陸及香港地區以及世界各地的華人圈內具有廣泛影響。（見《從詩中走過來——論羅門蓉子》謝冕教授等著，文史哲出版社一九九七年出版）

●臺灣詩壇三巨柱：羅門、洛夫與余光中

大陸學者譚五昌（現任教北京師範大學）在主編《中國新詩三百首》序言中說：

「羅門與洛夫是五六十年代臺灣現代主義詩潮中並駕齊驅的兩員健將，他們的創作活力一直延貫至今。從整體程度上來看，羅門要比洛夫更具先鋒色彩（羅門是整個台灣詩壇前衛意識最強的詩人）。羅門長期致力於「都市」題材的創作並使其具備了自足的美學品格，豐富了中國現代詩的表現領域，增添了中國現代詩的豐富性。……跟羅門、洛夫一起並稱為「台灣詩壇三巨柱」之一的余光中……」（見北京出版社一九九九年出版《中國新詩三百首》）

●臺灣十大詩人，從六八年（一九七九）到九○年（二○○一）的二十三年間，經過先後四個時期選出的人選，有更動情形，而四次都能入選的十大詩人共有五位，除羅門尚有詩人余光中、楊牧、洛夫與商禽。

四次不同的評選者：

●第一次是由張漢良教授以及詩人張默、辛鬱、管管、菩提等五人小組在六十八年（一九七九）所編選的《中國當代十大詩人選集》選出。

●第二次是由向陽、游喚、蕭蕭、苦苓、陳寧貴、林文義、劉克襄……等編輯全人以《陽光小集》詩刊發起採取請詩壇年青知名詩人於七十一（一九八二）年票選的中國當代十大詩人。

●第三次是由大陸名詩人流沙河在七十二（一九八三）年編的《台灣詩人十二家》一書中，多加選兩大詩人。

●第四屆是由名評論家孟樊九十（二○○一）年一個人評選

台灣詩壇三巨柱

譚五昌

羅門與洛夫是五六十年代台灣現代主義詩潮中並駕齊驅兩員健將，他們的創作活力一直延貫至今。他們兩位都重視超現實主義精神表現，但在藝術風貌及表現興趣等方面呈現明顯的個體性差異。就藝術手法與技巧方面而論，從整理程度上來看，羅門要比洛夫更具先鋒色彩（羅門是整個台灣詩壇前衛意識最強的詩人）。羅門具有優異的想像及聯想能力，具有"靈視"的穿透性，這使得他的作品常因突發的奇思妙想而富有情趣撩人的藝術效果（如《傘》）。此外，羅門還善於運用句法乖謬、情境錯位等"顛倒"手法來反映現代人的精神風貌，風格冷峻、深邃。洛夫的想像力同樣非常出色，但幻覺色彩相對較淡，其情境設置具有某種可以觸摸的質感，因而容易產生閱讀心理上的親切效果（如《子夜讀信》）。洛夫很少採用羅門式的"顛倒"、"變形"等先鋒手法（《石室之死亡》時期例外），他通常只追求語言的簡潔錘煉（煉字煉意）、感覺意象的奇特鮮明、情感的內在張力所形成的綜合性的作品效果；在題材與主題的選擇上，羅門充分顯示出現代詩人的典型品質，常常以時間、存在、生命、死亡、戰爭等形而上的重大命題作為自己的詩思聚焦點，成功地創作出了關於戰爭與死亡這一關係人類命運的"巨型思想紀念碑"式的傑出作品《麥堅利堡》。羅門長期致力於"都市"題材的創作並使其具備了自足的美學品格，豐富了中國現代詩的表現領域，這是羅門值得稱許的一種貢獻；洛夫詩的取材面也較廣，但大多與自己的人生遭遇聯繫在一起，其作品主題的社會性、現實性較強，缺乏羅門作品主題的形而上性質。但是，洛夫在對於人性其複雜性的深刻揭示所表現出的創作觀念上的先鋒性（如《午夜削梨》）卻是值得肯定與倡導的。總之，羅門與洛夫的現代詩創作增添了中國現代詩的豐富性。

跟羅門、洛夫一起被並稱為"台灣詩壇三巨柱"之一的余光中，在 50 年代台灣詩壇現代主義風潮風起雲涌的時候就沒有表現出非常先鋒的姿態，而是根據自己的認識選擇將傳統與現代融合起來進行穩健的藝術創造。余光中在思想上接受過現代主義的洗禮，但他深受中國傳統詩詞的熏陶，在美學趣味上傾向於古典。余光中創作上的主要貢獻在於他對"文化鄉愁"（"中國情結"）這一人文主題的深入開拓與出色的藝術表現上，他沒有一般性地表達家國之思，而常常由家國之思導向對光輝燦爛的民族歷史文化的追慕與讚美（如《白玉苦瓜》），這使得余光中的"文化鄉愁"獲得了歷史的深度而具普遍意義。此外，余光中善於運用通俗明朗的傳統意象、易誦易背的民謠式語言，來對"文化鄉愁"的主題給予生動有力的傳達，從而獲得具有雅俗共賞的藝術效果（如《鄉愁》《民歌》）。余光中的成功充分說明了現代詩的本土化所擁有的良好前景。

（摘錄自北京出版社一九九九年出版的
《中國新詩三百首》主編譚五昌序文）
作者：現任教北京師範大學

〔註〕此文發表在 Chinese Commercial News 商報，精華文學副刊 MONDAY SEPTEMBER 二〇〇〇年九月十八日（星期一）

羅門從詩中走來獲得的『最』

1.台灣現代詩人第一首處女作，『最』先用紅字在詩刊上發表的，是羅門在紀弦先生主編的《現代詩》所發表的〈加力布露斯〉。

2.古‧今‧中‧外，夫婦同是詩人又是寫詩最久的，應是寫詩超半個世紀的羅門與蓉子；曾於一七九四年接受印度世界詩學會（WORLD POERTY SOCIETY）頒贈「東亞傑出的中國勃朗寧夫婦（ASOUTSTANDING BROWNING CHINESE COUPLE OF EAST ASIA）的榮譽獎狀；而他倆較勃朗寧夫婦寫詩的年月還久。

3.最早獲得國際詩獎的台灣現代詩人，是羅門蓉子一九六六年獲菲 UPLI 國際詩組織的「傑出文學伉儷獎」（DISTINGUISHED LITERATRY COUPLE OF CHINA），由菲駐華大使劉德樂（R LEUTERIO）在台北菲大使館頒發菲總統金牌。

4.最早出席國際詩人會議的台灣現代詩人，是羅門蓉子於一九七〇年應大會主席特函邀請、經中國新詩聯誼會理監事通過為四人正式代表，出席在菲律賓召開的第一屆世界詩人大會；並全獲大會頒贈的菲總統大綬獎章。

5.以菲律賓馬尼拉著名的美國軍人公墓「麥堅利堡」為寫詩題材的十三位海內外知名詩人中，羅門寫的「麥堅利堡」，除被 UPLI 國際詩人組織一九六七年譽為世界的偉大之作，頒發菲總統金牌與被寶象文化公司拍製成公共電視播出，也是十三位詩人中被評介的文章與獲得佳評最多者。

6.最早將現代詩發表與碑刻在台灣土地上的詩人，是羅門一九八二年以（花之手）「推開天空與大地」一詩，配合名雕塑家何恆雄教授的雕塑、共同碑立在台北市新生公園。

7.台灣最早舉辦藝術與科學結合的首屆科藝展，是羅門蓉子一九八一年參加名雕塑家楊英風、光電科學家胡錦標與張榮森博士等人在圓山大飯店舉辦的「第一屆國際雷射藝術景觀展」；其中有羅門的「觀海」與蓉子的〔一朵青蓮〕等詩配合音樂、圖象與雷射光多元媒體綜合演出；羅門並為此次活動，在中國時報（九月十四日）藝術版以〔中國雷射藝術啟航了〕寫有關的論評文章。

8.羅門近三百行的長詩（死亡之塔），於一九七〇年被當時具前衛觀念（AVANGARDISM）的圖圖畫會當做展出主題思想，在台北市「精工社」藝廊，以「詩」、「繪畫」、「雕塑」、「造型」、「電影」（幻燈）」、「音樂」、「現代舞」、「劇」等七種多元媒體共同展出；是當時台灣最早結合詩與媒體最多的一次最具革命性的綜合藝術表現；同時極具特色的，是在這件展出的大作品中，所有參展的作者都破例的沒有寫上名字。

9.一九八八年兩岸解嚴，最先往大陸多

所著名大學型進行詩與藝術巡迴演講的台灣詩人，是羅門與林燿德，在近一個月中，分別赴北京大學、復旦大學、上海戲劇學院、華東師範大學、中山大學、暨南大學、廈門大學、海南大學以及同當地的文聯、作協與社會科學院等藝文團體進行文藝座談。

10.北京大學最先舉辦台灣個別作家文學創作研討會，是一九九五年為配合北京社會科學出版社出版《羅門蓉子創作系列》八本書，協同清華大學、海南大學、中國藝術研究院中國文化研究所、中國社會科學出版社、《詩探索》與海南日報等七個學術文化團體所共同在北京大學舉行的「羅門蓉子文學創作系列」研討會。會後，羅門蓉子並在北大演講、接受訪問，同時由大陸長江文藝出版社出版研討會論文集《燕園之旅》。

11.海內外華文詩人，被評介出版的專書，最多的，是羅門；已出版十四種（包括五種合論羅門蓉子）。

12.台灣詩壇一年內出書最多的詩人，是羅門蓉子。那是一九九五年，紀念他們結婚四十週年，由文史哲出版社耗資百萬出版「羅門蓉子文學創作系列書十二冊」、北京社會科學出版社出版「羅門蓉子文學系列書」八冊，共二十冊，並分別在台北與北京大學開出書研討會。

13.最早在台灣出現的後現代裝置藝術（INSTALLATION ART），是羅門與蓉子在許多年前，以一己「第三自然螺旋型架構」藝術理念所創造的詩化藝文生活造型空間──「燈屋」，較西方裝置藝術流入台灣早三十年，大道藝術館（MUSEUM OF DADAO）館長張永村於開館展，展出「燈屋」造型空間圖象時，在說明文字中，特別

指出「『燈屋』是台灣裝置藝術的始祖。」

14.在台灣現代詩與現代視覺藝術幾十年來共同努力之路上，一直保持彼此互動與關注時間最長又仍一直在寫詩的詩人是羅門。台灣現代藝術導師李仲生生前與名畫家陳正雄，都曾公開說羅門是台灣的阿波里奈爾；眼鏡蛇畫派（COBRA）名評論家也是法國著名詩人龍貝特（LAMBERT）兩度來台，都曾到「燈屋」，有一回他相當有趣但至為友好與有感的對我說他是法國的羅門，我是台灣的龍貝特」。他說的話，那是基於彼此都專誠的將整個生命投給詩與藝術創作超過半個世紀。

15.自一九七九到二〇〇一年的二十三年間，經過四個時期、由海內外不同評選者所選出的「台灣十大詩人」，羅門四次都入選，是入選最多次的五位詩人中的一位。

16.台灣現代詩人中，最專業的詩人，是羅門；他辭掉航空好的工作，離任期還有十六年，便申請提前退休，全是為了更自由更純粹與專注的去過詩人與藝術的生活。從詩人評論家蕭蕭一九八一年六月廿四日在台灣日報為詩人節特輯寫的（詩人與詩風）一文，論及羅門說的那段話可見。蕭蕭說：「在臺灣，真正的詩人恐怕只有一個，那就是羅門。為什麼說羅門才是真正的詩人呢？有三個原因：第一，近數年來，羅門退休後，除了寫詩與詩評，不從事任何行業，生活優遊，其他詩人都是業餘寫作。第二，羅門心中只信仰詩，與詩有關的活動，他才樂於討論，參與。第三，羅門真能從詩中得到快樂，他不牽掛任何事，全心投入詩的享受中，那樣著迷，無人可及。」

17.從一九七〇到二〇〇〇年，三十年

來，「在台灣」為現代詩與藝術四處演講「最」多的詩人，羅門是其中之一。包括全省的大專院校、島內島外的巡迴演講與各類型的文藝營以及美術館畫廊與地方文化社團如文化中心、獅子會、扶輪社、同濟會乃至較小的場所如「小木屋」、茶藝館、小型讀書會……等都是羅門為詩與藝術四處演講的範圍，故常有些人戲稱羅門為「羅蓋」、「心靈大學校長」、「教主」……。

18.兩岸詩壇，「最」早（也是唯一）具有個人獨創性詩創作美學理念的現代詩人，是羅門在七十年代所創造的「第三自然螺旋型架構世界」美學理念。

19.在台灣現代詩人中，獲得批評家不同雅稱最多的詩人，是羅門。他曾在不同的評介文章中，稱為：「重量級詩人」、「台灣當代十大詩人」、「現代主義的急先鋒」、「台灣詩壇孤傲高貴的現代精神掌旗人」、「現代詩的守護神」、「戰爭詩的巨擘」、「都市詩之父」、「都市詩的宗師」、「都市詩國的發言人」、「知性派的思想型詩人」、「大師級詩人」、「詩人中的詩人」、「真正的詩人」……甚至再文章中被稱台灣詩壇的五大三大支柱……此外尚稱為：「台灣阿波里奈爾」與「台灣現代裝置藝術的鼻祖」。

20.地球上個人生前住屋生活空間，被報章雜誌、媒體報導介紹最多的應是羅門蓉子，以廢棄物透過裝置藝術（INSTALLA-TION ART）在許多年前所建構具有前衛意念與人文思想的「燈屋」——計有雜誌三十多種、報紙十餘種報導介紹，三次拍成電視在電視台播出。

21.羅門《觀海》一百多行長詩，碑刻在海南甲級觀光區的大小洞天涯海角巨石上，也是刻在地球「最」長的一首詩。（經查詢多位教中西文學的學者教授，都認為此詩很可能是古今中外詩人刻寫在地球巨石上最長的一首詩。如此，或許也可稱為是詩世界的一項「金氏紀錄」。）

22.羅門最短的一首詩「天地線是宇宙最後的一根弦」，是「最」早被北京現代文學館收藏的台灣現代詩人的詩作書法。

羅門蓉子創作鑑賞會‧研討會與展示會

●羅門著作《羅門詩選》與《整個世界停止呼吸在起跑線上》兩書曾於一九八八年與一九八九年分別列入中國青年寫作協會策劃之第一屆與第二屆文學鑑賞研習營當做研習與討論課程。

●一九九三年八月六日到十一日海南省海南大學舉辦「羅門蓉子文學世界」學術研討會，請有來自美國、臺灣、港澳、星馬與大陸各地等學者詩人作家五十餘人；提出研究羅門蓉子創作世界論文近三十篇，後由文史哲出版社出版論文集，是一次具規模與有水準的海外個別作家學術研討會。

●一九九四年七月四川大學中文系、四川省作協、四川文藝出版社、四川企業文化促進會……等在成都市合辦的「羅門詩選百首賞析」出書發表會，到有學者教授名詩人作家數十人；羅門蓉子並在會上與四川大學中文系發表演講。

●一九九五年五月間文史哲出版社耗資百萬出版羅門蓉子文學創作系列書十二冊，紀念兩人結婚四十週年；同時並由青協舉辦（文建會、文復會贊助）兩人系列書出版發表會，分別由青年寫作協會理事長林水福與余光中二位教授主持，有海內外知名學者與詩人數十人與會。

●一九九五年北京中國社會科學出版社首次破例出版羅門蓉子文學系列書八冊，並在十二月間由北京大學文學研究所、清華大學中文系、海南大學、中國藝術研究院文化研究所、中國社會科學出版社、《詩探索》編輯部與海南日報等七個單位共同協辦，在北京大學首次召開的個別作家羅門蓉子系列書出版發表討論會，由謝冕教授主持，有名學者、詩人作家等數十人出席，會後羅門與蓉子接著在該校公開演講與接受專訪。並由大陸長江文藝出版社出版討論會論文集《燕園師旅》。

●羅門的「死亡之塔」長詩於一九七〇年被當時具前衛觀念的圖圖畫會當做展出主題，以「詩」、「繪畫」、「雕塑」、「造型」、「電影」（幻燈）、「音樂」、「現代舞」、「劇」等多元媒體共同展出；是當時台灣首次具革命性採取媒體最多的綜合藝術表現。此次藝術活動已進入徐文琴博士撰寫的《台灣美術史》。

●羅門被 UPLI 國際詩人組織譽為近代偉大之作獲菲總統金牌的「麥堅利堡」一詩，於一九九〇年八月間，由寶象文化公司公共電視拍攝小組專程飛往菲律賓馬尼拉「麥堅利堡」現場，製作羅門「麥堅利堡」詩電視專輯；羅門並在現場朗誦該詩，後在公共電視節目中播出。

●一九八一年與蓉子參加由名雕塑家楊英風、光電科學家胡錦標博士、張榮森博士等舉辦的第一屆國際雷射藝術景觀展，以羅門的「觀海」與蓉子的「一朵青蓮」等詩，配合音樂與雷射多元媒體聯合演出，也是國內藝術與科學結合的首屆科藝演出。

●一九九四年十二月間，中國青年寫作協會策劃第一屆召開的「當代台灣都市文學研討會」，羅門發表論文「都市與都市詩」，臺灣師大教授林綠博士發表論文「論羅門的都市詩」

●一九九九年十二月廿五日，大道（MUSEUM OF DADAO）藝術館開館展，首次展出羅門蓉子「燈屋」生活藝術造型空間的影像與兩人半世紀創作的全部著作及成果；後贈由該館收藏。

●在邁進千禧年，也是庚寅年元宵節前後（國曆二月十一至三月四日），由國立文學館與文化資產保存研究中心特別策劃，為詩人伉儷羅門、蓉子舉辦一次詩與燈屋特展，命名為「詩光、藝光、燈光三重奏」。為一場創作成果結合生活環境（燈屋）的大型綜合展覽，展出羅門、蓉子兩近半世紀所創作的詩集、詩選、詩論集以及批評家學者們對他們作品的評論集；重要的藝文資料、

書信與手稿等近千種，展後部分重要著作與藝文資料由該館典藏。

●二〇〇八年四月由海南省海南大學「歷史文化研究基地」、「海南大學人文傳播學院」、「海南詩社」、「海南作家協會」共同舉行「羅門蓉子詩歌藝術活動週」及創作成果展，並在圖書館廣場設置「羅門蓉子東亞勃朗寧夫婦詩園」。

●二〇〇九年四月海南省圖書館舉辦羅門蓉子創作的大型成果展，展出羅門蓉子重要著作影像資料數百件，其中有百餘件羅門蓉子親筆寫的長短詩作與語錄書法掛軸，也是一次以「詩光・藝光・燈光三重奏」為題的特別展出。

●海南師範大學海南文聯與海南作協聯合在 2010 年 6 月舉辦羅門蓉子創作世界研討會，除邀請多位海內外名學者評論家撰寫論文尚舉行羅門終端作品《我的詩國》出書發表會與安排羅門蓉子專題演講與座談。

羅門精要評語專輯

（一）學者教授、詩人、詩論家眼中的羅門

● 詩人楊牧教授在出版《羅門詩選》時認為：詩人羅門是詩壇重鎮，詩藝精湛，一代風範。（《詩眼看世界》1989 年師大書苑出版）

● 詩評家張漢良教授評介羅門時說：羅門是台灣少數具有靈視的詩人之一；反映現代社會的都市詩，他是最具代表性的詩人。（張漢良：《分析羅門的一首都市詩》見 1987 年 5 月 1 日出版的《中外文學》）

● 評論家蔡源煌教授對羅門創作的某些看法：羅門所要表現的，也就是他所謂的"第三自然"，第三自然的塑造，是以萬法唯心為出發點；包括了超越、永恆的追求，乃至原始基型的援用。（見羅門：《有一條永遠的路》1989 年 4 月尚書出版社出版）

● 評論家鄭明娳教授曾在論文《新詩一甲子》中指出：羅門是當代中國詩壇都市詩與戰爭主題的巨擘。（鄭明娳：《中國新詩一甲子》，見《自立晚報》1986 年 6 月 14 日副刊）

● 詩人兼評論家羅青教授稱譽羅門是現代詩人中最擅長使用意象與譬喻的詩人。（羅青：《羅門的流浪人》見大華晚報 1987 年 3 月 5 日副刊）

● 詩人兼評論家林耀德在論文《羅門都市主題初探》中說：羅門是"文明尖塔上造塔"的詩人。（林耀德：《在文明的尖塔上造塔》見《藍星詩刊》第 6 期 1986 年元月份）

● 詩人兼散文家陳煌在論文中說：羅門是"都市詩國的發言人"。（陳煌《都市詩國的發言人》見《台灣時報》1984 年 12 月 2 日）

● 詩人兼評論家蕭蕭說：羅門的詩，具有強大的震撼力；他差遣意象有高人一等之處。（蕭蕭：《心靈的追索者——羅門》，見 1980 年故鄉出版社出版的《中國白話詩選》）

● 詩人兼散文家陳寧貴說：羅門，已成了現代詩的名字，他是現代詩的守護神。30 年來，他放棄了一切物質的享受，把自己獻給繆思。然而這期間卻有不少詩人拋開了繆斯，把自己投入現代文明物質享受的虎口中。

● 在近代詩壇中，像羅門如此純真、專一的詩人極為罕見。加以他取之不盡、用之不窮的才情，使他從事現代詩創作 30 餘年，已為現代詩開拓出一條嶄新亮麗的大道。有時我想，如果現代詩壇沒有羅門，將是多大的遺憾。（陳寧貴：《月涌大江流》，見 1984 年 11 月 17 日《自由日報》副刊）

● 早期以才情突出詩壇的詩人阮囊說："我讀羅門的作品，一向使我感到花團錦簇，光芒四射，令我目不暇瞬，不管從那個角度看，羅門的智慧、思想、人性的光輝、

統馭詞藻的能力，都駕乎我們這一代詩人……在詩的王國裡，羅門永遠是那麼豪華，那麼富有……"（見 1971 年《藍星年刊》中《從批評過程中看讀者、作者、批評者》一文）

● 詩人王潤華教授讀羅門的《麥堅利堡》詩，曾在文章中發表感想：英國詩人 P. Larkins 的《上教堂》是呱呱叫的作品，在倫敦被視為透視人類精神的，但我認為比不上羅門的《麥堅利堡》……。（同上）

● 詩人兼評論家陳慧樺教授說：讀羅門的詩，常常會被他繽紛的意象，以及那種深沉的披蓋力量所攝照住……，不管在文字上、意象構成上等等，羅門的詩，都是最具有個性的。他的詩，是一種龐沛的震撼人的力量，時時為"美"工作，是一種新的形而上詩……。（陳慧樺：《論羅門的技巧》見 1971 年《藍星年刊》）

● 詩人兼評論家季紅說：羅門無疑是今日現代詩壇一位重要的詩人，他的前衛意識，他的創造精神，他的深刻觀察與他突出的表現，都使他成為重要的詩人。（季紅：《詩人羅門》見 1981 年 9 月《中外文學》）

● 詩人兼評論家陳瑞山教授說：羅門的作品，按今日世界先進國家文明的發展趨勢來看，在未來的世界中當屬一級。這是從羅門的詩所探觸的深、廣度看；更重要的是他的詩是當今時、空中"活著的"詩。它們活在今日的每一時空分子中，這也就是羅門詩作先後會有學院派的學者之研究的最大基點。（陳瑞山：《意象層次剖析法》見 1987 年《文訊》雜誌）

● 青年詩人兼藝評家呂錦堂在評介羅門時說：羅門是位才華橫溢的作家，他以敏銳的

靈覺去從事藝術的探索完成許多豐富人類心靈的詩作，是一位享譽國際文壇的中國現代詩人，也是一位推動中國現代詩的健將，其作品無論深度、廣度與密度都十分完美。其詩作予吾人的印象是氣勢磅礡，富于陽剛之美，他將全生命投入藝術，擁抱藝術，故作品有著強烈的生命力……。（呂錦堂：《詩的三重奏——評介羅門》見 1978 年 6 月《山水詩刊》）

● 詩人兼散文家陳煌說：以追求藝術的永恆之心來講，羅門算是最能掌握其最內裡最震撼的那剎那脈動的詩人，對人性——或者談所謂的生命的詮釋，以及內心的審視反省，羅門似乎肯以整個心去投入，去透視——這點，表現在詩上的成就，不但在質量和數量上皆較同世代其他的詩人都豐富，眼光尤鞭辟入裡。看來，羅門是一個永遠對生命忠誠而渴求自省批判的詩人。（陳煌：《曠野的演出》，見 1981 年《陽光小集》詩刊夏季號）

● 詩人和權說：盛傳羅門先生豪放不拘，文采華美，是台灣少數具有靈視的"重量級"詩人，也是一位飲譽國際文壇的中國現代詩人。《羅門詩選》，愈讀愈有味，深覺得羅門先生感情真摯而眼光銳利，意象繁富語言亮麗，幾乎篇篇皆有強大的撞擊力。用字精確，節奏的操縱十分圓融。可以預言，羅門先生許多巨構型作品，將會星斗一樣地遍佈在歷史的夜空哩，永遠閃爍著迷人的光芒。（和權：《迷人的光輝——論羅門的詩》見 1988 年 10 月《藍星詩刊》）

羅門在中國現代詩壇，無疑是風雲人物。他創造了自己獨特的聲音，完成的每篇作品都有超卓的表現，而種種活潑的意象，

被他大量地使用著，他的詩有澎湃激越的情
緒，也有平穩的情感，不但引起海內外衆多
讀者內心的共鳴，也使萬千讀者在細細品讀
他的詩作之過程中，產生快感與美感，同時
獲得啓示。（同上）

他被稱爲"重量級"的詩人，印證于他
技藝上乘的作品，誠非過譽。（同上）

● 詩人林野說：源于都市景觀和人類生存
層面的題材，一直爲詩人們努力地探討和詮
釋。但探討此類的作品，多半由于語言的傳
熱性和導電度不佳，或局限于物象的表淺切
割，以致不能激發強烈感情的痛覺反射所造
成的心靈震撼，也不足爲訓。在當今國內詩
壇，詩人羅門對于這些尖銳、猛烈的事物，
始終投入最灼熱的觀照，可貴的是他對現代
感的瞬間捕捉，透過冷靜的內省，精準地把
高度活動性的意象和疊景，拉攏到靈視的圓
心。從他的詩裡，經常可聽見血的聲音，都
市譫妄的幻覺，同時也看到現代人迷惘的表
情。（林野：《回顧茫茫的曠野》見 1981 年
《陽光小集》詩刊夏季號）

● 詩人張雪映說：羅門是一位較爲"直
感"的詩人，他直接地"自覺"于內心最原
始的生命力之悲劇精神，我們可從羅門大量
作品裡，窺出他面臨現代都市文明與戰爭、
死亡與自我的關係，在在呈現出羅門內心所
欲渴求的超越性，欲藉著他所勾勒出來的媒
體意象，引導著同感的讀者走向孤寂沉思的
高峰，並運用他超越性的動感語言，加速讀
者血液的循環、與強調內心的震撼。在羅門
諸多的詩作中，《麥堅利堡》成功地達到了
上述的境界。（張雪映：《透過美感藝術——
——談羅門的悲劇感》見 1981 年《陽光小集》
詩刊夏季號）

● 曾任晨光詩社社長、任教實踐專校的詩
人葉立誠，他以《詩壇五巨柱》爲題，評介
詩人羅門時他說：羅門是當今詩壇具影響
力、成就斐然、獨塑一格的詩人，"詩風堅
實、意象朗暢、音響跌宕"，藉直視的外在
觀察與體認，透過昇華、交感的過程，而精
煉出靈視無窮的內在心象世界將心靈的活動
融注在詩境，表現詩人個人內心對生命存在
感知的"有我之境"與物我兩忘、又兩在的
"無我之境"，是極獨特的藝術觀。他不時
強調藝術與生命結合，導引出一份強烈的關
懷與執著。羅門在漫長的詩路生涯中，之所
以屹立不搖，廣受詩壇尊崇，正是本持"人
詩合一"的哲理了。較其他詩人，羅門較能
本著藝術家的精神，歸向若似宗教家的廣博
胸懷能像一面透視的廣角鏡，從心靈擴充至整
個藝術宇宙。（葉立誠：《以美學建築藝術殿
堂的詩人》見 1989 年《藍星詩刊》21 期）

● 詩人兼評論家張健教授對羅門的"都市
之死"詩的佳評："都市之死"是羅門的力
作。那種寓批判于感受的作法，自非無前例
可援。而主題之凸現，又較同型的"深淵"
（瘂弦）、"咆哮的挽歌"（方莘）爲甚。
除了朗然的風格外，更予人堅實轟立的感覺
……大刀闊斧的比喻之羅列，破釜沉舟的死
亡之爆發，造成一股鮮有其匹的尾聲。……
他比瘂弦的"深淵"觸及的面廣泛，與現實
則多一層象喻式的距離，但此點並未減弱了
其雄渾的力量。較之"咆哮的挽歌"，他沉
著些，焦點也清晰些。（張健：《評羅門的
都市之死》見 1964 年 3 月《現代文學》季
刊 20 期）

● 詩人兼評論家張健對《麥堅利堡》詩的
佳評：這首詩給予人心靈上一種肅穆的窒息

感……，這首詩是氣魄宏壯，表現杰出的；而且眞正地使人感覺到自己讀了這首詩就如身歷了那座莊穆而能興起"前不見古人，後不見來者"的紀念堡。我不想引太多割截下來的佳句，因爲他正像"一幅悲天泣地的大浮雕"，作者在處理這首詩時，他的赤子之誠，他的對於歷史時空的偉大感、寂寥感，都一一的注入那空前悲壯的對象中，我也許可以果斷地說"這是年來詩壇上很重要的一首詩……羅門這首詩是時空交融，是眞正地受了靈魂的震顫的……"。（張健：《評三首麥堅利堡》，見 1963 年聯合報副刊）

● 詩人兼散文家陳煌在"談羅門詩中的戰爭表現"論文中說："……《麥堅利堡》仍如同羅門寫城市詩一樣，他帶著透視的批判性來表達戰爭的境界，叫人攝于他的驚人感受力與龐沛的語言。（見《門羅天下》文史哲出版 245 頁）

● 評論家鄭明麗教授評《羅門詩選》：《羅門詩選》很能呈現作者個人的發展及成長的軌跡，又能結合時代精神，具備現代化觀點，他誠然是位不屈不撓，把生命奉獻給詩神的桂冠詩人，不愧是現代詩人的典範之一。我們衷心盼望在《日月的行蹤》之後，羅門的創作生涯將比日月走得更遠。《第九日的底流》一書出版後，風格不變，雖然他的語言仍有深厚的抒情風格，但是在詩想和詩質上都轉入高度的知性層次。在雄厚的思想架構上，發展出主題與技巧並重的幾大方向。他最重要的幾首詩如《第九日的底流》、《麥堅利堡》、《都市之死》等都是此一時期的作品。《第九日的底流》實爲羅門的躍升期，在短短數年間，完全擺脫一般詩人持續甚久的少年浪漫期，一轉爲成熟深

刻的思想家形貌，用語言的魅力建構出一個羅門式的心靈世界。《第九日的底流》一詩是羅門第一次大規模製作以死亡與心靈爲主題的詩篇，且已經援用"圓"、"塔"、及"河流"三大造型來進行他內心世界的層層探索。羅青稱譽他是現代詩人中最擅長使用意象與比喻的詩人，在此輯中可以得到印證。

《都市之死》是羅門另一重要的發軔。他被陳煌譽爲"都市詩國的發言人"，評論家康旻思也曾在《草根》詩刊《都市詩專號》中揭示羅門都市詩的貢獻及深遠的影響。

● 時報文化出版公司出版羅門《曠野》時，鄭重推介：《曠野》是羅門的第五本詩集。

是此位現代主義的急先鋒，在寫詩三十年之後的重新出發。（鄭明娳：《比日月走得更遠》見 1986 年 6 月 1 日《大華晚報》副刊）

羅門詩作的最大特色，在于他豐富的意象、新鮮的感性和充分的現代感。他能融合現代畫的構圖、現代電影的蒙太奇及現代小說的意識流，交織成萬花筒般魔幻的世界。

他用"曠野"象徵現代精神生活的荒涼，但也暗示了它的遼闊和無限的可能性，比諸艾略特的《荒原》，有異曲同工之妙。

如果在今天要找一個最能表現都市文化的詩人，羅門無疑是個中的代表。（見時報文化出版公司 1981 年《新書 20 種》出版書報）

● 光復版《整個世界停止呼吸在起跑線上》的出版簡介指出：這是一代大師羅門石破天荒的新作。對於文明、戰爭、都市及大自然主題，這位孤傲高貴的現代精神掌旗

人，持續他心靈的透視和省思，音韻鏗鏘、形式壯闊，其中傑作如《時空奏鳴曲》，大膽揭露中國人的命運，感人至深，是現代史詩的經典之作。（見光復出版社 1988 年出版該書，主編的評語）

● 第一屆世界詩人大會在菲律賓馬尼拉召開，大會主席尤遜（Dr. Yuzon）在開會典禮上曾當著數百位來自美國、蘇聯等五十多個國家代表，贊說：“羅門的《麥堅利堡》詩，是近代的偉大作品，已榮獲菲總統金牌詩獎。”

● 美國代表凱仙蒂‧希見（Hyacinthe Hill）女詩人，是大會風頭人物。她的作品曾與美著名詩人龐德（Ezra Pound）、惠特曼（Walt Whitman）金士保（Ginsberg）、康敏思（E. E. Cummings）、迪更生（Emily Dickinson）等選入 1969 年在美出版的‘The Writing on the War’詩選。她讀過《麥堅利堡》詩後，寫出她的感言：“羅門的詩有將太平洋凝聚成一滴淚的那種力量（Lomen'n poetry has the power of the pacific ocean distillate to a tear）。”

美國詩人代表高肯教授（W. H. Cohen）他也是這次大會的活躍人物。曾是美國大專學校的駐校詩人，于 1979 年應聘來台任政大客座教授，讀過《麥堅利堡》詩後寫出他的感言：羅門是一位具有驚人感受性與力量的詩人，他的意象燃燒且灼及人類的心靈⋯我被他詩中的力量所擊倒（原文：Lomen is a poet of astonishing felling and power, his images sear and burn men's being⋯ cohen who is auestruck by the power of his poetry）。

● 美國詩人代表李萊‧黑焚（Leroy hafen）博士，在各國代表到馬尼拉近郊參觀

“麥堅利堡”軍人公墓時，他提議由他朗誦羅門的《麥堅利堡》，並請大家于朗誦前向七萬座十字架默哀一分鐘，在低沉陰暗的天空下，讀完，至為感人，並寫下他的誠心之言：“李萊‧黑焚能在麥堅利堡十字架間為世界詩人大會朗讀這首偉大的詩，使我感到光榮（Leroy hafen was honored to read this great poem for the world Congress of poets amid the acroses at Fort Mckinley）。”

● 美籍教授卜少夫（Robert J. Bertholf）在寫羅門蓉子《日月集》英文詩集序言中說：“羅門的《都市之死》這首詩，近似是中文的 T.‧S 艾略特的《荒原》⋯⋯”

（二）學者、評論家、詩人、作家對羅門理論創作世界的評語

● 評論家蔡源煌說羅門講的“第三自然”，自己也喜歡塑造象徵的形象，這個形象就代表某種精神境界，長期把它呈現出來就可以形成一種體系。（蔡源煌：《晚近詩風的演變》見 1989 年 9 月 1 日《新詩學報》）

● 前輩藝評家虞君質教授在世時讀羅門的詩文寫出：“我喜歡羅門的《麥堅利堡》，更欽佩羅門對“現代人悲劇精神”的闡釋。（見 1971 年《藍星詩刊》中《從批評過程中看讀者作者》）

● 詩人張錯在美國念博士學位時說：“我在台灣時看到文壇名家的文章，真給嚇倒了，現在卻不當一回事，倒是羅門的幾篇論文比較 Original。”（見 1971 年《藍星年刊》）

● 詩人張健教授在 1964 年 20 期《現代文學》上說：“羅門的‘現代人的悲劇精神與現代詩人’可推為年來詩壇罕見的詩論。”

● 詩人蘇凌教授在當時也說：" 羅門的《心靈訪問記》是我這幾年來看到的最好的一篇有關於詩與哲學的思考等的中國創作，可說是相當偉大的論文。"（見1971年《藍星年刊》）

● 詩評家周伯乃在編《當代中國文學批評選》時曾說：" 在來稿中，羅門的那篇大作《現代人的悲劇精神與現代詩人》是壓軸的傑作，無論對詩對人性都有了徹底的批判，我很欽佩那篇文章。"（同上）

● 詩人洛夫在出版《石室的死亡》詩集之後，讀羅門的論文說：" 羅門的論文並不是一種純客觀的論文，有點近乎紀德與艾默生的散文，因它的啓示性較論說爲多，今天在台灣寫這一型文章的，羅門還眞是數一數二的。其實羅門的心聲也是大多數具有自覺的現代人的心聲……。"（同上）

● 詩人張默主編的《現代詩人書簡》對羅門的《心靈訪問記》那篇文章發表意見說：" 《心靈訪問記》無疑會成爲一篇重要的文獻，作者提出現代詩人的七個問題……作者對每一個問題，均穿透自己的靈視，作了相當精闢的解說，使人讀後不難感知他射噴的精神逼力是如何深厚。"（同上）

● 詩人兼畫家林興華說：" 我是那麼感動於羅門的《心靈訪問記》，它是多麼能引發人的深思，在國內這方面，推羅門爲一把交椅是無疑了。羅門的著作，我幾乎嗅到一股 '劍氣'，宣言式的字句、格言式的言語，直搗吾們的心房，一擊而心痛半輩子……"

● 散文作家林文義讀羅門《時空的回聲》後，寫著" 《時空的回聲》實在是現今詩壇最有氣魄的論文集，羅門將因這本巨作而不朽，我被他深切的感動了。"（同上）

● 名詩人、小說家、散文家、評論家 林燿德——評論羅門說：

羅門，做爲一個具備現代思想與前衛創新傾向的重要詩人與詩論家，在五〇年代以降台灣詩壇形成一家之言，他的發展軌跡隨著自己的思想與詩風、以及整個文化環境的變遷而顯現出來。在多次有關潮流、技巧以及詩人內在生命本質的論爭中，羅門始終能夠提出獨到的見解，包括了創作的形式、與古典詩的關係、各種主義流派的反思，他的洞見維護了詩的純粹性，並且以不輟的創作親自證明了詩人毫不屈撓於現實的意志。

「羅門思想」中的「第三自然螺旋型架構」對於後現代的批判與修正仍然具備以下嚴肅的意義：

（一）羅門能夠一己營造的壯美思想體系面對時潮，提出具體的立場，這種胸襟和氣魄，在台灣詩壇陷入沉寂、被小說界奪去解釋權的八、九〇年代，無疑是令人振奮的。

（二）羅門講究立場，雖然也有模型理論的自我制約，但比起後現代主義玩家的閃爍其詞、飄忽不定，他篤定而誠懇的態度值得肯定，重建眞理的企圖則令人欽佩。

（三）後現代主義者譏笑現代主義是「刺蝟」，眼睛只能看到一個方向，他們又自比爲「狐狸」，可以同時注意不同的方位。不過眼觀八方的狐狸常常因爲咬不著刺蝟而餓死，就算咬著了也往往痛斃當場。後起的浪潮不見得必然高過前區的浪峰；能夠堅持自我理念的詩人羅門是永不過時的。

見《羅門蓉子文學世界學術研討會論文集》文史哲出版社一九九四年）林燿德「羅門思想」與「後現代」

（三）學者教授、詩評家對羅門都市詩的重要評語

● 任教臺灣大學曾任台灣比較文學學會會長的名理論家張漢良教授在論文中說：「羅門是都市詩的宗師……反映現代社會的都市詩，他是最具代表性的詩人。」（見文史哲出版社一九九一年十二月出版的「門羅天下」書中張漢良教授的論文。）

● 後現代文評論家孟樊稱羅門為「都市詩宗主」（見世新大學二〇〇一年十月二十日舉辦的「台灣現代詩史書寫研討會」，孟樊發表的論文〈台灣新詩的後現代主義時期〉）

● 台灣名詩人藝術家評論家杜十三在論文中說：「羅門擁有中國都市詩之父的美譽」（見一九九七年文史哲出版的「羅門‧蓉子論」書中詩人杜十三寫的「羅門論」。）

● 任教臺灣師範大學當代著名文學評論家鄭明娳教授在論文中說：「羅門是當代中國詩壇都市詩與戰爭主題的巨擘。也是至八〇年代以來，臺灣最具思想家氣質的前衛詩人……八〇年代「掌握都市精神的一代」崛起，受到羅門很大的啓迪……羅門的都市詩，縱貫了將近三十年歲月，從「都市之死」到「麥當勞午餐時間」，其觀點愈見成熟，能與時代同步，在都市的圓點上，既能回顧其歷史，能探測其未來。其見識廣遠，自非一般詩人所可比擬。」（見文史哲出版社的「門羅天下」書中鄭明娳教授的論文。）

● 任教臺灣師範大學，當代著名文學評論家潘麗珠教授在論文中說：「羅門是當代都市詩的守護神。」（見潘麗珠教授寫的「羅門都市詩美學探究」，收入台灣師大一九九六年「中國學術年刊」。）

● 詩評家林燿德在他寫的「羅門論」專書中說：「三十年的光陰中，一直持續著對於現代都市的探索與挖掘，他已不僅止於陳煌所指的「都市詩國的發言人」（《明日世界》第一二〇期，一九八四年十二月），更是一個不斷在文明塔尖造塔的藝術思想家……。面對著在文明塔尖起造精神之塔的羅門，我們可以體會，都市詩學的出現已是一椿動撼人心的文學史事件。」（見一九九一年師大書苑出版詩人林燿德的「羅門論」。）

● 林燿德寫給羅門的信中說：

羅門大師：

頃接您的來鴻，對於您的訓示，德已謹記在心，請大師放心，年輕一代必能在大師的感召下淬勵奮發，為中國現代詩壇貢獻心力。

對於都市詩，德仍積極整理資料中，西方自波特萊爾至歐立德，都市詩一直是一重要系統，中國都市詩之出發則自羅門大師始，可為開山師祖。然而如何以最適切的中性語言，襯托出您偉大之所在，確實需要謹慎落筆。……

● 台灣名散文家、詩人、詩評家陳煌在論文中說：「羅門是都市詩的發言人。」（見一九八四年十二月二日「臺灣時報」副刊詩人陳煌寫的「都市詩的發言人」）

● 新世代傑出詩人陳大為以羅門都市詩為研究對象，在通過碩士學位的「羅門都市詩研究」論文中說：「雖然羅門對九〇年代的世紀末都市景象的刻劃與挖掘不盡理想，但其餘同輩詩人與新世代詩人在這方面並沒有

大規模的經營，即使最具潛力開發出「世紀末都市詩」的林燿德（一九六二──一九九六），也僅僅是偶有幾篇佳作；其餘人等皆無法展現出羅門的創作企圖，毅力與魄力，更談不上建構一己之都市詩美學。相較之下，羅門三十多年來都在都市詩方面所投注的創作新力與成果，在臺灣現代詩發展史上，確實無出其右者。從這個角度來看，他不負「都市詩國的發言人」之譽，而「都市詩」也儼然成為臺灣詩史上的一個重要詩類。」（見詩人陳大為碩士論文「羅門都市詩研究」東吳大學一九九七年）

● 一九九四年十二月召開的第一屆「當代臺灣都市文學研討會」，在臺灣師大教授林綠博士寫論羅門都市詩的論文中，擔任講評人的臺灣大學教授、名詩人兼施評家張健所寫的評語，特別指出兩點：（1）羅門都市詩表現的是多方面的問題：如機械稱霸、金錢掛帥、人慾橫流、人性扭曲、價值貶損、宗教淪落、道德淪喪、文藝受忽視……等。（2）羅門詩中最可貴的，是豐富的意象、酣暢的節奏感及磅礴的氣勢（見一九九五年十一月二十一日時報文化出版社的「當代臺灣都市文學論」書中張健教授的講評）

● 「陽光小集」詩社傑出詩人林野在論文中說：「源於都市景觀和人類生存層面的題材，一直為詩人們努力地探討和詮釋。但探討此類的作品，多半由於語言的傳熱性和導電度不佳，或侷限於物象的表淺切割，以致不能激發強烈感情的痛覺反射所造成的心靈震撼，也不足為訓。在當今國內詩壇，詩人羅門對於這些尖銳、猛烈的事物，始終投入最灼熱的觀照，可貴的是他對現代感的瞬間捕捉，透過冷靜的內省，精準地把高度活動

性的意象和疊景，拉攏到靈視的圓心。從他的詩裡，經常可聽見血的聲音，都市譫妄的幻覺，同時也看到現代人迷惘的表情。（見一八九一年「陽光小集」詩刊夏季號詩人林野寫的「回顧茫茫的曠野」。）

● 任教河南鄭州大學、曾任河南省文藝理論研究會會長、名評論家魯樞元教授稱羅門為「都市詩的宗師」（見文史哲一九九四年出版的《羅門蓉子文學世界學術研討會論文集》P.350 魯教授寫的論文）

● 名作家詩評家王一桃在論文中說：「兩岸的詩評家在評論羅門的詩作時都不約而同地指出他在城市詩創作的成就和他對詩壇的貢獻；……。特別值得一提的是臺灣著名詩人兼學者余光中，在談及臺灣進入八十年代，「對面工業文明而且身處現代的大都市」，「我們的城市文學也應該產生自己的代言人」時，就很自然想到早在二十年前致力於城市詩開拓的羅門，並說「未來如有城市詩派，羅門該是一位先驅」（見文史哲出版社一九九四年出版的「羅門、蓉子文學世界」學術研討會論文集王一桃的「論羅門的城市詩」）

● 名學者、詩論家評論羅門都市詩的文章有十多篇（見文史哲出版社出版多冊論羅門的專書）。

● 羅門曾擔任青協舉辦首屆「當代臺灣都市文學研討會」論文發表人，論文題目：「都市與都市詩」（見一九九五年十一月二十一日時報文化出版社的「當代臺灣都市文學論」

〔附〕：「羅門創作大系」十卷中，有〈卷二〉「都市詩」專書（文史哲出版，一九九五年）

羅門演講經歷

羅門曾以創作者（非學者教授）身分，在台灣與大陸兩地三十多所大專院校演講（包括兩岸最著名的大學），可說是創作生涯的一項特殊經歷

（一）台灣七十年代就已應邀往廿餘所大專院校演講（詳記在「黎明文化公司」一九七五年出版（羅門自選集）個人的簡歷中P3）。

（曾應邀往台大、師大、政大、輔大、淡江文理學院、文化學院、國防醫學院、臺北醫學院、大同工學院、海洋學院、中正理工學院、東海大學、中興大學、臺中醫學院、成功大學、高雄師範學院、國立藝專、世界新專、臺北師專、臺北女師、實踐家專、苗栗聯合工專、明志工專等廿餘所大學院校做詩的專題演講，也多次聘任文藝夏令營詩講座。）

（二）一九八四年接受香港大學應邀赴港做三場演講，由黃德偉教授接待。並在中大藝班與余光中、黃維樑主持現代詩座談。

一九八八年一月下旬與蓉子應菲華文邀請赴菲做四場詩的專題演講。菲華中文報（聯合日報與環球日報）曾三次以第一版新聞報導。

一九八八年十月～十一月應邀往大陸進行近一個月的巡迴演講（包括）：

● 海南大學
● 海南師範學院
● 廣州中山大學
● 暨南大學
● 上海復旦大學
● 華東師範學院
● 上海戲劇學院
● 北京大學
● 廈門大學

（見文史哲出版羅門《在詩中飛行》詩選「重要記事445頁」）

一九九一年五月「泰華文藝作家協會」在曼谷被泰國政府正式批准成立與蓉子應大會之邀專程前往作專題演講。

一九九一年八月與蓉子應邀赴美參加愛荷華大學舉辦的廿多國家國際作家寫作（IOWA I.W.P）會議，曾擔任論文主講人；參加作品發表會，接受電視訪問。蓉子個人到俄亥俄大學與亞特蘭大大學讀詩與講詩。

一九九四年與蓉子應邀往西安西北大學演講。

一九九四年在畫家陳正雄於北京美術館展覽酒會上代表詞後應邀往北京美術學院抽象藝術

一九九四年在陳正雄上海美術館畫展酒會上代表致詞後，應邀到上海畫院演講

一九九五年北京大學舉辦「羅門蓉子系列書」發表會過後，同蓉子在北京大學演講。

二○○年六月中旬羅門蓉子應邀往北京清華大學舉辦的系列演講，由於目前清大在大陸似乎已被視為首榜學府，我們能以純創

作者前往演講，看來多少是件榮幸的事。

二○○四年十月一日在台灣大學舉辦的現代詩系列講座演講

二○○五年三月五日在台北市立師範學院視覺藝術研究所演講

二○○五年四月七日在海南大學「名師論壇」演講

二○○五年六月八日在佛光大學演講

二○○六年九月八日在台北市立美術館「系列講座」演講

二○○六年十月十五日北京大學與北京首都師範大學舉辦『新世紀中國新詩學術研討會』特別安排在開幕典禮上發言。

二○○六年十月十六日北京師範大學舉辦『中國詩歌高端論壇』會議，應邀在開壇典禮上以「詩與藝術深層世界的探索」為題，做二小時專題演講，又此項「高端論壇」會議，自二○○六年十月到二○○七年八月，安排有 10 場系列講座。

●此外尚應邀在美國、香港、菲律賓、泰國、馬來西亞等地的學校或文藝社團演講、以及台灣島內島外的巡迴演講、各類型的文藝營以及美術館畫廊與地方文化社團如文化中心、獅子會、扶輪社、同濟會乃至較小的場所，如：小木屋、茶藝館、小型讀書會……等都是羅門為詩與藝術推廣四處演講的範圍場所。

附語：「在台灣」為現代詩與藝術四處演講「最」多的詩人，羅門是其中之一。

「後記」

提筆寫「詩國」的後記，內心首先要想說的話：

(1)前言與「詩國」本文完成後，尚有一些要加以補充說明的。

(2)更重要的是正面過來的嚴肅問題：

●基於只有眞正的詩與藝術超越的優勢，能有效的讓一切存在回到「眞實」的位置；令使我撰寫「詩國」，下筆便遵從詩與藝術絕對的旨意，也因而有足夠的信心，於必要時，將探究自我乃至人類存在終極價值的解說權，從所謂「社會性」的『大家』手中拿回到自己的手中；其實所謂「大家」也是來自許多「個人」，沒有「個人」那裡來的「大家」，只要說的坦誠同時接近事實事理有說服力，則任誰來說都一樣。

●基於詩與藝術是裸在陽光中的大自然，詩人與藝術家是裸在大自然中說眞話的『海』或沉思默言的『山』；我寫「詩國」，便也在潛意識中，裸回絕對與坦然直率的「自我」境域，導使「詩國」的創作世界，便形成近乎是半世紀來從事詩與藝術「自我告白式」的終端著作。

接著是一開始就想加以說明的，那是在二○○○年構想創作「詩國」之前，於六十年代，我因富於想像與理想，便曾同一些藝文界朋友其中有一位是企業家王永慶的親友，（他也熱愛藝文）在作家咖啡屋談詩論藝，我隨意但也相當認眞的說，如果台灣由王永慶巨富帶動50至100位大小企業家，每人提供十分之三的財力來建造較「大英博物館」法國「羅浮宮」都宏偉輝煌與龐大的文化藝術博物館，則台灣除是世界經濟繁榮的國家，更是地球上令使全人類都永遠仰慕重視與讚美的地方，這些天馬行空的想像與高度理想化的豪言，其實並非空話，事在人爲，關乎人存在的智慧與價值觀；而我一直抱持較純粹的藝術態度與觀念。同「政治」有相當距離，便讓過去留在歲月倒鏡頭中的這些美思影像，也自然隱沒入過去的記憶。

至於目前從我內心推演同上述理想的情景有潛在基因的「詩國」——也就是我所構想的一個新的「理想國」，它是虛擬的非現實世界的什麼國家；它只是從現實面，超越昇華形成一面反映人類存在於理想與完美境域中明亮的「對照鏡」。

再就是本來這本設計擬有1000頁包括數百頁彩色圖象的「詩國」大型終端著作，由於出版費用超出很多，應重新規劃，將書縮減到800頁以下，部份彩色圖象也盡可能改以黑白印刷。

由於「詩國」是將「詩」與「藝術」統合爲一體，又是我個人有異於柏拉圖「理想國」的新的「理想國」，顯已是人類世界一本相當新穎特異具有創意的書，也是我創作近60年推出的終端作品，所付出的心力與時間是可見的，我勢必要以嚴肅與認眞的態度來面對與完成，

並接受讀者誠摯的批評指教。

　　最後「詩國」的出版，除了感謝同我一起堅苦創作超過半世紀的女詩人蓉子，也要特別謝謝在出版事業不景氣的年代，文史哲出版社彭正雄先生，出版我與蓉子廿多本書，又幫忙出版這本相當艱巨又無利可圖的書；此外，海內外不少著名學者批評家在諸多評論文章中所不斷給予我創作的激勵，都是使我內心此刻留下至為深刻的感念與謝意；再就是此書中的「燈屋」與藝術方面的許多精彩可觀的攝影圖象是由知名的攝影家曾崇詠、黃華安、陳文發與名旅行家馬中欣等人所拍攝，一併在此表以感謝。